Klaus Immelmann   Dictionnaire de l'éthologie

PSYCHOLOGIE ET SCIENCES HUMAINES

Klaus Immelmann

dictionnaire de l'éthologie

Traduit de l'allemand par Anne Ruwet

PIERRE MARDAGA, EDITEUR
LIEGE-BRUXELLES

© 1982 Verlag Paul Parey, Berlin und Hamburg.

Pour l'édition française :

© 1990 Pierre Mardaga éditeur
12, rue Saint-Vincent, 4020 Liège
2, Galerie des Princes, 1000 Bruxelles
D. 1990-0024-2

Table des matières

Avant-propos	7
Préface de l'édition française	11
Conseils d'utilisation	13
Dictionnaire	15
Bibliographie	247
Bibliographie de l'édition française	277
Références des figures	281
Index	285

Avant-Propos

Comme toute discipline scientifique, chaque branche de la biologie s'est forgé une terminologie propre appelée à assurer la communication entre chercheurs et à décrire avec acuité les phénomènes étudiés. C'est le cas aussi de l'éthologie, cette science encore jeune qui a pour objet l'étude du comportement animal. Elle s'est précisément heurtée à de grandes difficultés en la matière, surtout lorsqu'il s'est agi d'adopter des termes capables de rendre compte des phénomènes avec toute l'objectivité requise et dépourvus de toute connotation trop accusée. Cela est spécialement important en éthologie, car le risque de succomber à des explications hâtives et anthropomorphiques y est plus grand que dans les autres disciplines biologiques. Il suffit de penser à la désinvolture avec laquelle nous décelons dans le comportement animal des qualités comme l'amour maternel, la bravoure, la stupidité, la méchanceté, la ruse, dont nous ne pouvons pourtant affirmer l'existence chez les animaux, du moins au sens où nous les entendons habituellement.

Les difficultés rencontrées au cours de l'élaboration d'une terminologie de l'éthologie sont faciles à comprendre d'un point de vue historique : alors qu'elle était encore dans l'enfance, deux « sources étymologiques » s'offraient pour décrire les comportements animaux : la langue de tous les jours et les terminologies des sciences voisines (morphologie, écologie et surtout psychologie). Ces deux sources ont fourni à l'éthologie divers termes qui s'y sont rapidement implantés. Plus tard, au fur et à mesure que cette discipline se développait, il s'avéra trop souvent que nombre de ces emprunts ne pouvaient s'appliquer indifféremment aux animaux et à l'homme, ou du moins qu'une utilisation indifférenciée pouvait induire une interprétation abusive. En dépit de ces différences et de ces subtilités sémantiques, nul n'a pu empêcher ces termes de se perpétuer une fois qu'ils furent passés en usage. En conséquence, quantité de termes du lexique éthologique ont aujourd'hui une acception différente de celle du vocabulaire quotidien. Les mots « leurre », « dialecte », « apprentissage », « social » et jusqu'à l'adjectif controversé « instinctif » en sont des exemples bien connus. Ces divergences se retrouvent entre l'éthologie et la psychologie. Enfin, à l'intérieur de la discipline éthologique, certaines acceptions varient selon les différentes « écoles ».

Une explication des principaux termes de l'éthologie ainsi qu'une définition rigoureuse de leur champ sémantique s'avèrent dès lors indispensables. A cet égard, le présent dictionnaire poursuit plusieurs objectifs : il se propose en premier lieu de donner au lecteur de publications éthologiques la signification des termes qui ne lui sont pas familiers. Il doit par ailleurs expliquer au lecteur qui s'intéresse à l'éthologie sans toutefois posséder les rudiments de la biologie certains termes de biologie générale qui figurent souvent dans la littérature éthologique et dont la connaissance peut faciliter l'accès à ce type de publications. Enfin, il s'efforce, pour le lecteur déjà averti, de placer les termes spécialisés communs à l'éthologie et à d'autres disciplines biologiques dans le contexte de la biologie générale : il se doit de souligner leur signification spécifique en étho-

Avant-propos

logie et/ou le rôle joué par le comportement dans le champ d'application du terme considéré.

Le choix des mots-clés à assortir d'un article explicatif s'est avéré particulièrement délicat. D'une part, il fallait éviter d'encombrer l'ouvrage d'une pléthore de termes extrêmement spécialisés; d'autre part, il importait néanmoins de veiller à reprendre un maximum de termes indispensables à la compréhension de la démarche éthologique.

C'est la raison pour laquelle nous avons renoncé à répertorier les termes spécialisés qui s'appliquent à une seule ou à un nombre restreint d'espèces animales, qui par conséquent ne dépassent pas la communication entre spécialistes. Leur nombre est tel que leur inclusion aurait largement débordé le cadre d'un ouvrage de référence s'adressant à un large public. Nous n'avons dérogé à cette règle que pour les termes spécialisés qui, pour une raison quelconque, sont d'un intérêt plus général, soit qu'ils aient joué un rôle particulier dans l'histoire de l'éthologie, comme le « cérémonial de triomphe » de l'oie cendrée ou le « roulage de l'œuf » des oiseaux qui couvent au sol, soit qu'ils illustrent ou confirment des postulats de l'éthologie d'une portée plus vaste.

A l'inverse, c'est intentionnellement que nous mentionnons aussi des termes issus de disciplines voisines étroitement liées à l'éthologie et dont par conséquent le vocabulaire figure souvent dans les publications éthologiques. Ceci vaut surtout pour la biologie évolutive et l'écologie, une science encore jeune, et dans une moindre mesure, puisqu'on dispose de dictionnaires exhaustifs en la matière, pour la physiologie des organes des sens et la neurophysiologie. Au-delà de la biologie, c'est également le cas de la psychologie humaine, dont les liens avec l'éthologie n'ont cessé de se resserrer ces dernières années — surtout, hélas, dans les pays anglo-saxons — et préparèrent le terrain à un fructueux échange de vues.

Voilà longtemps que les opinions des éthologistes divergent, dans les écrits comme dans les discussions, sur les termes qui s'avèrent absolument indispensables, sur ceux qui seraient superflus et sur ceux qui pourraient même prêter à confusion, parce qu'ils ne sont pas franchement délimitables et que par conséquent leur définition est ambiguë. Les termes « motivation », « empreinte », « comportement ludique », ou « hiérarchie sociale » en sont autant d'exemples. Ce n'est toutefois pas un hasard si une série de ces termes « controversés » trouvent également leur place dans le présent ouvrage. Leur présence se justifie, non seulement parce qu'ils expriment un concept, par exemple celui d'empreinte, mais aussi parce qu'ils facilitent la communication entre les spécialistes, qui sont certes conscients des insuffisances de la terminologie, mais y recourent cependant pour une information rapide. C'est précisément la raison pour laquelle une explication circonspecte de ces termes, ainsi qu'une définition de leurs limites, semblent de mise.

En dépit de cette argumentation et de notre circonspection, la sélection des termes repris en entrée n'est certainement ni optimale ni définitive. Il est possible que les vertébrés supérieurs soient surreprésentés dans les exemples au détriment des autres animaux. Enfin, il se peut que l'explication de certains termes soit encore incomplète et finalement insatisfaisante. Toutes critiques et suggestions seront dès lors très favorablement accueillies.

Le présent dictionnaire a deux précurseurs : une première série de définitions de termes éthologiques furent rassemblées à la demande de l'éditeur de l'encyclopédie « Grzimeks Tierleben » dans le volume complémentaire « Verhaltensforschung » paru en 1974. Un an plus tard, les éditions Kindler (Kindler, Zurich

Avant-propos

et Munich) publiaient une édition spéciale de la rédaction « Geist und Psyche » enrichie de nombreux ajouts.

Je tiens à remercier chaleureusement tous mes collaborateurs et collaboratrices de Bielefeld, dont les suggestions, conseils et critiques m'ont été une aide précieuse au cours de l'élaboration de ce dictionnaire. Je suis particulièrement obligé à Mme le Dr Petra SONNEMANN, à MM. les Drs H.J. BISCHOF, H. HENDRICHS, E. PRÖVE et R. SOSSINKA, ainsi qu'à MM. P. HAMMERSTEIN, diplômé en mathématique, et N. SACHSER et R. WITT, diplômés en biologie. J'adresse tous mes remerciements à M.K. WEIGEL, dessinateur à la faculté de biologie de l'Université de Bielefeld, à qui nous devons la composition, cette fois encore si méticuleuse et parfaitement adaptée aux propriétés didactiques de l'ouvrage, d'une grande partie des illustrations.

Bielefeld, printemps 1982

Klaus IMMELMANN

Préface de l'édition française

Peu de disciplines biologiques suscitent, tant dans les milieux scientifiques qu'auprès du grand public, un intérêt aussi vif que l'éthologie, la science qui étudie le comportement animal. On en veut pour preuve le formidable retentissement qu'ont rencontré les travaux de Karl VON FRISCH, de Konrad LORENZ et de Niko TINBERGEN, unanimement salués comme les fondateurs de l'éthologie moderne, et honorés en 1973 du prix Nobel de Médecine et de Physiologie, le nombre toujours croissant de publications spécialisées ou de rencontres internationales entre éthologistes, ou encore l'engouement du profane pour les films et documentaires qui traitent des mœurs des animaux dans leur milieu naturel.

Or, il a fallu du temps avant que cet enthousiasme pour l'étude du comportement animal ne gagne les pays francophones. Le mérite des premiers travaux de l'éthologie moderne revient à quelques chercheurs allemands et autrichiens qui, très vite, au début du siècle, ont résolument pris la tête de la recherche dans ce nouveau champ d'investigation, talonnés après 1950 par les Anglo-Saxons. La France comptait certes d'éminents précurseurs ; nous citerons pour exemple l'entomologiste Jean-Henri FABRE, mais celui-ci déplora toute sa vie le peu d'attention accordé à son œuvre, et ne forma pas de disciples qui eussent pu la perpétuer ; dans les milieux officiels, malgré la vitalité des écoles d'entomologie, l'éthologie demeura une branche mineure de la biologie, en retrait des développements nouveaux qu'elle connaissait par ailleurs de part et d'autre de l'Atlantique.

Quoi d'étonnant dès lors à ce que la plupart des termes qui expriment les notions fondamentales de l'éthologie aient été forgés en allemand, puis traduits systématiquement en anglais. Avec l'ascension fulgurante qu'a connue l'éthologie au cours des trente dernières années et la diffusion des travaux des éthologistes dans le monde entier, les auteurs francophones se sont vus contraints de combler les lacunes du lexique et de se doter des instruments de langage qui leur permettent de rendre compte des phénomènes dans leur langue maternelle. Mais les tentatives de traduction, pour louables qu'elles aient été, ont souvent négligé l'ascendance du mot dans la langue de départ. Ainsi, trop d'auteurs traduisent en français le terme anglais qui est peut-être déjà lui-même une traduction, de sorte qu'on dérive imperceptiblement de la signification initiale. D'autres cèdent à la facilité en privilégiant l'emploi de l'anglicisme sous prétexte qu'il est universellement connu, affirmation discutable vis-à-vis du profane non familiarisé avec le jargon des chercheurs ; il est plus probable que l'utilisation massive d'anglicismes qui n'évoquent rien dans son esprit le détournera de publications jugées trop hermétiques. Par ailleurs, sans contester un seul instant le rôle qui revient à l'anglais comme outil de communication interculturelle, nous sommes fondés de penser que seule la langue maternelle permet l'articulation de la pensée avec toutes ses subtilités.

Nombre d'auteurs de renom se sont penchés sur la question et proposent des équivalences dont certaines sont

Préface

déjà passées dans l'usage. Mais ils tendent généralement à utiliser leur terminologie propre, sans se soucier de l'harmonisation du lexique. Comment le lecteur peu averti peut-il deviner que ce que l'un appelle tantôt « coordination motrice héréditaire », tantôt « patron moteur fixe », équivaut à ce que d'autres nomment « stéréotype moteur », « schème d'action spécifique » ou encore « sortie motrice unitaire »... ; qu'« activité de substitution » et « activité de déplacement » désignent un seul et même phénomène ? Sur cette toile de fond, toute démarche qui se propose de démêler l'imbroglio du vocabulaire éthologique, et par conséquent contribue à réduire les risques d'interprétations abusives et de malentendus, devrait rencontrer un accueil favorable. Espérons qu'il en sera ainsi de la traduction en français du « Wörterbuch der Verhaltensforschung » de Klaus IMMELMANN, qui paraît aux éditions Mardaga.

En tant que traducteur de l'ouvrage, je me dois ici de préciser certains points :

– Lorsque le français dispose de plusieurs synonymes pour un seul terme allemand, c'est la fréquence d'utilisation qui a décidé du terme français à faire figurer en entrée. Si ces synonymes sont également courants, c'est selon le cas le terme le plus évocateur, ou le plus proche sémantiquement du terme original qui a prévalu.

– Le terme français a systématiquement été préféré à l'emprunt, même si les auteurs francophones font largement usage de ce dernier. Pourquoi en effet privilégier le terme « flehmen », peu suggestif pour un francophone, quand il suffit de lui substituer « moue de flairage » pour décrire parfaitement le phénomène ?

– Il convient toutefois de mentionner quelques exceptions : les anglicismes « display », « local enhancement », « male care » et « surrogate », qui figuraient en entrée dans l'ouvrage original, sans équivalent en allemand, ont été conservés tels quels.

– Lorsque les publications consultées et les personnes sollicitées ne m'ont été d'aucun secours, j'ai été amenée à proposer une traduction. Faute de place, je renonce à justifier mes choix auprès du lecteur. Chacune de ces propositions est motivée soit par la logique soit par l'analogie et a reçu l'aval d'un spécialiste. Cependant, comme en définitive l'opération traduisante procède par approximations, le lecteur est en droit de juger telle ou telle proposition insatisfaisante. Toute suggestion de sa part sera considérée avec intérêt.

Une gratitude égale m'attache aux nombreux scientifiques qui ont bien voulu me prêter leur concours éminent. Sans leur compétence et leur dévouement, gageons que cette édition française n'aurait pas vu le jour.

Anne RUWET

Conseils d'utilisation

Les mots du présent dictionnaire sont rangés par ordre alphabétique. Par souci de cohérence et d'uniformité, les mots composés sont placés sous le premier élément : « capacité de numération » sous capacité, « psychologie comparée » sous psychologie, « variation du seuil de réponse » sous variation. Pour la commodité de l'utilisateur, un index reprend en annexe tous les termes-clés sous leurs différents éléments ainsi que leurs synonymes.

Chaque terme est accompagné du terme allemand original ainsi que de son équivalent en anglais. Le traducteur a tenu à respecter le souci de l'auteur de conserver le terme anglais dans la mesure où, en éthologie comme dans d'autres disciplines de la biologie, une proportion sans cesse croissante de publications paraissent en anglais. Il suffit pour s'en convaincre de jeter un coup d'œil à la bibliographie reprise en fin d'ouvrage. La connaissance de la nomenclature anglaise est donc un préalable à la consultation de publications plus détaillées.

Chaque terme-clé donne matière à un bref article explicatif qui est soit illustré à l'aide d'exemples, soit suivi de l'énumération des groupes d'animaux chez lesquels s'observe le comportement considéré. Dans nombre de cas, l'acception d'un terme varie selon les auteurs ou les différentes « écoles ». Le dictionnaire met l'accent sur ces variations de sens. Les définitions ont parfois été reprises littéralement (ou traduites le plus fidèlement possible). La définition est alors suivie du nom de l'auteur de la citation. Le lecteur trouvera dans la bibliographie la référence de l'ouvrage d'où celle-ci est issue.

Dans le texte, un terme renvoie très souvent à un autre par l'intermédiaire d'une flèche. Ces renvois signifient à l'utilisateur que des renseignements complémentaires sur le sujet traité ou un thème voisin figurent sous un autre mot-clé. Ce procédé permet, de proche en proche et d'un terme à l'autre, de couvrir toutes les possibilités du lexique éthologique dans un domaine donné.

Après chaque article explicatif, l'auteur renvoie à une série d'ouvrages mentionnés en bibliographie. Il s'est efforcé de fournir pour chaque concept éthologique les références d'ouvrages de synthèse (livres, articles de base) dans lesquels le lecteur pourra puiser de nouvelles références bibliographiques. Pour certains cas particuliers, notamment des termes récents pour lesquels les articles de synthèse font encore défaut, l'auteur mentionne les travaux originaux qui ont inspiré le concept. Il en va de même pour les termes éthologiques « classiques » qui ont été supplantés par d'autres. Pour certains termes très courants (p. ex. social, organe des sens, antagonisme, dimorphisme), l'auteur a renoncé aux données bibliographiques.

Dans l'ouvrage original en allemand, les synonymes des termes-clés ou les termes apparentés sont répertoriés en tête d'article. Par crainte d'encombrer le texte avec une abondance de termes relativement techniques, le traducteur a préféré les mentionner séparément après la bibliographie de l'auteur. Les synonymes sont cités par ordre alphabétique et accompagnés des sources du traducteur. Celles-ci ont été ajoutées en annexe à la bibliographie de l'auteur.

A

ACTE CONSOMMATOIRE*
Endhandlung
Consummatory act, end act

→ Coordination motrice héréditaire sur laquelle débouche une séquence de comportements appétitifs. Ainsi, les actes de la nutrition (mastication, déglutition) sont des actes consommatoires dans le système fonctionnel de l'alimentation ; il en va de même pour l'accouplement dans le domaine du comportement sexuel. Les actes consommatoires peuvent le cas échéant succéder à de longues séquences de conduites destinées à la recherche et à la capture de la proie ou à la synchronisation des mouvements entre les deux partenaires. Selon l'explication initiale, l'acte consommatoire « épuise » l'énergie interne indispensable à l'accomplissement de toute la séquence comportementale, et entraîne donc une interruption plus ou moins longue du → comportement appétitif. De récentes découvertes portant sur cette « énergie », c'est-à-dire sur les facteurs sous-jacents à la disposition à répondre, ont toutefois montré que cette interprétation ne rend pas compte de toute la complexité du phénomène (→ potentiel d'action).

CRAIG (1918) ; TINBERGEN (1952a) ; LORENZ (1961) ; LEYHAUSEN (1965).

---

* In PIERON H. (1963), p. 5 ; SILLAMY N. (1980), p. 275 ; THINES G. et LEMPEREUR A. (1975), p. 219 ; RICHARD G. (1984) in *Universalis 5*, p. 209.
Syn. Action de consommation in PAULUS J. (1965), p. 43 ; RUWET J.-Cl. (1969), p. 72.

ACTION DE TRANSITION
Übergangshandlung
Transitional action

Se dit d'une conduite qui s'exprime de manière identique ou analogue (→ *outil comportemental*) dans deux → *cycles fonctionnels* différents, si bien que son exécution peut induire chez l'animal l'état motivationnel correspondant à l'autre cycle fonctionnel (→ *motivation*) et l'amener à passer d'un registre comportemental à un autre. Même dans un cycle fonctionnel déterminé, celui des soins corporels par exemple, une conduite ou une attitude posturale peut accroître la probabilité d'exécution d'une action partielle qui rappelle l'action de transition. En anglais, ce phénomène porte le nom de « postural facilitation » (facilitation posturale).

LIND (1959) ; DAWKINS et DAWKINS (1976) ; HAILMAN (1981) ; FENTRESS (1982).

ACTIVITE
Aktivität
Activity

« Un animal est actif lorsqu'il se déplace ou meut certaines parties de son corps » (ASCHOFF) (→ *comportement moteur*, → *locomotion*). A côté des activités propres aux différents → *cycles fonctionnels* (p. ex. activité sexuelle), il existe également des formes « plus générales » d'activité, qui échappent à toute classification rigide, p. ex. les comportements → *exploratoire* et → *ludique*. Le passage du repos à la phase d'activité est typique de chaque espèce dans certaines limites et est appelé « patron d'activité ». Bien des animaux ne présentent qu'une seule phase d'activité par 24 heures, d'autres en ont deux ou davantage (→ *rythme circadien*). En éthologie, l'enregistrement de l'activité joue un rôle essentiel sur le plan de la méthode (→ *test du champ ouvert*, → *agitation migratoire*) (cf. fig. 100, p. 210).

ACTIVITE A VIDE*
Leerlaufhandlung
Vacuum activity

Manifestation spontanée d'un comportement normalement suscité par des stimuli externes, en l'absence de ces derniers (→ *comportement spontané*). Les activités à vide résultent d'un abaissement important du seuil de réponse (→ *variation du seuil de réponse*).

Du point de vue de la méthode, les activités à vide posent un problème dans la mesure où, dans la pratique, il est extrêmement difficile d'établir l'absence totale dans l'environnement de l'animal de stimuli, aussi inadéquats soient-ils, susceptibles d'avoir déclenché le comportement considéré. C'est pourquoi les exemples absolument incontestables d'activités à vide sont très rares. On a surtout pu en observer chez le tisserin, qui accomplit à l'occasion ses mouvements complexes de construction du nid en l'absence de brin d'herbe et d'un quelconque → *objet de remplacement*.

LORENZ (1932, 1935, 1937, 1938); ARMSTRONG (1950); BASTOCK et al. (1953).

ACTIVITE DE REDIRECTION*
Umorientierte Bewegung
Redirected activity

Comportement réorienté. Activité de remplacement. Conduite qui ne s'adresse pas à la cible « normale » mais à un → *objet d'évacuation*. Se manifeste le plus souvent lors de confrontations agonistiques : souvent lorsqu'un animal est menacé par un congénère dominant,

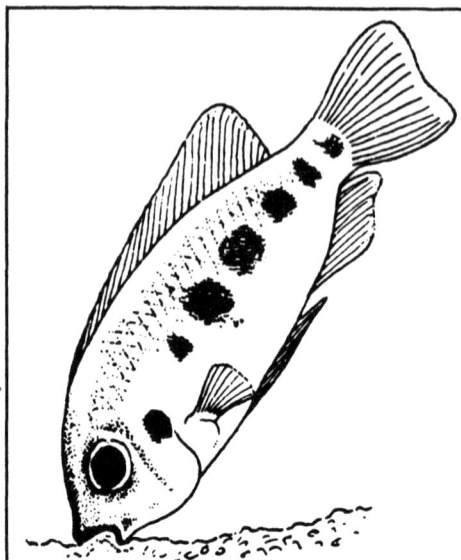

Fig. 1. Exemple d'activité de redirection : au lieu de mordre son antagoniste, une perche épineuse s'acharne sur le fond sableux qui lui sert d'→ *objet d'évacuation* (d'après BARLOW, 1974).

sa riposte se décharge non sur l'assaillant lui-même mais sur un congénère subalterne ou un objet neutre, par exemple une touffe d'herbe. A l'origine, on qualifiait ce comportement de « Radfahrer-Reaktion » (réaction de sous-officier). Tout comme l'activité de substitution, l'activité de redirection caractérise les situations conflictuelles (→ *comportement conflictuel*) (fig. 1).

TINBERGEN (1952b); BASTOCK et al. (1953).

ACTIVITE DE SUBSTITUTION*
Übersprungbewegung
Displacement activity

Conduite « inattendue » qui se manifeste en dehors de la séquence comportementale dont elle fait normalement partie.

---

* In CHAUVIN R. (1969), p. 25; RUWET J.-Cl. (1969), p. 67; THINES G. et LEMPEREUR A. (1975), p. 38.
Syn. **Activité explosive** in RUWET J.-Cl. (1969), p. 67.
Syn. **Activité de débordement** in RUWET J.-Cl. (1969), p. 67; VOSS J. et al. (1973), p. 306.
Syn. **Activité vide** in BAERENDS G.P. (1963), p. 83; THINES G. (1966), p. 254; RICHARD G. (1975), p. 104.

* In RUWET J.-Cl. (1969), p. 88.
Syn. **Redirection** in CHAUVIN R. (1975), p. 182; THINES G. et LEMPEREUR A. (1975), p. 817.
Syn. **Activité redirigée** in THINES G. et LEMPEREUR A. (ibid.); RICHARD G. (1975), p. 224; CAMPAN R. (1980), p. 183.

---

* In CHAUVIN R. (1958), p. 27; RUWET J.-Cl. (1969), p. 85; THINES G. et LEMPEREUR A. (1975), p. 922.
Syn. **Activité de déplacement** in BAERENDS G.P. (1963), p. 91; RUWET J.-Cl. (1969), p. 85; DE LANNOY J.D. et FEYEREISEN P. (1973), p. 289; THINES G. et LEMPEREUR A. (1975), p. 264.
Syn. **Activité substitutive** in HEYMER A. (1977), p. 184; CAMPAN R. (1980), p. 183.

Elle apparaît dans des situations conflictuelles (→ *comportement conflictuel*), et est généralement «vaine» en ce sens qu'elle ne remplit pas la fonction biologique à laquelle elle est en principe adaptée (→ *adaptation*). Deux exemples connus : le picorage de substitution de deux coqs rivaux (fig. 2), et les mouvements de nageoires de l'épinoche au cours de la parade, appelés mouvements de ventilation de substitution. Le terme «activité de substitution» trouve son origine dans l'hypothèse selon laquelle deux tendances comportementales opposées (p. ex. l'attaque et la fuite) s'inhibent mutuellement, l'«énergie comportementale» se déchargeant par une troisième voie (hypothèse du surplus d'énergie). En revanche, on admet généralement de nos jours que l'→ *inhibition* réciproque des deux tendances permet l'extériorisation d'un troisième comportement activé lui aussi, quand bien même plus faiblement (hypothèse de désinhibition). Cependant il existe encore toute une série d'hypothèses, et il est concevable que les diverses activités de substitution reposent sur des mécanismes différents eux aussi. La → *ritualisation* leur permet d'acquérir secondairement une fonction de signalisation et de favoriser ainsi la communication sociale. En particulier, les comportements de parade nuptiale et de menace comportent souvent des activités de substitution ritualisées.

KORTLANDT (1940b); TINBERGEN (1940, 1952b); ARMSTRONG (1950); BASTOCK *et al.* (1953); SEVENSTER (1961); Mc FARLAND (1966); BAERENDS (1975).

Fig. 2. Un exemple classique d'activité de substitution : deux coqs rivaux picorent le sol comme s'ils cherchaient de la nourriture (d'après TINBERGEN, 1952).

ACTIVITE SYMBOLIQUE
Symbolbewegung
Symbolic display

Terme issu essentiellement des premières publications d'éthologie, où il recouvre cependant plusieurs acceptions. A l'origine, K. Lorenz l'appliquait à des → *mouvements d'intention* ayant acquis par → *ritualisation* un caractère tellement spectaculaire qu'ils exercent sur les congénères une action de signalisation. D'autres auteurs lui ont attribué une acception plus large. Elle correspond approximativement à celle du → *comportement d'expression* et s'est largement imposée. A l'heure actuelle, ce terme est néanmoins pratiquement tombé en désuétude. L'→ *alléchage*, devenu un élément de la → *parade nuptiale* chez de nombreux gallinacés, est souvent cité comme exemple d'activité symbolique.

ANTONIUS (1940); LORENZ (1941, 1954, 1966); SCHENKEL (1956).

ACCUMULATION DE LA PULSION
Triebstau

Se disait autrefois de l'augmentation de la → *motivation* sous-jacente à un comportement qui ne s'est plus exprimé depuis longtemps. Par exemple, la pulsion sexuelle d'un animal s'accumule si son comportement sexuel a été réprimé depuis un certain temps. On reconnaît l'accumulation de la pulsion à une diminution du seuil de réponse (→ *variation du seuil de réponse*). En raison des réserves que suscite le terme «pulsion», la notion d'accumulation de pulsion n'est pratiquement plus utilisée non plus.

LORENZ (1950, 1963).

ADAPTATION
Adaptation
Adaptation

Appropriation d'un organisme au milieu dans lequel il vit, c'est-à-dire mise en place de propriétés qui augmentent son espérance de vie et son succès reproducteur, de même que ceux de ses descendants (→ *aptitude*). Les adaptations peuvent être de nature morphologique (constitutionnelle), physiologique (fonctionnelle) ou comportementale : les comportements sont adaptés aux conditions naturelles comme toute autre propriété d'un organisme. L'écoéthologie est une discipline éthologique qui s'attache particulièrement à ces adaptations comportementales. Toute adaptation requiert des informations sur les conditions naturelles ambiantes. Ces informations proviennent fondamentalement de deux sources différentes : l'hérédité (→ *inné*) ou l'expérience individuelle acquise au contact de l'environnement. Dans le premier cas, on parle d'adaptation phylogénique, parce qu'elle se présentait déjà chez les générations antérieures. Elle procède par → *mutation* et par → *sélection* (→ *évolution*), les individus dont le patrimoine génétique commande l'émergence des propriétés les mieux adaptées à l'environnement laissant la descendance la plus nombreuse. Ces caractères s'implantent ainsi peu à peu dans la → *population*. Le processus d'adaptation consiste donc en une modification de la fréquence d'un caractère au sein de la population. L'expérience individuelle offre une autre possibilité d'adaptation. On parle d'adaptation individuative (→ *modification*). Elle consiste en l'apparition, chez des individus ou des populations, de caractères comportementaux variables selon le milieu dans lequel l'animal grandit, et auquel il doit s'adapter. En règle générale, ces deux processus interviennent simultanément, l'adaptation phylogénique fixant le « cadre » à l'intérieur duquel pourront s'inscrire les adaptations individuelles. Ainsi, au cours de la phylogenèse, le babouin peut s'être adapté à rechercher pour la nuit une couchette surélevée. Qu'il s'agisse d'un pan rocheux ou d'un bouquet d'arbres dépend toutefois de ses expériences individuelles. Certains vertébrés supérieurs peuvent également transmettre à la génération suivante des adaptations comportementales individuatives. Ce phénomène s'accomplit par → *tradition*.

A côté de son acception en écologie et en biologie évolutive, le terme « adaptation » se rapporte aussi à d'autres phénomènes biologiques. Ainsi, en physiologie sensorielle, on entend par là la diminution de l'excitabilité d'une cellule ou d'un organe sensoriel (→ *récepteur*) à la suite d'une stimulation continue ou répétée. Il s'ensuit un changement de sensibilité, et seuls des stimuli toujours plus puissants seront dorénavant à même de susciter la réaction initiale.

On désigne parfois aussi par « adaptation » le processus d'→ *habituation*, qui consiste en l'« adaptation » d'un individu à une situation stimulante déterminée. Etant donné que les phénomènes d'adaptation sensorielle que nous venons de mentionner restent pratiquement absents de l'habituation, qui résulte de processus centraux (encore méconnus) du → *mécanisme de déclenchement*, on parle également d'« adaptation du système nerveux central ».

MAYR (1967, 1974); SIEWING (1978).

ADOPTION
Adoption
Adoption

L'acception de ce terme est plus large en éthologie que dans le langage quotidien. Il s'applique dès lors qu'un individu, sans y être « habilité », assume durablement (et non plus passagèrement comme dans le cas de l'→ *aidant* ou de l'→ *allomère*) les soins d'un jeune. Ce terme recouvre donc aussi la prise en charge d'un jeune par des individus apparentés (quand bien même indirectement), et l'adoption semble effectivement plus fréquente entre animaux proches parents qu'entre individus non apparentés si ce n'est faiblement. Cette constatation va dans le sens de la → *théorie de la parentèle*. Ainsi, chez les chimpanzés et les singes rhésus, ce sont souvent les compagnons de fratrie plus âgés qui, après la mort de la mère, prodiguent au jeune orphelin des soins intensifs.

L'adoption de jeunes par des individus apparentés s'observe également chez d'autres primates (macaques, langurs), chez le lycaon et le coati.

Par contre, les espèces qui forment de vastes entités et chez lesquelles la → *reconnaissance de la parentèle* n'intervient vraisemblablement pas (par exemple les gnous, les otaries et les roussettes) laissent généralement mourir les orphelins. Les → *crèches* que forment quantité d'oiseaux pourraient constituer une exception, puisqu'on y observe une prise en charge durable des jeunes par des individus non apparentés. Il pourrait s'agir là d'un → *altruisme* réciproque. On a relevé chez le babouin hamadryas une forme particulière d'adoption : les mâles adultes « ravissent » des femelles encore immatures à un vieux mâle, les « adoptent » et jettent en quelque sorte les bases de leur propre harem.

ITANI (1959); SADE (1967); KUMMER (1968, 1975).

ADULTE
Adult
Adult

Etre vivant parvenu au terme de sa croissance, sexuellement mûr.

AFFERENCE
Afferenz
Afference

Ensemble des excitations nerveuses acheminées des organes sensoriels (y compris les → *propriocepteurs*) au → *système nerveux central*. On appelle nerfs afférents ou sensitifs les voies nerveuses qui permettent la conduction de ces impulsions centripètes. On distingue entre les excitations suscitées par les mouvements propres du sujet (→ *réafférence*) et celles qui résultent des modifications de l'environnement. (On désigne parfois ces dernières par « exafférence », par analogie avec la réafférence). Par exemple, lorsqu'un animal se déplace, les images qui se succèdent sur la rétine sont des réafférences ; si par contre un autre animal traverse son champ de vision, les impressions optiques résultantes sont des exafférences.

v. HOLST et MITTELSTAEDT (1950); PENZLIN (1977).

AFFICHAGE SEXUEL
Werbeverhalten
Sex advertisement

L'expression « affichage sexuel » — et les notions de parade et d'exhibition qu'elle recouvre — n'est pas utilisée uniformément dans la littérature éthologique. En général, on entend par là toutes les conduites qui président à la → *formation du couple*. Son acception peut toutefois être plus large encore ou se limiter aux comportements de la → *parade nuptiale* au sens strict. Elle est le plus souvent réservée à celui des deux sexes qui amorce le rituel de formation du couple, ou auquel revient le rôle le plus actif, c'est-à-dire au mâle dans la plupart des cas.

AGITATION MIGRATOIRE
Zugunruhe
Migratory restlessness, zugunruhe

« Activité migratoire des oiseaux maintenus en captivité qui, en raison de l'impossibilité où ils se trouvent de voler, s'exprime essentiellement par des sautillements, des amorces d'envol et des battements d'ailes » (BERTHOLD). L'agitation migratoire est un bon étalon pour mesurer l'intensité de la motivation de migration. Sur le plan de la méthode, sa quan-

Agression

tification joue donc un rôle capital pour l'étude des oiseaux migrateurs (→ *activité*). Comme l'agitation migratoire continue à se manifester même en l'absence de tout stimulus propre à déclencher ou à commander la migration (p. ex. variations de température et/ou allongement de la période d'éclairement), elle constitue un bon exemple de processus → *endogène* (fig. 98, p. 207).
BERTHOLD (1971); MERKEL (1980).

AGRESSION
Aggression
Aggression

On dit encore « comportement agressif » ou « d'agression ». Terme qui englobe toutes les manifestations de l'attaque, de la défense et de la menace. On distingue entre agression intra- et interspécifique selon que les affrontements mettent aux prises des congénères ou des sujets d'espèces différentes. Sur le plan interspécifique, il convient de distinguer l'« agression prédatrice » propre aux espèces carnassières du combat défensif livré contre un prédateur ou même un compétiteur (→ *compétition*). (En règle générale, on réserve cependant le terme « agression » à cette dernière situation). Des conduites très diverses peuvent intervenir au cours de l'agression, qu'elle soit intra- ou interspécifique (→ *combat rituel*, → *combat sanglant*). Les publications éthologiques ont souvent traité de la signification biologique de l'agression intraspécifique. Elle assure au premier chef une distribution équilibrée des individus d'une espèce dans le biotope dont ils disposent, conformément à leur → *structure sociale*, c'est-à-dire isolément, en couple ou en groupe, de même que l'exploitation optimale de ce biotope. En cas de dépassement du seuil démographique à ne pas franchir sous peine de perturbations, l'agression peut contraindre les individus « surnuméraires » à émigrer avant qu'une insuffisance des ressources alimentaires n'affaiblisse la population dans son ensemble. De plus, l'agression peut favoriser la → *sélection sexuelle* ou l'établissement d'une → *hiérarchie sociale*, et remplir encore d'autres fonctions dans des cas isolés. La → *biologie des populations* considère globalement l'agression comme « un comportement actif opposé à un compétiteur, qui réduit les chances de reproduction de l'agressé par rapport à celles de l'agresseur, par exemple en lui interdisant l'accès à certaines ressources » (MARKL) (→ *aptitude darwinienne globale*).
LORENZ (1963); TINBERGEN (1968); JOHNSON (1972); KING (1973); MARKL (1976).

AGRESSIVITE
Aggressivität
Aggressiveness

Disposition à l'attaque chez un individu ou une espèce. Elle se situe manifestement entre deux marges fixées pour chaque espèce (bien qu'on note parfois des fluctuations saisonnières liées à la reproduction) et est variable, même entre espèces étroitement apparentées. A l'intérieur de ces marges, certaines influences extérieures, surtout des expériences précoces, déterminent l'importance de l'agressivité individuelle. On n'a toujours pas établi avec certitude s'il existe une pulsion d'agression propre, c'est-à-dire si et dans quelle mesure des facteurs internes peuvent déterminer la motivation de combat d'un individu, jusqu'à quel point l'agression est répressible et si elle peut même s'exprimer spontanément (→ *pulsion*; → *motivation*; → *comportement spontané*; → *variation du seuil de réponse*).
LORENZ (1963); TINBERGEN (1968); RASA (1971); KING (1973); REYER (1975).

AGRIPPEUR
Tragling
Clinging young

On appelle « agrippeurs » les jeunes des primates et de quelques autres mammi-

déplacements. Il s'agit donc en quelque sorte de « nidifuges passifs ».
GOTTLIEB (1971); HASSENSTEIN (1973); NIETHAMMER (1979).

AIDANT*
Helfer
Helper

Terme essentiellement utilisé dans la littérature ornithologique pour désigner les individus qui secondent les parents dans l'élevage des jeunes (souvent appelés aussi pour cette raison aidants au nid). En règle générale, les aidants présentent un lien de parenté avec les géniteurs ; il s'agit par exemple de jeunes de la couvée précédente ou de l'année antérieure, mais chez certaines espèces isolées, des étrangers peuvent également assumer ce rôle (fig. 4). Cette forme d'« assistance » est largement répandue parmi les oiseaux et a sans nul doute évolué en suivant plusieurs voies indépendantes ; à ce jour, la présence d'aidants est attestée chez plus de 150 espèces de différentes lignées phylétiques (→ convergence).

Des hypothèses très diverses ont été publiées sur la signification biologique de l'« aide » apportée. Au premier abord, on croit se trouver en présence d'un cas typique d'→ altruisme ; cependant, comme pour le → comportement d'avertissement, le degré d'altruisme présent dans cette conduite fait l'objet de bien des controverses : il semble établi que l'aidant en retire lui aussi des avantages (du moins accessoirement), par exemple en accumulant des expériences dans le cadre des tâches parentales avant de couver lui-même pour la première fois. On est aussi en droit de voir un avantage pour l'aidant dans le maintien des liens filiaux ; d'autres bénéfices éventuels ont été envisagés pour les diverses espèces.

Fig. 3. Exemple de jeune agrippeur. Le petit koala (*Phascolarctos cinereus*), cramponné à l'épaisse fourrure de sa mère, est constamment porté par elle.

fères (p. ex. koalas, paresseux, chauves-souris) qui, pendant les premiers jours ou les premières semaines de leur vie, se cramponnent à leur mère qui les véhicule (→ comportement de contact ; → transport des jeunes) (fig. 3). C'est surtout avec les mains et les pieds, capables de se recroqueviller par réflexe, que ces jeunes animaux s'accrochent à la fourrure de leur mère (→ réflexe d'agrippement). De plus, les jeunes chauves-souris se fixent à la mamelle maternelle.

Les jeunes primates aussi gardent souvent la mamelle en bouche après l'allaitement. Pourtant elle ne semble pas faire office d'« organe de préhension ». L'état de développement des agrippeurs à la naissance leur assigne une position intermédiaire entre les → nidicoles et les → nidifuges : ils correspondent aux nidifuges sur le plan du développement des organes sensoriels, mais par ailleurs leur → comportement moteur est manifestement encore imparfait et ne leur permet pas de suivre la mère dans ses

---

* In PIETTE V. (1986), pp. 193-194.
Syn. **Aidant au nid** *ibidem*, p. 194.
Syn. **Auxiliaire** *ibidem*, pp. 193-194.

Aidant

Fig. 4. Chez le geai bleu de Floride (*Aphelocoma coerulescens*), des juvéniles de couvées précédentes secondent les parents dans l'élevage des oisillons (d'après WOOLFENDEN, 1974 in WILSON, 1975).

Dans l'ensemble, les différences entre espèces sont telles (nombre d'aidants, degré de parenté avec les géniteurs, ampleur et durée des activités parentales, etc.) qu'on ne peut prétendre à aucune explication globale.

De façon tout à fait générale, il y a pourtant lieu de penser que l'importance des avantages directs qui résultent pour l'aidant de ses activités parentales est inversement proportionnelle au degré de parenté qu'il présente avec les parents biologiques des jeunes dont il s'occupe ; en effet, le bénéfice *indirect* découlant de la transmission du patrimoine génétique, susceptible de motiver en partie le comportement d'assistance, diminue en même temps que le degré de parenté ou fait totalement défaut (si l'aidant est étranger à la famille) (→ *théorie de la parentèle*). Certains indices suggèrent même qu'il est des cas où les aidants ne sont d'aucun secours mais au contraire compromettent la réussite des couvées.

On observe chez d'autres groupes d'animaux des conduites semblables à celles des aidants au nid chez les oiseaux, bien que le terme « aidant » soit alors moins courant. Nous en connaissons des exemples chez de nombreux primates, chez lesquels les femelles sans progéniture (→ *allomère*) et d'autres membres du groupe, par exemple des compagnons de portée plus âgés, s'occupent provisoirement des jeunes, ou chez les dauphins où des membres du groupe poussent les nouveau-nés vers la surface de l'eau pour leur permettre de respirer. La présence d'aidants est également attestée chez les poissons cichlides africains, qui prodiguent des soins aux alevins, de même que chez les amphibiens; chez les insectes sociaux, les soins au couvain et aux larves incombent même souvent à d'autres individus que les parents naturels (→ *caste*).

SKUTCH (1961, 1976); WICKLER (1961); BROWN (1973); BURTT et HAILMAN (1978); EMLEN (1978); REYER (1980; TABORSKY et LIMBERGER (1981).

AIRE VITALE
Aktionsraum
Total range

« Espace total qu'un individu ou un groupe organisé stable parcourt tout au long de son existence. Il inclut les différents territoires, les sites de séjour temporaire et les chemins de migration » WALTHER). Si l'exploitation de cet espace est l'apanage de son (ses) occupant(s) et si par conséquent il est défendu vis-à-vis des congénères, on parle de → *territoire*. Par contre, s'il est utilisé par plusieurs individus ou plusieurs groupes, on parle de → *domaine vital*.

WALTHER (1967, 1979).

ALLECHAGE
Futterlocken
Tid-bitting

Conduite (par exemple picorage au sol) et émissions sonores par lesquelles la mère ou les deux parents attirent les jeunes → *nidifuges*. Chez de nombreuses espèces, ce comportement, qui permettait initialement au jeune animal de trouver sa nourriture, a subi une → *ritualisation*; il s'intègre désormais à la parade nuptiale, et permet secondairement au mâle d'attirer la femelle (→ *changement de fonction*).

SCHENKEL (1956).

ALLOMERE
Allomutter
Allomother

Mère nourricière. Terme emprunté à l'anglais, jusqu'à présent réservé aux primates, désignant une femelle qui manifeste des → *comportements parentaux* (transport des jeunes, surveillance, → *toilettage social*) envers un jeune qui n'est pas le sien. (L'appellation « tante », autrefois d'usage dans les publications de primatologie, a été abandonnée parce qu'elle suggère entre le jeune et cette « seconde mère provisoire » un lien de parenté parfois absent.) Comme dans le cas des → *aidants* chez d'autres groupes d'animaux, la signification biologique de ce comportement, d'abord purement altruiste (→ *altruisme*), nous échappe encore totalement. On pourrait voir un avantage direct pour l'allomère dans l'accumulation d'expériences parentales susceptibles d'être utiles lors de l'élevage de sa propre progéniture. En cas d'étroite parenté avec la mère biologique, le renforcement de l'aptitude darwinienne globale pourrait représenter un autre atout (→ *aptitude*; → *théorie de la parentèle*). Il est possible que, pour le jeune, les avantages résultant des attentions d'une allomère résident dans la reconnaissance précoce des membres du groupe et dans la présence au sein de celui-ci d'un nombre plus élevé de partenaires sociaux près desquels se réfugier en cas de danger. Cette fois encore, la véritable mère est elle aussi susceptible de bénéficier indirectement des services de l'allomère. A défaut d'observations de terrain suffisamment nombreuses, ces explications restent toutefois purement spéculatives. Chez certains primates, les *mâles* se chargent parfois eux aussi provisoirement d'un jeune, ce comportement pouvant par ailleurs concourir à la répression des tendances agressives (→ *amortissement agonistique*).

ROWELL *et al.* (1964); HRDY (1976); VOGEL (1979).

Allopatrie

Fig. 5. Comportement d'avertissement chez les chiens de prairie (*Spermophilus beldingi*) : un animal a repéré un coyote et pousse un cri d'alarme. Les colonies que forme cette espèce se composent de femelles étroitement apparentées (sœurs, nièces, etc.) de sorte que l'avertissement, qui provoque la retraite précipitée des récepteurs de l'information dans les galeries souterraines, profite à des individus dont le patrimoine génétique correspond en partie à celui de l'émetteur (d'après SHERMAN in KREBS et DAVIES, 1981a).

ALLOPATRIE
Allopatrie
Allopatry

Présence de populations ou d'espèces identiques dans des espaces géographiquement éloignés (phénomène inverse de la → *sympatrie*). En raison de l'impossibilité d'échange de facteurs génétiques, l'isolement géographique de → *populations* peut, en cas de → *mutation*, déterminer une évolution progressivement divergente qui, à l'extrême, débouche sur une nouvelle espèce (→ *spéciation*).

MAYR (1967) ; MÜLLER (1980).

ALTRUISME*
Altruismus
Altruism

Comportement désintéressé, conduite d'intérêt général, antithèse de l'égoïsme. Comportement par lequel un animal vient en aide à un congénère, parfois « au mépris de son propre bien-être ». L'altruisme intervient régulièrement dans le contexte des soins parentaux. Il est beaucoup plus rare entre sujets adultes, bien que ces derniers temps le nombre de cas répertoriés ait nettement augmenté. Il ressortit essentiellement à trois registres comportementaux : l'alerte et la défense réciproque (→ *comportement d'avertissement*) (fig. 5), la participation à l'élevage des jeunes (→ *aidant*) et le transfert de nourriture (→ *offrande alimentaire*).

L'interprétation du comportement altruiste a pendant longtemps présenté des difficultés, puisqu'il est apparemment incompatible avec le processus de la → *sélection* naturelle, qui devrait encourager uniquement les comportements profitables à l'individu. De récentes réflexions, formulées essentiellement par la → *sociobiologie*, ont apporté des éclaircissements aux éthologistes. D'une part, il s'avère que les conduites altruistes (qui ne le sont alors qu'en apparence) peuvent parfaitement présenter des avantages pour l'animal qui les exprime. D'autre part, on a constaté que l'altruisme, surtout pratiqué à sens unique, intervient principalement entre individus apparentés et peut donc indirectement être lui aussi de quelque intérêt pour l'émetteur, dans la mesure où il renforce l'aptitude darwinienne globale (→ *aptitude* ; → *théorie de la parentèle*). Entre

---
* In HEYMER A. (1977), pp. 27, 40 ; DE LANNOY J.D. et FEYEREISEN P. (1987), pp. 11-12.
Voir aussi **Mutualisme** in GAUTIER J.-Y. (1982), p. 257.

animaux non apparentés, l'altruisme est en général à double sens (« altruisme réciproque ») et, si les interventions sont plus ou moins équilibrées, profite en définitive dans une mesure égale aux deux protagonistes. Cette dernière relation est parfois aussi désignée par le terme « mutualisme », par ailleurs utilisé pour certaines formes d'associations entre diverses espèces animales, par exemple la → *symbiose*. Il arrive que l'altruisme unilatéral au bénéfice d'individus apparentés soit également appelé « népotisme ».

HAMILTON (1964, 1972); MARKL (1971); TRIVERS (1971); WILSON (1976); KREBS et MAY (1976); SHERMAN (1977); BOORMAN et LEVITT (1980).

AMASSEMENT
Vorratshaltung
Food-storing, hoarding, prey-storing

Conservation d'aliments qui seront consommés lorsque les ressources alimentaires feront défaut. Ce comportement s'observe chez les oiseaux (surtout les pics, les corvidés, les mésanges et les sittelles) et les mammifères (surtout les rongeurs). Un véritable amassement suppose la réalisation de deux conditions : certaines époques de l'année doivent être marquées par une « surabondance » des moyens de subsistance, et ceux-ci doivent se prêter à la conservation (comme les graines ou les fruits secs), c'est-à-dire résister durablement à la dégradation, et se présenter sous une forme qui permette l'« enfouissement » (écureuil, geai) ou le transport dans un terrier (marmotte, hamster).

D'autres espèces encore, notamment parmi les carnassiers, constituent des réserves à court terme, par exemple si elles ne peuvent consommer leur proie en une seule fois. Diverses espèces de geais ont fait preuve d'étonnantes facultés de mémorisation pour retrouver des provisions dissimulées.

TURCEK et KELSO (1968); HEDIGER (1973); CURIO (1976); BOSSEMA (1979); ROBERTS (1979); BALDA (1980).

AMESLAN
Ameslan
Ameslan

Langage des sourds-muets en usage aux Etats-Unis (American Sign Language). Cette forme de communication visuelle a joué un rôle en éthologie dans la mesure où, à l'aide de ses signes, on est parvenu dans des cas isolés à établir avec les anthropoïdes une communication assimilable au → *langage*.

KLIMA et BELLUGI (1972).

AMORTISSEMENT AGONISTIQUE *
Agonistic buffering
Agonistic buffering

Expression forgée depuis peu par les primatologues pour désigner des interactions entre deux mâles, dont l'un tient un jeune. Le « truchement » du jeune intervient dans des situations où tout rapprochement amorcé sans « amortisseur » entraînerait selon toute vraisemblance des manifestations d'agressivité. Le jeune fait en quelque sorte office d'« instrument inhibiteur de l'agression » (→ *usage d'instruments*). Les rencontres sur lesquelles débouche cette conduite permettent l'établissement de contacts sociaux relativement prolongés, pouvant se poursuivre pendant plusieurs heures. L'amortissement agonistique a surtout été observé au sein des → *groupes multimâles* de macaques et de babouins (fig. 6) **.

Plusieurs groupes culturels humains, par exemple les Indiens Waika et les

---

* P.d.t.
Voir « **Effet tampon** » in GAUTIER J.-Y. (1982), p. 235.
Voir aussi La Recherche en éthologie (1979), p. 255.

** Des observations récentes témoignent néanmoins de rencontres de cette nature même en l'absence de toute tension, de sorte qu'il convient de reconsidérer la légitimité du concept. C'est la raison pour laquelle certains auteurs incluent l'amortissement agonistique (*agonistic buffering*) dans la dénomination plus globale « amortissement social » (*social buffering*) qu'ils appliquent à toute situation caractérisée par l'émergence d'interactions entre deux individus par le canal d'un tiers.

Fig. 6. « Amortissement agonistique » chez le magot (*Macaca sylvanus*). L'attention que deux mâles portent simultanément à un jeune leur permet de maintenir un contact corporel étroit. Ce comportement favorise vraisemblablement l'établissement et l'entretien de → *relations* sociales entre mâles du groupe (→ *groupe multimâle*).

aborigènes australiens, ont également recours à cette « présentation » d'enfants pour signaler leurs intentions pacifiques.

DEAG et CROOK (1971); EIBL-EIBESFELDT (1976, 1979); DEAG (1980); TAUB (1980).

ANALOGIE
Analogie
Analogy

Similitudes adaptatives. Correspondances, par exemple morphologiques ou comportementales, qui ne reposent sur aucune parenté génétique (→ *homologie*). Elles résultent d'une évolution convergente (→ *convergence*), c'est-à-dire qu'elles trouvent leur origine dans des adaptations similaires à certaines conditions environnementales et se sont mises en place indépendamment les unes des autres. Les correspondances entre les ailes des oiseaux et celles des insectes ou entre le cristallin des vertébrés et celui des seiches en sont des exemples. L'étude des analogies comportementales a apporté de précieux éclaircissements sur la nature des adaptations comportementales.

RENSCH (1954); WICKLER (1961a); LORENZ (1974).

ANALYSE MOTIVATIONNELLE
Motivationsanalyse
Motivational analysis

Etude de la motivation d'un animal et de ses relations avec les facteurs externes et internes. Une motivation n'est pas directement quantifiable et il convient donc de la déduire expérimentalement du comportement même (par exemple de l'intensité, de la durée ou de la fréquence d'exécution d'une conduite ou de l'importance du → *temps de latence*). Ainsi, une modification de l'état motivationnel se traduit par des différences dans la réaction à un même stimulus. Le préalable à toute analyse motivationnelle fiable réside dans des conditions expérimentales absolument constantes, ou encore dans la modulation très précise des facteurs externes dont on entend déterminer l'influence.

HEILIGENBERG (1964); BECKER-CARUS et al. (1972); WICKLER et SEIBT (1972).

ANDROGENES
Androgene
Androgens

Terme générique pour les → *hormones sexuelles* mâles produites essentiellement par les testicules et les surrénales. L'androgène le plus important est la testostérone.

FABER et HAID (1980).

Animaux de distance

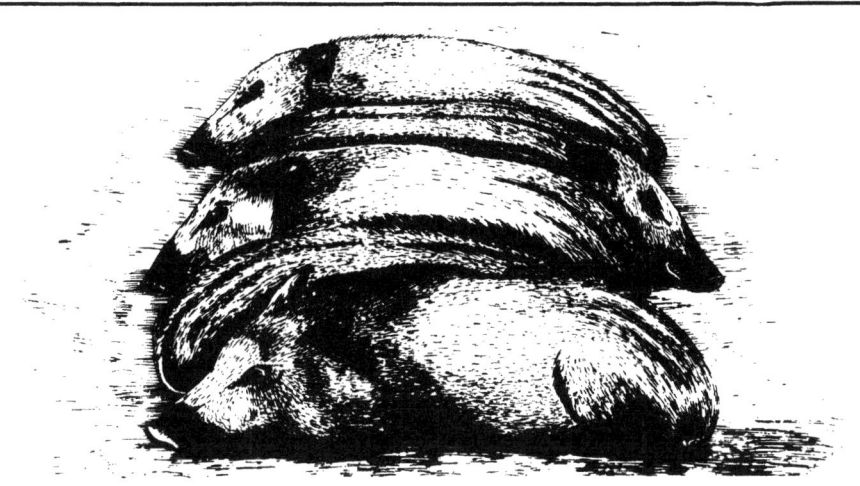

Fig. 7. Marcassins (*Sus scrofa*) allongés les uns contre les autres. Une des particularités du comportement de contact des porcins réside dans l'orientation du corps. Les animaux s'étendent de préférence «tête-bêche», c.-à-d. parallèlement et en sens inverse du voisin. Cette position est particulièrement fréquente entre partenaires d'un couple, entre une femelle et ses petits et entre les jeunes de la même portée (d'après une photographie in FRÄDRICH, 1967).

ANIMAUX DE CONTACT
Kontakttiere
Contact animals

Espèces qui n'observent aucune → *distance inter-individuelle* (→ *comportement de contact*). La classification entre animaux de contact et animaux de distance, parmi les vertébrés par exemple, est apparemment arbitraire. Les animaux de contact comptent notamment les anguilles, les murènes et les silures, les salamandres, les tortues et certains lézards, les colious, les zostérops, la plupart des perroquets et, chez les mammifères, la majorité des rongeurs, des porcins (fig. 7) et des hippopotames, ainsi que tous les primates. Il arrive que même le comportement de contact d'espèces étroitement apparentées présente des différences. C'est le cas chez les estrildinés. Ces différences restent inexpliquées. La recherche du contact corporel est apparemment indépendante du besoin de sociabilité puisque quantité de poissons, d'oiseaux et de mammifères vivant en bancs, en bandes ou en troupeaux sont précisément des animaux de distance (→ *essaim*).

HEDIGER (1941); CONDER (1949); IMMELMANN (1959).

ANIMAUX DE DISTANCE
Distanztiere
Distance animals

Animaux qui maintiennent entre eux une → *distance inter-individuelle*, c'est-à-dire évitent autant que possible tout contact corporel (→ *comportement de contact*; → *animaux de contact*). Ils comptent notamment les salmonidés, les truites et les brochets, les flamants roses, les mouettes (fig. 8) et les hirondelles, la plupart des rapaces et, chez les mammifères, des ongulés. Les espèces d'ongulés qui mettent au monde de jeunes coucheurs (→ *coucher à l'écart*)

Anomalie comportementale

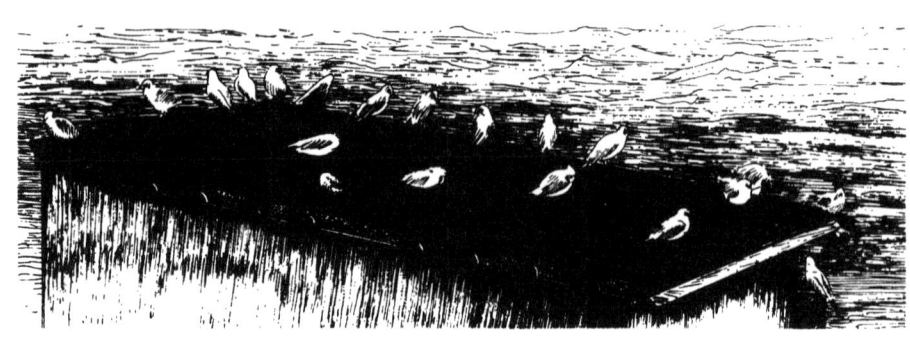

Fig. 8. Comme toutes les mouettes, les mouettes rieuses (*Larus ridibundus*) appartiennent aux animaux de distance et, au repos, observent une → *distance inter-individuelle*.

sont des cas extrêmes d'animaux de distance. Même entre la mère et son jeune, le contact physique se limite à l'allaitement.

HEDIGER (1941); CONDER (1949); IMMELMANN (1959); HAZLETT (1979).

ANOMALIE COMPORTEMENTALE
Verhaltensstörung
Abnormal behaviour

Désordre comportemental. Tout comportement qui s'écarte de la norme. Cette notion n'a toutefois qu'une valeur très limitée, puisqu'il est quasi impossible d'établir les conduites qui se situent dans la «normalité» du → *répertoire comportemental* d'une espèce (→ *spécifique*) et celles qui constituent déjà des déviations, d'autant plus que celles-ci, p. ex. les stéréotypes moteurs, peuvent également survenir dans des conditions naturelles (→ *biologie des animaux de jardin zoologique*, → *psychologie animale*).

Parmi les anomalies comportementales, on compte notamment, à côté des altérations «ponctuelles», p. ex. qui relèvent de la pathologie, les fixations sur un objet aberrant (→ *empreinte aberrante*), les modifications comportementales de nature génétique résultant de la domestication (→ *éthopathie*), les dysfonctionnements dus à la privation de certains stimuli sociaux (→ *syndrome d'isolement*) et les conduites compulsives provoquées par des conditions artificielles (→ *stéréotypie*).

FOX (1968).

ANTAGONISME
Antagonismus
Antagonism

Opposition fonctionnelle de muscles (par exemple fléchisseurs et extenseurs des membres), d'hormones (p. ex. hormones gonadotropes et sexuelles) ou de nerfs (p. ex. stimulation et inhibition de l'activité des organes internes). On appelle antagonistes les muscles, hormones ou nerfs sollicités. Le comportement comprend lui aussi des éléments antagonistes, par exemple l'attaque et la fuite.

ANTHROPOMORPHISME
Anthropomorphismus
Anthropomorphism

Tendance à attribuer aux animaux, ou dans d'autres contextes à des divinités ou des êtres fabuleux, des propriétés humaines. Le comportement animal —

surtout chez les vertébrés supérieurs, et en particulier en cas d'étroite relation entre l'animal et son soigneur — inspire constamment pareilles transpositions, qui prêtent à l'animal des traits de comportement impliquant une forme de → *conscience* ou même de discernement (→ *téléonomie*). Etant donné que ces traits échappent à l'étude objective, il est impossible de se prononcer sur l'opportunité ou la validité de telles transpositions. Cette tendance à l'anthropomorphisme a pendant longtemps empêché ou compromis l'élevage d'animaux par l'homme dans des conditions conformes au milieu naturel (→ *biologie des animaux de jardin zoologique*).
HEDIGER (1941, 1942); LORENZ (1974).

ANTIHORMONE
Antihormon
Antihormone

Collectif pour les substances synthétiques qui annulent les effets des → *hormones sexuelles*. Comme les hormones sexuelles, ce sont des stéroïdes — du moins dans la plupart des cas (→ *hormones stéroïdes*). Les antihormones se sont imposées comme de précieux instruments de travail en éthologie : la « castration chimique » qu'elles entraînent présente, par rapport à la → *castration* traditionnelle, l'avantage d'une manipulation plus aisée (injection ou implantation au lieu d'une intervention chirurgicale), et surtout celui de la réversibilité et de la possibilité d'en limiter les effets dans le temps. Les antihormones les plus utilisées sont les antiandrogènes (p. ex. cyprotérone et acétate de cyprotérone), qui neutralisent les hormones sexuelles mâles (→ *androgènes*), mais il existe également des inhibiteurs des hormones sexuelles femelles (→ *œstrogène*; on parle d'antiœstrogène, p. ex. tamoxifène).
NEUMANN et STEINBECK (1971a); FABER et HAID (1980).

APPARIEMENT
Paarung
Pairing

Le terme « appariement » n'est pas utilisé uniformément dans les publications éthologiques. En règle générale, il faut y voir un synonyme d'« accouplement » (→ *copulation*). Nombre d'auteurs lui attribuent toutefois une acception plus large et entendent également par là le processus de → *formation du couple*.

APPARIEMENT SELECTIF
Auswahlverpaarung
Assortative mating

L'observation de maintes espèces a démontré que, même au sein d'une même → *espèce* ou → *population*, l'accouplement (→ *formation du couple*) ne s'accomplit pas « arbitrairement », mais que la préférence, lors du choix d'un partenaire, revient à certains → *phénotypes*. En règle générale, l'appariement sélectif est positif, c'est-à-dire qu'il y a accouplement entre individus présentant un phénotype semblable (accouplement préférentiel : « positive assortative mating »). Comme le phénotype reflète jusqu'à un certain point le → *génotype* qui lui correspond, le choix d'un phénotype identique assure l'accouplement d'individus aux bagages génétiques très proches. La fonction biologique de l'appariement sélectif positif réside vraisemblablement dans la maximisation de la transmission du patrimoine génétique propre (→ *aptitude* ; → *reconnaissance de la parentèle* ; → *théorie de la parentèle*). Ce phénomène assure également une meilleure conservation des « adaptations locales », c'est-à-dire des adaptations héréditaires aux conditions spécifiques du milieu.

A l'inverse, un accouplement entre individus trop étroitement apparentés présente des risques de consanguinité. Chez quantité d'espèces, ceux-ci sont évités par des mécanismes → *anti-in-*

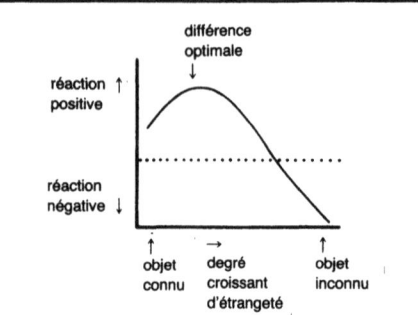

Fig. 9. Représentation de la théorie de la « différence optimale » élaborée par P. BATESON. On observe que, lors de la → formation du couple, les réactions positives d'un animal s'adressent de préférence aux individus qui diffèrent des sujets jusqu'ici familiers (p. ex. mère, père, compagnons de fratrie) (partie gauche de la courbe), sans pour autant s'en écarter trop (partie droite). D'après les réflexions de la → sociobiologie, une telle → préférence, par exemple pour une cousine du premier degré, permet une combinaison heureuse des avantages de la consanguinité et d'un accouplement avec un individu non apparenté (d'après BATESON, 1978).

ceste. Les enseignements de la → sociobiologie permettent de conclure que, dans l'ensemble, la → sélection naturelle favorise l'appariement d'individus apparentés, mais pas trop étroitement (théorie de la « différence optimale » ; optimal discrepancy) (fig. 9).

Des processus précoces d'apprentissage interviennent probablement dans l'acquisition des préférences qui aboutissent à l'appariement sélectif, à une époque où le jeune se trouve encore dans la cellule familiale. Il faut probablement y voir une fonction essentielle de l'→ empreinte sexuelle, en plus de l'isolement spécifique (→ isolement sexuel).

COCKE (1987); BATESON (1987, 1980); THIESSEN et GREGG (1980).

APPETENCE CONDITIONNEE
Bedingte Appetenz

Se dit d'un processus d'apprentissage qui, comme le → conditionnement, aboutit à l'association de deux facteurs au départ indépendants l'un de l'autre.

(Et tout comme pour l'une des formes de conditionnement, le réflexe conditionné, il faut entendre par conditionné « conditionné par l'expérience »). A l'inverse du conditionnement, l'appétence conditionnée n'implique toutefois ni l'association d'une conduite nouvelle avec l'apaisement d'un besoin, ni celle d'un nouveau stimulus avec une réaction. C'est plutôt le → comportement appétitif qui, à l'issue du processus d'apprentissage, est associé à de nouveaux stimuli déclencheurs et/ou directeurs. Si par exemple une abeille se voit présenter à plusieurs reprises consécutives de la nourriture sur un substrat d'une certaine couleur, elle recherchera cette même couleur au cours de ses vols d'exploration ultérieurs. De même, quantité d'oiseaux apprennent à reconnaître les matériaux de construction les plus appropriés au cours de leur toute première nidification, et recherchent par la suite des matériaux de même nature. Il arrive que l'appétence conditionnée débouche sur des fixations stables assimilables à l'→ empreinte.

HASSENSTEIN (1972).

APPRENTISSAGE*
Lernen
Learning

Perception d'informations par un être vivant et conservation de celles-ci en → mémoire. En éthologie, cette notion englobe tous les processus qui entraînent *chez l'individu* une adaptation du comportement aux conditions données du milieu, c'est-à-dire qui provoquent des modifications comportementales à la suite d'expériences individuelles. On peut donc définir l'apprentissage « au sens le plus large comme une modification adaptative du comportement » (LORENZ) (→ adaptation ; → modification).

---

* In THINES G. et LEMPEREUR A. (1975), pp. 84-85.

Ce processus comporte quatre phases : perception de l'information par les → *récepteurs*, stockage dans les structures du → *système nerveux central*, conservation dans le SNC et enfin restitution de l'information mémorisée (BUCHHOLTZ).

On opère une distinction entre l'apprentissage obligatoire, vital pour l'animal, et l'apprentissage facultatif, qui est certes possible mais pas absolument indispensable. Dans la première catégorie entrent tous les processus d'empreinte (→ *empreinte*), mais également des processus liés au comportement alimentaire et à l'antiprédation ; la seconde inclut l'apprentissage qui permet la → *reconnaissance individuelle* ou qui relève du comportement → *exploratoire* ou → *ludique*. Les processus d'apprentissage interviennent chez tous les animaux pluricellulaires, et vraisemblablement aussi chez certains unicellulaires. Parmi ceux qui ont le plus d'importance en éthologie figurent essentiellement le → *conditionnement* et l'→ *empreinte*.

FOPPA (1970) ; BUCHHOLTZ (1973) ; RENSCH (1973) ; MACKINTOSH (1974) ; ANGERMEIER (1976) ; LORENZ (1978) ; SINZ (1981).

APPRENTISSAGE PRENATAL
Vorgeburtliches Lernen
Pre-natal learning

En éthologie, se dit des processus d'apprentissage qui s'accomplissent déjà avant la «naissance». Ils sont attestés chez certains oiseaux, chez lesquels une → *communication* acoustique intense s'établit, déjà avant l'éclosion, entre le jeune et sa mère (et aussi entre les compagnons de couvée). Les jeunes sont déjà capables de discriminer entre sons familiers et sons inconnus : des poussins domestiques auxquels on a fait entendre certains sons au cours de l'incubation artificielle accordent leur préférence, une fois sortis de l'œuf, aux sons familiers plutôt qu'aux autres. Chez le guillemot de Troïl, un alcidé qui niche sur des falaises escarpées, les parents répondent aux cris que pousse le jeune encore dans l'œuf, qui apprend ainsi à reconnaître les cris de ses géniteurs et à les distinguer progressivement de ceux des couples voisins (→ *contingence*). Cette capacité d'apprentissage particulière (→ *disposition à l'apprentissage*) constitue une adaptation au mode de couvaison du guillemot de Troïl : les couples sont contraints, par manque d'espace, à couver côte à côte à même le sol dans des → *colonies de nidification* extrêmement peuplées (fig. 24, p. 54). Grâce à cette adaptation, parents et poussins se connaissent déjà à l'éclosion (→ *reconnaissance individuelle*) et l'élevage des jeunes peut se dérouler en toute quiétude. L'existence d'un apprentissage prénatal chez les mammifères, dont les embryons sont beaucoup mieux protégés des influences extérieures, n'est pas encore établie définitivement.

TSCHANZ (1968) ; GOTTLIEB (1971, 1976b) ; IMPEKOVEN (1976).

APPRIVOISEMENT
Zähmung
Taming

On entend par «apprivoisement» un processus au cours duquel les tendances à la fuite et les réactions négatives qu'un animal, par exemple un oiseau de fauconnerie, manifeste en présence de l'homme diminuent progressivement jusqu'à disparaître. Il s'ensuit un état de docilité, qui résulte de la neutralisation des tendances à la fuite, et parfois même de l'établissement d'une relation positive entre l'animal et un (ou plusieurs) humain(s). L'apprivoisement rappelle ainsi vaguement un processus de → *socialisation*, qui toutefois a pour cible un objet biologique «aberrant». Une confusion s'installe parfois dans les publications entre «apprivoisement» et → «*empreinte*», c'est-à-dire que ces deux termes sont utilisés indifféremment ou du moins

Appropriation vocale

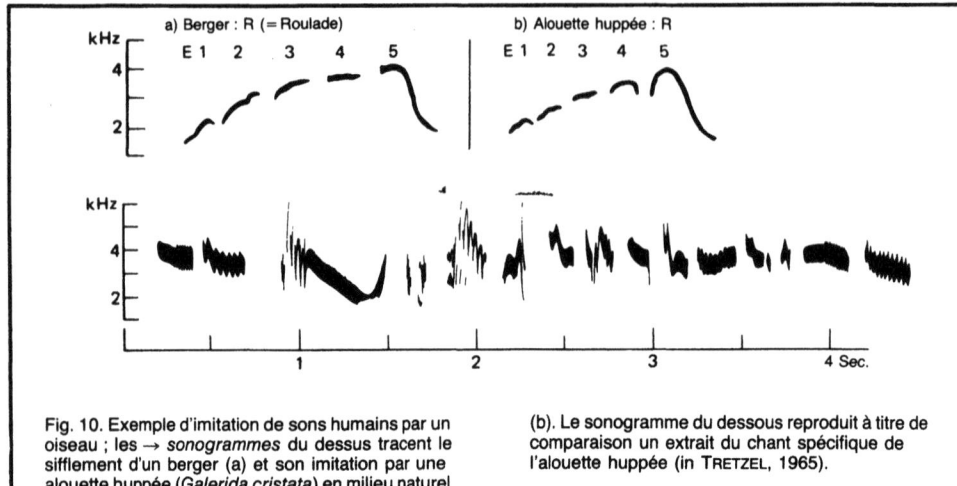

Fig. 10. Exemple d'imitation de sons humains par un oiseau ; les → *sonogrammes* du dessus tracent le sifflement d'un berger (a) et son imitation par une alouette huppée (*Galerida cristata*) en milieu naturel (b). Le sonogramme du dessous reproduit à titre de comparaison un extrait du chant spécifique de l'alouette huppée (in TRETZEL, 1965).

sans souci de distinction nette. Bien que des fixations aussi stables que celles qui découlent de l'empreinte puissent certainement participer à l'apprivoisement — notamment s'il débute à un stade très précoce — il n'en existe pas moins une différence fondamentale. En cas d'empreinte sur l'homme (→ *empreinte aberrante*), l'animal adresse des conduites sexuelles et/ou agressives à l'objet d'empreinte. En revanche, l'apprivoisement se caractérise simplement par l'absence de réactions négatives (p. ex. de fuite) et quelquefois par la présence de réactions positives «neutres» (l'animal se tient à proximité, s'approche pour se nourrir, etc.). Dans l'apprivoisement interviennent des processus d'→ *habituation* et de → *conditionnement*.

HEDIGER (1938, 1942, 1965, 1980) ; STEINBACHER (1939) ; SAUER (1966) ; KLINGHAMMER (1973).

APPROPRIATION VOCALE*
Spotten
Vocal mimicry, mocking

Terme désignant en bioacoustique l'intégration par certaines espèces d'oiseaux de vocalisations d'une autre espèce dans leur → *répertoire sonore* (→ *imitation*). Chez les oiseaux captifs, surtout chez divers perroquets et chez les mainates, de la famille des sturnidés, cette imitation peut aussi s'étendre au → *langage* humain et aux bruits artificiels (fig. 10). Diverses hypothèses ont été formulées dans les publications quant à la signification biologique de l'appropriation vocale. Fondamentalement, la copie peut s'adresser à des individus de l'espèce imitée, à des congénères ou à des espèces autres que l'espèce imitée. Dans le premier cas, il pourrait s'agir d'une manifestation de → *territorialité interspécifique*. Cette explication laisse toutefois à désirer puisqu'en règle générale, il est manifeste que les espèces imitées ne réagissent pas, si ce n'est faiblement, aux copies vocales qui, souvent, diffèrent également de l'original par le timbre. Par contre, si la contrefaçon s'adresse aussi à des congénères, les vocalisations non spécifiques pourraient n'être que des «sources de motifs» permettant à l'oiseau d'élargir son propre

---
* In GAILLY P. (1984), p. 87.
Syn. **Imitation vocale** in HEYMER A. (1977), p. 167.
Voir aussi **Copie vocale** in GAILLY P. (1984), pp. 86-87.

répertoire vocal. Enfin, on peut concevoir que l'appropriation vocale dans le sens de l'« hypothèse *Beau Geste* »** s'adresse aussi bien à des congénères qu'à des individus d'espèces concurrentes et suggère une densité de population plus élevée qu'elle ne l'est en réalité (→ *répertoire vocal*).
TRETZEL (1965); THIELCKE (1970); GRAMZA (1972); NOTTEBOHM (1972); ROBINSON (1975); HARCUS (1977); DOBKIN (1979); KREBS et KROODSMA (1980).

APTITUDE
Eignung
Fitness

Terme surtout utilisé en → *sociobiologie* pour désigner le « succès » d'un individu et par conséquent de son → *génotype* (→ *sélection*). (Les publications, en français comme en allemand, reprennent très souvent le terme anglais « fitness »). On distingue entre « aptitude individuelle » et « aptitude darwinienne globale ». La première représente le succès reproducteur d'un individu (ou d'un génotype) par rapport au succès reproducteur d'autres individus ; la seconde recouvre le nombre de porteurs du patrimoine génétique (enfants, petits-enfants) qui se reproduisent à leur tour. L'aptitude darwinienne globale d'un individu est d'autant plus forte que la part relative de son patrimoine génétique est importante chez les générations ultérieures, la contribution des individus apparentés à cette part dépendant de leur degré de parenté (→ *théorie de la parentèle*).
HAMILTON (1964); WICKLER et SEIBT (1977); DAWKINS (1978a, 1978b).

** Hypothèse *Beau Geste*; hypothèse formulée par John KREBS (1977) (voir *Animal Behaviour*, 25 : p. 475); allusion littéraire : « As each man fell, throughout that long and awful day, he had propped him up, wounded or dead, set the rifle in its place, fired it, and bluffed the Arabs that every wall and every embrasure and loophole of every wall was fully manned. » P.C. WREN, *Beau Geste*, John MURRAY. Cité par J. KREBS, *ibidem*.

ARC REFLEXE
Reflexbogen
Reflex arc

Se dit de la structure anatomique à la base d'un → *réflexe*, c'est-à-dire des fibres nerveuses dont l'excitation provoque le réflexe. L'arc réflexe se compose du → *récepteur*, de la voie afférente (→ *afférence*) qui achemine les messages sensoriels vers le → *système nerveux central* et de la voie efférente (→ *efférence*) qui conduit les impulsions motrices à l'→ *effecteur*. L'arc réflexe le plus simple se compose d'un seul → *neurone* afférent, d'un neurone efférent et d'une seule → *synapse* interneuronale (réflexe monosynaptique). Dans la plupart des cas interviennent toutefois un nombre plus important de cellules nerveuses et de synapses (réflexe polysynaptique). Si un réflexe passe par trois neurones, on parle de réflexe disynaptique et on appelle interneurone la cellule nerveuse intercalée entre le neurone afférent et le neurone efférent.
ROMER (1976).

ARENE DE PARADE
Balzarena
Lek, display territory

Site utilisé par un ou plusieurs mâles aux seules fins de la parade nuptiale et de la copulation. Les femelles, attirées par la parade du/des mâle(s), visitent l'arène où elles subiront l'accouplement.
Comme en général l'arène est défendue, elle représente un cas particulier de → *territoire* qui, à l'inverse de la plupart des territoires animaux, sert exclusivement aux fins de l'accouplement. L'arène de parade se présente chez les espèces qui vivent dans la → *promiscuité*. Elle est attestée chez plusieurs espèces d'insectes, p. ex. les libellules et les mouches du vinaigre du genre *Drosophila*, chez les poissons incubateurs buccaux, chez de nombreux amphibiens et quelques espèces isolées de mammifères

Asocial

Fig. 11. La « charmille » du chlamydère à nuque rose (*Chlamydera nuchalis*). Des rameaux d'environ 40 cm de long fichés dans le sol forment les deux parois. La plateforme qui s'y encadre, dessinée par des branchages disposés sur le sol, a un diamètre d'à peu près 20 cm. Les abords de la charmille sont débarrassés des brindilles, racines, etc. dans un rayon allant jusqu'à 180 cm et — surtout devant l'entrée de l'allée de branchages — jonchés d'objets voyants (os blanchis, coquilles d'escargots, pierres blanches et baies colorées, également des douilles de cartouches vides, des éclats de verre, etc.). La plateforme centrale fait l'objet d'une « décoration » analogue. Le mâle se tient à l'entrée de la charmille et, une brindille dans le bec (→ *symbole de nidification*), tente d'attirer par des mouvements et attitudes caractéristiques une femelle qui approche. Il semble que la → *copulation*, qui n'a été observée que très rarement, s'accomplisse sous le couvert de la charmille (d'après une photographie de J. Warham in Skutch, 1976).

nes constructions, comme les charmilles souvent « ornementées » des oiseaux-à-berceaux d'Australie et de Nouvelle-Guinée (fig. 11).

Sick (1967) ; Buechner et Roth (1974) ; Campanella et Wolf (1974) ; Alexander (1975) ; Emlen (1976) ; Ringo (1976) ; Bradbury (1977) ; Emlen et Oring (1977) ; Wells (1977a, 1977b) ; Loiselle et Barlow (1978) ; Vos (1979).

ASOCIAL
Solitär
Solitary

En biologie, se dit des espèces animales chez lesquelles les individus ne forment ni couples ni groupes durables, mais vivent isolés la plupart du temps. Mâles et femelles occupent souvent des → *territoires* séparés et ne se rencontrent qu'aux fins de l'accouplement. Parmi les mammifères, on trouve des exemples d'asocialité chez les paresseux, les orangs-outans, de nombreux félidés et le hamster des champs, parmi les oiseaux chez le casoar, le coucou et le rouge-gorge.

ASPERSION D'URINE*
Harnspritzen
Urine spraying, enurination

Appellation désignant la giclée d'urine propre à certains mammifères (par opposition à la miction normale). Le jet d'urine peut être dirigé vers l'avant ou l'arrière selon l'espèce animale et le sexe de l'individu. Chez la plupart des espèces, surtout dans le contexte du marquage territorial (cf. infra), la cible est un objet inanimé, par exemple un emplacement exposé sur le territoire ou à ses frontières. Toutefois, l'aspersion d'urine peut également viser un autre individu, surtout chez les rongeurs et les lagomorphes (→ *marquage olfactif*). Dans ce cas, elle joue un rôle dans les interactions sociales. Chez la plupart des espèces, elle est le fait du seul mâle. Nous ne connais-

(antilopes, chauves-souris). C'est parmi les oiseaux qu'elle est la plus répandue, où elle a déjà été relevée chez plusieurs douzaines d'espèces. Le mâle occupe l'arène de parade soit seul (grand tétras) soit avec d'autres mâles (tétras lyre, de nombreux colibris) (→ *parade collective*). Dans bien des cas, l'arène fait l'objet d'aménagements particuliers : le sol peut être débarrassé des feuilles qui le jonchent, comme chez le coq de roche du Pérou, une espèce qui se livre à la parade au sol, voire être pourvu de certai-

---

* In Heymer A. (1977), p. 85 ; Leroy Y. (1987), p. 99.

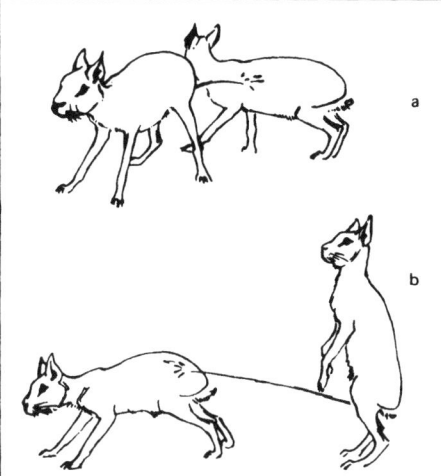

Fig. 12. Aspersion d'urine chez le grand mara (*Dolichotis patagonum*). a) Une femelle adulte, pattes antérieures tendues et écartées, asperge un mâle en dirigeant le jet d'urine vers l'arrière ; b) une jeune femelle urine vers l'avant en se dressant sur les orteils des pattes de derrière (in KIRCHSHOFER, 1960).

sons pas encore en détail les fonctions de ce comportement. Elles varient vraisemblablement d'après les espèces. On lui attribue les fonctions suivantes :
— elle induit la réceptivité sexuelle de la femelle et est alors un élément de la → *parade nuptiale* ;
— elle contribue à l'établissement ou au maintien de la → *hiérarchie sociale* ;
— elle sert au marquage du → *territoire* ;
— elle permet le refoulement de congénères ; dans ce cas, elle survient également chez la femelle, par exemple pour déjouer les tentatives d'accouplement du mâle si elle n'est pas tout à fait réceptive (giclée de défense).

Issue d'un → *épiphénomène*, l'aspersion d'urine s'accompagne chez bien des caviidés et hystricidés de la station debout et revêt ainsi un caractère spectaculaire (fig. 12).

EIBL-EIBESFELDT (1958) ; KIRCHSHOFER (1960) ; DATHE (1963) ; KUNKEL et KUNKEL (1964) ; ALTMANN (1969) ; KLEIMAN (1971).

ATAVISME
Atavismus
Atavism

Réapparition de caractères d'une espèce phylogénétiquement plus ancienne, d'une « forme ancestrale » en quelque sorte. L'atavisme diffère à deux points de vue du → *vestige historique* et de la → *récapitulation* : tout d'abord, il ne survient pas régulièrement, mais seulement occasionnellement chez des individus isolés ; ensuite, il porte sur des caractères qui avaient temporairement « disparu » — parfois pendant plusieurs générations — puis resurgissent subitement. L'atavisme s'exprime surtout dans la morphologie, comme l'atteste l'apparition occasionnelle d'un deuxième ou d'un troisième sabot chez les solipèdes, ou d'une seconde paire d'ailes chez les diptères. Il résulte d'une mutation ou de perturbations au cours du développement embryonnaire, mais peut également survenir chez les → *hybrides* d'espèces étroitement apparentées. Dans ce contexte, il peut aussi être de nature comportementale : ainsi, les hybrides d'anatidés ou de psittacidés manifestent des comportements absents chez les espèces génitrices mais observables chez d'autres espèces considérées comme ancestrales du groupe phylogénique concerné.

RENSCH (1954) ; WICKLER (1961a) ; DILGER (1962) ; STEINER (1966).

ATTACHEMENT
Bindung
Bond, attachment

Concept éthologique extrêmement répandu, et néanmoins difficile à définir et à circonscrire. Il recouvre les « relations particulières » qu'entretiennent de nombreux animaux avec des éléments de leur environnement social et non social. Sur le plan « non social », c'est-à-dire (dans le cas présent) écologique, on relève des attachements prononcés à un objet, par exemple une cavité ou une boîte aux lettres, à un biotope particulier (attachement biotopique) ou à un site géographique déterminé, fréquenté d'année en année — comme chez les oiseaux migrateurs (→ *fidélité au site*). Les attachements de cette nature résultent souvent d'expériences précoces (→ *empreinte*).

Sur le plan social, on entend par attachement une certaine dépendance entre deux individus ou davantage. Les attachements les plus répandus lient les partenaires d'un couple (→ *lien conjugal*), les jeunes à leurs géniteurs ou à leur mère (→ *attachement mère-enfant*) ou les membres d'un groupe, par exemple d'un groupe social individualisé (→ *cohésion sociale*).

Devant un cas d'espèce, il est très difficile d'établir les critères qui permettent de conclure à un attachement. Le critère de la proximité spatiale, souvent retenu en psychologie humaine, ne peut être appliqué sans réserve, puisqu'on observe chez les animaux des rassemblements dans lesquels les individus maintiennent une proximité spatiale très étroite (allant jusqu'au contact corporel) sans pour autant manifester aucune forme d'attachement (→ *foule*). L'éthologie doit dès lors recourir à d'autres critères, par exemple à une certaine «exclusivité» des → *relations* entre deux individus : on parle d'attachement lorsqu'un animal réserve exclusivement à un autre (ou à plusieurs autres) des conduites particulières, ou qu'il réprime en sa (leur) présence l'agressivité qu'il ne manquerait pas de manifester à d'autres individus. L'apparition particulièrement fréquente de certains comportements entre deux animaux peut parfois être déjà l'indice d'un attachement. Il arrive qu'une → *motivation* propre, appelée → *pulsion d'attachement*, contribue à préserver l'attachement (→ *comportement d'attachement*).

CAIRNS (1966); WICKLER et SEIBT (1972); BISCHOFF (1972); BOWLBY (1975); WICKLER (1976); AINSWORTH (1979); PARKES et STEVENSON-HINDE (1981).

ATTACHEMENT MERE-ENFANT
Mutter-Kind-Bindung
Mother-child-attachment

Se dit de l'→ *attachement* particulièrement fort qui s'installe entre le jeune et sa mère, tel qu'il s'observe surtout chez les mammifères, principalement chez les primates. Son origine phylogénique pourrait résider dans le contact corporel étroit que le «nidifuge passif» qu'est le jeune primate maintient avec sa mère (→ *agrippeur*). Dans bien des cas, ce lien subsiste au-delà de l'émancipation du jeune. La cohésion entre le jeune et sa mère favorise vraisemblablement la transmission d'acquis (→ *tradition*). La perturbation de l'attachement mère-enfant est responsable de défaillances comportementales résumées sous l'intitulé → «*syndrome d'isolement*». La psychologie humaine a confirmé à maintes reprises l'importance de cet attachement pour le développement social de l'enfant, même du nourrisson humain.

AINSWORTH (1969, 1979); BOWLBY (1973, 1975); SUOMI et al. (1973); DUNN (1976); SCHAFFER (1977).

ATTRACTIF SEXUEL*
Sexuallockstoff
Sex attractant

Substance attractive. → *Phéromone* dont la fonction est d'attirer un partenaire sexuel. Les attractifs sexuels jouent surtout un rôle important chez divers insectes. Ainsi, chez certains papillons, par exemple le bombyx du mûrier, et chez quantités d'hyménoptères, par exemple l'abeille mellifère ou la fourmi-pharaon, le mâle est attiré et stimulé sexuellement

---
* In HUSSON R. (1970), p. 214; SILLAMY N. (1980), p. 899.

par le jeu d'une phéromone qu'excrète la femelle. Ces animaux peuvent présenter des capacités olfactives étonnantes : on sait que des papillons mâles sont encore capables de percevoir l'attractif libéré par la femelle à plusieurs kilomètres de distance. Ces substances peuvent également exercer une attraction au cours des → *vols nuptiaux* chez les insectes sociaux (→ *société*).
JACOBSON (1972); LINDAUER (1975); HÖLLDOBLER (1978).

AVERSION CONDITIONNEE
Bedingte Aversion
Avoidance conditioning

Se dit d'un processus d'apprentissage qui aboutit à une réaction d'évitement vis-à-vis de stimuli jusqu'alors neutres ou même recherchés, à l'origine de mauvaises expériences pour l'animal (p. ex. effroi, douleur, perturbations végétatives). Le comportement d'évitement peut consister en une inhibition de l'approche ou du contact ou en une fuite effective. Les aversions conditionnées interviennent surtout dans la prise alimentaire, et essentiellement chez les espèces qualifiées d'«eurytrophes», qui comme les rats, absorbent, souvent d'une fois à l'autre, des aliments très diversifiés. Dans un certain sens, l'aversion conditionnée constitue le processus inverse de l'→ *appétence conditionnée*.
HASSENSTEIN (1972).

AUTISME
Autismus
Autism

Terme propre à la psychologie humaine mais s'appliquant également aux animaux, qui désigne un cas extrême d'hospitalisme (→ *syndrome d'isolement*) caractérisé par un refus de contact, des mouvements compulsifs (→ *stéréotypie*) et des insuffisances sensorielles.
TINBERGEN et TINBERGEN (1972).

AUTOMARQUAGE
Selbstmarkieren
Self-marking

Marquage olfactif d'un animal par lui-même (→ *comportement de marquage*). Il est attesté chez le hérisson, le bœuf musqué et surtout chez divers primates : chez ces derniers, la femelle en → *œstrus* imprègne sa queue d'urine. La signification biologique de l'automarquage n'est pas encore établie. Elle varie vraisemblablement d'une espèce à l'autre.

Depuis peu, les publications de primatologie opposent à «automarquage» le terme «allomarquage», qui désigne le marquage d'un partenaire social.
EPPLE et LORENZ (1967); PODUSCHKA et FIRBAS (1968); EPPLE (1975); WALTHER (1979).

B

BAIN DE FOURMIS
Einemsen
Anting

Se dit d'un comportement propre à bien des espèces d'oiseaux, qui répartissent dans leur plumage des fourmis capturées au préalable. La signification biologique de ce comportement a suscité les hypothèses les plus diverses, mais aucune des explications avancées n'a réussi à s'imposer. Cette conduite pourrait remplir des fonctions différentes selon les espèces. Les suppositions suivantes semblent relativement plausibles :

Par ces bains, l'oiseau éliminerait les sécrétions corrosives des fourmis (acide formique); cette explication s'applique surtout aux espèces (généralement de petite taille) qui consomment finalement les fourmis.

L'acide formique contribuerait à éliminer les ectoparasites (p. ex. les acariens).
Les bains de fourmis stimuleraient la peau.
CHISHOLM (1944); SAUER (1957); QUERENGÄSSER (1973).

BEHAVIORISME
Behaviorismus
Behaviorism

Courant de la psychologie fondé par le psychologue américain J.B. WATSON et pratiqué essentiellement aux Etats-Unis. Il se propose d'observer le comportement animal et humain le plus « objectivement » possible. Il se concentre par conséquent sur les comportements directement observables ou techniquement perceptibles et quantifiables et étudie les relations entre les manifestations comportementales et les conditions dans lesquelles elles s'expriment (→ *relation stimulus-réponse*). Par exemple, le behavioriste s'interroge sur la façon dont les événements qui succèdent à une action déterminée (récompenses, punitions, etc.) la renforcent (→ *renforcement*) ou l'atténuent. Le behaviorisme n'est toutefois pas uniquement une méthode de travail. On entend également par là la doctrine et l'approche fondamentale du comportement animal inspirées de l'école «behavioriste». Cette doctrine se caractérise par une confiance immodérée dans les facteurs du milieu. Son postulat de départ est que tous les organismes sont dotés du même équipement à la naissance, que tout comportement à l'exception des réflexes primaires est le résultat de processus d'apprentissage et que celui-ci s'accomplit selon les mêmes lois chez tous les êtres vivants. Le behaviorisme rejette l'existence dans le comportement de composantes spontanées (→ *comportement spontané*), de même que son caractère phylogénique adaptatif (→ *évolution*). La plupart des expériences ont été réalisées avec un matériel de laboratoire très réduit (principalement des rats et des pigeons) et des dispositifs relativement élémentaires et peu diversifiés (→ *labyrinthe*, → *boîte de Skinner*).

La doctrine behavioriste a permis de préciser les conditions d'apparition des modifications comportementales, ainsi que les formes qu'elles revêtent. Par contre, en axant exclusivement son approche sur le milieu et en se limitant à quelques espèces et à quelques types d'expériences seulement, elle n'a guère contribué à une meilleure compréhension du comportement animal dans son ensemble.
WATSON (1924, 1968); HARRELL et HARRISON (1938); LORENZ (1961); SKINNER (1974a); MACKENZIE (1977).

BIOACOUSTIQUE
Bioakustik
Bioacoustics

Discipline zoologique qui a pour objet l'étude des → *émissions sonores* chez les animaux. Elle n'a connu son véritable épanouissement qu'au cours des trois dernières décennies, quand des méthodes et des appareils d'enregistrement fiables, et surtout l'établissement de → *spectrogrammes soniques* ont permis de représenter et de reproduire objectivement les sons des animaux; c'est alors qu'a pu être abandonnée la vieille méthode très subjective consistant à décrire les phénomènes à l'aide de mots et de notes de terrain.

La bioacoustique au sens large comprend l'étude des organes de l'ouïe et des appareils phonatoires (cordes vocales, appareils stridulatoires, membranes vibratoires, etc.), de même que l'examen des processus physiologiques qui interviennent dans la production et la perception des sons, ou des relations existant entre la production sonore d'un animal et la nature de son biotope.

La bioacoustique a fourni aux éthologistes de précieux éclaircissements sur deux terrains essentiellement : sur l'évolution des vocalisations au cours de l'→ *ontogenèse*, et en particulier sur l'importance relative de l'hérédité et de l'expérience (→ *inné*), et sur la communication acoustique entre congénères et individus d'espèces différentes. Ses enseignements permettent de préciser les mécanismes qui régissent l'ontogenèse du comportement de la → *communication sociale*.

TEMBROCK (1959); LANYON et TAVOLGA (1960); BUSNEL (1963); THIELCKE (1970); MARKL (1972); EHRET (1980); MYRBERG (1980).

BIOLOGIE DES ANIMAUX DE JARDIN ZOOLOGIQUE
Tiergartenbiologie
Zoo biology

Branche de l'→ *éthologie appliquée* qui a pour objet l'étude biologique des animaux maintenus en captivité dans des zoos. Elle ouvre la voie à une meilleure compréhension des particularités comportementales des animaux et, si on applique ses enseignements à l'aménagement d'installations à l'air libre et d'abris, ou à l'alimentation et à la maintenance, permet de créer des conditions de détention qui rappellent le milieu naturel.

De manière générale, l'observation du comportement d'animaux de jardin zoologique a récemment connu un épanouissement. C'est surtout le cas pour les espèces menacées, pour lesquelles des travaux de ce type constituent le préalable à la réimplantation dans le milieu d'origine et/ou à la détention et à l'élevage par l'homme.

En dépit des inconvénients qui résultent habituellement des travaux pratiqués sur des animaux encagés, l'observation d'animaux de jardin zoologique présente certains avantages intrinsèques, p. ex. la possibilité d'étudier en détail et à long terme les différences comportementales individuelles (→ *psychologie animale*) ou de déterminer la marge de variation du comportement d'une espèce donnée, qui n'apparaît pas forcément en milieu naturel.

Ainsi, l'observation d'espèces captives non sociables dans la nature (→ *asocial*) a montré qu'en cas de détention collective, ces espèces sont parfaitement capables d'établir une → *hiérarchie sociale*, qui est généralement l'apanage des espèces vivant en groupes. Les animaux de jardin zoologique ont également fourni de précieux éclaircissements dans d'autres registres comportementaux, comme le → *comportement exploratoire* ou le comportement de curiosité. Au-delà de l'acception éthologique, « biologie des animaux de jardin zoologique » désigne au sens large « la science qui s'attache à tous les phénomènes observables dans un jardin zoologique qui revêtent une signification biologique quelconque » (HEDIGER).

Il s'agit donc d'une discipline frontière et extrêmement mélangée qui recoupe la pathologie, les sciences vétérinaires, la médecine, par exemple l'étude des zoonoses (maladies qui affectent aussi bien les animaux que l'homme), de même que la systématique biologique et la taxonomie, quand il s'agit de découvrir et de décrire des races inconnues chez les pensionnaires du zoo ou de retracer leur parenté systématique.

HEDIGER (1954, 1956, 1965); CRANDALL (1964); FRÄDRICH et FRÄDRICH (1973); DITTRICH (1977); EISENBERG et KLEIMAN (1977); KELLER et SCHMIDT (1978).

BIOLOGIE DES POPULATIONS
Populationsbiologie
Population biology

Discipline de la biologie qui décrit et analyse la répartition des individus d'une → *population* dans l'espace et le temps, et les relations qu'ils entretiennent avec les facteurs animés et inanimés de leur

Biotope

environnement. Les apports de la biologie des populations sont des éléments essentiels de la démarche sociobiologique (→ *sociobiologie*).

LACK (1954, 1966); MAC ARTHUR et CONNELL (1966); WILSON et BOSSERT (1973); CODY (1974).

BIOTOPE
Biotop
Biotope

Milieu de nature homogène, délimitable par rapport à d'autres biotopes, présentant des conditions de vie propices à l'épanouissement des plantes et des animaux qui y sont adaptés (par exemple forêt d'épicéas, steppe arbustive, tourbière). Chaque biotope abrite un nombre d'organismes caractéristiques, dont l'ensemble est appelé « biocénose » (→ *habitat*).

KÜHNELT (1965); BERNDT et WINKEL (1978).

BOÎTE A PROBLEME
Problemkäfig
Problem box

Générique pour les réceptacles de la nature d'une cage, utilisés pour étudier les performances d'apprentissage et de mémorisation des animaux. En font partie : le → *labyrinthe*, la → *boîte de Skinner* et le → *dispositif Wisconsin de testage général*.

BOÎTE DE SKINNER*
Skinner-Box
Skinner box

Boîte à problèmes. Dispositif destiné à étudier la faculté d'apprentissage des animaux, connu sous le nom de son inventeur, le psychologue américain B.F. Skinner. Il se compose d'un compartiment pour l'animal de laboratoire, d'un « dispositif-réponse » (soit un disque qu'un pigeon peut toucher du bec, soit un levier qu'une souris ou un rat peut abaisser), et d'un mécanisme délivrant la récompense, par exemple un distributeur de nourriture. En couplant le dispositif-réponse et le distributeur, on peut réaliser un → *conditionnement* instrumental. Ce type d'expérience, aux multiples variantes, nous renseigne sur la vitesse d'apprentissage d'un animal, c'est-à-dire sur la rapidité avec laquelle il « établit le rapport » entre l'action et la récompense (→ *renforcement*).

SKINNER (1938).

CAENOGENESE
Kainogenese

Terme générique pour toutes les adaptations ontogéniques précoces. Celles-ci peuvent être de nature tant morphologique que physiologique et comportementale. Elles sont le plus manifestes chez les espèces qui passent par un stade larvaire (→ *larve*) ; tout au long de cette phase, le biotope qu'occupe la larve, de même que son mode d'alimentation, diffèrent de ceux de l'animal adulte, sexuellement mûr. Ainsi, les larves de libellules vivent dans l'eau et se nourrissent d'insectes aquatiques, voire de petits poissons, qu'elles capturent grâce à un comportement hautement développé, la projection du labium ; par contre, les animaux adultes vivent sur la terre ferme et attrapent généralement leurs proies en vol. Parmi les adaptations ontogéniques précoces figurent la → *quémande alimentaire* et le → *comportement ludique*. (La caenogenèse démontre qu'il ne suffit pas de voir dans l'évolution com-

---

* In THINES G. et LEMPEREUR A. (1975), p. 208; HEYMER A. (1977), p. 72; DORE F.Y. (1983), pp. 182-186.
Syn. **Cage de Skinner** in RUWET J.-Cl. (1969), pp. 19, 74; RICHELLE M. et DROZ R. (1976), p. 331 ; DORE F.Y. (1983), pp. 182-186.

portementale du jeune la répétition de la phylogenèse, mais qu'elle implique une multitude d'adaptations individuelles répondant aux besoins particuliers du jeune).
RENSCH (1954); OSCHE (1972).

CANNIBALISME*
Kannibalismus
Cannibalism

Action de dévorer partiellement ou totalement un congénère, ou de s'attaquer à son propre corps. Le cannibalisme a été décrit chez bon nombre d'espèces animales, depuis les unicellulaires jusqu'aux primates. Il s'observe aussi bien chez les herbivores que chez les carnassiers. Chez certains arachnides ou insectes (mante religieuse, carabidés, empididés), la femelle dévore le mâle après l'accouplement. Dans bien des cas, on a constaté une corrélation entre le cannibalisme et l'insuffisance des ressources alimentaires. La prédation de congénères peut alors manifestement améliorer l'état nutritionnel de l'animal. Il est néanmoins des situations où le cannibalisme peut survenir, même en présence de réserves alimentaires suffisantes. Dans ces conditions, il contribue vraisemblablement à la régulation de la → *densité de population*, c'est-à-dire qu'il prévient les conséquences néfastes qu'une densité excessive aurait sur la population dans son ensemble (→ *comportement de mise à mort*). La mise à mort et la prédation des jeunes (→ *infanticide*, → *cronisme*) ou de la fratrie (→ *fratricide*) constituent des cas exceptionnels de cannibalisme.
MEISENHEIMER (1921); HUBER (1968); FOX (1975); BABBER (1979).

CAPACITE DE NUMERATION*
Zählvermögen
Counting ability

Faculté, mise en évidence expérimentalement par → *conditionnement* instrumental, qu'ont certains oiseaux et mam-

* In CHAUVIN R. (1975), p. 103; LEROY Y. (1986), p. 152.

* In CHAUVIN R. (1975), p. 58.

Fig. 13. Méthode utilisée parmi d'autres en vue d'étudier la capacité de numération des oiseaux : ce choucas a le choix entre deux coupelles garnies d'un appât, chaque couvercle portant un nombre différent de points (→ *épreuve de discrimination*). Un panneau indique à l'animal quel couvercle il doit soulever pour s'approprier la récompense contenue dans une seule des coupelles (d'après KOEHLER, 1941 in RENSCH, 1973).

mifères de répondre par un comportement spécifique à un nombre déterminé d'objets, préalablement inculqué au sujet par dressage. Il peut s'agir d'ouvrir (seulement) le nombre approprié de récipients garnis d'une provende ou de cesser de prélever des graines à un distributeur de nourriture une fois une certaine quantité atteinte. Le nombre le plus élevé que les sujets d'expérience sont ainsi parvenus à « abstraire » est de six unités pour la pie, le grand corbeau et l'écureuil, de six à sept unités pour la perruche et le choucas et de huit pour le pigeon.

Au cours d'autres expériences, on a présenté à l'animal des figures portant un nombre variable de symboles, qu'il devait « appréhender ». Comme les animaux sont incapables de formuler des concepts verbaux, on parle de nombres « informulés » ou « préverbaux » ($\rightarrow$ *conceptualisation* ; $\rightarrow$ *langage*). Le dressage au cours duquel un sujet apprend à discriminer des nombres est une méthode précieuse en éthologie pour étudier les « plus hautes performances cérébrales des animaux » (fig. 13).

KOEHLER (1943, 1951a) ; ZEIER (1966) ; BUCHHOLTZ (1973) ; RENSCH (1973) ; SIMMONS (1976).

CARACTERE COMPORTEMENTAL
Verhaltensmerkmal
Behavioural character

Par analogie avec l'acception courante du terme « caractère » en biologie, par lequel on entend « toute particularité ou caractéristique infailliblement reconnaissable d'un organisme » (WICKLER et SEIBT), « caractère comportemental » s'impose pour désigner toute particularité liée au $\rightarrow$ *comportement* : par exemple une séquence motrice, une vocalisation, un signal olfactif, une phase sensible ou la connaissance innée d'un stimulus-clé. Ce terme générique est indispensable dans la mesure où d'autres appellations générales telles que « conduite » ou « action » ne s'appliquent pas à toutes les particularités susmentionnées.

HINDE et TINBERGEN (1958) ; MAYR (1958) ; WICKLER (1967) ; WICKLER et SEIBT (1977).

CARACTERE DE DOMESTICATION
Domestikationsmerkmal
Domestication traits

Modification héréditaire dans le comportement et la morphologie d'un animal domestique par rapport à la forme sauvage initiale. Il s'agit des changements de taille, de stature (par exemple les courtes pattes du teckel), de couleur (par exemple albinisme, moucheture, fig. 119, p. 241) de même qu'une diminution générale du poids du cerveau (fig. 14) ou des modifications du pelage ou du plumage (poils angora, plumes bouffantes). La plupart des modifications comportementales résultant de la domestication résident dans la fréquence d'exécution de certaines conduites : elle peut soit augmenter ($\rightarrow$ *hypertrophie*) soit diminuer (hypotrophie). Le comportement sexuel de la majorité des animaux domestiques est hypertrophié ($\rightarrow$ *hypersexualisation*), alors que les comportements agressifs sont souvent atténués par rapport à ceux de la forme sauvage. A côté de ces glissements de fréquence dans l'inventaire comportemental, les mécanismes de déclenchement peuvent subir des modifications : ils perdent de leur sélectivité au fil de la domestication. Les modifications comportementales dues à la domestication sont également appelées $\rightarrow$ *éthopathies*. L'observation d'espèces animales domestiquées depuis peu, par exemple de la perruche, élevée comme oiseau de compagnie depuis quelques décennies seulement, a permis d'établir que les caractères de domestication peuvent déjà apparaître après quelques générations passées au contact de l'homme. La nature et la vigueur des phénomènes liés à la domestication, et par suite l'importance de la différence entre l'animal

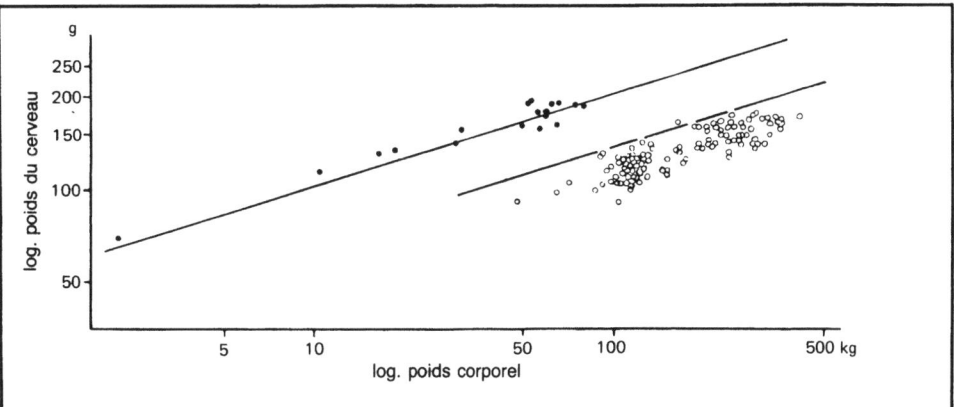

Fig. 14. Différences dans le poids du cerveau du sanglier et du porc domestique par rapport au poids corporel (représentées par un système de coordonnées logarithmiques) : le poids du cerveau de la forme domestiquée (porc domestique, cercles blancs) est sensiblement inférieur à celui de la forme sauvage (sanglier, cercles noirs) (in KRUSKA, 1970).

domestique et la forme sauvage dépendent essentiellement de la direction et du décalage entre → *sélection naturelle* et → *sélection artificielle*.

SOSSINKA (1970) ; HERRE et RÖHRS (1973) ; NICOLAI (1976) ; MILLER (1977).

CARACTERE JUVENILE
Jugendmerkmal
Juvenile characteristic

On appelle ainsi les attributs ou combinaisons caractéristiques par lesquels le jeune diffère des adultes de son espèce (→ *dimorphisme lié à l'âge*). Cette notion s'applique essentiellement au physique du jeune (« livrée juvénile »), mais également au comportement et aux émissions sonores. La plupart des livrées juvéniles sont peu voyantes (couleur cryptique) et permettent vraisemblablement au premier chef de se dissimuler aux regards des prédateurs.

Les caractères juvéniles peuvent par ailleurs intervenir dans les relations sociales, et ce à deux égards : ils peuvent d'une part faire office de → *déclencheurs* des activités parentales, comme le gosier coloré de quantité d'oiseaux (fig. 15). Inversement, ils peuvent favori-

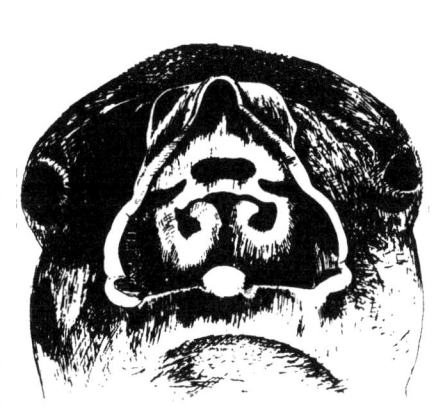

Fig. 15. Chez quantité d'oiseaux, le gosier du jeune est vivement coloré et porteur de marques distinctives. Chez le diamant (*Poephila personata*), un estrildiné des tropiques, les papilles dessinent un patron caractéristique de points et de lignes noirs mis en évidence lorsque l'oisillon ouvre largement le bec pour quémander. Le frétillement de la langue, de même que les balancements latéraux de la tête, renforcent encore l'effet déclenchant de ce marquage et suscitent l'→ *offrande alimentaire* de l'adulte.

Caractères sexuels

Fig. 16. Couleur du nourrisson chez un colobe blanc et noir d'Afrique occidentale (*Colobus polykomos adolfi-frederici*). Le jeune, presque tout blanc, est pour ainsi dire le «négatif» de sa mère, qui arbore un pelage quasi complètement noir (d'après une photographie de M. BECK in BRINSCH et SEIFERT, 1979).

ser le «camouflage social», c'est-à-dire réprimer toute action déclenchante puisqu'ils ne présentent encore aucun déclencheur sexuel ou agonistique. Cette dernière fonction revêt une importance capitale chez les espèces qui prodiguent des soins à leurs jeunes jusqu'à un stade relativement avancé et chez celles qui vivent en groupes, chez lesquelles les jeunes ne sont pas encore intégrés dans la → *hiérarchie sociale* et jouissent d'une certaine «licence carnavalesque». La livrée juvénile participe grandement aux relations sociales très complexes chez nombre de primates :
les jeunes sont porteurs de signaux propres à inhiber l'agression, même entre adultes (→ *amortissement agonistique*). En règle générale, les jeunes sont alors physiquement très différents des adultes (couleur du nourrisson) (fig. 16).

HRDY (1976); NORMAN (1977); BAUMGART (1979); ROHWER et NILES (1979).

CARACTERES SEXUELS
Geschlechtsmerkmale
Sex characteristics

Collectif désignant, chez les espèces dimorphes, les attributs par lesquels les deux sexes diffèrent l'un de l'autre. Les organes reproducteurs au sens strict, c'est-à-dire les → *gonades*, conduits et glandes annexes, constituent les caractères sexuels primaires. En revanche, tous les caractères distinctifs supplémentaires, par exemple de taille, de couleur ou de morphologie, sont des caractères sexuels secondaires.

Les différences de taille sont surtout très accusées chez maints invertébrés et quelques poissons. Il arrive que l'un des sexes soit beaucoup plus grand que l'autre (on parle de mâle nain). Toutefois, de très grandes différences de taille peuvent également survenir chez les mammifères. Elles se rencontrent essentiellement parmi les espèces vivant en → *harem*, chez lesquelles les confrontations dont les femelles sont l'enjeu ont manifestement favorisé au fil du temps la → *sélection* de mâles de plus en plus forts. Les différences de couleur entre mâle et femelle s'observent principalement chez les oiseaux et les poissons. En général, on note chez le mâle une affirmation des caractères sexuels secondaires spectaculaires, par exemple la présence de bois et de cornes chez quantité d'ongulés* ou de couleurs éclatantes chez maints oiseaux et poissons.

---

* Chez certaines espèces, les cornes, et chez le renne, la ramure, sont présentes chez la femelle comme chez le mâle.

Si les caractères sexuels secondaires que sont la taille et les appendices corporels sont permanents, d'autres disparaissent après la saison de reproduction, p. ex. la couleur caractéristique du sexe (→ *changement de couleur*, → *livrée nuptiale*). Dans ce cas, ces caractères voyants, que soulignent souvent des mouvements appropriés, peuvent faire office de → *déclencheurs* essentiels.
MEISENHEIMER (1921).

CASTE*
Kaste
Caste

En biologie, le terme « caste » s'applique surtout aux insectes sociaux (→ *société*).

Il désigne alors un groupe d'individus auxquels incombent des tâches bien précises et qui y sont adaptés sur le plan comportemental et — à l'inverse de la majorité des espèces où il y a partage des → *rôles* — sur le plan morphologique (→ *polymorphisme*). Les castes les plus répandues sont les reproducteurs, seuls individus féconds, les soldats qui défendent la société et les ouvriers qui assurent le ravitaillement, accomplissent les besognes de construction et de nettoyage et assument les charges parentales (→ *division du travail*) (fig. 17).
GERSCH (1953) ; WILSON (1968) ; LARSON et LARSON (1971) ; DUMPERT (1978) ; OSTER et WILSON (1978).

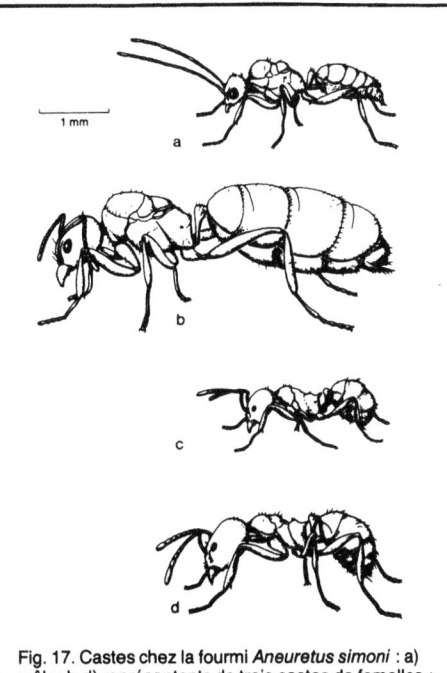

Fig. 17. Castes chez la fourmi *Aneuretus simoni* : a) mâle ; b-d) représentants de trois castes de femelles : reproductrice (b), ouvrière (c), « soldat » (d) (d'après WILSON *et al.*, 1956 in DUMPERT, 1978).

CASTRATION
Kastration
Castration

Ablation des → *gonades*. En éthologie, la castration est une méthode intéressante pour déterminer l'influence des → *hormones sexuelles* sur le comportement. A côté de l'intervention chirurgicale classique, la castration peut de nos jours s'effectuer par irradiation ou — du moins temporairement — par voie hormonale (utilisation d'→ *antihormones*).

La notion de castration a récemment subi dans la littérature éthologique une extension de sens digne d'intérêt : chez maints mammifères sociaux (p. ex. viverridés), seul le couple dominant du groupe se reproduit, même si d'autres animaux sont déjà mûrs physiologiquement (et se reproduisent effectivement si on écarte le couple dominant). Même chez les primates, on a constaté que la seule présence d'individus de rang supérieur réprime chez les mâles subalternes la capacité de reproduction. On parle alors de « castration psychique » (→ *inhibition sociale*).
WICKLER (1967).

---

* In CHAUVIN R. (1969), p. 379 ; RICHARD G. (1975), p. 175 ; RUWET J.-Cl. (1969), p. 197 ; LEROY Y. (1986), pp. 185-191.

Fig. 18. Représentation schématique du cérémonial de triomphe chez l'oie cendrée (*Anser anser*). Mâle et femelle se tiennent côte à côte. 1 et 2 : le jars fonce sur un «intrus» (I) et le chasse. 3 et 4 : il fait volte-face et revient vers la femelle en se livrant à une → *démonstration de prestance*. La femelle vient à sa rencontre, le col dressé elle aussi. Dès qu'ils se rejoignent, ils accomplissent des mouvements de «roulement» du cou (5) et cacardent de concert (6) (in FISCHER, 1965).

CEREMONIE
Zeremonie
Ceremony

Parfois aussi appelée «cérémonial». Deux termes propres aux premiers travaux de l'éthologie comparée, qui désignent des conduites sociales caractérisées par une forme extrêmement → *constante* (→ *ritualisation*), p. ex. «cérémonie d'appariement», «de menace», «de salutation», «de la → *relève*».
LORENZ (1951a).

CEREMONIAL DE TRIOMPHE
Triumphgeschrei
Triumph ceremony

Chez l'oie cendrée, conduite par laquelle le jars dirige des pseudo-agressions vers des objets qu'il évite habituellement, puis revient «triomphalement» vers sa partenaire et se livre à un simulacre de menace. La femelle joint sa voix aux cris du mâle (fig. 18). Le cérémonial de triomphe renforce le → *lien conjugal* et constitue un des cas encore peu étudiés jusqu'à présent où une conduite destinée à souder le couple n'est pas régie par la pulsion sexuelle mais par une → *motivation* propre (→ *pulsion d'attachement*).
HEINROTH (1911); LORENZ (1943, 1965); FISCHER (1965); RADESATTER (1974); SERPELL (1981).

CHAÎNE DE REACTIONS*
Handlungskette
Action chain

Egalement appelée «réaction en chaîne». Dénomination d'une séquence comportementale qui consiste en un enchaînement d'actes partiels se succédant toujours dans un ordre quasi im-

---
* In RUWET J.-Cl. (1969), pp. 43-44; TINBERGEN N. (1971), pp. 74-78; RICHARD G. (1975), p. 141.
Syn. **Réaction en chaîne** in TINBERGEN N. (1971), pp. 74-78; HEYMER A. (1977), p. 142.

Changement de couleur

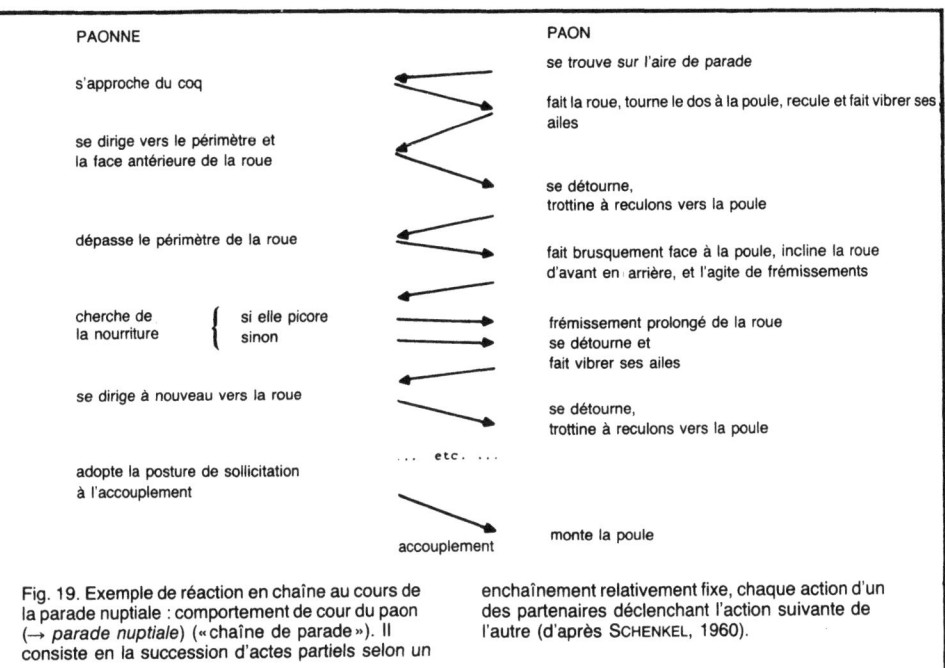

Fig. 19. Exemple de réaction en chaîne au cours de la parade nuptiale : comportement de cour du paon (→ *parade nuptiale*) («chaîne de parade»). Il consiste en la succession d'actes partiels selon un enchaînement relativement fixe, chaque action d'un des partenaires déclenchant l'action suivante de l'autre (d'après SCHENKEL, 1960).

muable, le degré de rigidité ou de flexibilité étant toutefois extrêmement variable selon les cas. Les chaînes de réactions interviennent surtout dans le domaine social, par exemple au cours de la → *parade nuptiale* («chaîne de parade») ou du → *combat rituel*. La cérémonie de cour de l'épinoche consiste en une chaîne de réactions qu'on a étudiée de très bonne heure en éthologie et qui, pour cette raison, est souvent citée à titre d'exemple. Au cours de cette parade, chaque acte partiel d'un des partenaires déclenche chez l'autre l'acte suivant. Comme l'abondance des réactions réduit la probabilité de «méprises», les chaînes de réactions contribuent certainement à l'→ *isolement sexuel* entre espèces différentes (fig. 19).

TINBERGEN (1952a); SCHENKEL (1956); HINDE et STEVENSON (1962).

CHANGEMENT DE COULEUR
Farbwechsel
Colour change

Diverses espèces animales ont la capacité de modifier leur teinte corporelle. Ce changement de couleur peut affecter toute la surface du corps ou certaines parties ou structures seulement. Il peut soit se produire une seule fois ou quelques fois seulement au cours de la vie, pendant la croissance du jeune (revêtement juvénile ; → *caractère juvénile*), soit se répéter chaque année (→ *parure nuptiale*) ou survenir fugacement, généralement à intervalles irréguliers. La nouvelle couleur se maintient pendant un laps de temps très variable qui oscille entre plusieurs semaines ou mois et quelques minutes ou secondes. Dans le premier cas, la quantité de pigments

Changement de couleur

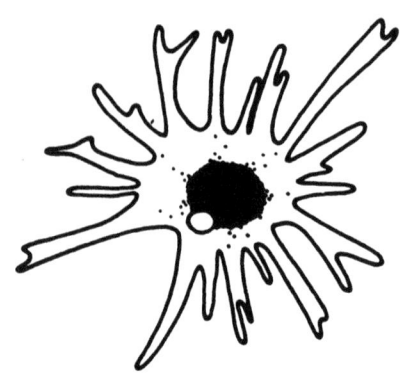 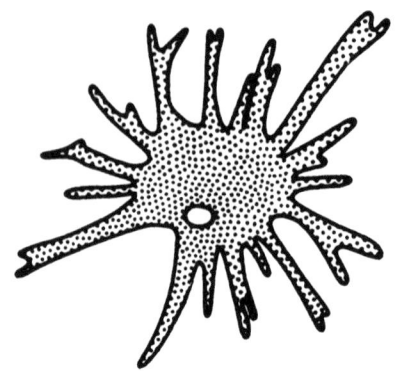

Fig. 20. Le changement de couleur observable chez certains vertébrés inférieurs (poissons, amphibiens, reptiles) résulte du déplacement des pigments dans le chromatophore. Sur l'illustration de gauche, le pigment est concentré au centre de la cellule, sur le dessin de droite, il s'est dispersé jusque dans ses moindres prolongements, ce qui provoque une modification de couleur de toute la cellule (in BUCKHARDT, SCHLEIDT et ALTNER, 1966).

présents dans les chromatophores se trouve modifiée, dans le second, seule leur répartition dans ces cellules change (fig. 20). La teinte du plumage des oiseaux et du pelage des mammifères ne change qu'indirectement, au cours de la mue, lorsque les anciennes plumes ou les anciens poils sont remplacés par de nouveaux, de couleur différente. La mue, le remplacement du pelage et les modifications lentes de la couleur de la peau, par exemple la coloration rouge que prend le ventre de l'épinoche mâle, sont régis par voie hormonale ; en revanche,

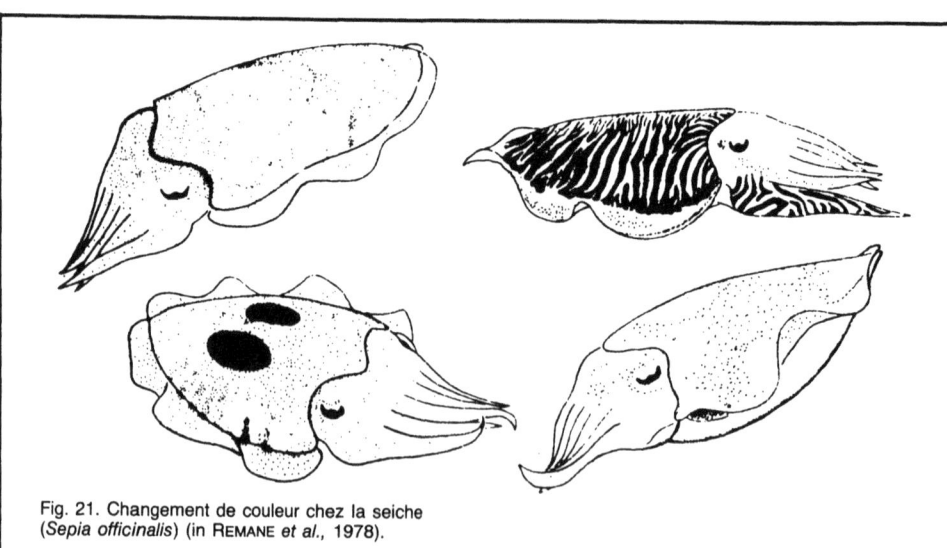

Fig. 21. Changement de couleur chez la seiche (*Sepia officinalis*) (in REMANE et al., 1978).

c'est le → *système nerveux central* qui commande les changements brusques de couleur. La signification biologique de ces phénomènes résiderait essentiellement dans le camouflage (adaptation au substrat ou à l'environnement) et la communication sociale. Le changement subit de teinte propre à certains poissons et à certaines seiches peut activer ou éclipser presque en un éclair des → *déclencheurs* importants sur le plan sexuel ou agonistique (fig. 21).
WICKLER (1965b); FLOREY (1970); PENZLIN (1977).

CHANGEMENT DE FONCTION
Funktionswechsel
Change of function

Modification au cours de la → *phylogenèse* de l'office rempli par un organe ou un comportement. L'exemple « classique » nous est fourni par le squelette de la tête chez les vertébrés : chez les mammifères, les os de l'oreille moyenne, le marteau et l'enclume, deux composantes essentielles de l'appareil auditif, se sont structurés à partir des éléments osseux qui, chez les poissons, les amphibiens, les reptiles et les oiseaux, forment les os de la mâchoire (mâchoire primaire). D'autres os ont alors assumé les fonctions du maxillaire (mâchoire secondaire). Sur le plan comportemental, de nombreux éléments de la → *quémande*, de l'→ *alléchage* et de la construction du nid ont subi un changement de fonction et sont devenus des composantes du comportement de parade. Un changement de fonction s'accompagne généralement d'un → *changement motivationnel*.
WICKLER (1961a), LORENZ (1966, 1978).

CHANGEMENT MOTIVATIONNEL
Motivationswechsel
Motivational change

Processus phylogénique au cours duquel les mécanismes qui commandent une conduite subissent une modification liée à un → *changement de fonction*. Ainsi, la structure de l'→ *offrande nuptiale* chez nombre d'oiseaux correspond à celle de l'échange alimentaire pratiqué entre le parent et le jeune. L'offrande nuptiale a cependant acquis une nouvelle fonction (parade nuptiale, cohésion du couple) et par conséquent n'obéit plus à la motivation sous-jacente au comportement parental, mais bien à la motivation sexuelle.
LORENZ (1941); WICKLER (1966).

CHANT
Gesang
Song

En éthologie et en bioacoustique, le terme « chant » désigne généralement les vocalisations qui se distinguent par leur durée et la relative complexité de leur structure des cris plus simples, qui ne comptent qu'une seule ou quelques syllabes. En raison de la multitude des formes intermédiaires (→ *cri*), il n'est toutefois pas toujours possible de procéder à une délimitation nette. Les chants se composent généralement de sons de diverses natures; cependant, ils peuvent également résulter de la répétition des mêmes sons sur un rythme déterminé, comme chez certains insectes et amphibiens. Les chants souvent très complexes qu'émettent de nombreuses espèces d'oiseaux se décomposent en différentes strophes séparées par des silences. Ces strophes comportent plusieurs séquences généralement appelées « motifs » ou « syllabes » ponctuées de pauses plus brèves; enfin, les motifs se subdivisent à leur tour en sons indécomposables, les éléments (fig. 22).

Les chants ne sollicitent pas nécessairement l'appareil phonatoire, mais peuvent résulter de divers procédés mécaniques (→ *émissions sonores*).

Les chants se rencontrent chez les mammifères, surtout les primates (singes hurleurs, gibbons), chez les amphibiens

Chant

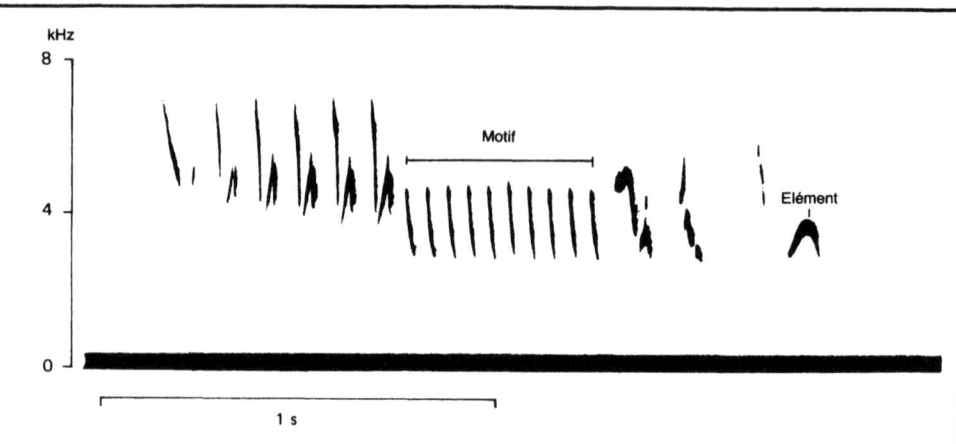

Fig. 22. Représentation sonographique (→ sonogramme) de la strophe du pinson des arbres (*Fringilla coelebs*). On voit que le chant se compose de divers motifs et éléments.

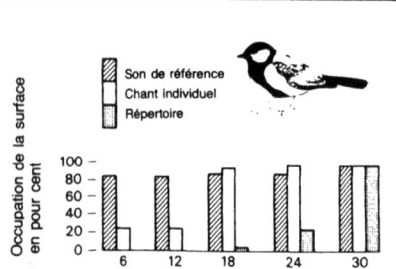

Fig. 23. Exemple de l'importance du chant dans le marquage territorial (→ *territoire* ; → *comportement de marquage*). Des mésanges charbonnières (*Parus major*) sont enlevées à leur territoire. Dans les territoires désormais inoccupés sont installés des haut-parleurs, qui émettent soit un son artificiel (son d'un sifflet) soit un chant de mésange enregistré au préalable sur magnétophone. La figure montre que les territoires sur lesquels l'expérimentateur fait entendre le son de référence sont réoccupés plus rapidement par un nouveau mâle que ceux sur lesquels le vrai chant de mésange est restitué. Le territoire reste libre plus longtemps en cas d'émission de tout le → *répertoire vocal* qu'en cas d'émission d'un seul chant individuel (d'après KREBS et al., 1978 in KREBS et DAVIES, 1981b).

anoures, quantité de poissons et les insectes (principalement les grillons, les criquets et les cigales). C'est parmi les oiseaux qu'ils sont le plus répandus, sans être aucunement l'apanage des «oiseaux chanteurs». Dans l'écrasante majorité des cas, seul le mâle chante (→ *dimorphisme sexuel*). Toutefois, chez certaines espèces, les femelles disposent elles aussi d'un chant, qu'elles émettent soit seules (p. ex. chez le bouvreuil) soit en → *duo* avec leur conjoint.

Les fonctions du chant sont multiples. Il peut signifier à des mâles rivaux la présence de l'émetteur sur son → *territoire* (chant territorial ; → *comportement de marquage*) (fig. 23) ; il peut amorcer ou accompagner des interactions agonistiques entre rivaux (chant de rivalité) ; il peut attirer les femelles et les stimuler sexuellement, c'est-à-dire accélérer la maturation de leurs → *gonades* (stimulation) (→ *chant de cour*) ; enfin, il peut renforcer la cohésion des partenaires conjugaux ou des membres d'un groupe et les synchroniser (→ *synchronisation*).

Dans la plupart des cas, le chant remplit plusieurs de ces fonctions. Il arrive aussi qu'une espèce dispose de plusieurs formes de chant, chacune appelée à remplir des fonctions différentes (→ *répertoire vocal*).

La privation de certaines possibilités d'apprentissage chez les oiseaux (→ *privation d'expérience*) permet d'étudier la part relative d'inné et d'acquis dans la structuration du chant. Des études quantitatives portant sur l'évolution des vocalisations ont dès lors apporté au débat de précieux éclaircissements (→ *inné*, → *disposition à l'apprentissage*). Chez les espèces qui acquièrent leur chant par apprentissage et le transmettent à la génération suivante par → *tradition*, le chant remplit également la fonction essentielle de → *modèle* pour les jeunes. Nombre d'espèces d'oiseaux émettent différents chants sur leur aire de répartition (→ *dialecte*). Le → *sous-chant* est une forme vocale dont la fonction n'est pas encore établie avec certitude.

THORPE (1961); ARMSTRONG (1963); BUSNEL (1963); BROCKWAY (1965); HINDE (1969); THIELCKE (1970); WELLS (1977a, 1977b).

CHANT DE COUR
Balzgesang
Courtship song

Dans les publications éthologiques, se dit d'un → *chant* qui ne remplit pas la double fonction de marquage territorial (→ *comportement de marquage*) et d'attraction de la femelle dévolue à la plupart des chants d'oiseaux, mais qui sert exclusivement à attirer et/ou à stimuler la femelle, et joue donc le rôle d'un élément de la → *parade nuptiale*. Les estrildinés, le bouvreuil, le petit chanteur de Cuba nous en fournissent des exemples. En règle générale, on appelle «chants d'attraction» ou «d'exhibition» les chants qu'émettent les insectes pour attirer les femelles.

IMMELMANN (1968); BAPTISTA (1978).

CHANTEUR MIXTE
Mischsänger
Mixed singer

Se dit d'un oiseau chanteur qui, en plus des strophes vocales de sa propre espèce, émet également des strophes ou des parties de strophes empruntées à une autre espèce, le plus souvent apparentée, ou les intègre aux siennes en une construction mixte. Cette appellation s'applique également aux individus des espèces qui produisent des → *dialectes*, qui en plus du dialecte typique de leur → *population*, font aussi entendre des strophes d'un autre dialecte. Les chanteurs mixtes ne peuvent être assimilés aux imitateurs vocaux (→ *appropriation vocale*). L'appropriation vocale procède souvent de l'emprunt de sons étrangers et en général d'éléments vocaux de plusieurs espèces différentes, qui généralement ne sont pas apparentées à l'imitateur. Les chanteurs mixtes appartiennent quant à eux à des espèces qui normalement ne copient pas de sons étrangers.

Comme pour l'appropriation vocale, nous ne pouvons proposer aucune explication de l'existence de chanteurs mixtes. Une signification biologique sur le plan de la → *territorialité interspécifique* n'est pas à exclure, mais il est également possible que l'adoption d'éléments vocaux inhabituels résulte d'une → *empreinte aberrante* au cours de l'apprentissage du chant.

BERGMANN (1973); CONRADS (1976); BECKER (1977); KROODSMA (1982).

CHANT TERRITORIAL
Reviergesang
Territorial song

Forme vocale qui signifie aux congénères mâles la possession d'un territoire et contribue à le délimiter (→ *comportement de marquage*). Chez la plupart des oiseaux chanteurs et quantité d'autres groupes d'oiseaux, le marquage territorial est vraisemblablement la fonction

première des chants. Toutefois, de nombreux chants territoriaux peuvent remplir parallèlement d'autres offices (par exemple attirer une femelle non appariée) (→ *chant*).
THORPE (1961); ARMSTRONG (1963); THIELCKE (1970).

CHIMIORECEPTEUR
Chemorezeptor
Chemo receptor

Cellule sensorielle qui réagit aux stimuli chimiques. Le goût et l'odorat comptent parmi les sens chimiques. Les chimiorécepteurs sont par ailleurs présents dans l'organisme même, comme certaines cellules du cerveau capables de percevoir la concentration de glucose dans le sang (→ *intérocepteur*).

CHŒUR
Gruppengesang
Communal song, group song, chorusing

Chant que produisent simultanément plusieurs congénères. (Parfois, on parle aussi de chœur en cas d'émission d'une simple succession de → *cris*, comme chez les grenouilles). On distingue deux formes de chants collectifs, selon que l'un des sexes seulement ou les deux y participent : dans le premier cas, propre aux cigales et aux criquets, aux anoures et aux chauves-souris et à quantité d'oiseaux (p. ex. les colibris et les paradisiers), le chant collectif est l'apanage des mâles, qui tentent par ce moyen d'attirer les femelles (→ *parade collective*). Dans le second, le chœur (qui peut consister en une série de → *duos*) réunit des mâles comme des femelles. Il est vraisemblable qu'il renforce alors la cohésion du groupe et favorise la synchronisation des membres et peut-être aussi le marquage acoustique d'un territoire collectif (→ *comportement de marquage*). Cette forme de chœur est particulièrement développée chez certains primates (gibbons et singes hurleurs).
WAGNER (1954); WICKLER et SEIBT (1974); ALEXANDER (1975); TENAZA (1976); BRADBURY (1977); ELZEN et ELZEN (1977); FEKES (1977); WELLS (1977a, 1977b).

CHRONOBIOLOGIE
Biorhythmik
Biorhythmicity

Discipline de la biologie qui étudie les phénomènes périodiques (par exemple journaliers, mensuels et saisonniers) de même que les processus physiologiques sous-jacents. Comme cette → *périodicité* exerce également une influence déterminante sur le comportement, la relation entre la chronobiologie et l'éthologie est particulièrement étroite.
RENSING (1973); BÜNNING (1977).

CINESE
Kinese
Kinesis

Dénomination récemment introduite pour désigner une réaction d'orientation qui, à l'inverse de la → *taxie*, n'est pas dirigée par rapport au stimulus (→ *orientation*). Elle consiste en une intensification de l'activité locomotrice en cas de modification de l'intensité stimulante, c'est-à-dire que l'animal se déplace plus rapidement (orthocinèse), ou modifie plus souvent et plus radicalement sa direction (clinocinèse). La cinèse augmente les possibilités d'orientation dirigée, et exerce donc indirectement une action directionnelle.
FRAENKEL et GUNN (1961); MERKEL (1980); SCHÖNE (1980).

CINESTHESIE, KINESTHESIE
Kinästhetik
Kinaesthesis, kinesthesis

Se disait autrefois de la perception par un sujet de ses mouvements et de ses attitudes posturales. Ce terme est pratiquement tombé en désuétude. La cinesthésie est assurée par les → *propriocep*-

teurs dans les articulations, les muscles et les tendons, et dans le → *labyrinthe de l'oreille interne*. C'est une sorte de « mémoire motrice » qui permet la répétition plus ou moins « automatique » des conduites motrices (→ *constance de forme*, → *stéréotypie*). L'apprentissage kinesthésique intervient dans le → *dressage* au cours duquel le dompteur contraint l'animal à adopter telle ou telle posture (« méthode de mise en place »).

HEDIGER (1954); GORNER (1958, 1973); LINDAUER (1964); JANDER (1970); BUCHHOLTZ (1973).

CLEPTOBIOSE
Kleptobiose
Kleptoparasitism

Vol de nourriture. Appropriation d'éléments (aliments, matériaux de construction) amassés par une autre espèce. Ainsi, les frégates des tropiques vivent essentiellement d'aliments ravis à d'autres oiseaux marins, surtout des sternes et des fous. Les → *sociétés* d'insectes également abritent de nombreux cleptoparasites, par exemple les fourmis esclavagistes, qui s'introduisent dans les nids d'autres espèces de fourmis et vivent à leurs dépens (→ *parasitisme social*). L'usurpation de nourriture s'observe occasionnellement entre individus conspécifiques p. ex. chez les sternes.

WILSON (1972); DUNN (1973); DUMPERT (1978); FURNESS (1978).

CLEPTOGAMIE
Kleptogamie
Kleptogamy, sneaking mating

Terme relativement récent désignant les copulations « furtives » que pratiquent certains mâles dominés (→ *groupe multimâle*), dépourvus de territoire (→ *mâle satellite*) ou étrangers au groupe ou au couple. La cleptogamie a été observée chez un nombre appréciable de vertébrés et chez certains invertébrés (insectes). Ainsi, les filiations retracées chez des singes rhésus vivant dans des conditions naturelles révèlent que plus de 5 % des descendants sont issus de mâles étrangers au groupe. Chez certaines espèces, les mâles pratiquent pendant la période où les chances de fécondation d'une population sont les plus élevées une sorte de « surveillance » de leur(s) femelle(s), qui fait manifestement obstacle à la cleptogamie (→ *comportement de gardiennage*).

CLUTTON-BROCK (1979).

COHESION SOCIALE
Gruppenbindung
Group cohesion

Force qui lie pendant un certain temps plusieurs congénères adultes. Elle est particulièrement affirmée chez les sociétés animale « fermées » (→ *formation du groupe*). De nombreux animaux sociaux ont acquis des mécanismes qui renforcent la cohésion des membres du groupe et refrènent les tendances agressives au sein de celui-ci (→ *comportement d'attachement*). On suppose, sous-jacente à cette cohésion sociale, une → *motivation* propre indépendante de toute autre (→ *pulsion d'attachement*).

COLONIE
Kolonie
Colony

En biologie, on entend par « colonie » un rassemblement d'individus conspécifiques, le terme « rassemblement » étant totalement neutre (→ *formation du groupe*). Les différents individus peuvent s'être soudés l'un à l'autre (et avoir perdu leur individualité), comme dans le cas des concrétions de nombreux animaux marins, quelquefois appelées elles aussi « colonies ». Ils peuvent être maintenus par une substance gélatineuse, comme chez certaines algues, ou vivre librement, comme dans les → *colonies de nidification* de quantité d'oiseaux, les sociétés de fourmis et certains groupes d'arachnides. Dans ce cas, les individus conservent cependant un certain degré d'autonomie (→ *société*).

LACK (1968); WICKLER (1973b); DUMPERT (1978).

COLONIE DE NIDIFICATION
Brutkolonie
Breeding colony

Se dit essentiellement des communautés de nidification que fondent quantité d'oiseaux. C'est là une des formes les plus remarquables de → *colonies* animales. La couvaison en colonies est soit obligée, par exemple en raison de l'insuffisance de sites de nidification appropriés (chez nombre d'oiseaux de haute mer) (fig. 24) ou d'une répartition déséquilibrée des ressources alimentaires (chez maints habitants des régions arides), soit «spontanée», c'est-à-dire qu'elle repose sur une → *interattraction*. Ainsi, quantité de tisserins, d'estrildinés et de turnicidés nichent côte à côte, bien que les sites de nidification abondent dans leur environnement immédiat. (On ne peut toutefois inférer l'existence ou la participation d'une interattraction au sens strict que si l'équivalence de tous ces sites a été établie). La situation décrite n'est pas sans rappeler les → *foules*; cependant, en règle générale, des relations sociales se nouent, du moins entre voisins, qui permettent de classer les colonies d'incubation parmi les sociétés animales (→ *formation du groupe*). Les avantages des colonies résident notamment dans une meilleure protection contre les prédateurs (avertissement réciproque, défense collective) et peut-être dans une → *stimulation* mutuelle.

HORN (1968); LACK (1968); BROWN (1973); REMANE (1976).

Fig. 24. Colonie de nidification du guillemot de Troïl (*Uria aalge*) sur une falaise maritime. Les couples couvent leur unique œuf et élèvent leur petit à même le substrat rocheux. La forte densité de population, de même que l'exiguïté des lieux, requièrent des adaptations comportementales particulières (→ *apprentissage prénatal*).

Fig. 25. Combat rituel entre deux gemsboks (*Oryx gazella*) : menace tête dressée (a), entrechoquement des cornes dans le tiers supérieur (b), poussée front contre front (c). Au cours de ce type de combat, les cornes pointues, susceptibles d'infliger au besoin des blessures mortelles, n'entrent en action que pendant certaines phases de la lutte, et toujours sans intention de nuire (d'après WALTHER, 1958).

COLORATION DE MISE EN GARDE *
Warntracht
Warning colouration

Générique pour tous les attributs corporels, généralement spectaculaires, par lesquels un animal doté de moyens de défense, venimeux ou incomestible signale ces particularités à un prédateur, et qui par conséquent exercent une fonction protectrice au bénéfice de leur porteur.

A côté de cette « authentique » coloration de mise en garde, il en existe une « contrefaite » : nombre d'espèces vulnérables ont acquis au cours de la phylogenèse la morphologie et/ou d'autres traits propres aux porteurs de véritables colorations de mise en garde, et dissuadent ainsi les prédateurs potentiels. Cette « imitation » constitue un cas de → *mimicrie*.

WICKLER (1968).

---

* In HEYMER A. (1977), p. 195.
Syn. **Coloration d'avertissement** in HEYMER A. (*ibidem*).

COMBAT RITUEL
Kommentkampf
Ritualized fight

Forme de confrontation relativement « inoffensive » par rapport au → *combat sanglant*, qui se déroule selon des « règles » établies. Le combat rituel aboutit à l'éviction d'un rival (par exemple à son expulsion du → *territoire* ou à son éloignement de la femelle), ou à l'établissement du rang dans la → *hiérarchie sociale*.

En général, les espèces pourvues de redoutables moyens de défense (cornes, sabots, dents, crochets à venin) n'en font pas usage, si ce n'est de façon à éviter d'infliger de sérieuses blessures à l'adversaire. La plupart des combats rituels débutent par une phase intense de menace (→ *comportement de menace*) (fig. 119).

LORENZ (1943); EIBL-EIBESFELDT (1955, 1963); WALTHER (1958, 1980).

Fig. 26. Différentes phases du combat de morsures auquel se livrent deux rats surmulots (*Rattus norvegicus*) (in EIBL-EIBESFELDT, 1963).

COMBAT SANGLANT*
Beschädigungskampf
Injurious fighting, damaging fight

Forme d'affrontement dont l'issue n'est pas seulement l'éviction de l'adversaire comme dans le → *combat rituel*, mais au cours duquel les combattants peuvent parfaitement s'infliger des blessures, et même la mort (→ *comportement de mise à mort*). Le combat sanglant met aux prises des individus d'espèces différentes (→ *agression*), mais aussi des congénères ; toutefois, chez les animaux sociaux, il a essentiellement été observé entre membres de groupes différents (fig. 26).

EIBL-EIBESFELDT (1963); SCHENKEL (1966).

COMMENSALISME
Kommensalismus
Commensalism

Etat des animaux qui côtoient des animaux d'une autre espèce et profitent de leurs aliments. On parle de commensalisme si cette association (à l'inverse de la → *cleptobiose*) ne porte aucun préjudice à l'autre espèce. Ainsi, de petits poissons se joignent à des poissons carnassiers de grande taille et happent les fragments que ceux-ci laissent échapper lors de la mise à mort ou du dépeçage de leur proie. Les auteurs ne respectent pas toujours la distinction entre commensalisme et cleptobiose.

FÜLLER (1958); KÜHNELT (1965).

COMMUNICATION ANIMALE*
Kommunikation
Communication

Transmission de signaux, échange d'informations. Processus par lequel un individu, l'émetteur, influence le comportement d'un autre, le récepteur, en lui

---

* In HEYMER A. (1977), p. 41.

* In RICHARD G. (1975), pp. 144-163; HEYMER A. (1977), pp. 100, 191-192; LEROY Y. (1979); CAMPAN R. (1980), pp. 199-205; LEROY Y. (1986), pp. 113-261.

adressant des signaux. Pour bien préciser le champ d'application de ce concept par rapport à d'autres disciplines (par exemple sciences sociales, technique des communications), les auteurs allemands parlent souvent aussi de « Biokommunikation ». L'étude de la communication est aujourd'hui une branche à part entière des sciences comportementales. Selon les organes sensoriels sollicités, on parle notamment de communication optique, acoustique ou chimique. La communication optique s'établit par le jeu des formes et des couleurs ou des mouvements (→ *comportement expressif*), la communication acoustique par celui d'émissions sonores et la communication chimique grâce à des → *phéromones*. On distingue par ailleurs entre communication non verbale et verbale. Cette dernière forme est extrêmement rare chez les animaux (→ *langage*).

Le plus souvent, l'échange d'informations s'accomplit entre individus conspécifiques (communication intraspécifique ou sociale). Dans certains cas, les signaux franchissent toutefois les limites de l'espèce (communication interspécifique). Ainsi, les cris d'alarme de maintes espèces d'oiseaux se ressemblent au point d'être également « compris » par les sujets d'autres espèces. La communication interspécifique s'impose aussi dans le cadre de la → *territorialité interspécifique* ou d'une → *symbiose*.

HINDE (1972); OTTE (1974); SEBEOK (1977).

COMMUNICATION ELECTRIQUE
Elektrokommunikation
Electrocommunication

Capacité des poissons « électriques » de transmettre des signaux sociaux à l'aide d'ondes électriques. Cette forme de → *communication* animale est propre à deux groupes de poissons, les mormyridés d'Afrique et les gymnotes d'Amérique du Sud. Elle permet au premier chef de localiser un obstacle ou un prédateur, par la perception des perturbations créées dans le champ électrique engendré (électrolocalisation). Chez certaines espèces, elle remplit par ailleurs une fonction sociale ; elle contribue entre autres au marquage territorial ou à la cohésion du banc.

LISSMANN (1958); BLACK-CLEWARTH (1970); MOLLER et BAUER (1973); SZABO (1973); KRAMER et BAUER (1976); HOPKINS (1980).

COMPAGNON
Kumpan
Companion

Dans les premières publications éthologiques, ce terme désignait un partenaire social dans un (seul) → *cycle fonctionnel*, p. ex. un parent, un jeune, un partenaire sexuel ou un compagnon de fratrie.

LORENZ (1935); UEXKÜLL et KRISZAT (1956).

COMPETITION
Konkurrenz
Competition

En éthologie, le terme « compétition » s'emploie quand deux individus au moins prétendent aux mêmes ressources naturelles. C'est entre congénères que la compétition est la plus intense puisqu'elle porte non seulement sur les possibilités de survie et de reproduction (par exemple ressources alimentaires, sites de nidification et de repos, matériaux de construction), mais également sur les « ressources sociales » (par exemple un partenaire sexuel). C'est la raison pour laquelle l'→ *agression*, qui contribue à réduire la compétition par l'éviction du compétiteur, est particulièrement véhémente entre individus conspécifiques. L'établissement de → *territoires*, qui assurent la répartition plus ou moins homogène des individus dans l'espace disponible, peut également atténuer la compétition directe.

Il arrive toutefois que des espèces différentes, parfois étroitement apparentées, éprouvent des besoins physiologiques à ce point identiques qu'elles se fassent concurrence. Il s'ensuit des adaptations particulières, comme la mise en place d'une → *territorialité interspécifique*. Si la compétition devient active (par exemple par la confrontation ou la menace), on parle de rivalité.

MAYR (1967); GRANT (1972); CODY (1974); CODY et DIAMONT (1974); COLWELL et FUENTE (1975); MUNGER et BROWN (1981).

COMPORTEMENT
Verhalten
Behaviour

Ce concept recouvre des acceptions très diverses selon les disciplines des → *sciences du comportement*. En éthologie, on entend généralement par là les mouvements, émissions sonores et attitudes posturales d'un animal, de même que les modifications perceptibles de ces manifestations qui favorisent la compréhension réciproque et dès lors peuvent déclencher des réponses chez le partenaire du moment (par exemple des changements de couleur ou la sécrétion de substances odorantes).

COMPORTEMENT AGONISTIQUE*
Agonistisches Verhalten
Agonistic behaviour

Concept global recouvrant l'ensemble des conduites en rapport avec les confrontations de rivalité entre individus. Il englobe l'→ *agression* (attaque, → *comportement de menace*, défense) et la fuite. La compréhension de ce concept n'est toutefois pas uniforme dans la littérature éthologique, et certains auteurs l'utilisent dans le sens de « comportement agressif » et excluent donc le comportement de fuite. Pourtant, comme dans la plupart des conflits entre animaux les éléments de l'attaque et ceux de la fuite sont étroitement entremêlés, l'adoption d'un terme générique qui rassemble les deux notions s'avère indispensable. Il convient dès lors d'opérer une nette distinction entre comportement agonistique et comportement agressif.

SCOTT et FREDERICSON (1951); JOHNSON (1972); MILLER (1978).

COMPORTEMENT AMBIVALENT*
Ambivalentes Verhalten
Ambivalent behaviour

Terme qui désigne l'apparition de comportements et d'attitudes posturales simultanés ou successifs émanant de deux registres comportementaux différents, souvent contradictoires. Le comportement ambivalent se manifeste quand deux tendances comportementales sont activées en même temps (→ *motivation*). Toutefois, comme dans ce cas l'activation est généralement très faible, ses différentes composantes ne sont souvent qu'esquissées et présentent quelquefois le caractère de → *mouvements d'intention*. L'ambivalence caractérise les situations conflictuelles (→ *comportement conflictuel*). Elle apparaît fréquemment dans le → *comportement de menace* lorsque des éléments de l'attaque et de la fuite se superposent ou alternent.

TINBERGEN (1952b); BASTOCK et al. (1953).

COMPORTEMENT ANTI-INCESTE*
Inzestvermeidung
Incest avoidance

Terme global désignant les mécanismes qui empêchent un accouplement entre individus étroitement apparentés, et évitent par là les conséquences négatives

---

* In CHAUVIN R. (1975), p. 204; HEYMER A. (1977), p. 27; CAMPAN R. (1980), p. 178.
Syn. **Ambivalence** (All. Ambivalenz) in RUWET J.-Cl. (1969), p. 83; DUIJKER H. et VAN RIJSWIJK M. (1975), p. 9; THINES G. et LEMPEREUR A. (1975), p. 57; PETERS U.H. (1977), p. 22.

* In GAUTIER J.-Y. (1982), pp. 238-240.
Voir aussi **Prohibition de l'inceste** in DE LANNOY J.D. et FEYEREISEN P. (1987), pp. 85-90.

---

* In THINES G. et LEMPEREUR A. (1975), p. 46; HEYMER A. (1977), p. 25; GUYOMARC'H J.-Ch. (1980), p. 27; CAMPAN R. (1980), p. 182.

de la consanguinité (→ *appariement sélectif*). Chez quantité d'espèces d'une grande mobilité, par exemple chez bon nombre d'oiseaux, les «déplacements de dispersion» plus ou moins importants qu'entreprennent les jeunes, et par conséquent la mince probabilité de rencontre ultérieure avec un proche parent, réduisent déjà les risques d'appariement consanguin. Des différences de degré dans l'attachement de l'un ou l'autre sexe à un site particulier peuvent aussi agir en ce sens. Chez un grand nombre de mammifères également, la séparation spatiale qui résulte par exemple du départ des jeunes mâles (chez les chimpanzés, des jeunes femelles) du groupe familial assure indirectement le brassage génétique des populations. De plus, chez maintes espèces vivant en → *harem*, par exemple le zèbre de Burchell et le babouin hamadryas, caractérisées par la permanence du mâle dans la cellule familiale, les jeunes femelles, pubères ou non, sont «enlevées» par un mâle étranger, ce qui exclut toute possibilité d'accouplement entre un géniteur et sa fille.

Toutefois, on a aussi constaté ces derniers temps des cas de prévention active de la consanguinité. Ainsi, chez diverses espèces d'oiseaux, les frères et sœurs évitent de s'accoupler entre eux et ne manifestent aucune activité sexuelle, même en cas de captivité collective prolongée et en l'absence de tout autre partenaire. On a même observé qu'en milieu naturel, les jeunes chimpanzés femelles repoussent énergiquement les avances sexuelles de leurs frères. Les mécanismes éventuels de prévention active de l'inceste demeurent obscurs. La reconnaissance individuelle, de même que la → *reconnaissance de la parentèle* sont sans nul doute d'importants préalables. Chez les primates, il y a lieu de croire que la relation de subordination (→ *hiérarchie sociale*) qui continue à unir un jeune mâle à sa mère s'oppose à un accouplement mère-fils. Même les mâles de haut rang observent cependant une grande réserve à l'égard de leur mère (→ *inhibition sociale*).

NICOLAI (1965); LINDZEY (1967); BISCHOF (1972); MAY (1979); PUSEY (1980).

COMPORTEMENT APPÉTITIF*
Appetenzverhalten
Appetitive behaviour

Comportement de recherche. Aspiration active vers une situation stimulante déclenchante. Le comportement appétitif est «téléonomique» en ce sens qu'il «tend» vers l'exécution d'un → *acte consommatoire* ou la rencontre d'un individu, d'un objet ou d'un endroit (par exemple l'emplacement de la couvée ou du frai). Dans ces trois derniers cas, l'appétence peut exprimer un → *attachement*. Le comportement appétitif ne consiste bien souvent qu'en simples mouvements d'orientation et de positionnement (→ *taxie*). Cependant, en règle générale, il s'agit d'une suite relativement plastique de diverses actions à laquelle peuvent participer, en combinaisons variables, aussi bien des → *coordinations motrices héréditaires* que des comportements acquis. Contrairement à l'→ *acte consommatoire*, le comportement appétitif n'influence en rien la motivation. Dès lors, si les circonstances s'y prêtent, la phase d'appétence peut se prolonger sur de longues périodes.

A côté de ces formes orientées de comportement appétitif, il existe des cas d'appétence «non orientée»; celle-ci consiste simplement en un accroissement de l'activité locomotrice de l'animal.

---

* In RUWET J.-Cl. (1969), p. 93; CHAUVIN R. (1958), p. 28; THINES G. et LEMPEREUR A. (1975), p. 93; HEYMER A. (1977), p. 31.
Syn. **Appétence** (All. Appetenz) in RUWET J.-Cl. (1969), pp. 79, 92; THINES G. et LEMPEREUR A. (*Ibid.*); PETERS U.H. (1977), p. 44.
Syn. **Comportement d'appétence** in DUIJKER H. et VAN RIJSWIJK M. (1975), p. 17; THINES G. et LEMPEREUR A. (*Ibid.*); HEYMER A. (*Ibid.*).

Cette forme d'appétence peut toutefois aider indirectement l'animal à atteindre un but, dans la mesure où elle augmente les chances de rencontre avec l'objet considéré.
CRAIG (1918); LORENZ (1937a, 1937b); BAERENDS (1976).

COMPORTEMENT AUTOCENTRE
Retrojektion

Se dit depuis peu du comportement d'un animal qui utilise son propre corps comme → *objet de remplacement*. Il est très fréquent que les jeunes mammifères placés dans l'impossibilité d'atteindre la mamelle maternelle, par exemple en cas d'élevage dans des conditions artificielles, reportent les mouvements de tétée sur des parties de leur corps (pattes, doigts). Les jeunes primates soumis à une → *expérience de privation* sociale présentent souvent la particularité de s'entourer étroitement le corps de leurs bras, donc de l'utiliser comme substitut maternel (→ *agrippeur*; → *syndrome d'isolement*). On observe également des comportements autocentrés de nature sexuelle, c'est-à-dire des phénomènes d'onanisme chez les animaux maintenus en isolement prolongé.
HASSENSTEIN (1973).

COMPORTEMENT COGNITIF
Kognitives Verhalten
Cognitive behaviour

En psychologie humaine, on désigne par là tous les registres comportementaux au service de la connaissance au sens large, c'est-à-dire par lesquels un individu appréhende son environnement et prend conscience de soi. Il s'agit entre autres de la perception, de l'→ *apprentissage*, de la → *mémoire*, du → *langage*, de la pensée et du jugement. Il importe de les distinguer des registres qui impliquent davantage la subjectivité, regroupés sous l'appellation « conduites émotionnelles ». Depuis peu, les termes « comportement cognitif » ont trouvé accès en éthologie, surtout en primatologie. Il est toutefois bon de rappeler qu'une assimilation directe est impossible, puisque la cognition chez l'homme implique une prise de conscience et que l'existence, de même que la nature d'éventuels phénomènes de conscience animale ne peuvent être envisagées qu'avec la plus grande circonspection.
NEISSER (1967); HINDE et HINDE (1973); LAUER et LINDAUER (1973); ANDERSON (1975); PAPOUSEK (1977); MASON (1978); CROOK (1980); BÖSEL (1981).

COMPORTEMENT CONFLICTUEL*
Konfliktverhalten
Conflict behaviour

Conduites qui se manifestent dans une situation conflictuelle, c'est-à-dire quand deux tendances comportementales incompatibles (par exemple l'attaque et la fuite) sont activées simultanément et qu'aucune ne prédomine franchement. Parmi les comportements conflictuels, on distingue le → *comportement ambivalent*, les → *activités de substitution* et les → *activités de redirection*.
ANDREW (1956); BAERENDS (1975).

COMPORTEMENT D'APAISEMENT*
Beschwichtigungsgebärde
Appeasement gesture

Egalement appelé « geste de pacification ». Action inhibitrice de l'attaque. Terme générique pour toutes les conduites qui mettent un frein à l'agression intraspécifique et évitent par là les combats entre individus de même espèce. Elles se présentent chez les animaux → *sociaux* en guise de « salutation », lorsque deux membres d'un groupe ou les deux partenaires d'un couple se rencontrent, et permettent un rapprochement

---
* In HEYMER A. (1977), p. 101.
* In THINES G. et LEMPEREUR A. (1975), p. 79; HEYMER A. (1977), p. 41; SILLAMY N. (1980), p. 32.

Comportement d'apaisement

Fig. 27. Le « détournement de la tête » de la mouette rieuse (*Larus ridibundus*) : exemple d'un comportement qui consiste, en se détournant, à soustraire à la vue de l'« adversaire » des structures voyantes susceptibles de déclencher l'attaque (bec, masque facial noir). Il apparaît lors de confrontations agonistiques, la plupart du temps chez l'animal dominé, et peut inhiber instantanément et efficacement l'attaque de l'assaillant. Il peut de plus tenir lieu de « salutation », par exemple entre les partenaires d'un couple qui l'exécutent alors simultanément. Le « détournement de la tête » remplit donc aussi bien la fonction d'une posture de soumission que celle d'un comportement d'apaisement (d'après une photographie in TINBERGEN, 1959).

Fig. 28. « Salutation » chez la cigogne blanche (*Ciconia ciconia*). Le bec, « arme » potentielle, est « ostensiblement » dissimulé par le rejet du cou vers l'arrière. Ce mouvement et cette posture s'accompagnent d'un signal sonore produit mécaniquement (claquement du bec, → *émission sonore*).

Fig. 29. Exemple de concordance entre un « geste de salutation sociale » et le comportement de quémande du jeune : chez de nombreux prédateurs de la famille des canidés, comme ici chez le loup (*Canis lupus*), les adultes touchent les commissures des lèvres de leur partenaire, comme le font les jeunes pour inciter leurs aînés à leur régurgiter de la nourriture au retour de la chasse.

plus étroit des animaux. Le comportement d'apaisement comprend très fréquemment des éléments empruntés au registre infantile (par exemple des postures ou des mouvements de quémande; → *infantilisme*) ou sexuel : chez de nombreux primates, l'attitude de → *sollicitation* de la femelle à *l'accouplement* est utilisée comme mouvement d'apaisement. Bien souvent, et à l'inverse de la → *posture de soumission*, le comportement d'apaisement ne repose pas sur l'«escamotage» de signaux d'agressivité auparavant affichés par l'animal, mais bien sur l'activation de tendances comportementales incompatibles avec l'agression. Ces différences ne sont toutefois pas absolues, et dans certains cas un même comportement peut aussi bien servir à inhiber l'attaque qu'à mettre fin au combat. Cependant, dans la littérature, la distinction entre les appellations «comportement d'apaisement» et «posture de soumission» n'est pas toujours bien établie et on les utilise même parfois comme synonymes. Il arrive également qu'on rencontre la dénomination «comportement d'apaisement» comme terme générique englobant, entre autres, les postures de soumission (fig. 27; fig. 28; fig. 29; fig. 85, p. 184).
TINBERGEN (1959); SCHENKEL (1967); WICKLER (1968).

COMPORTEMENT D'ATTACHEMENT
Bindungsverhalten
Bonding behaviour

Générique pour toutes les conduites qui permettent l'établissement et/ou le maintien d'un → *attachement*. L'attachement entre les partenaires du couple (→ *lien conjugal*) repose souvent sur des conduites inhérentes au registre sexuel. Certaines d'entre elles se confondent avec celles du rituel précopulatoire (→ *parade nuptiale*, → *pseudo-copulation*), alors que dans d'autres cas, l'attachement se trouve renforcé par des comportements propres (p. ex. → *duo*, → *offrande nuptiale*, → *toilettage social*). Les conduites sexuelles peuvent également contribuer à renforcer la → *cohésion sociale*, mais des éléments empruntés à d'autres → *cycles fonctionnels*, par exemple au → *comportement parental*, peuvent également y participer. Dans des cas isolés, surtout si l'attachement persiste toute l'année, c'est-à-dire au-delà de la saison de reproduction, le comportement d'attachement obéit manifestement à une → *motivation* propre, appelée → *pulsion d'attachement*.
LAMPRECHT (1973); BOWLBY (1975).

COMPORTEMENT D'AVERTISSEMENT*
Warnverhalten
Warning behaviour

Egalement appelé — surtout chez les insectes sociaux — «comportement d'alarme». «Alarme en cas de péril».

Dénomination globale pour toutes les conduites manifestées par un animal à l'approche d'un prédateur. Elles informent d'autres individus de la présence de ce dernier. Les signaux les plus répandus sont de nature acoustique, comme les vocalisations d'avertissement ou d'alarme de nombreux oiseaux, de même que les sifflements, les cris et les bruits que produisent quantité de mammifères par percussion de leurs extrémités contre un support (→ *émissions sonores*). Souvent, ces signaux d'avertissement possèdent des propriétés acoustiques qui font obstacle à la localisation de la source par le prédateur. Les poissons et les insectes sociaux émettent des signaux d'alarme de nature chimique, quelquefois appelés «substances d'effroi» (→ *société*, → *phéromone*) (fig. 30). Nous avons également connaissance d'avertissements tactiles chez

---
* In HEYMER A. (1977), p. 196.

Comportement de confort

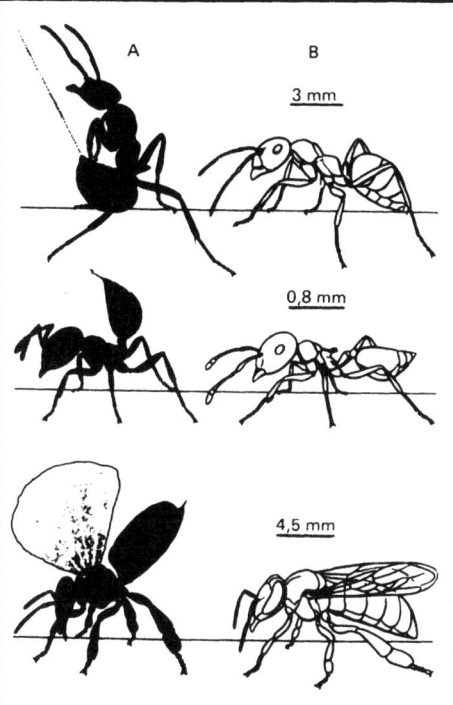

Fig. 30. Comportement d'avertissement et de défense chez les insectes sociaux : A. position d'alarme ; B. posture normale. En haut, une fourmi du genre *Formica* ramène l'abdomen vers l'avant et fait gicler venin et sécrétion d'alarme. Au centre : une fourmi du genre *Crematogaster* soulève l'abdomen ; on peut voir une goutte de venin sourdre de l'aiguillon dévaginé. Dans le même temps, sa glande mandibulaire sécrète une → *phéromone* d'alarme. En bas : une abeille mellifère dresse l'abdomen vers le haut et accélère par ventilation alaire la dispersion de la phéromone d'alarme libérée par le canal du dard (d'après MASCHWITZ, 1964 in HÖLLDOBLER, 1973).

certains poissons. Le → *houspillage* observable chez bien des oiseaux et certains mammifères est aussi une expression du comportement d'avertissement. Les signaux d'alarme déclenchent souvent des réactions appropriées, non seulement chez les congénères, mais encore chez des individus d'autres espèces. On peut dès lors y voir autant d'exemples de → *déclencheurs interspécifiques*.

Le comportement d'avertissement a souvent été considéré comme le comportement → *altruiste* par excellence, puisqu'à première vue il n'apporte aucun avantage à l'animal émetteur mais est susceptible de le faire repérer par l'ennemi, et donc de se retourner contre lui**.

Toutefois, des observations et réflexions récentes indiquent que, mis à part les avantages indirects nécessairement liés aux conduites dites altruistes, l'émetteur peut bénéficier lui aussi du comportement d'avertissement (→ *théorie de la parentèle*), par exemple si à la suite de la stratégie d'alerte mise en œuvre réciproquement, la diminution du taux de capture incite finalement le prédateur à quitter la région.

(Nous sommes également en droit de penser que les signaux d'alarme ne s'adressent pas au premier chef aux congénères mais bien aussi au prédateur lui-même ; ce serait en quelque sorte un moyen de lui signifier : « Je t'ai vu, arrête les frais »).

MARLER (1956) ; MASCHWITZ (1964) ; J. SCHUTZ (1965) ; CHARNOV et KREBS (1975).

COMPORTEMENT DE CONFORT
Komfortverhalten
Comfort behaviour

Dans les publications éthologiques, se dit de deux catégories de conduites : les soins corporels (mouvements de toilettage, de grattage, ébrouement, étrillage, baignade, bains de poussière et de soleil) et les mouvements liés au métabolisme, en particulier à l'oxygénation (étirements, bâillements). Cependant, l'utilisation du concept ne fait pas l'unanimité. Certains auteurs l'emploient au sens large, d'autres le réservent à l'une des deux catégories susmentionnées.

** On ne sait toutefois pas encore exactement dans quelle mesure les cris d'alerte mettent effectivement l'émetteur en péril.

Au cours de la phylogenèse (→ *évolution*), certains éléments du comportement de confort sont devenus des mouvements d'expression (→ *comportement expressif*). Le « bâillement de colère » propre à bien des primates, qui remplit une fonction de menace, en est un exemple connu.

HEINROTH (1938); MC KINNEY (1965); MUELLER (1972).

COMPORTEMENT DE CONTACT
Kontaktverhalten
Contact behaviour, huddling

Chez les espèces qui n'observent pas de → *distance inter-individuelle*, les animaux se rapprochent les uns des autres jusqu'à se toucher. Nombreux sont parmi ces animaux ceux qui se blotissent pour se reposer de manière à obtenir une surface de contact maximale. A l'origine, cette conduite est une protection contre le froid (fig. 54, p. 120); cependant, chez quantité d'espèces, elle est désormais au service, accessoirement ou exclusivement, de la → *formation du couple* ou du groupe (→ *comportement d'attachement*). Le blotissement est particulièrement accusé chez les jeunes primates → *agrippeurs*. Chez ces espèces, une privation de contact corporel étroit aux premiers stades de la vie peut se solder par de graves perturbations comportementales (→ *syndrome d'isolement*).

Au sens large, on entend par comportement de contact l'échange de signaux (p. ex. d'émissions sonores : contact acoustique; → *communication animale*) chez les animaux sociaux, au sein d'un groupe notamment (→ *formation du groupe*).

HEDIGER (1941); LÖHRL (1955); HARLOW (1958); IMMELMANN (1966).

COMPORTEMENT DE GARDIENNAGE*
Hüteverhalten
Guarding behaviour, male guarding

« Surveillance de la femelle ». Chez certains primates et ongulés organisés en → *harem*, l'expression « comportement de gardiennage » s'applique à l'origine à la surveillance exercée sur la femelle par le mâle propriétaire. (Chez les ongulés, on parle parfois aussi de renserrement de la harde ou de herdage.) Cette conduite est particulièrement affirmée chez le babouin hamadryas : lorsqu'une femelle s'écarte trop de lui, le mâle la menace et lui inflige des morsures « punitives ». Plus récemment, on a également observé une « surveillance » analogue de la femelle par le mâle chez bon nombre d'espèces de différentes lignées phylétiques, qu'elle s'exprime par simple proximité spatiale, par contact corporel permanent ou par le refoulement actif d'autres mâles; ici encore, l'appellation « gardiennage » est d'usage, du moins dans les publications en anglais (*guarding behaviour* ou *male guarding*). Ainsi, chez certaines espèces de scatophages, le mâle continue à chevaucher la femelle après l'accouplement et repousse les tentatives de copulation de rivaux jusqu'à ce que la femelle ait pondu. Plusieurs espèces de libellules expriment un comportement similaire. Les mâles de maintes espèces d'amphibiens anoures étreignent eux aussi leur femelle pendant des jours, et chez diverses espèces d'oiseaux (par exemple les hirondelles, les pies), le mâle, à l'époque de la ponte, maintient constamment avec la femelle un contact beaucoup plus étroit qu'à d'autres stades du cycle de reproduction (fig. 31). Selon ces observations, c'est toujours au moment où les chances de fécondation d'un accouplement sont les

---
* In LEROY Y. (1986), p. 187; voir aussi GAUTIER J.-Y. (1982), p. 158.
Voir aussi **Renserrement** in DEPUTTE B.L. (1980), pp. 50-63.

Comportement de marquage

Fig. 31. Différentes formes de comportement de gardiennage : a) un gammare mâle (*Gammarus*) se cramponne pendant plusieurs jours à une femelle sur le point de muer, pour pouvoir féconder immédiatement les œufs libérés dans l'eau peu avant la mue ; b) les pies mâles (*Pica pica*) « surveillent » particulièrement étroitement leur femelle vis-à-vis de leurs rivaux peu avant et pendant la période de ponte ; c) une libellule de sexe mâle maintient sa femelle avec l'extrémité de l'abdomen pendant la ponte (position du « tandem ») (d'après BIRKHEAD et CLARKSON, 1980, BIRKHEAD, 1979 ou CORBET, 1962 in KREBS et DAVIES, 1981a).

plus élevées que le gardiennage s'exprime le mieux. Sa signification biologique est donc bien d'empêcher un accouplement avec un autre mâle, ce qui pourrait entraîner une « compétition spermatique ». Il s'agit vraisemblablement d'un mécanisme qui contribue à assurer la transmission des propres gènes de l'animal (→ *théorie de la parentèle*). Il arrive qu'on désigne aussi par « gardiennage » la « sollicitude » dont font l'objet d'autres congénères que la femelle, par exemple lorsqu'en cas de « danger », un adulte soulève un jeune et le serre dans ses bras ; chez les ouistitis, ce comportement est le fait du père ou d'autres membres du groupe.

FOSTER (1967) ; PARKER (1970, 1974) ; HEYMER (1973) ; KUMMER (1975) ; WELLS (1977) ; BEECHER (1979) ; WALTHER (1979) ; DEPUTTE (1980).

COMPORTEMENT DE MARQUAGE[*]
Markierverhalten
Marking behaviour

Dans la littérature éthologique, l'acception de l'expression « comportement de marquage » varie selon les publications. Au sens strict, elle s'applique simplement au marquage olfactif, c'est-à-dire au dépôt effectif de « marques » (urine, matières fécales, sécrétions glandulaires) (fig. 32). D'autres auteurs lui accordent un sens plus large : ils désignent également par là la signalisation optique et acoustique, et réservent l'appellation plus précise →« *marquage olfactif* » au dépôt de repères odorants. Ces trois formes de marquage servent à la délimitation d'un → *territoire*. Ainsi, bon nombre d'amphibiens anoures et d'oiseaux et quantité de mammifères procèdent au marquage de leur territoire par l'émission de → *cris* et de → *chants*, tandis que chez la libellule du genre Caloptéryx, le mâle, porteur d'une livrée éclatante, en définit les frontières au cours d'un vol

---
[*] In CAMPAN R. (1980), p. 109 ; LEROY Y. (1986), pp. 95-111.

Comportement de menace

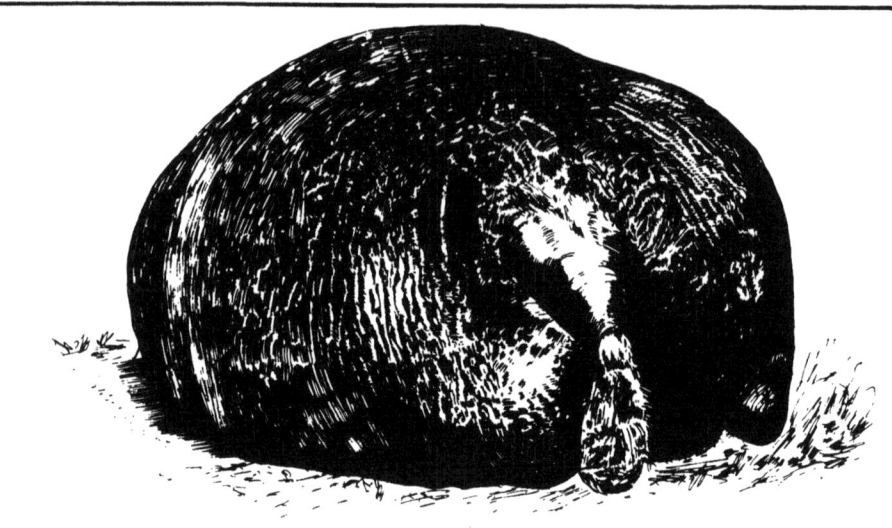

Fig. 32. L'hippopotame (*Hippopotamus amphibius*) mâle procède au marquage de son territoire grâce à une combinaison originale : il fait décrire à sa queue, pourvue d'une extrémité en forme de pinceau, un mouvement tournant, qui projette ses fèces, ainsi que le jet d'urine, également dirigé vers l'arrière, dans un rayon de plusieurs mètres.

spectaculaire. De plus, les signaux odorants permettent aussi à un individu de marquer son propre corps, des partenaires sociaux, par exemple son partenaire sexuel ou les membres de son groupe (→ *odeur de groupe*).

HEDIGER (1949); SCHULTZE-WESTRUM (1965); EPPLE et LORENZ (1967); WALTHER (1967); RALLS (1971); HEYMER (1973).

COMPORTEMENT DE MENACE*
Drohverhalten
Threat behaviour

Nom générique des conduites destinées à «intimider» un rival et à l'inciter à «changer de cap» avant que le véritable combat ne s'engage. Souvent, il y a gonflement du volume du corps par hérissement du pelage, ébouriffement du plumage ou érection des plis cutanés, des crêtes ou des nageoires (fig. 33; fig. 34), ou bien l'animal exhibe ses «armes» (dents, cornes, pinces) avec ostentation (→ *mimique de menace*), ce qui peut être lié à des → *mouvements d'intention* d'une véritable attaque. Par ailleurs, des éléments du comportement de fuite peuvent également se manifester, ce qui indique que les tendances à la fuite participent comme les tendances à l'attaque au comportement de menace. Chez de nombreux insectes et vertébrés, des → *émissions sonores* interviennent également comme signaux de menace. Le comportement de menace peut jouer un rôle d'éviction au même titre que les véritables combats (→ *agression*); il implique cependant pour les protagonistes une dépense d'énergie et un risque moindres.

EIBL-EIBESFELDT (1957); LORENZ (1963); MYRBERG et al. (1965).

---

* In THINES G. et LEMPEREUR A. (1975), p. 587; HEYMER A. (1977), p. 55.

Comportement de mise à mort

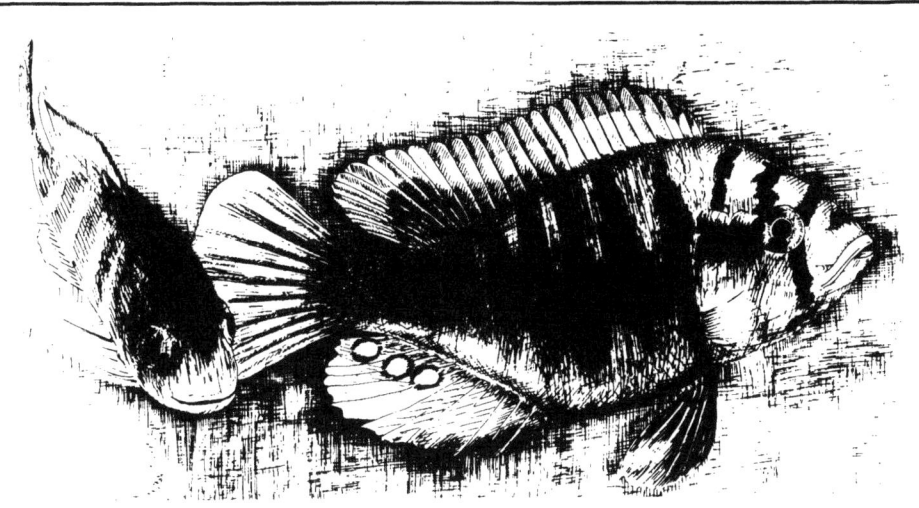

Fig. 33. Comportement de menace entre deux perches épineuses (cichlides) de sexe mâle de l'espèce *Haplochromis burtoni*. Chaque protagoniste présente à l'autre sa face latérale agrandie par écartement des nageoires dorsale et anale (menace latérale). De plus, le mâle représenté en évidence dirige un courant d'eau contre son rival en agitant latéralement la nageoire caudale. Cette forme de comportement de menace se retrouve avec diverses variantes chez de nombreuses espèces de poissons.

Fig. 34. Chez le lézard agile (*Lacerta agilis*) en position de menace il y a nette augmentation du volume du corps (d'après NOBLE, 1934 in TINBERGEN, 1955).

COMPORTEMENT DE MISE A MORT
Tötungsverhalten
Killing behaviour

L'élimination par un animal d'un autre individu n'est pas nécessairement liée à la prédation chez les carnassiers (par exemple par → *secouement léthal*), mais intervient également sur le plan intraspécifique, la victime pouvant être indifféremment un adulte ou un jeune (→ *infanticide*). Jusqu'à ces derniers temps, la mise à mort d'un congénère était jugée « contre nature » et interprétée par exemple comme la conséquence d'une captivité dans une cage trop exiguë excluant toute possibilité de fuite. Toutefois, on a entre-temps observé des affrontements avec issue fatale (→ *combat sanglant*) chez un nombre important d'oiseaux et de mammifères, même en milieu naturel. Il s'agissait cependant dans la plupart des cas de situations exceptionnelles caractérisées par une insuffisance des ressources naturelles (par exemple aliments, sites d'incubation ou territoires de reproduction) découlant d'une → *densité de population* excessive. Chez les animaux vivant en groupes, les victimes sont généralement des individus non familiers. Il semble que les mécanismes inhibiteurs n'interviennent pas, si ce n'est dans une mesure très limitée, entre

membres de groupes différents, qui ne présentent généralement aucun lien de proche parenté (→ *inhibition sociale* ; → *posture de soumission* ; → *théorie de la parentèle*).
LORENZ (1957, 1963) ; BERTRAM (1975) ; GOODALL (1979).

**COMPORTEMENT
DE PARADE NUPTIALE***
Balzverhalten
Courtship, mating behaviour

Préliminaires de l'accouplement. Au sens strict, « comportement de parade nuptiale » est une appellation générique pour toutes les conduites qui préludent ou peuvent préluder à un accouplement. Comme ces manifestations ne débouchent toutefois pas nécessairement dans tous les cas sur une → *copulation* mais favorisent souvent l'appariement ou ne font que renforcer la cohésion entre les partenaires (→ *comportement d'attachement*), qu'en outre les frontières avec d'autres comportements remplissant *exclusivement* cette dernière fonction sont souvent floues, ce terme prend fréquemment une signification plus large et s'étend à l'ensemble des conduites qui précèdent la copulation et assurent la formation du couple ainsi que la consolidation des liens. Dès lors, il existe parfois entre les différents auteurs d'importantes divergences d'acception, spécialement à propos de cette appellation. [Le terme allemand « Balz » (pariade) est souvent utilisé comme abréviation de « Balzverhalten » (comportement de parade nuptiale). Cependant, Balz désigne également — bien que son usage en ce sens soit peu courant — la *période* de reproduction, c'est-à-dire la saison pendant laquelle l'activité sexuelle se manifeste].

La parade nuptiale a pour fonctions biologiques :
— d'assurer le rapprochement des sexes (dont la répartition spatiale peut différer, même à la saison de reproduction) ;
— de surmonter les tendances latentes à l'attaque et à la fuite, de même que les → *distances inter-individuelles* ;
— d'assurer une parfaite → *synchronisation* entre les partenaires afin que les deux sexes soient prêts à copuler au même moment ;
— d'empêcher l'hybridation (→ *hybride*).

Le comportement de parade nuptiale (de même que les → *déclencheurs* qui lui sont propres) doit garantir l'attraction du « bon » partenaire sexuel uniquement, c'est-à-dire du partenaire conspécifique (→ *isolement sexuel*, → *reconnaissance spécifique*). En général, plus le nombre d'espèces proches parentes fréquentent un même lieu est élevé, plus les activités de parade nuptiale qui servent de gardefous à l'accouplement sont complexes et par conséquent moins elles prêtent à confusion. Le comportement de toute une série de canards et des paradisiers de Nouvelle-Guinée en sont des exemples connus. Toutes les conduites de la parade ne remplissent pas toujours l'ensemble des fonctions mentionnées. Il arrive également que des fonctions différentes (par exemple attraction et synchronisation) soient « assurées » par différents éléments de la parade. En règle générale, on ne parle pas de parade nuptiale pour les mammifères mais bien de comportement d'accouplement, de cour, de → *rut* ou de chaleur. Par ailleurs, il existe dans ce contexte toute une série d'appellations empruntées au vocabulaire de la chasse, qui ne s'appliquent qu'à des espèces bien précises (par exemple le terme allemand « Ranz » s'emploie pour le renard, le chat sauvage et le lynx). Il convient d'éviter l'expression « jeu prénuptial », parfois utilisée comme synonyme de « comportement de parade nuptiale », puisqu'à l'inverse

---

* In BARRUEL P. (1953), p. 67 ; CHAUVIN R. (1969), pp. 26-31 ; CHAUVIN R. (1975), p. 97 ; THINES G. et LEMPEREUR A. (1975), p. 626 ; HEYMER A. (1977), pp. 38, 198.

du véritable → *comportement ludique*, la parade s'inscrit bien dans un contexte fonctionnel (→ *comportement postcopulatoire*).
MANNING (1966); EVANS (1968); BASTOCK (1969); MORRIS (1970); WELLS (1977b); HUTCHISON (1978).

COMPORTEMENT DE QUÉMANDE*
Bettelverhalten
Food begging behaviour

Terme générique pour l'ensemble des conduites qui déclenchent et orientent la transmission de nourriture d'un individu à un autre de même espèce. La plupart du temps, la quémande des jeunes s'adresse aux parents, quelquefois aussi à d'autres individus (→ *aidant*). Elle comprend des mouvements déterminés (par exemple chez de nombreux oisillons le frémissement des ailes), des attitudes posturales (posture de quémande) et des émissions sonores (→ *cris* de quémande). Chez certains animaux elle peut s'être intégrée secondairement dans la parade nuptiale (→ *offrande nuptiale*) et enfin, dans certaines formes très développées de sociétés animales, par exemple chez le lycaon ou l'abeille mellifère, elle peut également se manifester entre n'importe quels membres du groupe (→ *société; changement de fonction*).

Les mouvements de quémande qu'exécutent les animaux de jardin zoologique représentent une forme « artificielle » de quémande alimentaire. Comme dans chaque cas ils sont apparus indépendamment, ils constituent un bon exemple de motricité acquise. Ils prennent souvent une forme stéréotypée (→ *stéréotypie*).
TINGERGEN et KUENEN (1959); WINKEL-STRÄTER (1960).

COMPORTEMENT DE SUITE*
Nachfolgeverhalten
Following behaviour

Terme générique désignant les déplacements des jeunes à la suite de leurs parents chez les espèces qui prennent soin de leur progéniture (→ *comportement parental*). Ainsi chez de nombreuses espèces de poissons, une fois éclos ou après avoir quitté la bouche du parent (→ *incubateur buccal*), les alevins nagent pendant un nombre de jours variable d'une espèce à l'autre dans le sillage de leurs géniteurs ou du parent qui as-

---

* In RICHARD G. (1975), pp. 47, 51-56; CAMPAN R. (1980), pp. 131-132; GUYOMARC'H J.-Ch. (1980), p. 42.
Syn. **Quémande alimentaire** in GUYOMARC'H J.-Ch. (1980), p. 42.

* In CHAUVIN R. (1975), p. 143.
Syn. **Réaction de poursuite** in THINES G. et LEMPEREUR A. (1975), p. 330; RICHARD G. (1975), p. 150.
Syn. **Comportement de poursuite** in RICHELLE M. et DROZ R. (1976), p. 352.

Fig. 35. Réaction de poursuite typique de jeunes → *nidifuges* : des canetons de canard colvert (*Anas platyrhynchos*) suivent leur mère.

sure les soins. Le comportement de suite, appelé la plupart du temps « réaction de poursuite » (fig. 35), s'observe également sous une forme très accuée chez les poussins des espèces → *nidifuges*. Dans ce contexte, il arrive que dans les publications le terme prenne une acception très large et recouvre toutes les conduites « par lesquelles un poussin réagit à la présence ou à l'absence de ses parents, normalement de sa mère, soit qu'il la suive, demeure dans son voisinage ou lui adresse ses salutations, soit qu'il pousse des cris de détresse ou erre à sa recherche » (WEIDMANN). On parle aussi parfois de comportement de suite dans le cas de jeunes ongulés qui — à l'inverse des coucheurs (→ *coucher à l'écart*) — suivent spontanément leur mère, et dans le cas de certains ongulés adultes qui se déplacent en groupe serré.

Les réactions de poursuite chez les jeunes animaux ont, de très bonne heure déjà, joué un rôle important en éthologie expérimentale, surtout parce qu'elles sont facilement quantifiables et souvent déclenchables par des → *leurres* de diverses natures; elles ont par exemple servi à étudier l'→ *empreinte filiale* et le fonctionnement des → *déclencheurs*.

WEIDEMANN (1958), KUENZER (1968); HESS (1975); WALTHER (1979).

COMPORTEMENT EXPLORATOIRE*
Erkundungsverhalten
Exploratory behaviour

Comportement de curiosité. Egalement appelé « comportement d'investigation ».

---

* In CHAUVIN R. (1975), p. 140; HEYMER A. (1977), p. 62.
Syn. **Comportement explorateur** in RICHARD G. (1975), p. 172;
Comportement d'exploration (*Ibid.*, p. 67).
Activité exploratrice in CHAUVIN R. (1969), pp. 207-225.
Comportement d'investigation in CHAUVIN R. (*ibidem*).
N.d.t. - En français, « comportement d'investigation » a un sens plus limité que « comportement exploratoire » : « Lorsque (le comportement exploratoire) consistera en un changement ou un déplacement des objets extérieurs, par manipulation ou autrement, nous l'appellerons : comportement d'investigation. » (CHAUVIN R., *Psychophysiologie*, 1969, p. 209).

Recherche et inspection active sans nécessité immédiate d'une situation stimulante présentant un caractère de nouveauté. Il apparaît surtout chez les vertébrés supérieurs, les oiseaux et les mammifères, mais on en a également décrit des cas isolés chez les vertébrés inférieurs (poissons, reptiles). En général, le comportement exploratoire est particulièrement accusé chez les jeunes; toutefois, chez certaines catégories d'animaux (p. ex. corvidés, perroquets, rongeurs, primates) il subsiste tout au long de la vie. Le comportement exploratoire présente de nombreux points communs avec le → *comportement ludique*, de sorte qu'il n'est pas possible de délimiter strictement ces deux registres comportementaux. Ainsi, on croit à l'existence, chez de nombreux animaux, d'une → *motivation* autonome, d'une « appétence de curiosité » particulière (→ *comportement appétitif*), c'est-à-dire que ces animaux se mettent spontanément à rechercher des stimuli et objets nouveaux qu'ils puissent explorer. De même, le comportement exploratoire ne se manifeste qu'à l'« état de relâchement », c'est-à-dire en dehors de l'activation de toute autre tendance comportementale, et par conséquent se distingue par une grande flexibilité dans la combinaison de conduites empruntées à divers registres. C'est en cela qu'il diffère de l'apprentissage par essais et erreurs (→ *conditionnement*), qui intervient toujours dans le cadre d'un → *cycle fonctionnel* donné (p. ex. quête alimentaire, construction du nid). Enfin, la fonction du comportement exploratoire rappelle très fort celle du jeu, surtout celle des manipulations ludiques : il permet de découvrir l'espace et les objets, d'en affiner sa connaissance et de s'exercer à exécuter les mouvements adaptés à l'objet considéré.

En général, les appellations « comportement exploratoire » et « comportement de curiosité » sont utilisées indifféremment dans les publications. Il arrive

néanmoins qu'on les distingue l'une de l'autre et que le comportement exploratoire s'applique davantage à l'inspection de nouvelles structures spatiales, le comportement de curiosité à celle d'objets inconnus. Certains auteurs rejettent totalement l'utilisation du mot «curiosité» pour désigner un comportement animal, étant donné qu'il sous-entend fortement l'existence d'une prise de → *conscience*.
BARNETT (1958; WÜNSCHMANN (1963); GLICHMAN et SPROGES (1966); JEWELL et LOIZOS (1966); KRAMER (1970); BUCHHOLTZ (1973); RENSCH (1973).

COMPORTEMENT EXPRESSIF*
Ausdrucksverhalten
Expressive behaviour, expression movements

Comportement à fonction de communication. On entend par expression la «fonction de structures dont la «signification biologique» est de concourir, en influant sur l'humeur et en déclenchant des réactions, à gouverner la vie de relation» (SCHENKEL). En conséquence «comportement expressif» est un terme générique désignant toutes les conduites qui favorisent la compréhension intraspécifique (occasionnellement la compréhension interspécifique également) (→ *communication animale*; → *déclencheur*) et qui se sont spécialement différenciées à cet effet. Elles incluent notamment les mouvements de la parade nuptiale, de menace et d'apaisement ou encore la quémande des jeunes.

Le comportement expressif peut s'être différencié de diverses manières au cours de la → *phylogenèse* (→ *évolution*) : il peut soit être apparu directement dans le cadre de la communication sociale, comme c'est vraisemblablement le cas pour la «présentation» de l'abdomen gonflé chez l'épinoche femelle au cours de la parade nuptiale, soit s'être structuré par → *ritualisation* de «sources» préexistantes. Parmi celles-ci on peut citer les → *mouvements d'intention*, les → *activités de substitution* et de simples → *épiphénomènes*. On appelle → *mimiques* les mouvements expressifs de la face; la → *gestique* sollicite le reste du corps.
SCHENKEL (1948); LORENZ (1951b); HEDIGER (1954); EIBL-EIBESFELDT (1956, 1957); BLUME (1973).

COMPORTEMENT INTERSPECIFIQUE
Interspezifisches Verhalten
Interspecific behaviour

Ce terme recouvre toutes les conduites qui s'expriment entre individus d'espèces différentes, par exemple dans le cadre de la → *territorialité interspécifique*, mais aussi de la prédation (fuite, activités de capture).
MARLER (1956); HÖLLDOBLER (1973); KARPLUS (1979).

COMPORTEMENT INTRASPECIFIQUE
Intraspezifisches Verhalten
Intraspecific behaviour

Conduites adressées à un congénère. Cette notion recouvre en grande partie celle de → *comportement social*, utilisée plus universellement.

COMPORTEMENT LUDIQUE*
Spielverhalten
Play behaviour

En éthologie, l'appellation «comportement ludique» s'applique à toutes les conduites qui s'expriment gratuitement en dehors du registre comportemental (→ *cycle fonctionnel*) à l'intérieur duquel elles remplissent normalement leur fonction. Le comportement ludique diffère à plusieurs égards du comportement qui s'exprime dans son contexte «logique» : tout d'abord, il peut y avoir au cours du

---
* In THINES G. et LEMPEREUR A. (1975), p. 376; HEYMER A. (1977), p. 35.

* In THINES G. et LEMPEREUR A. (1975), p. 528; HEYMER A. (1977), p. 167.

jeu «invention» de nouveaux mouvements. Par ailleurs, même des conduites parfaitement susceptibles de s'inscrire dans un cadre fonctionnel, comme par exemple les activités de fuite, d'attaque et de capture, présentent lorsqu'elles sont exécutées par jeu certaines particularités : elles se combinent librement, c'est-à-dire qu'il y a absence d'→ *inhibition* réciproque et qu'elles échappent à la stricte ordonnance caractéristique des → *chaînes de réactions* ; il semble qu'elles ne soient pas sujettes à l'→ *habituation*, puisqu'elles se répètent sans altération sur de longues périodes ; dans le domaine social, elles se distinguent par une fréquente inversion des rôles intervenant quasi au gré de l'animal et elles paraissent parfois «exagérées», c'est-à-dire que l'amplitude y est plus grande, l'investissement plus important, la vitesse plus élevée et les répétitions plus fréquentes que dans le contexte normal.

Le comportement ludique présente la plupart du temps un degré relativement élevé de spontanéité (→ *comportement spontané*). Il est l'apanage des vertébrés supérieurs, oiseaux et mammifères. En règle générale il s'observe uniquement chez les jeunes mais dans des cas isolés, surtout chez les carnassiers, les rongeurs, les primates et les cétacés (principalement les dauphins), il peut également subsister jusqu'à un certain point à l'âge adulte. En fonction de l'objet qui suscite le comportement ludique, on distingue entre les jeux moteurs d'un seul animal (jeu solitaire), les jeux centrés sur un objet inanimé (fig. 36) et les jeux auxquels participe(nt) un (ou plusieurs) congénère(s). Le préchant que développent de nombreuses espèces d'oiseaux pourrait être considéré comme un comportement ludique faisant intervenir le sens de l'ouïe.

Les publications éthologiques ont abondamment traité de la signification biologique du jeu. Elle varie vraisemblablement très fort d'une espèce à l'autre. Elle ressortit essentiellement à trois domaines : à la motricité c'est-à-dire à l'exercice des fonctions musculaires, à la cognition c'est-à-dire à l'entraînement et à l'affinement des facultés perceptives en général, et au registre social c'est-à-dire à l'apprentissage des rôles sociaux, à la capacité de reconnaître individuellement les partenaires sociaux ainsi qu'au développement et à l'amélioration de la communication sociale. Il est également possible que le comportement ludique contribue à la reconnaissance des jeunes et équivaille donc à un caractère comportemental juvénile. Au total, les publications relèvent plus de trente fonctions différentes.

Fig. 36. Ours blanc (*Thalassarctos maritimus*) jouant avec un ballon. En raison de l'absence d'→ *habituation*, typique du comportement ludique, les jeux de cette nature se poursuivent souvent relativement longtemps (d'après DITTRICH, 1977).

On possède encore peu d'indications sur la → *motivation* sous-jacente à ce comportement. Au vu des différences que nous avons mentionnées entre le jeu et le comportement qui s'exprime dans son contexte fonctionnel, il est inconcevable que cette motivation soit identique dans l'un et l'autre cas. Divers indices portent plutôt à croire qu'il existe des «appétences ludiques» particulières (→ *comportement appétitif*) et par conséquent il semble possible qu'une motivation propre, une «pulsion de jeu» sous-tende le comportement ludique également. On ne dispose toutefois pas encore de preuves irréfutables de l'existence de cette pulsion. Certaines espèces ont développé des signaux particuliers qu'elles réservent au domaine du jeu (→ *signal ludique*).

GROOS (1930); INHELDER (1955); MEYER-HOLZAPFEL (1956); GWINNER (1966); JEWELL et LOIZOS (1966); MEARS et HARLOW (1975); FICKEN (1977); FAGEN (1981); BATESON (1982); BEKOFF et BYERS (1982).

COMPORTEMENT MOTEUR
Motorik
Motor behaviour

Collectif désignant tous les mouvements actifs des organismes (à l'exception des mouvements de croissance des végétaux). Il recouvre aussi bien la → *locomotion* que le positionnement du corps ou les mouvements des organes internes ou de certaines de leurs parties.

GOLANI (1982).

COMPORTEMENT
PAR COMBINAISON INEDITE*
Neukombiniertes Verhalten

Egalement appelé «comportement par combinaison primaire» ou «comportement par combinaison finalisée». Ce terme, de création relativement récente, désigne des conduites nouvelles qui ne résultent ni d'une «tentative» particulière («apprentissage par essais et erreurs»; → *conditionnement*) ni de l'→ *imitation* du comportement d'un autre individu, mais bien de l'appréhension «spontanée» d'une situation présentant un caractère de nouveauté et de l'enchaînement intériorisé des séquences motrices spatio-temporelles, ce qui débouche d'emblée sur une exécution «parfaite» de l'action. (L'appellation «apprentissage par compréhension brusque», par laquelle on désignait autrefois ce processus, n'est plus guère en usage à l'heure actuelle étant donné qu'une «authentique» compréhension implique une prise de → *conscience*).

Dans la pratique, on ne devrait pourtant parler de combinaison inédite que si on peut exclure avec certitude la possibilité que ces conduites soient l'effet du hasard ou soient influencées par des expériences acquises au cours d'un apprentissage antérieur. Des indices observables au cours de la phase d'«anticipation», par exemple l'apparition de → *mouvements d'intention*, peuvent représenter une source supplémentaire de renseignements.

Le comportement par combinaison inédite a été observé presque exclusivement chez les primates. Les recherches expérimentales destinées à l'étude de ce comportement ont essentiellement porté sur des chimpanzés et des orangs-outans qui se voyaient présenter de la nourriture hors de portée ainsi qu'une série d'objets (bâtons susceptibles de s'emmancher, caisses pouvant être empilées) qui, agencés d'une certaine manière seulement, leur permettaient de s'emparer de l'appât.

Une forme simple de comportement par combinaison inédite, également observable chez d'autres mammifères de même que chez des oiseaux et des reptiles, est la conduite de détour par laquelle un animal auquel un obstacle barre le chemin utilise un parcours indi-

---

* Traduction proposée par le professeur M. RICHELLE, doyen de la faculté de psychologie de l'Université de Liège.

Comportement parental

rect pour atteindre son but. Il témoigne ainsi d'une certaine «compréhension» de la situation spatiale.

<small>THORPE (1963); v. FRISCH (1962); BUCHHOLTZ (1973); KÖHLER (1973); LETHMATE (1973).</small>

COMPORTEMENT PARENTAL*
Brutpflege
Parental behaviour, parental care

Conduites dont la fonction est d'assurer protection, approvisionnement et soins aux œufs et aux jeunes. Parmi elles, on distingue l'→ *offrande alimentaire* (fig. 37), les soins de la peau, du plu-

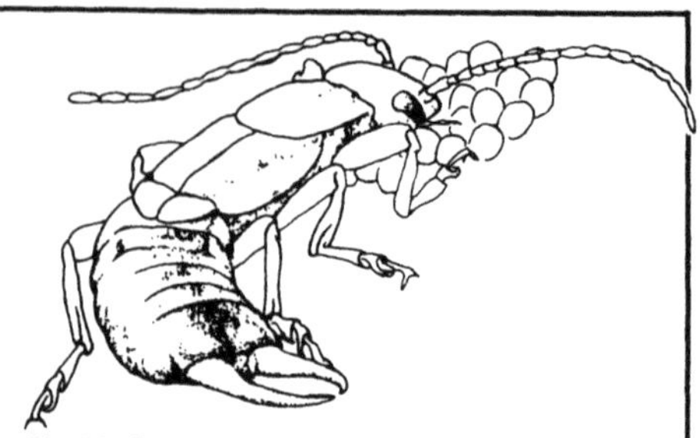

Fig. 38. Comportement parental d'un perce-oreille du genre *Forficula* : la femelle surveille et lèche les œufs qu'elle dépose dans une chambre d'incubation spécialement aménagée dans le sol (d'après SCHALLER, 1962).

Fig. 37. Comportement parental du bourdon lapidaire (*Bombus lapidarius*). Une femelle adulte nourrit une larve en lui transmettant du jus nutritif de bouche à bouche (d'après HAAS in WICKLER, 1967).

mage et du pelage (→ *toilettage social*), l'élimination des matières fécales et autres déjections (→ *hygiène du nid*), le camouflage (par exemple recouvrement des œufs chez les oiseaux qui couvent au sol), le transport à l'abri (→ *transport des jeunes* ; → *ramassage*), de même que la surveillance (fig. 38), la défense et le pilotage des jeunes. Chez les ovipares, le réchauffement des œufs (couvaison) et, chez certains poissons, leur oxygénation active par ventilation comptent également parmi les activités parentales. A côté des soins qu'il reçoit directement de ses parents, le comportement parental offre au jeune — surtout en cas d'émancipation relativement tardive — une possibilité d'apprentissage d'une importance capitale (→ *tradition*). De manière très générale, on parle uniquement de comportement parental s'il s'établit un contact direct entre parents et jeunes (→ *soins à la ponte*).

Le comportement parental s'observe dans toutes les classes de vertébrés, et on le rencontre aussi isolément chez certains invertébrés, surtout les arthropodes (insectes, araignées, myriapodes, crustacés). Chez l'écrasante majorité des espèces qui s'occupent de leur progéniture, c'est à la femelle qu'incombent les soins. Toutefois, chez une multitude d'espèces, les deux sexes se consacrent aux jeunes (surtout chez les espèces monogames ; → *monogamie*), à moins que les soins ne soient assurés essentiellement ou exclusivement par le mâle. Dans les publications en anglais — surtout celles traitant des primates — on rencontre souvent les expressions «paternal care» ou «male care» (soins paternels**) pour désigner le comporte-

---

<small>* In BAERENDS G. (1963), p. 75; CHAUVIN R. (1969), pp. 37-54, 173-181; RICHARD G. (1975), pp. 123-125, 132-134.</small>

<small>** In CHAUVIN R. (1975), p. 156.</small>

ment parental du mâle. Si les deux parents participent aux soins, il peut s'établir entre eux une certaine → *division du travail*.

KENDEIGH (1952); LENGERKEN (1954); LEHRMAN (1961); RHEINGOLD (1963); WILSON (1971, 1975); KEENLEYSIDE (1978); RIDLEY (1978); PERRONE et ZARET (1979); WELLS (1980); WEYGOLDT (1980); GUBERNICK et KLOPPER (1981).

COMPORTEMENT POSTCOPULATOIRE
Nachbalz
Postcopulatory behaviour

Terme collectif désignant les conduites qui suivent immédiatement la → *copulation*. Leur signification exacte n'est connue que dans un nombre infime de cas. Elle varie vraisemblablement d'une espèce à l'autre. Il semble que le comportement postcopulatoire contribue très souvent à surmonter les tendances à l'agression et à la fuite qui resurgissent après l'accouplement, et s'oppose ainsi à la séparation des partenaires (→ *lien conjugal*). Dans cette acception, il convient de le classer parmi les → *comportements d'apaisement*. Chez l'antilope cobe de Thomas, les mâles, rassemblés sur des aires de parade jointives, affichent un comportement postcopulatoire marqué qui incite manifestement la femelle, qui subit plusieurs accouplements successifs, à rester à leurs côtés et l'empêche de gagner l'aire du voisin. L'hypothèse formulée à plusieurs reprises selon laquelle le comportement postcopulatoire concourrait à l'épuisement des « énergies résiduelles », non consommées au cours de l'accouplement, reste à confirmer. Dans la littérature éthologique, on désigne parfois par « jeu postcopulatoire » les conduites qui succèdent immédiatement à la copulation. Toutefois, comme on peut affirmer qu'il ne s'agit pas d'un véritable → *comportement ludique*, il convient de donner la préférence à la dénomination « comportement postcopulatoire » (→ *parade nuptiale*).

ZIPPELIUS (1949); HUBER (1955); BUECHNER et SCHLOETH (1965); BASTOCK (1969).

COMPORTEMENT REPRODUCTEUR
Fortpflanzungsverhalten
Reproductive behaviour

Générique pour l'ensemble des conduites liées à la reproduction. Les différents auteurs lui attribuent cependant des acceptions plus ou moins larges. Si maints éthologistes le réservent aux comportements de la → *parade nuptiale* et de la → *formation du couple*, d'autres l'appliquent également à l'établissement d'un territoire, à la construction du nid, aux → *soins à la ponte*, au → *comportement parental*, toutes conduites ayant un rapport quelconque avec la → *reproduction*.

COMPORTEMENT SOCIAL
Sozialverhalten
Social behaviour

Générique pour l'ensemble des conduites qui s'adressent à un congénère. Il englobe le comportement sexuel (→ *parade nuptiale*), les activités parentales (→ *comportement parental*), les conduites au sein du groupe (→ *formation du groupe*) et les manifestations d'agressivité (→ *agression*). On trouve parfois dans les publications les termes « comportement social supérieur ». Il s'agit d'un synonyme approximatif de « comportement de groupe ». Il s'applique aux animaux « conviviaux », qui entretiennent des relations durables avec certains congénères (→ *structure sociale*). Dans bien des cas, il peut être question de comportement social interspécifique (→ *déclencheur interspécifique*), par exemple lorsque deux espèces vivent en → *symbiose* et affichent des conduites particulières au service de la communication réciproque.

KULLMANN (1968); CROOK (1970); MARKL (1971); ALEXANDER (1974); REMANE (1976).

COMPORTEMENT SPONTANE*
Spontanes Verhalten
Spontaneous behaviour

Comportement qui se produit de lui-même, c'est-à-dire de l'intérieur (→ *endogène*) et n'est ni déclenché ni entretenu par des stimuli externes. Une conduite peut être qualifiée de spontanée lorsqu'« il n'apparaît aucune relation entre le moment de sa manifestation et les stimuli qui la précèdent immédiatement » (SCHLEIDT). Cette définition *ne* signifie *pas* qu'un comportement spontané échappe à toute stimulation. Elle implique simplement que la transmission d'un ordre envoyé du → *système nerveux central* aux muscles (→ *efférence*) s'effectue sans intervention préalable d'aucun message spécifique des → *extérocepteurs*. Dans la pratique, il est extrêmement difficile de déterminer si un comportement est vraiment « spontané », étant donné qu'un grand nombre de stimuli échappent à l'observateur humain, à moins que celui-ci n'ait pris certaines dispositions, et qu'en outre des conditions constantes du milieu peuvent agir comme des stimuli externes, par exemple après s'être exercées pendant un certain temps.

On a pu décrire des comportements spontanés dans le cas de mouvements locomoteurs et des émissions sonores de diverses espèces (dindon, grillon). La première phase du → *comportement appétitif* en est une autre manifestation. Chez les embryons d'oiseaux et de mammifères, les comportements spontanés prennent une forme particulièrement accusée. Ils sont alors déterminants pour le développement normal du comportement (→ *embryologie du comportement*). Si un comportement qui d'ordinaire n'apparaît pas spontanément, c'est-à-dire sans l'intervention d'un stimulus externe, se manifeste quand même de lui-même à la suite d'un abaissement considérable du seuil de réponse (→ *variation du seuil de réponse*), on parle d'→ *activité à vide*.

BULLOCK (1961); SCHLEIDT (1964b); KONISHI (1966); NARAYANAN et al. (1971); HASSENSTEIN (1973); REYER (1975); ROEDER (1975); OPPENHEIM (1982b).

COMPORTEMENT TERRITORIAL
Revierverhalten
Territorial behaviour

Ensemble des conduites au service de la signalisation et de la défense du territoire. Il comprend le → *marquage*, la → *menace* et le combat.

COMPOSANTE TAXIQUE*
Taxiskomponente
Taxis component

Terme utilisé essentiellement dans les premières publications traitant d'éthologie pour désigner la composante d'orientation d'une conduite, déterminée par des stimulations (→ *taxie*). Il repose sur

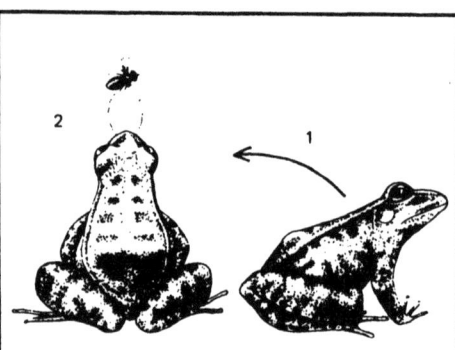

Fig. 39. Exemple du déroulement successif d'une composante taxique et d'une coordination motrice héréditaire : rotation d'une grenouille en direction de sa proie : 1) l'animal pivote jusqu'à ce que le grand axe du corps se situe dans le prolongement de la proie (composante taxique) et 2) projette ensuite la langue pour atteindre la proie (coordination motrice héréditaire) (d'après TINBERGEN, 1952).

---

* In THINES G. (1966), pp. 239-240; RUWET J.-Cl. (1969), p. 76; TINBERGEN N. (1971), p. 33.

* In RUWET J.-Cl. (1969), p. 62; THINES G. et LEMPEREUR A. (1975), p. 948.
Syn. **Composante d'orientation** in RUWET J.-Cl. (1969), p. 61; GUYOMARC'H J.-Ch. (1980), p. 15.

le fait que les conduites composées sont souvent dissociables en → *coordinations motrices héréditaires*, relativement rigides et dans une large mesure soustraites aux influences des stimuli externes, et en mouvements plus flexibles, sur lesquels ces stimuli agissent en permanence. Ces derniers éléments, qui assurent l'ajustement de l'orientation d'une coordination motrice héréditaire, par exemple le lancer de la langue en direction de la proie, sont les composantes taxiques. Elles peuvent précéder la coordination motrice héréditaire (par exemple, orientation du grand axe du corps en direction de la proie avant le début du comportement de capture proprement dit) (fig. 39) ou s'associer à celle-ci de différentes manières. Un exemple de cette seconde catégorie, qui a été étudié de bonne heure, est le → *roulage de l'œuf* observable chez certains oiseaux qui couvent au sol (fig. 95, p. 205).

LORENZ et TINBERGEN (1938); TINBERGEN et KUENEN (1939).

CONCEPTUALISATION*
Begriffsbildung
Conceptualization

Parmi les performances cérébrales les plus élevées des animaux figure la capacité, établie expérimentalement chez divers mammifères, de saisir des « concepts » simples applicables en tant que symboles aux objets les plus variés. C'est ainsi qu'une civette, un mammifère de la famille des viverridés, préalablement dressée à porter son choix sur une paire d'objets différents de préférence à une paire d'objets identiques, se révéla capable de maintenir le bon choix même en présence de paires s'écartant radicalement des modèles initiaux. Pareillement, un singe rhésus apprit à choisir

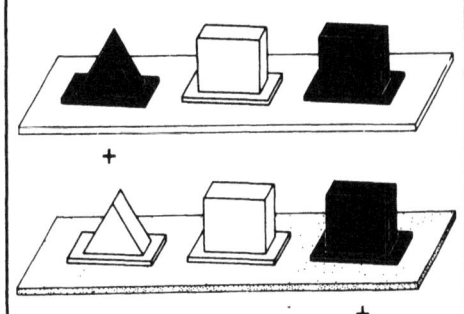

Fig. 40. Expérience destinée à étudier la conceptualisation chez le singe rhésus (*Macaca mulatta*) (dans le cas présent la distinction entre les concepts « identique - différent ») : pour obtenir une récompense, l'animal doit choisir l'objet qui s'écarte des autres par la forme sur un support de couleur crème, et au contraire par la couleur sur un support orangé (→ *épreuve de discrimination*). (D'après HARLOW, 1951 in RENSCH, 1973).

systématiquement, parmi trois objets dont deux identiques, celui qui différait des deux autres et continua à appliquer ce principe discriminatif à des objets de couleurs et de formes très diverses. Par ailleurs, on est même parvenu à susciter chez des chimpanzés et des singes rhésus la formation élémentaire du concept de « valeur » : si on leur présentait des anneaux de différentes couleurs, chacune d'entre elles s'échangeant contre une certaine quantité de nourriture, les animaux apprenaient à choisir dans n'importe quel cas, indépendamment de l'agencement des anneaux, ceux qui leur donnaient droit à la plus forte récompense. Une conceptualisation de cette nature suppose un degré élevé d'abstraction dont seuls les mammifères supérieurs semblent témoigner (→ *généralisation du stimulus*). Comme les animaux sont incapables de s'exprimer verbalement, on parle de concepts non verbaux ou « préverbaux »** (→ *langage*). La → *capacité de numération* établie chez certains oiseaux implique également une certaine forme de conceptualisation (fig. 40).

KAPUNE (1966); BUCHHOLTZ (1973); RENSCH (1973); DELIUS et HABERS (1978).

---

* Syn. **Formation de concepts** in RICHELLE M. (1966), pp. 171-172.

** N.d.t. Voir « les interactions préverbales », ch. 10 « Du geste à la parole » in FEYEREISEN P. et DE LANNOY J.D. (1985).

CONDITIONNEMENT *
Konditionierung
Conditioning

Terme générique pour toutes les procédures expérimentales au cours desquelles s'établit une dépendance entre une conduite ou toute autre réaction et certaines conditions. Les deux formes les plus fréquentes sont le conditionnement classique et le conditionnement instrumental. Le conditionnement classique consiste à associer un stimulus naturel (par exemple la vue de nourriture, « stimulus absolu ») à un stimulus artificiel, neutre au départ (par exemple une sonnerie ou un éclair lumineux, « stimulus signal »). Lorsque ces deux stimuli ont été présentés un certain nombre de fois en contiguïté, le stimulus signal suffit à déclencher la réaction attendue (par exemple la salivation); un → *réflexe* conditionné s'est établi.

Le conditionnement instrumental ou operant se distingue du conditionnement classique en cela qu'il n'implique pas l'association d'un nouveau stimulus à une réaction préexistante mais bien celle d'une nouvelle conduite motrice à la diminution d'un besoin (par exemple l'apaisement de la faim ou de la soif). Cette conduite, soit un simple changement de direction vers la gauche ou la droite, soit le becquetage d'un disque de couleur ou l'appui sur un levier, doit d'abord apparaître spontanément (→ *comportement spontané*). Si une récompense (appelée →« *renforcement* ») lui succède à plusieurs reprises, par exemple sous forme d'une graine, l'animal établit un lien entre les deux événements et exécutera de plus en plus souvent la conduite attendue dans la situation adéquate (par exemple s'il a faim). Une différence supplémentaire entre conditionnement classique et conditionnement instrumental : dans le premier cas, l'animal apprend passivement à associer le stimulus signal à l'événement qui lui succède, alors que dans le second, il participe activement en produisant sa réponse motrice.

Le → *labyrinthe* et la → *boîte de Skinner* sont des dispositifs expérimentaux spécialement conçus pour le conditionnement instrumental. Les rats de laboratoire et les pigeons représentent le matériel favori pour ce type d'expérience. Le conditionnement instrumental est parfois appelé « apprentissage par renforcement » ou → *dressage*. Les expressions « réaction conditionnelle » (conditionnement classique), et « action conditionnelle » (conditionnement instrumental) sont également utilisées.

On observe aussi des processus d'apprentissage équivalant à ces deux formes de conditionnement chez les animaux en milieu naturel, lorsqu'ils « s'essaient » à quelque chose, par exemple lors de la quête alimentaire ou de la construction du nid. Certains mouvements peuvent alors s'avérer plus appropriés que d'autres, et l'animal peut établir des liens comparables à ceux qui apparaissent dans le conditionnement, même s'ils sont en général moins rigides. On parlera dans ce cas d'« apprentissage par essais et erreurs » ou d'« apprentissage par tâtonnements » (fig. 62, p. 143).

SKINNER (1938, 1963); ANGERMEIER (1972); BLACK et PROKASY (1972); HASSENSTEIN (1972, 1973); PAVLOV (1972); SINZ (1981).

CONFLIT DE GENERATIONS
Eltern-Nachkommen-Konflikt
Parent-offspring-conflict

En sociobiologie, on entend par là le « conflit d'intérêts » qui, comme le laisse supposer la → *théorie de la parentèle*, oppose le jeune à sa mère ou à ses deux parents (→ *aptitude*). D'après cette théorie, le jeune tendrait vers un → *investis-*

---

* In RICHELLE M. (1966), pp. 21-28; THINES G. et LEMPEREUR A. (1975), p. 207; RICHELLE M. et DROZ R. (1976), pp. 324-326, 330-339; DELACOUR J. (1981), pp. 24-32; DORE F.Y. (1983), p. 121 et suiv.

sement maternel (parental) optimal, tandis que sa mère (ses géniteurs) doit (doivent), dans l'intérêt des jeunes à venir, indispensables au renforcement de son (leur) succès reproducteur, limiter cet investissement. L'ampleur du conflit varie en fonction de l'âge de la mère ou des parents : on note une différence entre le géniteur relativement jeune pour lequel la probabilité de produire d'autres descendants est encore relativement élevée, et le géniteur plus âgé, qui peut investir davantage dans les rejetons susceptibles d'être les derniers. L'âge du jeune jouerait également un rôle : plus il grandit, plus il devient apte à subvenir lui-même à ses besoins, et par conséquent, moins important est l'avantage qui résulte des soins maternels, alors que l'investissement est de plus en plus lourd pour la mère, notamment en raison de la croissance de son jeune. Nombre d'observations viennent effectivement étayer cette thèse : ainsi, chez les chats et les chiens, la période des soins parentaux peut se diviser en trois phases. Au cours de la première d'entre elles, l'initiative des contacts comme des soins émane essentiellement de la mère ; au cours de la phase suivante, cette initiative est partagée, et au cours de la troisième et dernière phase, surtout peu avant le sevrage, le jeune sollicite de sa mère davantage de soins, p. ex. de nourriture, que celle-ci, qui lui manifeste quelquefois de l'agressivité et tente de l'éconduire, n'est disposée à lui accorder. Une évolution similaire, susceptible de déboucher sur un « conflit de sevrage », est également attestée chez les rats, un nombre appréciable de primates et divers oiseaux.
TRIVERS (1974) ; STAMPS *et al.* (1978).

CONSCIENCE
Bewusstsein
Consciousness

Connaissance immédiate de l'environnement objectif, des événements et des relations. L'existence d'une conscience animale échappe pratiquement à toute démarche empirique. Diverses observations donnent certes à penser qu'au moins les animaux supérieurs* sont capables d'une certaine prise de conscience, ne fût-ce que de leur propre corps ; il est toutefois impossible de préciser la nature de cette conscience par rapport à la conscience humaine.

Il convient donc autant que possible de rayer du vocabulaire éthologique les termes qui évoquent l'existence de formes humaines de conscience chez les animaux (p. ex. → *reconnaissance spécifique* ; compréhension brusque, → *comportement par combinaison inédite*).
HEDIGER (1947, 1980) ; RENSCH (1973) ; THORPE (1974) ; GRIFFIN (1976) ; CROOK (1980).

CONSTANCE DE FORME
Formkonstanz
Form constancy

En éthologie, on parle de constance de forme lorsqu'une conduite se déroule selon un schéma immuable. On considérait autrefois la constance de la forme comme un indice d'innéité (→ *inné*), étant donné que les → *coordinations motrices héréditaires* présentent une très grande inaltérabilité. On sait de nos jours qu'il en va de même de certains comportements acquis. Les stéréotypes moteurs (→ *stéréotypie*) en sont la preuve, ainsi que de nombreuses conduites « naturelles », p. ex. quantité de → *chants* chez les espèces aviaires. De récentes études ont montré que les chants émis par les populations néo-zélandaises de certains passereaux d'Europe introduits en Nouvelle-Zélande depuis plus d'un siècle correspondent encore à ceux des populations européennes de départ. Il est établi que chez deux de ces espèces au moins (merle, pinson), le chant est le fruit d'un apprentis-

---
* Cf. note infrapaginale p. 91.

sage. Dans le cas présent, la constance de forme s'est donc maintenue à travers de nombreuses générations, bien que le trait comportemental envisagé ne soit pas inné mais se transmette par → *tradition*. Enfin, les conduites ritualisées (→ *ritualisation*) présentent elles aussi une grande immutabilité.

PRECHT (1956); LORENZ (1959); KONISHI (1966); THIECKLE (1974); BUCHHOLTZ (1978).

CONTINGENCE
Kontingenz
Contingency

Lien spatio-temporel. Association de deux conduites ou d'une conduite et d'un stimulus par laquelle s'établit une interdépendance. Dans le → *conditionnement* instrumental, la contingence du → *renforcement* joue un rôle capital. Dans des conditions naturelles, nombreux sont les cas où la promptitude de la réaction, du partenaire par exemple, est d'une importance primordiale : au cours de l'→ *apprentissage prénatal*, quantité d'oiseaux apprennent à distinguer les appels de leurs parents de ceux des couples voisins, parce que les parents répondent immédiatement aux cris que pousse la couvée. Cette contingence est absente des vocalisations des voisins.

WATSON et RAMSEY (1972); SKINNER (1974); WATSON (1977, 1981); MASON (1978).

CONVERGENCE
Konvergenz
Convergent development

En biologie, il est question de convergence ou d'évolution convergente lorsqu'en raison de conditions environnementales identiques ou similaires, des caractères particuliers apparaissent indépendamment les uns des autres chez plusieurs espèces et que leur → *adaptation* aux données écologiques aboutit à une uniformisation, c'est-à-dire à la structuration de caractères analogues

(→ *analogie*). Ainsi, le → *roulage de l'œuf* et la → *manœuvre de diversion* se sont mis en place de manière convergente chez différents groupes d'oiseaux qui couvent au sol, non étroitement apparentés. Pareillement, l'incubation buccale propre à divers poissons (→ *incubateur buccal*), la façon de boire par aspiration des columbidés et de bien des estrildinés ou le vol sur place dont sont capables quantité d'insectes et d'oiseaux résultent d'une évolution convergente. Les multiples évolutions parallèles anatomiques, physiologiques et éthologiques entre les marsupiaux d'Australie et les mammifères supérieurs (placentaires) en sont un exemple éclatant (→ *radiation adaptative*, fig. 90, p. 195). L'étude de ces adaptations parallèles est l'un des principaux champs d'activité de l'→ *écoéthologie*.

REMANE (1971); WICKLER (1973a), MAYR (1975).

COORDINATION MOTRICE HEREDITAIRE*
Erbkoordination
Fixed action pattern, FAP

« Suite ordonnée spatio-temporellement de contractions musculaires qui engendrent des patrons moteurs dotés d'une signification biologique » (KONISHI). Concept forgé aux premiers temps de l'éthologie pour désigner des séquences « constantes dans leur forme » (→ *constance de forme*), relativement figées, de mouvements soit exécutés pour eux-

---

* In RUWET J.-Cl. (1969), p. 112.
Syn. **Coordination motrice fixée** in RICHARD G. (1975), p. 51.
Syn. **Manifestation de caractère fixe** in TINBERGEN N. (1971), p. 127.
Syn. **Patron-moteur hérité** in VOSS J. et al. (1975), pp. 293, 302-303.
Syn. **Patron moteur fixe** in VOSS J. et al. (Op. cit.).
Syn. **Stéréotype moteur** in GUYOMARC'H J.-Ch. (1980), p. 15.
Syn. **Sortie motrice unitaire** in CAMPAN R. (1980), pp. 131-136.

mêmes (par exemple de nombreux mouvements de toilettage et de secouement), soit intégrés en tant que plus petites unités identifiables dans des patrons comportementaux plus complexes (par exemple les conduites de la → *parade nuptiale*). Ces mouvements sont déclenchés et influencés dans leur intensité et leur orientation par des stimuli externes (→ *composante taxique*). En revanche, leur schème d'exécution, c'est-à-dire la nature du mouvement, échappe dans une large mesure à l'influence de ces stimuli et est propre à chaque espèce, ce qui est indicatif d'une programmation héréditaire (→ *inné*). Toutefois, comme dans bien des cas le degré d'indépendance vis-à-vis des facteurs environnementaux est moins élevé qu'on le supposait au départ, on tend de plus en plus à remplacer depuis quelque temps l'appellation «coordination motrice héréditaire» par l'expression →«*structure modale d'action*».

STORCK (1949); LORENZ (1961); EIBL-EIBESFELDT (1963); KONISHI (1966); SCHLEIDT (1974); CASSIDY (1979).

COPULATION
Kopulation
Copulation, mating

Accouplement. Réunion des organes génitaux du mâle et de la femelle. Chez les mammifères et certains représentants d'autres classes de vertébrés, l'organe copulatoire du mâle (le pénis) est introduit dans les voies génitales de la femelle (le vagin). Chez la majorité des oiseaux, la copulation s'accomplit par simple contact des organes copulatoires. A la copulation succèdent l'→ *insémination* et la → *fécondation*.

MEISENHEIMER (1921).

COUCHER A L'ECART
Abliegen
Lying out

Se dit d'un comportement propre aux jeunes de nombreux ongulés : le jeune s'éloigne spontanément de sa mère et se couche en un site abrité où il reste tapi jusqu'à la tétée suivante. Ce comportement, que l'on observe notamment

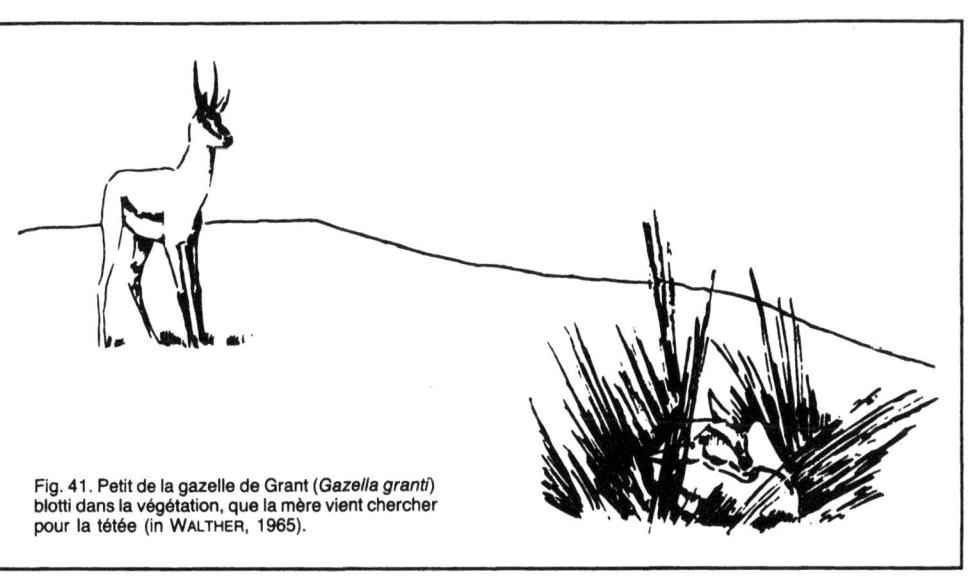

Fig. 41. Petit de la gazelle de Grant (*Gazella granti*) blotti dans la végétation, que la mère vient chercher pour la tétée (in WALTHER, 1965).

chez les antilopes Oryx, les kudus et quantité de gazelles, facilite le camouflage du jeune, dont les possibilités de mouvement et de fuite restent limitées (fig. 41).

Chez maintes espèces, comme le dik-dik, la mère, après l'allaitement, emmène le petit à l'écart et l'incite à s'allonger. On parle d'«incitation au coucher». Par «coucheur», on entend à la fois les jeunes des espèces qui pratiquent l'incitation au coucher et ceux qui gagnent leur cachette d'eux-mêmes. Dans les deux cas, il s'agit de → nidifuges. A l'inverse des → suiteurs, ces jeunes passent la majeure partie de la journée séparés de leur mère. Chez les espèces gémellaires, les deux jeunes se couchent d'eux-mêmes à bonne distance l'un de l'autre («distance gémellaire») (→ animaux de distance; → distance inter-individuelle).
HENDRICHS (1971); WALTHER (1979).

COUPLE CONSORT
Konsortenpaar
Consort pair

En primatologie, se dit couramment lorsqu'un mâle et une femelle s'unissent passagèrement au sein d'un groupe social polygame (→ *polygamie*): chez certaines espèces (p. ex. babouins, magots, chimpanzés), deux individus de sexes opposés, au moment de l'→ *œstrus* féminin, maintiennent un contact particulièrement étroit, s'isolent quelquefois du groupe et manifestent un comportement sexuel et un → *toilettage social* (→ *service dermique*) plus affirmés.
JAY (1965); ROWELL (1972); TUTIN (1979).

CRECHE
Krippe
Creche

En ornithologie, on entend par crèche le groupe composé de deux adultes ou davantage et d'un nombre généralement plus important de jeunes. Au sens strict, ce terme s'applique aux oiseaux → *nidifuges*, chez lesquels les jeunes subviennent eux-mêmes à leurs besoins alimentaires et où les adultes se bornent à les piloter et à les avertir de l'approche d'un prédateur. La responsabilité de la crèche incombe soit à la mère de certains jeunes, soit à des adultes sans nichée ou qui ont perdu leurs propres jeunes. Par conséquent, certains adultes prodiguent des soins à des jeunes qui ne leur sont pas (vraisemblablement) apparentés (→ *théorie de la parentèle*; → *adoption*). L'eider nous fournit l'exemple le plus célèbre de crèche. L'avantage pour la mère biologique est qu'elle peut s'éloigner plus longtemps et compenser par une alimentation plus abondante la perte de poids consécutive à l'incubation. Il est donc probable que cette forme de crèche soit un cas d'→ *altruisme* réciproque.

Dans un sens plus large, on désigne également par «crèche» le rassemblement de jeunes → *nidicoles* qui ont déjà quitté le nid ou le site d'incubation mais continuent à être alimentés par les parents. Ici aussi, les jeunes sont placés sous la garde de quelques adultes seulement (et parfois laissés à eux-mêmes), mais à l'inverse de la première forme de crèche, les parents reviennent régulièrement pour nourrir leurs jeunes respectifs (→ *reconnaissance individuelle*). Chez certaines espèces comme les manchots, des «sentinelles» (→ *rôle*) restent en permanence auprès du groupe, sans toutefois nourrir les jeunes. Il s'agit cette fois encore d'oiseaux sans nichée. Cette seconde forme de crèche se rencontre chez les manchots, les flamants roses, les pélicans, les hirondelles de mer, les cacatoès et les geais.

Chez maints ongulés coucheurs (→ *coucher à l'écart*), on observe des rassemblements de jeunes qui correspondent aux crèches des oiseaux et sont souvent appelés «jardins d'enfants».
GORMAN et MILNE (1972); WILLIAMS (1974); REMANE (1976); SKUTCH (1976); BEDARD et MUNRO (1977); BALDA et BALDA (1978).

CRI
Ruf
Call

En éthologie et en bioacoustique, on entend par cris des sons vocaux, c'est-à-dire engendrés par un flux d'air (→ *émission sonore*), qui se distinguent par leur simplicité (c'est-à-dire leur brièveté et leur structure à partir d'une seule ou de quelques syllabes seulement) des chants plus complexes qu'exécutent surtout les oiseaux chanteurs. La délimitation est toutefois malaisée, puisqu'il existe des successions de cris relativement longues et qu'inversement, nombreux sont les chants composés de quelques éléments seulement, voire de la juxtaposition d'une même syllabe. Pour la classe des oiseaux, la fonction de l'émission sonore est un critère de distinction supplémentaire : celle du chant se limite essentiellement à la signalisation du → *territoire* (→ *comportement de marquage*) et à l'attraction de la femelle (→ *chant*), tandis que les cris participent à une multitude de registres comportementaux. Par contre, chez d'autres groupes d'animaux (insectes, amphibiens), les cris ou successions de cris peuvent également servir à attirer les femelles. Le cri disyllabique d'une rainette arboricole de Porto-Rico remplit une double fonction qui correspond exactement à celle du chant de nombreux oiseaux chanteurs : l'une des syllabes attire les femelles, l'autre maintient les mâles rivaux à distance. Cette double fonction se retrouve dans les cris d'autres amphibiens.
En règle générale, on peut attacher à chaque cri une fonction différente (→ *répertoire sonore*), et on parle notamment de cri d'appel, de détresse, d'invitation au nid, de ralliement (chez les → *nidifuges*), de cri d'alarme (→ *comportement d'avertissement*) ou de quémande (→ *comportement de quémande*).

BLAIR (1958); THIELCKE (1970); SCHIØTZ (1973); WICKLER et SEIBT (1974); NARINS et CAPRANICA (1978).

CRONISME
Kronismus

Terme forgé d'après le dieu grec Cronos qui dévora ses enfants. Il désigne la prédation des jeunes par leurs géniteurs. Si les jeunes sont mis à mort sans être mangés, on parle d'→ *infanticide*, un terme qui figure souvent dans les publications, parfois comme synonyme de cronisme. Le cronisme est une forme particulière de → *cannibalisme*. Il est relativement fréquent chez la cigogne blanche, et imputable à des défaillances du comportement parental chez les jeunes couples qui nichent pour la première fois. Dans des conditions expérimentales, le cronisme peut découler de phénomènes de → *stress* social. Chez les animaux domestiques également, il s'agit d'une anomalie comportementale beaucoup plus répandue qu'en milieu naturel (cannibalisme des porcelets par la truie).

SCHÜZ (1957); SAMBRAUS (1978).

CULTURE
Kultur
Culture

Les éthologistes répugnent à utiliser le terme « culture ». Chez les animaux, seuls les primates présentent des phénomènes susceptibles d'être comparés à la culture humaine. Nous avons connaissance chez ces animaux de particularités comportementales « inventées » par un individu et adoptées par d'autres. On parle de → *« modifications sociales »*. L'exemple le plus célèbre est le lavage de patates douces chez le macaque japonais (fig. 116, p. 238). Si pareille variante comportementale se généralise au sein du groupe, si elle se transmet par → *tradition* d'une génération à l'autre et si le groupe se dote ainsi d'une particularité acquise qui lui est propre, alors on est fondé de parler de culture au sens large. En éthologie, la culture équivaut donc à « un ensemble de variantes comportementales fondées sur une modification sociale, dont les porteurs, de la même manière, influenceront à leur tour le comportement d'autres individus » (KUMMER).

KOENIG (1970); KAWAI (1975a); KUMMER (1975); SPUHLER (1979); BONNER (1980); PULLMANN et DUNFORD (1980).

CYCLE FONCTIONNEL*
Funktionskreis
Behaviour system, functional system

Concept forgé par J. v. UEXKUELL, qui recouvre les relations existant entre certaines « caractéristiques » de l'environnement, leur perception par les organes sensoriels d'un animal et les réactions (préformées) qu'elles déclenchent en lui. De nos jours, dans les publications éthologiques, le concept de cycle fonctionnel est souvent compris dans un sens différent. Il y désigne un « système comportemental » et est une appellation globale pour les conduites ayant une fonction et un effet identiques ou similaires, par exemple la locomotion, l'alimentation, la parade nuptiale, le comportement parental ou l'agression.

UEXKÜLL et KRISZAT (1956); TEMBROCK (1980).

DANSE DES ABEILLES*
Tanzsprache
Dance language

Forme de → *communication* propre à l'abeille mellifère, comparable à un → *langage* dans la mesure où la transmission d'information repose partiellement sur l'utilisation de signes (symboles). Ceux-ci permettent aux ouvrières, au retour d'un vol de butinage, d'informer leurs compagnes de ruche de la direction et de l'éloignement d'une source de provende, en exécutant des séquences comportementales déterminées appelées « danses »; si cette source de nourriture se situe à proximité de la ruche, elles décrivent avec frénésie un cercle sur le rayon; par ce manège, elles attirent l'attention d'autres ouvrières et les incitent à imiter leurs évolutions. L'information proprement dite est véhiculée par la senteur florale ramenée par les butineuses, que les compagnes perçoivent par attouchements antennaires et grâce à laquelle elles s'orientent lorsqu'elles prennent leur envol (danse circulaire). Par contre, si la source de nourriture est plus éloignée, l'information est directement déduite des mouvements qualifiés de « danse frétillante ». Les insectes se livrent ici à un étonnant exercice de transposition; ils se servent de la pesanteur pour indiquer, par rapport à la direction du soleil, l'emplacement de la source de nourriture, impossible à représenter directement sur le plan verti-

---

* In HEYMER A. (1977), p. 71; CAMPAN R. (1980), pp. 20-21, 145.

* In CHAUVIN R. (1961), pp. 117-131; THINES G. (1966), pp. 218-227; CHAUVIN R. (1969), pp. 387-391; RUWET J.-Cl. (1969), pp. 191-194; CAMPAN R. (1980), p. 200.

Déafférentation

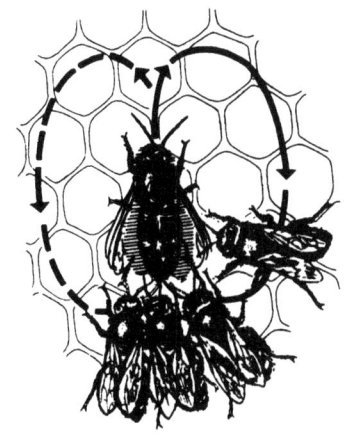

Fig. 42. Danse circulaire (en haut) et danse frétillante (en bas) chez l'abeille mellifère (*Apis mellifica*). Plusieurs ouvrières, appelées «suiveuses», imitent la danseuse et captent les informations que celle-ci leur transmet (in K. VON FRISCH, 1965).

cal de la ruche : si la danseuse, au cours du «trajet rectiligne», qui s'accompagne de rapides frétillements latéraux de l'abdomen, se déplace vers le haut, le butin se situe dans la direction du soleil ; si elle s'écarte à gauche ou à droite de la verticale selon un certain angle, il faudra maintenir en vol le même angle entre la direction du soleil et celle de la source de nourriture. En outre, la vitesse avec laquelle la danseuse effectue le trajet rectiligne indique l'éloignement de la nourriture : le déplacement est d'autant plus lent et «appuyé» que celle-ci est éloignée. En plus de cette «indication directionnelle» fournie par la danse frétillante, des stimuli optiques et olfactifs interviennent cependant aussi dans la localisation d'une source de provende plus distante encore (fig. 42).

v. FRISCH (1965) ; LINDAUER (1975) ; GOULD (1976).

DEAFFERENTATION
Desafferentierung
Deafferentation

On dit encore «désafférentation» ou «désafférentiation sensorielle». Suppression des nerfs afférents (→ *afférence*). Elle permet d'échapper à l'influence des stimuli externes et d'étudier les composantes spontanées du comportement (→ *comportement spontané*). (Etant donné qu'une déafférentation entraîne la dégénérescence des cellules du cerveau dans l'aire sensible correspondante, l'interprétation des résultats fournis par cette méthode appelle une extrême prudence). La → *bioacoustique* a pratiqué très tôt et très souvent la déafférentation : la privation de l'ouïe chez les oisillons a grandement contribué à établir les composantes qui, dans les vocalisations des oiseaux, sont indépendantes de toute expérience (→ *émission sonore* ; → *inné*), celles qui requièrent un apprentissage, de même que l'âge auquel semblables processus d'acquisition peuvent s'accomplir (→ *phase sensible*). Les résultats obtenus par déafférentation revêtent un intérêt général, surtout pour l'étude du → *chant* des oiseaux, vu la diversité des situations observées chez les espèces aviaires.

v. HOLST (1939) ; SCHWARTZKOPFF (1949) ; v. HOLST et MITTELSTAEDT (1950) ; KONISHI (1963, 1964).

DECLENCHEUR*
Auslöser
Releaser

Terme générique désignant tous les caractères morphologiques et toutes les manifestations comportementales d'un animal qui ont pour fonction de susciter une réponse chez un autre animal (partenaire sexuel, parent ou jeune, membre du groupe ou partenaire symbiotique). Les déclencheurs comprennent les couleurs et les formes, les émissions sonores, les sécrétions odorantes (par exemple les → *attractifs sexuels*) ainsi que diverses conduites (par exemple les mouvements de parade nuptiale et de menace), regroupées sous l'appellation → «*comportement expressif*». Les termes «déclencheur» et «stimulus-clé» sont souvent confondus, mal distingués l'un de l'autre, voire utilisés indifféremment. Il convient donc de préciser ces notions. Fondamentalement, il existe deux possibilités sur le plan des relations entre deux organismes, compte tenu des besoins en information : les relations où l'intérêt de l'information est unilatéral, celles où il est réciproque. La première catégorie inclut notamment les rapports entre le prédateur et sa proie, où chacun des protagonistes va même jusqu'à éviter autant que possible d'afficher les caractères frappants susceptibles de le faire repérer par l'autre. Par contre, dans les relations entre congénères (et occasionnellement entre individus d'espèces différentes, → *déclencheur interspécifique*), l'intérêt à la compréhension est réciproque. C'est la raison pour laquelle des caractères propres à faciliter cette compréhension se sont développés au cours de la phylogenèse. C'est à eux que s'applique le terme «déclencheur». Les déclencheurs sont donc en quelque sorte les « émetteurs » de stimuli-clés.

La fonction première d'un déclencheur est de susciter une réponse, et il y est spécialement adapté. En revanche, dans le cadre d'un besoin unilatéral en informations, le récepteur doit se contenter pour tout signe de reconnaissance des caractères dont l'émetteur est de toute façon porteur, et pour lesquels l'émission de stimuli-clés n'est qu'accessoire et « accidentelle » : on ne verra jamais des branches de couleur pousser sur un arbre uniquement pour permettre à certaines espèces d'oiseaux de le repérer plus aisément comme site de nidification ; par contre, il se peut qu'au cours de la phylogenèse des marques de couleur se soient développées dans le gosier de certains oisillons pour la seule raison qu'elles déclenchent et orientent plus efficacement le nourrissage par les parents lors de la quémande alimentaire.
SCHLEIDT (1964a); LORENZ (1978).

DECLENCHEUR INTERSPECIFIQUE
Interspezifischer Auslöser
Interspecific releaser

→ *Déclencheur* qui favorise la compréhension entre individus d'espèces différentes. Sur le plan auditif, on peut notamment citer les cris d'alarme de certains oiseaux chanteurs, que « comprennent » également d'autres espèces (→ *comportement d'avertissement*). Sur le plan chimique on trouve des déclencheurs interspécifiques chez les myrmécophiles. Ces insectes, en partie inoffensifs, en partie nuisibles (par exemple coléoptères, autres espèces de fourmis, lépismes), émettent des sécrétions qui exercent une attraction sur les fourmis-hôtes, et déclenchent par exemple des activités parentales (nourrissage, transport en lieu sûr en cas de danger). Les substances sécrétées par les larves de coléoptè-

---

* In CHAUVIN R. (1966), p. 241 ; RUWET J.-Cl. (1969), pp. 42-46 ; THINES G. et LEMPEREUR A. (1975), p. 252 ; HEYMER A. (1977), p. 35 ; La Recherche en Ethologie (1979), glossaire p. 314.
Syn. **Evocateur** in LECOMTE J. (1956), p. 77 ; CHAUVIN R. (1958), pp. 20-21.
Syn. **Déclencheur social** au sens de déclencheur intraspécifique in THINES G. (1966), p. 241 ; TINBERGEN N. (1971), p. 239 ; VOSS J. et al. (1973), p. 305.

res imitent apparemment les → *phéromones* des larves de leurs fourmis-hôtes et sont dès lors appelées «phéromones mimétiques» (→ *mimicrie* ; → *leurre*). Dans certains cas, elles semblent agir plus efficacement que les modèles ; ce sont donc des → *stimuli supranormaux* naturels. Sur le plan tactile, on connaît les signaux interspécifiques qu'un poisson de la famille des gobiidés envoie à la crevette avec laquelle il vit en → *symbiose* : dès qu'un poisson prédateur s'approche du terrier de la crevette, le gobie, en donnant de rapides coups de queue, envoie un signal d'avertissement qu'elle capte grâce à ses longues antennes et qui l'incite à battre en retraite dans son terrier.

MARLER (1956) ; HÖLLDOBLER (1973) ; KARPLUS (1979).

DECREMENT
Dekrement
Decrement

Diminution de l'excitation nerveuse avec l'éloignement par rapport à la source stimulante, c'est-à-dire avec la longueur de la voie nerveuse.

DEMONSTRATION DE PRESTANCE
Imponierverhalten
Epigamic display, charging display

Dans la littérature éthologique, on entend généralement par «démonstration de prestance» un → *comportement de menace* dans lequel viennent s'imbriquer des mouvements de → *parade nuptiale* et qui a pour effet l'éviction ou l'intimidation des rivaux de même sexe et l'attraction de sujets du sexe opposé. Cette conduite survient fréquemment au cours de la → *formation du couple* et s'exprime la plupart du temps chez le mâle. Il n'est possible d'apprécier si on se trouve en présence d'une démonstration de prestance ou d'un véritable comportement de menace que dans les cas où la fonction de la conduite concernée est établie avec certitude. Dans les publications, la distinction entre ces deux comportements n'est pas toujours nette et «démonstration de prestance» figure parfois comme synonyme de «comportement de menace» ou désigne une forme de menace moins «véhémente», ne traduisant aucune motivation de combat véritable (fig. 18, p. 46).

HEINROTH (1911) ; VOGEL (1971) ; WALTHER (1980).

DENSITE DE POPULATION
Populationsdichte
Population density

Nombre moyen d'habitants par unité de surface. Elle est régie par toute une série de facteurs du milieu (par exemple les ressources trophiques, la pression prédatrice, la compétition d'autres espèces aux besoins physiologiques identiques) et varie entre des marges de fluctuation spécifiques. En raison de la limitation des disponibilités alimentaires, elle est en général sensiblement plus faible chez les prédateurs que chez les herbivores, chez les animaux de grande taille que chez ceux de petite taille. Chez de nombreuses espèces, la densité de population subit des fluctuations plus ou moins régulières d'une ampleur quelquefois considérable (dynamique des populations). Ces fluctuations sont souvent saisonnières mais peuvent aussi s'étaler sur des périodes plus importantes. Nous trouvons chez les lemmings des régions boréales un exemple bien connu de cycle de population couvrant plusieurs années. Une densité de population trop élevée peut entraîner des phénomènes de → *stress*.

KOSKIMIES (1955) ; KÜHNELT (1965) ; KLOPFER (1968) ; OSCHE (1973b) ; REMMERT (1980).

DIALECTE
Dialekt
Dialect

En éthologie et en bioacoustique, on entend par dialecte les formes vocales caractéristiques d'une → *espèce* dans

Dialecte

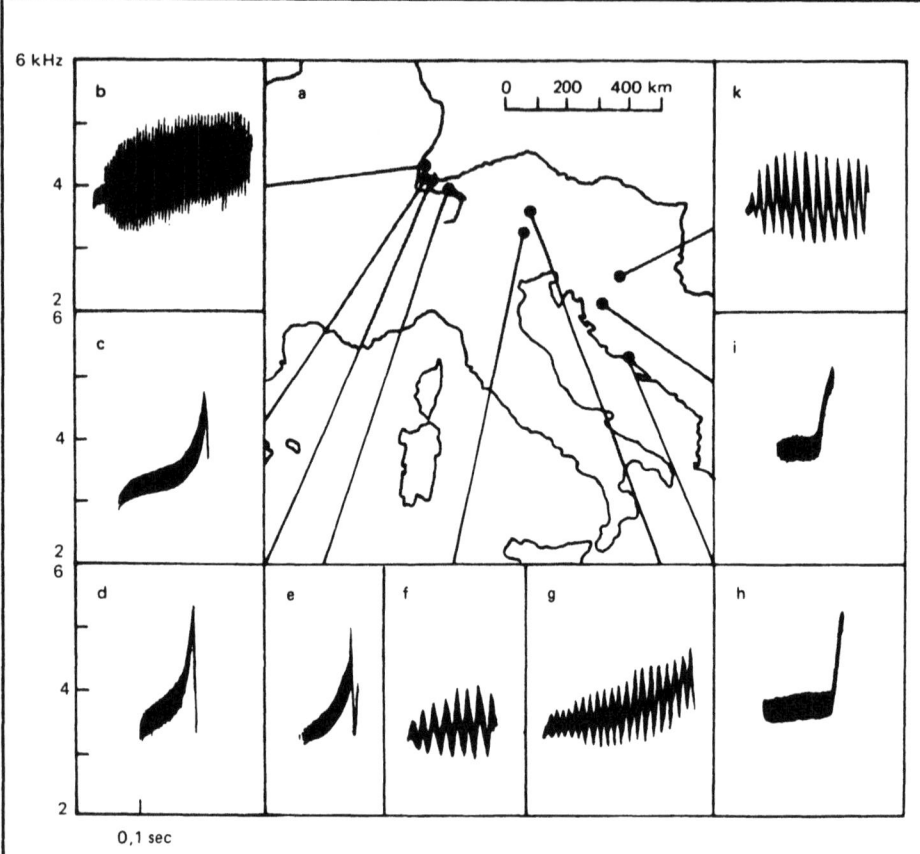

Fig. 43. Forme dialectale d'une vocalisation du pinson des arbres (*Fingilla coelebs*) appelée « cri de pluie ». Cet exemple illustre l'importance des différences acoustiques qui apparaissent entre diverses régions géographiques, parfois même voisines (in THIELCKE, 1970).

un espace déterminé, qui diffèrent des sons émis par cette espèce dans un autre espace. L'étendue de l'aire de distribution d'un dialecte peut varier considérablement selon les espèces, voire au sein d'une même espèce. Si elle est très vaste, on parle souvent de dialectes régionaux, dans le cas contraire de dialectes locaux. On observe parfois une répartition en mosaïque de deux dialectes. Les dialectes se rencontrent surtout chez les oiseaux chanteurs (→ *chant*). Ils sont par ailleurs attestés pour les chants et les cris d'autres groupes d'oiseaux (fig. 43). Les émissions sonores non vocales comme le tambourinage des pics ou les vibrations alaires de l'alouette bourdonnante africaine peuvent également présenter des formes dialectales. On parle de « dialectes instrumentaux », par opposition aux « dialectes vocaux » qui sollicitent les cordes vocales. Enfin, les dialectes existent aussi isolément chez les représentants d'autres groupes d'animaux, par exemple les grillons, les amphibiens et certains mammifères (les cétacés, les éléphants de mer, quelques rongeurs, les singes écureuils et les langurs).

La signification biologique des variétés dialectales suscite les opinions les plus diverses, qui du reste ne sont encore que des hypothèses. Chez différentes espèces aviaires, par exemple le pinson et le bruant ortolan, on a établi un rapport entre l'existence de dialectes et les particularités qu'offrent les biotopes habités par les → *populations* considérées. Il est donc plausible que les dialectes entraînent un certain → *isolement sexuel* entre populations adaptées à des milieux différents et assurent l'accouplement d'individus de « type adaptatif » identique (→ *adaptation* ; → *écotype*). Cette explication s'applique particulièrement aux espèces dont les dialectes se répartissent en mosaïque et à celles chez lesquelles, comme le pinson à couronne blanche, des variétés différentes adaptées à des milieux distincts et produisant chacune leur propre dialecte fréquentent les mêmes quartiers d'hiver. Les dialectes pourraient en outre être des adaptations aux propriétés physiques du biotope (→ *mélotope*).

Chez les oiseaux, les dialectes vocaux résultent essentiellement de la diversité des expériences au cours de l'apprentissage et se transmettent par → *tradition*. Par contre, les dialectes des grillons sont assurément innés. L'origine des dialectes chez les autres animaux demeure obscure.

Depuis peu, la notion de dialecte a fait son chemin dans d'autres contextes que la bioacoustique, pour autant qu'une caractéristique déterminée possède une variante régionale. Ainsi, on parle de dialectes chimiques quand les → *attractifs sexuels* (chez bien des papillons) ou les sécrétions glandulaires de → *marquage territorial* (chez quantité de mammifères) diffèrent d'une région à l'autre, ou de « dialectes ludiques » quand le → *comportement ludique* des jeunes présente des différences régionales (comme chez le bélier bighorn américain).

THIELCKE (1970); CONRADS et CONRADS (1971); BLAIR et CAPRANICA (1972); NOTTEBOHM et SELANDER (1972); SOMERS (1973); BAPTISTA (1974); GREEN (1975); LEMON (1975); SEIBT (1975); BOWMAN (1979); KREBS et KROODSMA (1980); SLOBODCHIKOFF et COAST (1980); BEKOFF et BYERS (1982).

DIMORPHISME LIE A L'ÂGE
Altersdimorphismus
Age dimorphism

A l'inverse du → *dimorphisme sexuel*, cette forme de dimorphisme s'exprime uniquement dans le → *phénotype* : chez nombre d'espèces se sont mis en place des → *caractères juvéniles* particuliers dotés de multiples fonctions sur le plan comportemental. Le dimorphisme lié à l'âge est spécialement accusé chez les espèces qui passent par un stade larvaire (→ *larve*).

GOULD (1980).

DIMORPHISME SEXUEL
Geschlechtsdimorphismus
Sexual dimorphism, sex dimorphism

Différences physiques (taille, constitution, couleur), physiologiques ou comportementales entre le mâle et la femelle. On appelle → *caractères sexuels* les attributs qui permettent de distinguer chacun des deux sexes. Le dimorphisme sexuel dans la couleur corporelle (dichromatisme sexuel) constitue souvent une adaptation directe au milieu, qui assure le camouflage du parent auquel incombent les soins à la progéniture (« livrée homochrome », « patron crytique »).

Il peut toutefois intervenir également sur le plan social, quand les attributs de l'un des deux sexes, par exemple ses vocalisations (→ *chant*) ou ses patrons de coloration (→ *livrée nuptiale*) agissent

Display

Fig. 44. Exemple de dimorphisme et de monomorphisme sexuel chez l'antilope : chez le gemsbok (*Oryx gazella*), les deux sexes sont physiquement identiques, chez le Cobe de Mme Gray (*Onatragus megaceros*), ils se différencient par la couleur du pelage. De plus, seul le mâle possède des cornes (in WALTHER, 1966).

comme → *déclencheurs* auprès de l'autre sexe (fig. 44).

En général, le dimorphisme sexuel est plus affirmé chez les espèces polygames (→ *polygamie*) que chez les monogames. Lorsque le mâle et la femelle ne présentent pas de différences physiques, on parle d'espèce monomorphe (→ *monomorphisme*).

SIBLEY (1957) ; WICKLER (1965a, 1966b).

DISPLAY

Terme très fréquent dans les publications en anglais, s'appliquant essentiellement à certaines conduites sociales, pour lequel l'allemand ne possède pas de véritable équivalent. Il s'utilise et se traduit dès lors très diversement. Au sens strict, il s'agit d'un synonyme approximatif de → « *démonstration de prestance* ». Il s'emploie en outre dans d'autres acceptions et désigne par exemple le comportement sexuel « pur », c'est-à-dire dans lequel n'intervient aucune composante agressive (→ *parade nuptiale*, sexual display) ; il peut alors se traduire par → *affichage sexuel* *.

DISPOSITIF WISCONSIN DE TESTAGE GENERAL
Wisconsin-Test-Apparat
Wisconsin General Test Apparatus

Dispositif expérimental élaboré par H.F. Harlow et destiné à étudier le → *comportement cognitif* des primates. Le sujet d'expérience se voit présenter sur un plateau à coulisse deux récipients pourvus d'un couvercle, dont l'un renferme une récompense. Entre les sessions expérimentales, l'animal est séparé du plateau par une cloison opaque. L'expérimentateur peut observer le comportement du sujet d'expérience à l'insu de ce dernier à travers une vitre sans tain. La présentation de couleurs et/ou de symboles différents sur les couvercles des coupelles permet d'établir la capacité discriminative ou la faculté de → *conceptualisation* des animaux de laboratoire (fig. 45).

HARLOW (1949) ; PLOOG et GOTTWALD (1974).

---
* N.d.t. : Le véritable équivalent français est le terme « parade ».

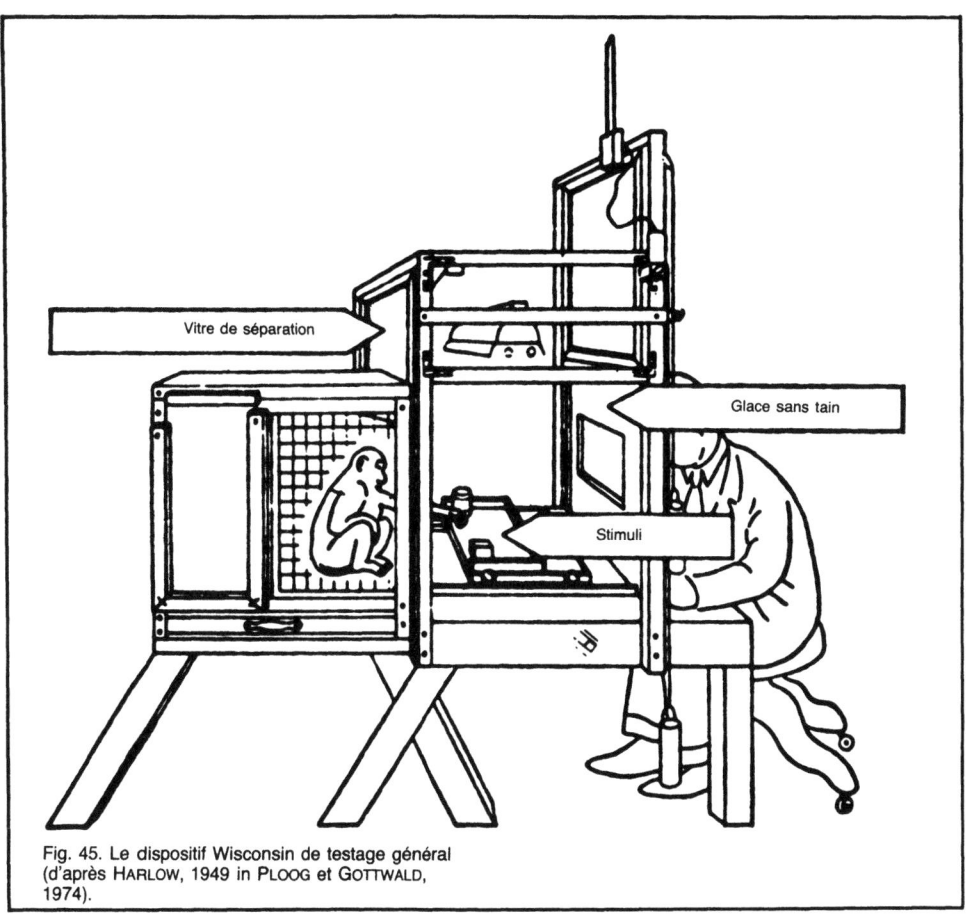

Fig. 45. Le dispositif Wisconsin de testage général (d'après HARLOW, 1949 in PLOOG et GOTTWALD, 1974).

DISPOSITION A L'APPRENTISSAGE
Lerndisposition
Learning disposition

Aptitude à l'apprentissage, capacité d'apprentissage, potentialité d'apprentissage déterminée génétiquement. Ce concept recouvre l'ensemble des conditions fixées héréditairement dont dépendent les performances d'apprentissage d'un animal. L'importance de cette disposition varie selon les → *espèces*, voire selon les sous-espèces. Par ailleurs il existe des différences d'un individu à l'autre ainsi qu'entre les divers registres comportementaux (→ *cycle fonctionnel*) ; enfin, la capacité d'apprentissage d'un animal est susceptible d'évoluer au cours de son → *ontogenèse*. Ces modifications sont particulièrement manifestes dans tous les processus d'→ *empreinte*, une expérience d'égale importance pouvant entraîner des résultats extrêmement variables selon qu'elle intervient dans les limites ou en dehors de la → *phase sensible*.

Globalement, la capacité d'apprentissage des espèces situées aux niveaux les plus récents de la phylogenèse (animaux supérieurs*) dépasse celle des

---

* Pour une discussion du concept «supérieur» dans le domaine de la zoologie systématique, voir REMANE et al. 1976.

espèces de niveau phylétique plus ancien (→ *phylogenèse*). Toutefois, cette règle souffre de nombreuses exceptions, et beaucoup d'animaux manifestent des « aptitudes particulières » dans certains registres comportementaux, c'est-à-dire une faculté d'apprentissage accrue dans un registre par rapport à d'autres. A cet égard, on peut notamment citer la faculté qu'ont les animaux → *sociaux* de reconnaître individuellement chaque membre de leur propre groupe (→ *formation du groupe* ; → *reconnaissance individuelle*).

Le concept de disposition à l'apprentissage peut être comparé à celui de norme de réaction en génétique. On entend par là le cadre fixé génétiquement à l'intérieur duquel un caractère donné peut se structurer, compte tenu de l'influence des facteurs du milieu. La capacité d'apprentissage est elle aussi strictement déterminée par l'hérédité. Ainsi, à partir d'un large « éventail » de chants, bon nombre d'oiseaux chanteurs mâles n'apprennent sélectivement que celui de leur propre espèce, c'est-à-dire qu'ils préfèrent une certaine qualité de son indépendamment de toute expérience. Des recherches portant sur deux races d'abeilles mellifères démontrent quelle peut être l'importance de cette pression sélective qui aboutit à l'émergence de dispositions spécifiques (→ *sélection*) : au cours d'une expérience en tous points identique, les représentantes de la race Krainer apprennent beaucoup mieux que celles de la race italienne à identifier des marques visuelles qu'elles utilisent comme repères topographiques jusqu'à une source de nourriture. Cette disposition à l'apprentissage a une signification fonctionnelle : alors qu'en raison des conditions météorologiques favorables de leur lieu d'origine, les abeilles italiennes peuvent s'orienter presque exclusivement d'après le soleil, les abeilles Krainer qui vivent dans une région où le temps est incertain doivent recourir beaucoup plus systématiquement aux indices topographiques.

CULLEN (1957) ; THORPE (1963) ; LAUER et LINDAUER (1971) ; SELIGMAN et HAGER (1972) ; BUCHHOLTZ (1973) ; HINDE et HINDE (1973) ; RENSCH (1973) ; BERGMANN (1979) ; MARLER (1979) ; PULLIAM (1980).

DISTANCE DE FUITE
Fluchtdistanz
Flight distance

Espace dont le franchissement provoque la fuite de l'animal face à un objet déterminé, par exemple un prédateur ou un rival. Cet espace peut varier considérablement, tant d'une espèce à l'autre qu'au sein d'une même espèce, en fonction des expériences précédentes de l'animal avec cet objet. Chez les animaux apprivoisés, la distance de fuite est nulle. Dans les jardins zoologiques, les parcs à gibier et même dans de nombreux parcs nationaux, elle est moindre qu'en milieu naturel.

HEDIGER (1934, 1937, 1954).

DISTANCE INTER-INDIVIDUELLE
Individualdistanz
Individual distance

Chez les → *animaux de distance*, écart minimum en deçà duquel deux congénères ne s'approchent pas. Son franchissement entraîne une agression ou l'évitement dans le chef d'un des animaux en présence. Cette distance est spécifique, mais elle peut également varier au sein d'une espèce avec la saison ou l'heure. De plus, des différences peuvent survenir entre animaux appariés ou non, entre mâles et femelles, entre vieux ou jeunes individus. Dans les situations qui impliquent un contact direct (par exemple la → *copulation* ou l'→ *offrande alimentaire*), la distance inter-individuelle peut toutefois être abolie, même chez les animaux de distance (fig. 8, p. 28).

HEDIGER (1941, 1954) ; CONDER (1949) ; HALL (1966) ; HOROWITZ (1968) ; HAZLETT (1979).

DIVISION DU TRAVAIL*
Arbeitsteilung
Division of labour

Partage des tâches. Répartition des différentes activités au sein d'un couple ou d'un groupe. Entre les partenaires du couple, elle concerne essentiellement les soins parentaux (→ *comportement parental*). Elle peut alors s'étendre à des registres comportementaux plus vastes si, comme chez de nombreux mammifères, le mâle est seul à assumer la défense du → *territoire* et la femelle le nourrissage des jeunes. La division du travail peut néanmoins porter également sur un registre comportemental donné si, comme chez beaucoup de rapaces, c'est au mâle qu'incombe le ravitaillement et à la femelle le dépeçage et le partage de la proie entre les oisillons. La division du travail entre les sexes est souvent liée à des différences de taille et de coloration (→ *dimorphisme sexuel*). Entre les membres du groupe, l'attribution de divers → *rôles*, tels qu'ils se mettent en place chez les oiseaux et les mammifères, assure une certaine division du travail. Celle-ci est mieux arrêtée entre les différentes → *castes* des insectes sociaux (→ *société*), qui présentent d'ailleurs des différences morphologiques selon les tâches qu'ils doivent effectuer (→*polyéthisme*, → *polymorphisme*). Chez ces animaux, la spécialisation peut être à ce point poussée qu'une caste affectée à une besogne déterminée n'est plus capable de vivre sans les autres. Chez l'abeille mellifère, la division du travail peut être successive, c'est-à-dire qu'un même individu accomplit diverses activités *les unes après les autres* au cours de sa vie (fig. 46).

LINDAUER (1952, 1975); LANGE (1967); RASA (1977); OSTER et WILSON (1978); LARSON et LARSON (1971).

* In CHAUVIN R. (1969), pp. 381-382; RUWET J.-Cl. (1969), p. 190; HEYMER A. (1977), p. 31; CAMPAN R. (1980), pp. 212-215.

Fig. 46. Division successive du travail chez l'abeille mellifère (*Apis mellifica*). Chez cette espèce, et à l'inverse d'autres insectes sociaux chez lesquels des → *castes* différentes peuvent s'être spécialisées à des tâches déterminées qu'elles accompliront toute leur vie, chaque ouvrière assume au cours de son existence diverses besognes, représentées symboliquement sur ce schéma : les trois premiers jours suivant l'émergence, la jeune ouvrière nettoie les alvéoles vides qui accueilleront les œufs; jusqu'au dixième jour, elle est responsable en tant que « nourricière » de l'approvisionnement des larves, qu'elle alimente avec la sécrétion d'une glande céphalique, à laquelle elle amalgame, pour les larves plus âgées, du miel et du pollen; entre le dixième et le seizième jour de son existence, elle remplit les tâches d'une « bâtisseuse » et participe à la construction des rayons à partir d'écailles de cire sécrétées par de minces glandes cirières ventro-latérales; du seizième au vingtième jour, c'est une « fabricante de miel » : elle déleste les butineuses qui réintègrent la ruche du pollen ou du nectar, qu'elle malaxe et transforme en miel par fermentation et épaississement; vers le vingtième jour, elle assume le rôle de gardienne et défend l'accès de la ruche aux intrus; enfin, jusqu'à la fin de ses jours, elle œuvre comme « butineuse » à l'extérieur de la ruche et récolte pollen et nectar. Ces changements chronologiques du comportement de l'ouvrière s'accompagnent de modifications de diverses fonctions physiologiques (par exemple, activité glandulaire) (in LINDAUER, 1975).

DOMAINE VITAL
Streifgebiet
Home range

Portion de l'→ *aire vitale* visitée régulièrement par certains individus mais qui, à l'inverse du → *territoire*, n'est pas défendue activement, dont les frontières sont parfois mouvantes et dans laquelle les animaux concurrents tendent à s'éviter.

Il s'agit souvent d'un espace « neutre » entre deux territoires au moins, ou de ressources naturelles impossibles à défendre par un seul animal ou un groupe, si ce n'est au prix d'un investissement trop important (p. ex. point d'eau, quelquefois aussi site de repos ou gagnage).
WALTHER (1979).

DOMESTICATION
Domestikation
Domestication

Transformation en animal domestique. Elevage d'animaux par l'homme et par conséquent remplacement de la sélection naturelle (→ *sélection*) par une → *sélection artificielle* qui lui est parfois diamétralement opposée. Les espèces exposées à cette pression sélective modifiée se distinguent en règle générale de la forme souche demeurée à l'état sauvage par toute une série de caractères (→ *caractères de domestication*) et sont appelées « domestiques » (par exemple tous les animaux de compagnie). Au sens strict, la domestication est donc un processus de transformation qui entraîne l'état de domesticité. Dans les publications, la distinction entre ces deux termes n'est toutefois pas toujours bien respectée.
HEDIGER (1939); ANTONIUS (1939); STEINBACHER (1939); LORENZ (1940); SAUER (1966); HERRE et RÖHRS (1973); MILLER (1977b); NACHTSHEIM et STENGEL (1977); HAASE et DONHAM (1980); HERRE (1980).

DOMINANCE*
Dominanz
Dominance

Le terme « dominance » s'utilise dans diverses disciplines de la biologie. En génétique, on entend par là un type d'interaction entre deux gènes allèles : sont qualifiés de dominants les facteurs génétiques (gènes), qui même à l'état hétérozygote (présents sur un seul des chromosomes de la paire), ont une expression phénotypique. En écologie, « dominance » s'applique à la fréquence relative d'une → *espèce* par rapport aux autres dans un milieu donné (→ *biotope*). Enfin en éthologie, le concept de dominance définit la position d'un individu dans une → *hiérarchie sociale*. L'animal auquel revient la préséance est qualifié de dominant. L'appellation « subdominant » est parfois utilisée, surtout dans les publications en anglais, pour désigner l'individu dominé. Toutefois, ce terme qui, de toute façon, n'est applicable qu'en cas de hiérarchie linéaire, et encore, abstraction faite de l'individu ω, qui n'en domine aucun autre, semble inapproprié, dans la mesure où, tout en précisant un degré d'infériorité dans une relation binaire, il suggère une dominance vis-à-vis de tiers. Il convient donc de lui substituer le terme neutre « subordonné ».
KREVELD (1970); RICHARDS (1974); ROWELL (1974); SYME (1974); BERNSTEIN (1976, 1981); HINDE (1978).

DRESSAGE
Dressur
Training

Terme générique désignant les processus d'apprentissage (aux modalités très diverses) commandés par l'homme, au cours desquels l'animal adopte des comportements typiquement humains ou

---

* In CHAUVIN R. (1961), pp. 70-80; CHAUVIN R. (1969), pp. 54-74; RUWET J.-Cl. (1969), pp. 198-202, 218-219; CHAUVIN R. (1975), pp. 157-159; HEYMER A. (1977), p. 53; CAMPAN R. (1980), pp. 206-210.

Fig. 47. En raison d'un comportement → *exploratoire* et → *ludique* très développé, les dauphins se prêtent tout particulièrement à diverses formes de dressage : un orque (*Orcinus orca*), le plus grand des dauphins, s'élance hors de l'eau pour toucher une cible présentée à plusieurs mètres au-dessus de la surface.

acquiert sous la houlette du dresseur des conduites propres et/ou apprend à les diriger vers une cible (dressage d'orientation). A l'issue de cet apprentissage, l'animal est dressé. En règle générale, le dressage procède par récompenses (→ *renforcement*) (fig. 47), à l'instar du → *conditionnement*, parfois également appelé «dressage». Au cours du dressage d'animaux de cirque ou du chien, les relations directes entre l'homme et l'animal jouent un rôle important. En revanche, le dressage pratiqué dans l'optique scientifique s'efforce de les éliminer dans la mesure du possible. En éthologie, les expériences de dressage interviennent surtout dans l'étude des performances sensorielles, des phénomènes d'orientation et des capacités d'apprentissage.

HEDIGER (1938, 1954).

DUO
Duett
Vocal duet

En éthologie et en bioacoustique, on entend par «duo» les vocalisations de deux individus qui chantent en synchronie (d'après WICKLER). Les duos sont essentiellement le privilège des partenaires conjugaux des espèces monogames (→ *monogamie*), généralement monomorphes (→ *monomorphisme*), qui s'apparient à long terme. Ils sont attestés chez les mammifères (par exemple les tupaïes et les gibbons), les oiseaux (surtout les oiseaux chanteurs, parfois d'autres espèces, comme le grèbe castagneux ou la marouette ponctuée) et, parmi les invertébrés, chez les grillons.

Les partitions de chacun des exécutants peuvent soit coïncider (du moins partiellement) soit différer par leur structure ou leur chronologie. Dans le cas le plus simple, les deux partenaires se donnent la réplique. On attache parfois à ces chants un terme propre en parlant de chants antiphoniques ou d'antiphonie (angl. antiphonal song). Dans les cas les plus complexes, les deux partenaires chantent simultanément — du moins par moments ; les temps de réponse sont étonnamment brefs, de l'ordre de quelques fractions de seconde. Aussi bien les temps de réponse que la structure des éléments constitutifs sont fixés par → *ritualisation* et par conséquent fortement stéréotypés. Quantité de duos consistent en une succession complexe d'innombrables éléments (fig. 48). La signification biologique des duos n'a pas encore été établie définitivement et varie vraisemblablement d'une espèce à l'autre. Les publications n'envisagent pas moins de neuf fonctions. Dans bien des cas, ils favorisent assurément la cohésion et la → *synchronisation* des partenaires conjugaux. Ils sont particulièrement fréquents chez les espèces qui vivent dans une végétation dense, très souvent dans les régions tropicales où

Dynamique sociale

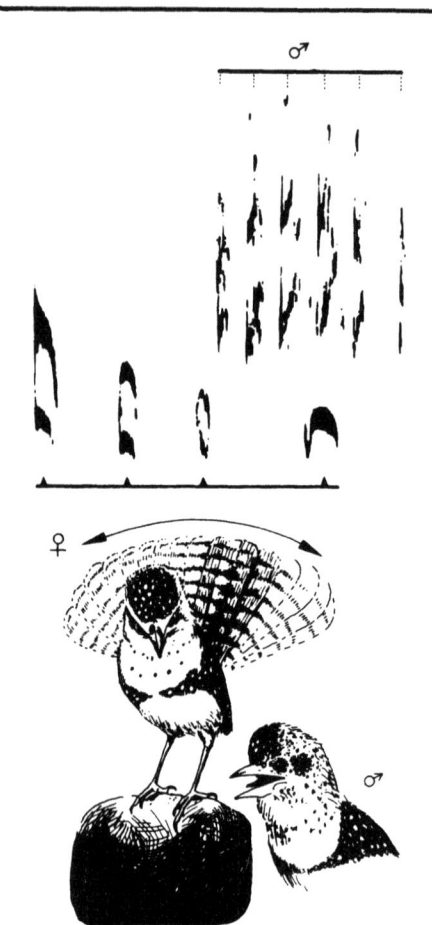

Fig. 48. Duo du barbican d'Arnaud (*Tachyphonus arnaudi*). La partie supérieure du → sonogramme représente les appels du mâle, la partie inférieure ceux de la femelle. Dans le cas typique, la femelle commence par émettre une série de deux à quatre (ici de trois) notes. Le mâle enchaîne avec une succession rapide de notes entre lesquelles la femelle produit un son légèrement prolongé. Pendant l'exécution du duo, le mâle se tient immobile, la femelle frétille latéralement de la queue dressée (d'après WICKLER et UHRIG, 1969).

naissance individuelle. Les « duos vocaux » auxquels se livrent parfois deux voisins territoriaux, également appelés « chants de rivalité » (conter song), sont moins élaborés que les duos des deux partenaires conjugaux, mais présentent souvent aussi une certaine harmonisation sur le plan de la chronologie et des motifs. Il en va de même chez les criquets pour les chants alternés entre mâles rivaux.

WEIH (1951); LEMON (1968); LAMPRECHT (1970); TODT (1970); THORPE (1972); SEIBT et WICKLER (1977); v. HELVERSEN (1980); WICKLER (1980).

DYNAMIQUE SOCIALE
Sozialdynamik
Social dynamics

Terme générique pour tous les processus responsables du maintien ou de la modification de la → *structure sociale* d'une espèce.

CROOK et GOSS-CUSTARD (1972).

peu de facteurs environnementaux sont susceptibles d'ajuster la périodicité saisonnière. De plus, ils pourraient intervenir dans le marquage commun du territoire (→ *comportement de marquage*) et — comme ils sont généralement propres à un couple donné — dans la recon-

E

EBOURIFFEMENT DU PLUMAGE
Gefiederstraüben
Feather ruffling

Erection des plumes. Il s'agit à l'origine d'un → *épiphénomène* dont la fonction principale réside dans la régulation de la température corporelle (augmentation de la couche d'air isolante maintenue entre les plumes). Généralement, l'oiseau ébouriffe aussi le plumage juste avant de s'ébrouer, par exemple après le bain. L'érection des plumes est souvent devenue par la suite un élément essentiel du → *comportement expressif*, alors limité la plupart du temps à des

régions corporelles bien déterminées, par exemple le cou, les côtés de la tête ou le vertex. Chez nombre d'espèces, l'ébouriffement du plumage est un important → *déclencheur*, surtout au cours des interactions agonistiques et de la → *parade nuptiale*, spécialement s'il permet de mettre en évidence des attributs colorés. Enfin, chez maintes espèces, l'oiseau, en ébouriffant légèrement les plumes, peut inviter le partenaire à lui mordiller certaines régions corporelles («invite au mordillement» → *toilettage social*).
MORRIS (1956).

ECHOLOCALISATION
Echoortung
Echo location

Encore appelée «échoorientation», «échogoniométrie» ou «échosondage». Capacité de percevoir un obstacle ou une proie grâce aux sons renvoyés par l'écho.

L'écholocalisation est particulièrement développée chez les chauves-souris. Elle est par ailleurs attestée chez divers mammifères aquatiques (surtout les dauphins), et, parmi les oiseaux, chez le guacharo de Caripé, un engoulevent sud-américain, et chez les salanguanes, des martinets asiatiques. Les cris émis par la plupart des chauves-souris sont des ultrasons, c'est-à-dire que leur plage fréquentielle se situe au-delà du seuil de l'audition chez l'homme.
GRIFFIN (1958); SCHWARTZKOPF (1963); SCHNITZLER (1973); NEUWEILER (1978); KONOSHI et KNUDSEN (1979).

ECOETHOLOGIE
Öko-Ethologie
Behavioural ecology, eco-ethology

Ecologie du comportement. Jeune discipline de l'éthologie qui étudie les rapports entre le comportement d'une espèce animale et les conditions offertes par son environnement biotique et abiotique (→ *adaptation*). Elle s'intéresse notamment aux adaptations comportementales parallèles qui s'observent dans certains biotopes, même chez des espèces vaguement apparentées seulement («comportement écotypique» → *convergence*). Pareilles adaptations affectent au premier chef la prise alimentaire et la locomotion. Ainsi, les insectes butineurs de plusieurs groupes non étroitement apparentés (par exemple papillons, hyménoptères et diptères) ont développé indépendamment les uns des autres la faculté de voler sur place et peuvent rester «suspendus» dans l'air devant une fleur. Cependant, les facteurs environnementaux peuvent également commander des adaptations dans d'autres registres comportementaux. Ceci vaut même pour la → *structure sociale* d'une espèce.

Depuis peu, l'écoéthologie s'applique à intégrer les apports de l'éthologie dans l'élaboration de modèles théoriques, appelés à expliquer la vie associative de divers organismes (→ *sociobiologie*).
WICKLER (1959); SCHREMMER (1962); KLOPFER (1968); MAC ARTHUR (1972); EMLEN (1973); CURIO (1975); KREBS et DAVIES (1981a, 1981b).

ECOLOGIE
Ökologie
Ecology

Etude des interrelations entre les êtres vivants et leur milieu animé et inanimé. Les différentes disciplines de l'écologie qui revêtent une grande importance pour la démarche éthologique sont la synécologie, qui s'attache aux relations naturelles entre deux espèces animales ou végétales au moins (p. ex. → *symbiose*, → *parasitisme*), et la démécologie ou écologie des populations, qui a pour objet les relations qu'entretiennent les → *populations* d'une espèce avec leur milieu (→ *biologie des populations*).
KÜHNELT (1965); OSCHE (1973b); REMMERT (1980).

ECOTYPE
Ökotyp
Ecotype

On désigne par « écotype » les → *populations* animales et végétales adaptées à des facteurs environnementaux particuliers, qui se distinguent par là des autres populations de la même espèce. Ces différences sont principalement de nature physiologique ; il peut s'agir de la réaction spécifique d'une population aux stimuli de l'environnement indispensables à la régulation de son → *rythme circannien*. Toutefois, deux écotypes peuvent également différer par la morphologie, surtout chez les végétaux.
Enfin, on a aussi constaté chez maintes espèces animales des différences comportementales, notamment dans les préférences alimentaires et biotopiques.
Les processus d'empreinte n'y sont peut-être pas étrangers (→ *empreinte biotopique, alimentaire*). Des « signes de reconnaissance » particuliers peuvent s'être mis en place au service du maintien entre différents écotypes d'un certain → *isolement sexuel*, indispensable à la préservation de leurs adaptations spécifiques (→ *dialecte*).
OSCHE (1973b).

EFFECTEUR
Erfolgsorgan
Effector organ

Organe d'exécution. Collectif par lequel on désigne les muscles et les cellules glandulaires de même que les chromatophores « innervés », c'est-à-dire pourvus de nerfs (→ *changement de couleur*). On appelle efférentes (→ *efférence*) les fibres nerveuses qui conduisent du système nerveux central aux effecteurs.

EFFERENCE
Efferenz
Efference

Ensemble des excitations nerveuses qui vont du → *système nerveux central* aux → *effecteurs*. Les fibres nerveuses permettant la conduction des excitations sont appelées nerfs efférents ou moteurs.

EFFET COOLIDGE
Coolidge-Effekt
Coolidge effect

Effet d'étrangeté. Chez maints mammifères et poissons, il est établi qu'une femelle jusqu'alors inconnue est capable de susciter chez le mâle une recrudescence du comportement sexuel. Si on remplace une femelle avec laquelle le mâle vient de copuler et envers laquelle il ne manifeste plus aucune activité sexuelle par une nouvelle femelle, on observe la reprise des accouplements (toutefois, cette activité sexuelle disparaîtra elle aussi progressivement, même en présence de la seconde femelle). Cette particularité comportementale a été interprétée dans le sens de la → *théorie de la parentèle* comme un mécanisme qui maximise la transmission du patrimoine génétique : étant entendu que les copulations opérées avec la première femelle se sont soldées par la → *fécondation* et produiront donc une descendance, toute activité sexuelle ultérieure ne pourra plus porter ses fruits qu'avec une femelle encore infécondée.
WICKLER *et al.* (1963) ; FRANCK (1975).

EFFET DE GROUPE
Gruppeneffekt
Group effect

Terme générique pour tous les avantages susceptibles de résulter de la vie en groupe (→ *formation du groupe*), par exemple protection (→ *comportement d'avertissement*, défense collective), capture collective, → *synchronisation* (→ *effet Fraser-Darling*).

EFFET FRASER-DARLING
Fraser-Darling-Effekt
Fraser-Darling-effect

Ce terme, forgé d'après le nom du zoologiste anglais F. FRASER DARLING, le premier à avoir décrit ce phénomène, désigne la stimulation réciproque qu'exerce la motivation de reproduction chez les animaux sociaux (→ *parade collective* ; → *stimulation sociale*).
DARLING (1938); IMMELMANN (1973).

EMBRYOLOGIE DU COMPORTEMENT
Verhaltensembryologie
Behavioural embryology

Branche relativement jeune de l'éthologie qui étudie le développement comportemental avant la naissance ou l'éclosion. Son apport essentiel, résultat de travaux pratiqués sur différentes espèces, est d'avoir démontré que le → *comportement moteur* se met en place au cours du développement embryonnaire, c'est-à-dire que l'individu est déjà capable d'exécuter des mouvements alors que les organes sensoriels ne sont pas encore fonctionnels, donc avant que le système nerveux central ne puisse capter les stimuli externes. L'embryologie du comportement est ainsi venue étayer la thèse de la spontanéité du comportement (→ *comportement spontané*). Elle a par ailleurs contribué à affiner l'analyse des composantes comportementales → *innées* comme acquises. Enfin, elle a établi, du moins chez quantité d'oiseaux, que des processus d'apprentissage peuvent déjà s'accomplir avant l'éclosion (→ *apprentissage prénatal*).

Comme les connexions sont encore relativement élémentaires et faciles à saisir aux stades embryonnaires, l'embryologie du comportement s'attache souvent simultanément à l'étude du développement du comportement et du → *système nerveux central* pour pénétrer les mécanismes régulateurs de ce dernier. On appelle cette orientation « neuroembryologie du comportement ».
CARMICHAEL (1933); HAMBURGER (1963); GOTTLIEB (1968, 1973, 1976b); OPPENHEIM (1974, 1975, 1982b); IMPEKOVEN (1976).

EMBRYON
Embryo
Embryo

Stade développemental d'un animal depuis la fécondation de l'ovule jusqu'à la naissance ou l'éclosion. Les embryons sont déjà capables de comportements très affirmés (→ *réflexes*, → *comportement spontané*) et des processus d'→ *apprentissage prénatal* ont même été décrits chez certaines espèces aviaires (→ *embryologie du comportement*).

EMISSION SONORE*
Lauterzeugung, Lautgebung
Vocalization

Production de sons ou de « vocalisations ». Chez les animaux, l'émission sonore est un important outil de → *communication* intra- et interspécifique. On distingue fondamentalement entre les bruits produits mécaniquement et les sons engendrés par le flux d'air qui accompagne la respiration (→ *épiphénomène*). Les émissions sonores mécaniques jouent un rôle essentiel chez les invertébrés, surtout les insectes ; elles peuvent résulter du choc de parties du corps contre un support (percussion), de la vibration des ailes (bruissement alaire) ou de frottements de parties du corps (antennes, ailes, pattes) les unes contre les autres. On appelle « stridulation » cette dernière forme de productions sonores, propre aux sauterelles et aux grillons. La production mécanique de sons survient aussi isolément chez les vertébrés (fig. 28, p. 61). En voici quelques exemples : le râclement des épines

---

* In CHAUVIN R. (1975), p. 183; HEYMER A. (1977), pp. 191-192. Voir aussi : LEROY Y. (1979); GAILLY P. (1984), pp. 73-120.

des nageoires chez certains poissons, le tambourinage du pic, obtenu par martèlement rapide du bec, ou le trépignement chez divers mammifères. Citons encore la vibration de membranes rencontrée isolément tant chez les vertébrés (certains poissons) que les invertébrés (cigale). Parmi les sons engendrés par un flux d'air, on établit une distinction entre les simples → *cris* et les → *chants*, composés de divers éléments. L'étude des vocalisations animales a amené d'importantes découvertes dans différents domaines de l'éthologie (→ *bioacoustique*).

BLAIR (1958); TEMBROCK (1959); LANYON et TAVOLGA (1960); ANDREW (1963); BUSNEL (1963); SCHWARTZKOPFF (1963); WINN (1964); SCHNEIDER (1966); GREENEWALT (1968); THIELCKE (1970); SCHIØTZ (1973); PLOOG et al. (1975); WELLS (1977b).

EMPREINTE*
Prägung
Imprinting

En éthologie, on entend par empreinte un processus d'acquisition précoce et relativement rapide, qui se distingue des autres processus d'apprentissage par deux propriétés : une → *phase sensible* marquée, et un acquis très durable, voire irréversible (→ *irréversibilité*). Les deux exemples classiques de l'empreinte sont l'→ *empreinte filiale* chez les jeunes → *nidifuges*, et l'→ *empreinte sexuelle* chez toute une série d'espèces.

Il ressort de recherches plus récentes que les deux caractéristiques mentionnées ci-dessus se retrouvent en outre dans d'autres processus d'apprentissage qui relèvent notamment de l'écologie. Il est donc fréquent qu'on leur applique également le terme «empreinte»; c'est le cas pour l'apparition d'une préférence durable pour un biotope déterminé (→ *empreinte au biotope*) ou pour une région géographique donnée chez les espèces migratrices (→ *empreinte au site* ou au lieu d'origine). Parmi les phénomènes d'empreinte, on range aussi la fixation rapide de préférences alimentaires intervenant chez certains animaux (→ *empreinte alimentaire*), et l'apprentissage du chant chez certains oiseaux (→ *empreinte vocale*), qui en a le caractère précoce et rapide. Cependant, comme dans la plupart des cas que nous citons, les caractéristiques mentionnées plus haut sont moins prononcées, certains auteurs préfèrent parler de processus «semblables» ou «assimilables» à l'empreinte. Contrairement aux interprétations antérieures, les frontières entre l'empreinte et d'autres processus d'acquisition sont floues. Le concept d'empreinte a récemment connu une nouvelle extension par son application à certains processus de développement du → *système nerveux central*, qui, comme l'empreinte dans le domaine du comportement, sont très précoces, extrêmement durables, et par la suite quasi irréversibles. On parle alors d'empreinte neuronale ou, en raison de l'influence déterminante qu'exercent les → *hormones* dans ces phénomènes, d'empreinte hormonale. Chez les mammifères, ceux-ci interviennent surtout dans la fixation à long terme de conduites sexuelles s'adressant à un congénère du sexe opposé.

LORENZ (1935); NEUMANN et STEINBECK (1971b); IMMELMANN (1972b); SLUCKIN (1973); HESS (1975); BISCHOF (1979).

---

* In RUWET J.-Cl. (1969), pp. 168-169; HUSSON R. (1970), p. 148; THINES G. et LEMPEREUR A. (1975), pp. 330-331; CHAUVIN R. (1975), pp. 146-149; RICHELLE M. et DROZ R. (1976), p. 352; HEYMER A. (1977), p. 131; VIDAL J.M. (1979), pp. 76-99; CAMPAN R. (1980), p. 195; GUYOMARC'H J.-Ch. (1980), pp. 110-119.
Syn. **Imprégnation** in RUWET J.-Cl. (1969), pp. 168, 177; THINES G. (1966), pp. 271-273; DE LANNOY J. (1970), p. 759; CHAUVIN R. (1975), pp. 146-149; HEYMER A. (1977), p. 131.

EMPREINTE ABERRANTE
Fehlprägung
Misimprinting, erroneous imprinting

Fixation de certaines conduites sur un objet différent de l'objet naturel, à la suite d'expériences inadéquates au cours de la → *phase sensible*. Dans des

Empreinte à l'hôte

Fig. 49. Empreinte à l'homme. Un râle des genêts (*Crex crex*) de sexe mâle élevé à la main essaie de copuler avec la main de son soigneur (d'après une photographie in HEINROTH et HEINROTH, 1928).

conditions naturelles, les cas d'empreinte aberrante sont très rares. On en a relevé isolément chez les canards, où ils semblent résulter du fait qu'une cane dont la ponte a été détruite dépose son dernier œuf dans le nid d'une autre espèce. On a également observé que lorsqu'ils apprennent à chanter, divers oiseaux émettent des → *dialectes* « inattendus », comme le pinson à couronne blanche chez lequel plusieurs sous-espèces possédant leur dialecte propre partagent les mêmes quartiers d'hiver (→ *empreinte vocale*). Il est possible de provoquer expérimentalement des empreintes aberrantes, par exemple en induisant l'élevage des jeunes d'une espèce par une autre (→ *tutelle*). Ces empreintes aberrantes peuvent concerner tous les processus d'empreinte (par exemple → *empreinte filiale* ou *sexuelle*). En raison de la persistance du phénomène (→ *irréversibilité*), leurs effets peuvent s'étendre sur de longues périodes, et parfois même être indélébiles. Lorsqu'un animal élevé à la main reçoit l'empreinte de son soigneur, on parle d'empreinte à l'homme (fig. 49).

IMMELMANN (1972b); BAPTISTA (1974); HESS (1975); CONRADS (1976).

EMPREINTE A l'HÔTE
Wirtsprägung
Host imprinting

L'expression « empreinte à l'hôte » désigne la fixation relativement rigide des parasites de couvées sur l'espèce parasitée. Ainsi, on sait que la femelle du coucou européen ne dépose jamais ses œufs, autant que faire se peut, que dans les nids d'une seule espèce d'oiseau chanteur et le même phénomène s'observe chez plusieurs coucous africains. Cette fixation est particulièrement prononcée chez les veuves africaines, une sous-famille des tisserins, chaque espèce ou sous-espèce ne parasitant qu'une seule espèce ou sous-espèce d'astrilles. Dans ce cas précis, la spécialisation va même si loin que l'aspect et le comportement des oisillons parasites (par exemple leurs cris de quémande) sont identiques à ceux des jeunes de l'espèce nourricière, et que les veuves de sexe mâle incorporent également dans leur chant propre tout le répertoire de l'espèce adoptive. Comme il semble exclu que des fixations de cette nature se fondent sur une connaissance innée de l'espèce parasitée, il faut supposer que cette connaissance s'acquiert à un stade précoce, au cours de l'élevage des jeunes parasites par leurs parents adoptifs. On peut établir des parallèles entre, d'une part, cette phase précoce d'apprentissage et la stabilité de telles préférences, et d'autre part, les deux propriétés essentielles de l'→ empreinte, si bien que l'utilisation de ce terme semble légitime. Il faut pourtant souligner que, contrairement à d'autres processus d'acquisition, cette question n'a encore fait l'objet d'aucune étude expérimentale.

THORPE (1963); NICOLAI (1964); BRAESTRUP (1968); LACK (1968); IMMELMANN (1975).

EMPREINTE ALIMENTAIRE
Nahrungsprägung
Food imprinting

Fixation d'une préférence pour certains aliments, assimilable à l'empreinte en raison de son caractère rapide et persistant. Elle intervient surtout chez des espèces animales très spécialisées, par exemple les larves d'insectes qui parasitent les végétaux. Chez certains vertébrés (par exemple le putois, le poussin domestique, diverses espèces de serpents et de tortues), on constate également des préférences alimentaires qui, en cours d'expérience, s'acquièrent très rapidement et à un stade très précoce, parfois dès la première prise de nourriture. Ce phénomène rappelle les → *pha-*

ses sensibles des processus d'empreinte. Toutefois, comme il arrive que cette préférence alimentaire s'estompe à la longue, nombreux sont les cas où on ne peut pas encore se prononcer définitivement sur l'opportunité d'utiliser le terme → «*empreinte*».

BURGHARDT et HESS (1966); PIMENTEL et al. (1968); FUCHS et BURGHARDT (1971); BUCHHOLTZ (1973); HESS (1975); IMMELMANN (1975); CURIO (1976); BURGHARDT (1977).

EMPREINTE AU BIOTOPE
Biotopprägung
Habitat imprinting

Empreinte à l'environnement. Fixation très précoce d'une préférence pour un certain type de → *biotope*. De nombreux animaux se reproduisent dans un biotope se rapprochant au maximum de celui dans lequel ils ont eux-mêmes grandi. Des expériences de dépaysement, réalisées notamment avec diverses espèces d'oiseaux, ont mis en évidence que les préférences de cette nature résultent de processus d'acquisition qui se déroulent au cours d'une → *phase sensible* située peu après la naissance, et qu'elles s'avèrent ensuite extrêmement persistantes. Cette forme d'apprentissage répond donc aux deux critères essentiels de l'→ *empreinte.*

HILDEN (1965); KLOPFER et HAILMAN (1965); WIENS (1972); IMMELMANN (1975).

EMPREINTE AU SITE
Ortsprägung
Locality imprinting

Egalement appelée «empreinte au lieu d'origine». Fixation sur une région géographique déterminée, qui s'accomplit peu après la naissance. Elle représente une importante condition de la → *fidélité au site* observée chez beaucoup d'animaux. Les poissons et les oiseaux migrateurs nous en fournissent des exemples. C'est ainsi que les saumons du Pacifique s'imprègnent très tôt de l'odeur de leurs eaux natales, qui leur permet ultérieurement de s'orienter lorsqu'ils remontent

Empreinte filiale

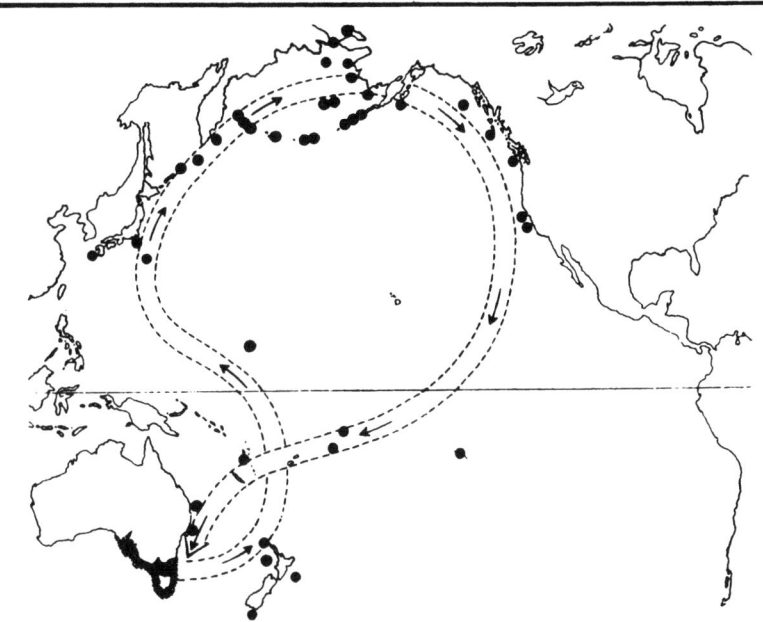

Fig. 50. Voie migratoire du puffin à bec grêle (*Puffinus tenuirostris*). Cet oiseau marin nidifie sur quelques îles situées dans le détroit de Bass, entre l'Australie et la Tasmanie (région indiquée sur la carte par la partie hachurée), et décrit, lors de sa migration en dehors de la période de nidification, une large boucle tout autour du Pacifique (les points noirs indiquent l'emplacement exact des reprises). Des études réalisées avec des oiseaux bagués ont montré que chaque individu, après la première migration déjà, revient exactement dans l'île, et même dans la colonie où il est né, et conserve également par la suite cette fidélité au site. Comme le poussin ne séjourne que très brièvement à proximité du terrier où l'éclosion a eu lieu, on peut conclure qu'il s'imprègne très rapidement des indices topographiques qui lui permettront plus tard de reconnaître le site, et dont la nature demeure dans une large mesure obscure. Cette brève phase d'apprentissage, ainsi que la persistance ultérieure de l'acquis, concordent avec les critères essentiels de l'→ empreinte. C'est la raison pour laquelle on donne souvent le nom d'empreinte au site à ces cas de fidélité fondée sur une expérience précoce. Toutefois, ils sont encore loin de faire l'objet d'études aussi approfondies que l'→ empreinte filiale par exemple (d'après MARSHALL et SERVENTY, 1956).

les cours d'eau à la saison du frai (→ empreinte olfactive). Après avoir quitté le nid, le bruant indigo apprend à reconnaître la configuration de la voûte stellaire, qu'il utilise comme indice directionnel lorsqu'il rentre de ses quartiers d'hiver. Le parallèle avec d'autres phénomènes d'→ empreinte réside dans l'existence d'une → phase sensible précoce et souvent éphémère en dehors de laquelle l'apprentissage des caractères mentionnés est impossible, ainsi que dans la persistance ultérieure des préférences (fig. 50).

EMLEN (1972a); IMMELMANN (1975); HASLER et al. (1978).

EMPREINTE FILIALE*
Nachlaufprägung
Filial imprinting

Processus d'apprentissage par lequel les jeunes oiseaux → nidifuges à peine éclos apprennent à reconnaître les caractéristiques de la mère ou des deux parents, dont ils n'ont aucune connaissance innée, si ce n'est très imparfaite. L'empreinte filiale est le mieux connu de tous les phénomènes d'→ empreinte et se distingue par une → phase sensible

---
* In VIDAL J.M. (1979), pp. 93-94.

Empreinte olfactive

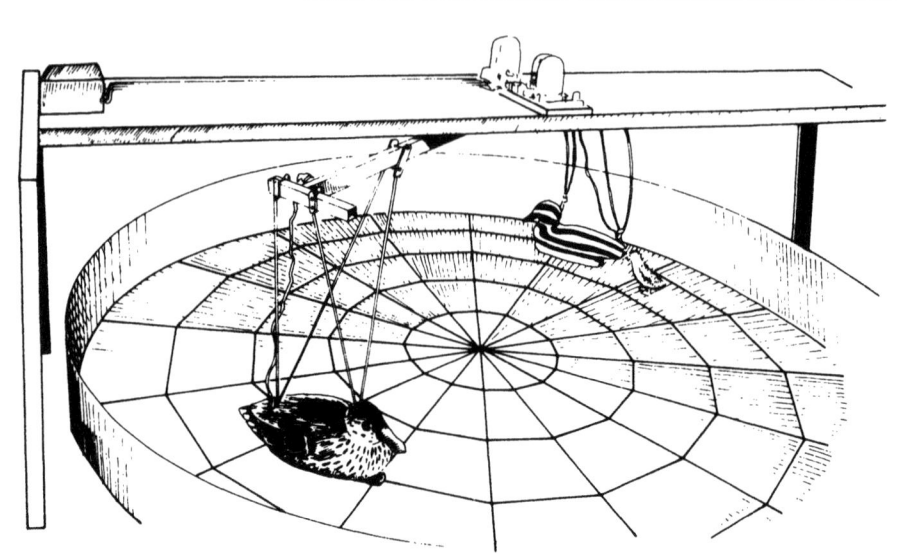

Fig. 51. Représentation schématique du dispositif élaboré pour la première fois par E. Hess afin d'étudier l'empreinte filiale. Les leurres requis par l'expérience, qui peuvent être munis d'un haut-parleur ou d'un magnétophone à cassette, sont fixés à un bras auquel un petit moteur fait décrire un mouvement circulaire. Pour le processus d'empreinte proprement dit, on utilise un seul leurre, auquel sont exposés plus ou moins longtemps des sujets expérimentaux d'âges divers (le plus souvent des canetons ou des poussins domestiques), maintenus depuis leur éclosion jusqu'au moment de l'expérience en isolement visuel, et même auditif, selon la procédure expérimentale adoptée. Après un nouvel isolement visuel (et auditif) allant de plusieurs heures à plusieurs jours, on replace les animaux dans le dispositif expérimental, afin de tester à présent – cette fois à l'aide de deux leurres différents, dont un étranger – l'existence et l'importance d'une préférence pour le leurre familier. Cette méthode permet d'étudier le début et l'extinction de la → *phase sensible*, de même que l'importance de l'expérience vécue indispensable à la mise en place de l'empreinte filiale. Grâce à ce dispositif, on peut également tester l'importance des vocalisations de la mère, l'influence sur l'empreinte d'obstacles, de stimulations aversives et de drogues, et bien d'autres aspects encore. L'illustration représente un caneton qui, lors de la phase d'entraînement, a reçu l'empreinte d'un leurre à rayures longitudinales blanc et noir, et qui, au cours de l'→ *épreuve de discrimination*, préfère celui-ci à un modèle de coloration naturelle.

particulièrement brève et bien circonscrite (fig. 51).
BATESON (1966); SLUCKIN (1973); HESS (1975).

EMPREINTE OLFACTIVE
Geruchsprägung
Olfactory imprinting

Dénomination adoptée récemment pour désigner l'installation d'une préférence olfactive durable. On en a relevé des exemples chez les poissons migrateurs (par exemple le saumon) qui concernent la fixation d'une préférence pour des eaux déterminées (→ *empreinte au site*), et chez des mammifères (souris, rats et cochons d'Inde), lorsque s'établit une préférence pour une odeur précise propre à l'espèce ou au groupe. Comme ces préférences se dégagent au cours d'une phase sensible et sont ensuite très stables (→ *irréversibilité*), le terme → «*empreinte*» semble justifié.
CARTER et MARR (1970); MUGFORD et NOWELL (1972); IMMELMANN (1975); HASLER et al. (1978).

EMPREINTE SEXUELLE*
Sexuelle Prägung
Sexual imprinting

Processus d'apprentissage par lequel un jeune animal acquiert la connaissance des caractères qui lui permettront ultérieurement d'identifier un partenaire adéquat auquel s'accoupler. On supposait à l'origine que l'empreinte sexuelle concernait uniquement des caractères supra-individuels, propres à l'espèce, c'est-à-dire que ce processus d'acquisition favorisait essentiellement la → *reconnaissance spécifique*. Il ressort cependant d'études plus récentes que l'empreinte sexuelle, tout comme l'→ *empreinte filiale*, permet à l'animal de mémoriser des caractères individuels, et que cette connaissance, par la perception de similitudes et de différences par rapport à l'objet d'empreinte, peut également contribuer à la → *reconnaissance de la parentèle* et aboutir ainsi à un → *appariement sélectif*.

L'empreinte sexuelle constitue un cas particulièrement typique d'→ *empreinte* en ce sens qu'il a été démontré qu'elle pouvait présenter chez une série d'espèces une → *irréversibilité* portant sur plusieurs années, voire sur la vie entière. Si un jeune d'une espèce sexuellement imprégnable est élevé par des parents adoptifs appartenant à une autre espèce, il en résulte des → *empreintes aberrantes* (→ *tutelle*).

LORENZ (1935); IMMELMANN (1972b); HESS (1975); SCUDO (1976); BATESON (1980).

EMPREINTE VOCALE
Gesangsprägung
Song imprinting

L'expression « empreinte vocale » a été utilisée à diverses reprises pour désigner l'apprentissage du chant chez les oiseaux où ce processus se limite à un laps de temps relativement bref et précoce, et qui, à un âge plus avancé, ne sont plus capables de modifier leur chant ou d'y incorporer de nouveaux éléments. Chez ces espèces, l'acquisition du chant présente donc les deux propriétés essentielles des processus d'empreinte (→ *empreinte*), à savoir une → *phase sensible* suivie d'une stabilité de l'acquis (→ *irréversibilité*). Il faut néanmoins souligner que l'empreinte dont il est question ici ne concerne pas la production du chant même, qui bien souvent ne débute qu'un certain temps après l'extinction de la phase sensible, mais uniquement l'acquisition d'un → *modèle*, auquel l'oiseau peut ensuite se conformer lorsqu'il s'exerce à chanter.

NOTTEBOHM (1970); BAPTISTA (1974); KONISHI (1978); KROODSMA (1978).

ENDOGENE*
Endogen
Endogenous

Provoqué de l'intérieur, par des facteurs internes. Ce concept est lui aussi parfois controversé dans les sciences du comportement parce qu'on l'a souvent assimilé abusivement au concept d'→ « *innéité* ». Il postule toutefois simplement qu'une propriété visible ou mesurable extérieurement (un comportement ou un rythme biologique) prend naissance dans l'organisme même, et ne contient en soi aucune affirmation quant aux fondements génétiques de cette propriété, les facteurs internes pouvant également être influencés, notamment par de précédentes expériences, c'est-à-dire résulter éventuellement de la prise en compte d'influences antérieures du milieu (→ *motivation*). Le concept d'endogénéité relève avant tout de la → *chronobiologie* où il indique l'origine interne des modifications régulières de certains phénomènes du vivant (« rythmes endogè-

---

* In RUWET J.-Cl. (1969), p. 179; VIDAL J.M. (1979), pp. 92-94.

* In THINES G. et LEMPEREUR A. (1975), p. 332; DUIJKER H. et VAN RIJSWIJK M.J. (1975), p. 69.

nes » ; → *périodicité* ; fig. 96, p. 206). En éthologie, le concept équivalent de spontanéité (→ *comportement spontané*) et en psychologie l'appellation « intrinsèque » sont plus courants.

ROEDER (1963); BERTHOLD (1974); GWINNER (1975); ASCHOFF (1979); FENTRESS (1982).

ENGRAMME
Engramm
Engram

Trace laissée dans la mémoire. Se dit des modifications qui s'opèrent dans les cellules ou les membranes cellulaires du → *système nerveux central* par suite d'une excitation physiologique. On a vu dans ces changements le préalable à la mémorisation de toute expérience (→ *mémoire*).

Toutefois, comme la mémoire est vraisemblablement plus qu'un dispositif d'enregistrement statique, présentant des structures caractéristiques, et est un ensemble constant d'interactions entre diverses impulsions nerveuses, on répugne de plus en plus à utiliser le terme « engramme ».

BUCHHOLTZ (1973); RENSCH (1973); RAHMANN (1976); SINZ (1979, 1981, 1982).

ENZYME
Enzym
Enzyme

Ferment. Substance qui agit comme catalyseur dans les changements chimiques de l'organisme sans subir elle-même d'altération. Le corps produit une multitude d'enzymes, d'une importance capitale pour tout le → *métabolisme* (respiration, digestion, excrétion, etc.).

EPIPHENOMENE
Epiphänomen
Epiphenomenon

Phénomène visible pour l'observateur, qui accompagne un processus physiologique (p. ex. miction, → *piloérection*).

Les épiphénomènes revêtent également un intérêt pour les sciences comportementales dans la mesure où il s'agit d'une des importantes « sources » phylogéniques du → *comportement expressif* (→ *évolution*). Leur effet signalétique peut se renforcer par → *ritualisation* et même favoriser l'évolution de structures morphologiques. Ainsi, de nombreux animaux en proie à l'irritation agitent violemment la queue. Chez certaines espèces, ce balancement est devenu un geste de menace, et s'accompagne d'un signal sonore produit par des organes spécialisés : la « crécelle » chez le serpent à sonnette et des piquants chez le porc-épic. Le dépôt d'urine qui intervient parfois dans le → *marquage territorial* est vraisemblablement issu lui aussi d'un épiphénomène, la miction de frayeur (→ *comportement de marquage*, → *marquage olfactif*). Il en va de même pour la défécation par laquelle certains animaux comme l'hippopotame délimitent leur territoire. Il est plausible que l'origine phylogénique de nombreuses vocalisations réside dans la production de sons au cours de la respiration.

EIBL-EIBESFELDT (1956, 1957).

EPREUVE DE DISCRIMINATION
Wahlversuch
Choice test, discrimination test

Egalement appelée « épreuve de choix », « test de choix » ou « test discriminatif ». Technique expérimentale qui permet d'établir l'existence de → *préférences* sociales et d'étudier la capacité d'apprentissage et de discrimination des animaux (→ *conceptualisation*), de même que l'action déclenchante et directrice des stimuli. Le sujet d'expérience se voit présenter deux objets ou deux congénères au moins — par exemple sur un support, ou dans une cage ou un aquarium compartimenté — et ses réactions — parfois aussi la durée du séjour — sont analysées quantitativement. En règle générale, les objets à discriminer

sont présentés simultanément (discrimination simultanée), quelquefois l'un à la suite de l'autre (discrimination successive). Les figures 13, p. 41 ; 40, p. 77 ; 51, p. 104 ; 61, p. 138 ; 87, p. 186 représentent différents types d'épreuves de discrimination.
SACKETT et al. (1965) ; FRANCK (1966) ; BUCHHOLTZ (1973) ; RENSCH (1973) ; WU et al. (1980).

ESPECE
Art
Species

En biologie, on entend par espèce une « communauté de reproduction », c'est-à-dire l'ensemble de tous les individus capables, dans des conditions naturelles, d'engendrer des individus féconds (→ *reproduction*). Par contre, il existe généralement un isolement sexuel entre individus d'espèces différentes. Dans bien des cas, la délimitation de l'espèce peut présenter des difficultés, surtout chez les formes allopatriques (→ *allopatrie*) dont on ignore si elles se reproduisent entre elles en « milieu naturel » (en captivité, il n'est pas rare d'obtenir des accouplements entre espèces différentes ; → *hybride*) : il peut s'agir « encore » d'individus conspécifiques ou « déjà » de représentants de deux espèces distinctes (→ *spéciation*). En plus des caractères anatomiques, physiologiques et biochimiques, les traits comportementaux peuvent servir également à définir une espèce (→ *inné*).

En systématique biologique, les espèces étroitement apparentées forment un genre, les genres apparentés une famille et les familles apparentées un ordre.
MAYR (1967, 1975) ; REMANE (1976) ; REMANE et al. (1976).

ESSAIM
Schwarm
Flock, school

Forme de groupe social « ouvert » (→ *formation du groupe*) propre aux crustacés cladocères (daphnies) et aux insec-

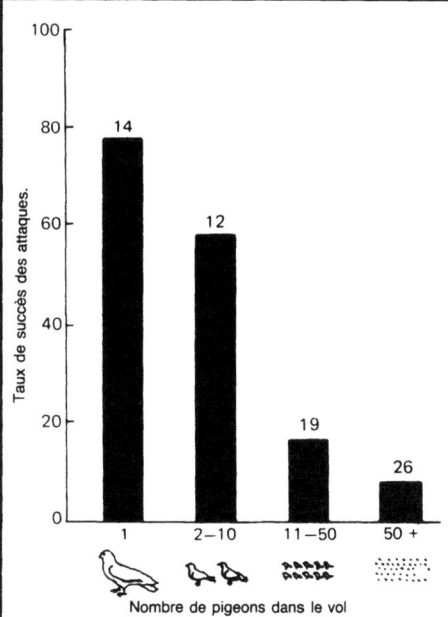

Fig. 52. Exemple de fonction protectrice d'un rassemblement : plus le vol de ramiers (*Columba palumbus*) compte d'individus, moins l'autour (*Accipiter gentilis*) fait de victimes. Les oiseaux isolés sont les plus vulnérables (d'après KENWARD in KREBS et DAVIES, 1981b).

tes (sauterelles, papillons). Chez les poissons, on parle de banc, chez les oiseaux de vol, chez les mammifères de troupeau. Plus de 25 % de toutes les espèces de poissons vivent en bancs. Ces formations vont des rassemblements passagers (par exemple le temps d'un déplacement assez important ou pendant la croissance) jusqu'aux bancs durables, obligatoires, que forment nombre de poissons de haute mer. Les avantages de cette forme d'association sont multiples et varient certainement d'une espèce à l'autre. Pour les oiseaux, les publications avancent notamment un taux de succès plus élevé au cours de la quête alimentaire et une antiprédation renforcée (par exemple grâce au repérage plus prompt de l'ennemi, au → *comportement d'avertissement* réciproque, à la défense commune ou à l'« effet de confusion », c'est-à-dire aux difficultés qu'éprouve le prédateur à fixer un individu en particulier au milieu d'un groupe dense (fig. 52). La fonction protectrice semble jouer un rôle central chez les poissons également, mais d'autres facteurs peuvent aussi intervenir : la formation de bancs à la saison du frai garantit, dès leur expulsion, l'→ *insémination* des œufs par les mâles.

KEENLEYSIDE (1955); CROOK (1961); HUMPHRIES et DRIVER (1967); SHAW (1970, 1978); RADAKOV (1973); TREISMANN (1975); CURIO (1976); MILINSKI (1977); LAZARUS (1979).

ETHOENDOCRINOLOGIE
Etho-Endokrinologie
Etho-endocrinology

Discipline de l'éthologie qui étudie les interactions entre les → *hormones* et le comportement, c'est-à-dire les fonctions régulatrices que peuvent exercer les hormones sur certains registres comportementaux, et inversement, l'influence des comportements sur l'activité des glandes endocrines.

BEACH (1961); YOUNG (1961); WRIGHT et al. (1975); RAHMANN (1976); FARNER et WINGFIELD (1978); PRÖVE (1978); SLATER (1978).

ETHOGENETIQUE
Verhaltensgenetik
Behavioural genetics, ethogenetics

Discipline de l'éthologie qui s'efforce de comprendre les interactions entre les facteurs génétiques qui influencent le comportement (→ *inné*). Elle se sert principalement des méthodes propres à la génétique classique, surtout des croisements expérimentaux (→ *hybrides*) et de la → *sélection artificielle*. Ses travaux ont permis d'établir que les caractères comportementaux se transmettent de génération en génération en obéissant aux mêmes lois de l'hérédité que tout autre caractère morphologique ou physiologique (fig. 100, p. 210). Un autre domaine de l'éthogénétique, qui s'inspire davantage de la génétique proprement dite, cherche, à partir de comportements la plupart du temps élémentaires et par conséquent faciles à appréhender, à répondre aux interrogations de la génétique; il s'efforce surtout d'établir quelle est l'influence de tel facteur génétique sur tel comportement; c'est là une démarche bien malaisée. A cette fin, on élimine intentionnellement certains gènes, et les différences comportementales qui apparaissent sont comparées aux conduites d'animaux non manipulés. Cette branche travaille presque exclusivement avec des drosophiles, la seule espèce pour laquelle nos connaissances génétiques soient vraiment suffisantes pour mener à bien ce type de recherches.

LINDZEY et al. (1971); MANNING (1976); FULLER et THOMPSON (1978); ROYCE et MOS (1979); BARLOW (1982); PLOMIN (1982).

ETHOGRAMME*
Ethogramm
Ethogram

Inventaire des comportements. Catalogue d'actions. Enregistrement aussi précis et détaillé que possible de toutes les conduites d'une espèce animale donnée. L'établissement d'un éthogramme constitue la base et la condition préalable à la mise au point et à la réalisation de tout projet expérimental, ainsi qu'à l'interprétation de ses résultats. Une autre tâche essentielle de cette « éthologie descriptive » consiste à nommer les comportements, à les classer en catégories et, le cas échéant, à les subdiviser en unités identifiables. Enfin, cette méthode permet d'analyser des séquences comportementales relativement longues et de déterminer les relations temporelles possibles entre l'apparition de certains de leurs éléments (analyse séquentielle).

---

* In THINES G. (1966), p. 33; THINES G. et LEMPEREUR A. (1975), p. 359; HEYMER A. (1977), p. 64; GUYOMARC'H J.-Ch. (1980), p. 5.

Aux premiers temps de l'éthologie, les éthogrammes se fondaient essentiellement sur l'exploitation de protocoles d'observation. De nos jours, on dispose d'un éventail d'outils de travail qui non seulement facilitent la collecte des données, mais permettent également une analyse plus fouillée et une conservation durable. Ainsi, il est possible d'enregistrer les données sur bande magnétique, ce qui évite l'interruption de l'observation qu'entraîne la prise de notes. De plus, l'enregistrement sur pellicule ou bande magnétique permet de décomposer les séquences de mouvements ou de sons en leurs éléments constitutifs, de les comparer et de les exploiter quantitativement (par exemple, dans le cas de films, grâce à une analyse image par image). Depuis peu on a également recours pour l'analyse de mouvements complexes à une méthode utilisée notamment en chorégraphie qui consiste à décrire les mouvements de chaque membre ou de ses parties et à établir des corrélations avec les autres parties du corps, avec l'environnement de l'animal et (en cas de conduites sociales) avec le comportement du partenaire.

ESHKOL et WACHMANN (1958); CHATFIELD et LEMON (1970); GOLANI (1976, 1982).

ETHOLOGIE
Ethologie
Ethology

Biologie du comportement. Etude du comportement animal à l'aide des méthodes propres à la biologie. L'éthologie est née d'un « élargissement » du champ d'activité de l'étude comparée du comportement (→ *éthologie comparée*), à laquelle elle s'identifie par son approche comparative, « biologique » : contrairement à d'autres sciences du comportement (p. ex. → *behaviorisme*, → *psychologie comparée*), elle s'intéresse tout particulièrement au caractère adaptatif du comportement et à son développement phylogénique (→ *évolution*). C'est pourquoi, également à l'instar d'autres sciences du comportement, elle s'est intéressée au premier chef aux composantes comportementales → *innées* et a précisé de bonne heure le concept d'instinct (→ *instinct*). L'éthologie étudie la structure du comportement, c'est-à-dire le mode d'expression des séquences motrices (éthologie descriptive), ses causes immédiates (→ *facteur proximal*), sa fonction, c'est-à-dire sa signification biologique (→ *facteur ultime*), son développement chez l'individu (→ *ontogenèse*) et son évolution chez l'espèce (→ *phylogenèse*).

Au cours des dernières décennies, l'éthologie a connu un développement considérable, que ce soit dans ses méthodes, qui s'inspirent notamment de la physiologie, de la biochimie et de la génétique, ou dans son approche des problèmes et son champ d'activité. Cette discipline présente donc aujourd'hui de nombreux points communs et chevauchements avec la chronobiologie, avec de nombreux domaines de la physiologie et de l'écologie, avec la génétique, et enfin avec toute une série de sciences humaines (psychologie, sociologie, linguistique notamment). L'utilisation du terme « éthologie » est dès lors extrêmement variable, et parfois seul le contexte permet d'en déterminer le sens exact.

HEINROTH (1911); KENNEDY (1954); WICKLER (1959); TINBERGEN (1963); JAYNES (1969); KLOPFER (1974); MASON et LOTT (1976); LORENZ (1978).

ETHOLOGIE APPLIQUEE
Angewandte Ethologie
Applied ethology

Discipline des sciences comportementales qui a pour objet l'étude des espèces animales présentant un intérêt direct pour l'homme et qui par conséquent met davantage l'accent sur les possibilités pratiques d'acclimatation et d'application que l'éthologie fondamentale. Conformé-

ment aux deux groupes d'animaux dignes d'intérêt dans l'optique de cette discipline, à savoir les animaux domestiques et les animaux de jardin zoologique, l'éthologie appliquée se subdivise en éthologie des animaux utilitaires et → *biologie des animaux de jardin zoologique.*
BRUNNER (1969); KLINGHAMMER et FOX (1971); HAFEZ (1975); SAMBRAUS (1978).

ETHOLOGIE COMPAREE*
Vergleichende Verhaltensforschung
Comparative ethology

Dénomination du courant de la recherche éthologique fondé essentiellement par KONRAD LORENZ et NIKO TINBERGEN qui, contrairement à la recherche behavioriste par exemple (→ *behaviorisme*) et, à bien des égards également, à la recherche en psychologie humaine, a toujours accordé la priorité à la comparaison entre les espèces. Contrairement à la → *psychologie comparée*, cette comparaison s'inscrivait dans une perspective phylogénique (c'est-à-dire évolutive) et dans un contexte écologique, et en cela s'inspirait surtout des enseignements de la morphologie comparée. Le grand mérite de cette école, également appelée éthologie « classique », a été, en plus de créer et d'éclaircir un grand nombre de concepts éthologiques fondamentaux, d'établir que les conduites, et en particulier les → *coordinations motrices héréditaires*, sont des caractères tout aussi « spécifiques » que les traits morphologiques ou physiologiques.

Ce terme, qui se justifiait en raison du développement historique de l'éthologie en opposition marquée avec de nombreux courants de recherche en psychologie, n'est plus guère en usage à l'heure actuelle, étant donné que cette approche se retrouve également dans les autres disciplines de la biologie, et qu'elle y est donc plus ou moins évidente.
HEINROTH (1978); LORENZ (1978).

ETHOLOGIE HUMAINE
Humanethologie
Human ethology

Discipline éthologique relativement récente qui s'intéresse au côté « biologique » du comportement humain. A l'inverse de la psychologie humaine, l'éthologie humaine appréhende le comportement « de l'extérieur », c'est-à-dire qu'elle recourt à l'observation et non à la discussion et à l'interrogation. De plus, elle ne se concentre pas sur des individus isolés, mais bien sur des traits comportementaux « plus généraux », courants, comparables aux caractères → *spécifiques* des animaux. Elle utilise pour ce faire deux méthodes d'investigation propres à l'éthologie : la comparaison de différentes espèces et populations et l'étude du développement comportemental (→ *ontogenèse*). L'analyse comparative peut inclure l'observation de → *primates* autres que l'homme, mais se borne généralement à la comparaison de diverses cultures humaines (comparaison culturelle). L'étude de cultures restées relativement primitives et/ou géographiquement éloignées les unes des autres peut s'avérer particulièrement riche d'enseignements. L'approche ontogénique se concentre sur les nourrissons, qui n'ont encore eu que des possibilités d'apprentissage très limitées (→ *apprentissage prénatal*), et sur les enfants chez lesquels ces possibilités resteront toujours très restreintes en raison de la défaillance totale de certains organes sensoriels, par exemple de la vue ou de l'ouïe. Ces deux champs d'investigation ont permis de mettre en lumière une série de caractères comportementaux humains qui échappent pratiquement à toute expérience (comme le sou-

---

* In PIERON H. (1963), p. 143; THINES G. (1984) *Universalis 7*, p. 484.
Syn. **Ethologie comparative** in RUWET J.-Cl. (1969), p. 153; THINES G. (*Op. cit.*)

rire des enfants nés aveugles et sourds) ; certains d'entre eux pourraient encore posséder une base héréditaire très affirmée.
BLURTON-JONES (1972, 1976) ; HINDE (1974) ; EIBL-EIBESFELDT (1976, 1979b) ; LEIDERMAN et al. (1977) ; VON CRANACH et al. (1979) ; ZANKL (1980).

ETHOMETRIE
Ethometrie
Ethometry

Terme forgé depuis peu pour désigner la quantification des comportements et l'analyse qui s'ensuit. La démarche éthométrique préside à l'établissement de tout → *éthogramme*. On appelle → *sociométrie* le traitement des caractères qui permettent d'inférer l'existence d'un → *attachement*.
JANDER (1968) ; CURIO et al. (1969).

ETHOPATHIE
Ethopathie

Terme (plutôt rare) par lequel on désigne une → *anomalie comportementale* de nature génétique survenue au cours de la → *domestication*, par exemple une → *hypertrophie*, une hypotrophie ou une → *stéréotypie*.
LORENZ (1940) ; DITTRICH (1977) ; SAMBRAUS (1978).

ETHOPHYSIOLOGIE
Verhaltensphysiologie
Behavioural physiology, ethophysiology

Physiologie du comportement. Orientation de l'éthologie et de la → *physiologie* qui étudie les fondements physiologiques du comportement. Elle comprend la neuroéthologie et l'éthoendocrinologie.

EUSOCIALITE
Eusozialität
Eusociality

Les termes « eusocial » et « semi-social » qualifient les insectes → *sociaux* chez lesquels une → *caste* particulière, incapable de se reproduire, se charge de prodiguer les soins à la progéniture. Le choix du terme dépend de la persistance de la vie sociale et du lien de parenté des individus auxquels incombent les soins parentaux : on parle d'insectes semi-sociaux lorsque deux générations de l'espèce considérée ne se côtoient jamais et que par conséquent ce sont les frères et sœurs qui s'assistent mutuellement. Parmi ces espèces figurent les bourdons ainsi que les abeilles et les guêpes présentant les structures sociales les moins développées. Par contre, chez les espèces eusociales, plusieurs générations se trouvent réunies dans un édifice social appelé → *société*. Ce sont une fois encore les enfants qui se consacrent à la descendance de leurs géniteurs. Il s'agit de tous les termites et fourmis et des espèces d'abeilles et de guêpes aux structures sociales les plus complexes.
WILSON (1975).

EVOLUTION
Evolution
Evolution

Le concept d'évolution s'applique à trois processus distincts. Le plus souvent, il désigne la transformation progressive des animaux et des végétaux au cours de la phylogenèse (évolution biologique ou génétique). On entend alors par « évolution » la modification du patrimoine génétique d'une → *population*, responsable de l'apparition graduelle de formes plus organisées et plus spécialisées à partir de stades plus primitifs. Les principaux « moteurs » de l'évolution sont la → *mutation* et la → *sélection*. Le comportement, comme tout caractère d'un organisme, est soumis à l'évolution (→ *phylogénie du comportement*). Il acquiert même très souvent une certaine « fonction d'entraînement », puisque des modifications comportementales (par exemple une nouvelle préférence alimentaire ou un changement dans la

Excitabilité

prise alimentaire) constituent souvent le premier stade d'une transformation et peuvent, sous l'action de la sélection naturelle, déboucher sur des modifications de la morphologie ou d'autres caractères (→ *radiation adaptative*).

On sait depuis peu que les macromolécules biologiques subissent elles aussi des processus qui entraînent pareillement une «évolution». On parle alors d'évolution chimique. Enfin, lorsqu'un comportement inédit s'installe dans une population, qui le transmet par → *tradition* à la génération suivante, il est désormais question d'«évolution culturelle» (→ *culture*). Au contraire des deux autres formes d'évolution, l'évolution culturelle est responsable d'infinies modifications d'une génération à l'autre, et est même réversible. Elle présente donc un plus grand degré d'«ouverture» (→ *programme*).

RENSCH (1954); HEBERER (1967/1971); OSCHE (1972); MAYR (1974); BROWN (1975); DOSE et RAUCHFUSS (1975); EIBL-EIBESFELDT (1975); SIEWING (1978).

EXCITABILITE
Reizbarkeit
Irritability

Capacité d'un organisme de répondre à un → *stimulus*. L'excitabilité est l'une des propriétés fondamentales du vivant.

EXCITATION
Erregung
Arousal, stimulation excitation

En biologie, ce terme recouvre des acceptions très diverses. Il désigne principalement les modifications de l'état chimique et/ou physique de structures qualifiées d'excitables, parmi lesquelles figurent surtout les membranes, mais aussi, dans une moindre mesure, le protoplasme d'une cellule. L'excitation peut s'accompagner de phénomènes mesurables, par exemple de → *potentiels d'action*.

En éthologie, les termes «excitation» ou «état général d'excitation» s'appliquent à un accroissement de la déclenchabilité à des stimuli externes, de quelque nature soient-ils. Il résulte du passage des informations émises par les organes sensoriels dans un site du cerveau appelé *Formatio reticularis* («formation réticulée») et de leur transmission, non seulement aux sites cérébraux «responsables» du traitement de ces informations (→ *stimulation cérébrale*), mais également à des «centres cérébraux supérieurs», qui contrôlent l'état «émotionnel» de l'individu. Cet état général d'excitation de l'animal, associé à de multiples modifications physiologiques, peut déterminer la déclenchabilité d'une conduite (→ *variation du seuil de réponse*; → *stimulus motivationnel*). Une excitation persistante est susceptible d'induire des phénomènes de → *stress*.

FLOREY (1970).

EXTENSION DE FONCTION
Funktionserweiterung
Extension of function

Elargissement de la → *fonction* au cours de la → *phylogenèse*. Ainsi, sur le plan comportemental, l'→ *offrande nuptiale* a très souvent subi une extension de fonction : à l'origine, elle assure le ravitaillement de la femelle par le mâle, mais peut au surplus contribuer au renforcement du → *lien conjugal*.

EXTEROCEPTEUR
Exterorezeptor
Exteroceptor, exteroreceptor

Egalement appelé «extérorécepteur». Cellule sensorielle qui, à l'inverse de l'→ *intérocepteur*, réagit aux stimuli sensoriels issus du milieu extérieur (→ *récepteur*).

FLOREY (1970); KÜFFER et NICHOLLS (1976); PENZLIN (1977).

EXTINCTION
Extinktion
Extinction

Disparition de conduites apprises (→ *conditionnement* instrumental) ou d'associations acquises (conditionnement classique) si le → *renforcement* attendu fait défaut. L'extinction n'est pas assimilable à l'« oubli » (bien que la confusion existe dans les publications), puisque l'action ou l'association concernée réapparaît dès qu'on recommence à administrer le renforcement. De plus, l'oubli ne résulte pas de l'absence d'une récompense, mais uniquement de l'écoulement du temps. En général, l'abandon d'un comportement est beaucoup plus rapide en cas d'extinction qu'en cas d'oubli.
ANGERMEIER (1972); BUCHHOLTZ (1973).

EXTIRPATION
Exstirpation
Exstirpation

Ablation. Excision d'un organe ou d'un fragment d'organe. L'éthologie a surtout pratiqué l'extirpation de certaines parties du cerveau, une méthode qui a permis de préciser (encore que très sommairement) la localisation de fonctions régulatrices du cerveau. Elle a entre-temps été remplacée en grande partie par la méthode de → *stimulation cérébrale*, sensiblement plus précise.

F

FACILITATION
Bahnung
Facilitation

En biologie et en psychologie, le terme « facilitation » s'applique à plusieurs phénomènes différents. En neurobiologie, on entend par là l'action renforçante qu'un stimulus ou plusieurs stimuli exerce(nt) sur la construction de l'influx d'une cellule nerveuse, c'est-à-dire sur sa réponse au stimulus suivant. On distingue le cas où l'impulsion facilitatrice et l'impulsion facilitée parcourent la même voie nerveuse, et celui où elles mettent en jeu deux → *synapses* différentes (facilitation hétérosynaptique).

En psychologie, on entend par facilitation un processus hypothétique au cours duquel un comportement se parfait (reconnaissance ou réaction plus prompte) sous l'influence de facteurs internes ou externes (p. ex. attention, → *renforcement*). En éthologie, ce terme recouvre depuis peu une acception vaguement identique, surtout dans les publications en anglais. Il s'applique alors à l'influence stimulante que peuvent exercer certains facteurs environnementaux sur la mise en place du comportement au cours de l'→ *ontogenèse* (à l'inverse de l'→ *induction*, à l'origine de nouvelles propriétés).
FLOREY (1970); GOTTLIEB (1976a); RAHMANN (1976); BÖSEL (1981); SACKETT et al. (1982).

FACTEUR PROXIMAL
Unmittelbarer Faktor
Proximate factor

Générique pour tous les facteurs qui amorcent ou entretiennent un processus biologique (p. ex. le cycle reproducteur, le choix d'un biotope ou l'établissement d'une → *structure sociale* déterminée) dans les conditions écologiques les plus propices (pour en savoir plus, cf. → *facteur ultime*).

ASCHOFF (1954); IMMELMANN (1972a).

FACTEUR ULTIME
Mittelbarer Faktor
Ultimate factor, ultimate cause

Facteur de sélection. A l'origine, les notions de facteur proximal et de facteur ultime sont issues de la littérature ornithologique. On entendait par «facteurs ultimes» les facteurs écologiques responsables de la régulation de la période d'incubation chez les oiseaux. Comme la majorité des animaux, les oiseaux ne se reproduisent qu'à certaines époques de l'année (→ *rythme circannien*). Celles-ci sont disposées de telle sorte que les oisillons quittent le nid quand les conditions de survie sont les plus favorables. Ces conditions écologiques, surtout les ressources alimentaires, assurent la réduction de la descendance des individus mal «programmés», ceux qui couvent trop tôt ou trop tard, et raréfient les gènes responsables de cette programmation inadéquate dans la population (→ *sélection*). On les dit «ultimes» parce qu'elles n'influencent pas directement, mais bien indirectement, le moment de la reproduction.

Cependant, en raison de l'étalement du cycle de reproduction, surtout chez les espèces de grande taille, le facteur ultime «nourriture abondante» se réalise généralement trop tard pour amorcer le processus reproducteur, qui implique notamment la maturation des → *gonades*, la construction du nid, la parade nuptiale et la couvaison. C'est ici que doivent intervenir des signaux particuliers, «précurseurs». Comme ils influencent l'organisme directement, on parle de facteurs proximaux. Pour les oiseaux des hautes latitudes, l'allongement de l'éclairement journalier à la fin de l'hiver et au début du printemps est le principal facteur proximal qui commande le début de la saison des amours.

Après l'introduction de ces deux concepts en ornithologie, il devint apparent que cette dichotomie entre facteurs de sélection phylogénique et facteurs de régulation immédiate existait également dans d'autres domaines, y compris le comportement. On désigne désormais par facteur ultime les données écologiques qui augmentent l'espérance de vie et le succès reproducteur des individus présentant une particularité propice dans le milieu où ils vivent (→ *aptitude*) et entraînent l'extension progressive de cette propriété au sein de l'→ *espèce* ou de la → *population*. Ainsi, le renforcement de l'antiprédation au sein d'un groupe dans des circonstances déterminées peut déboucher sur la → *formation de groupes* au cours de la phylogenèse (→ *évolution*; → *phylogenèse*). Pareillement, les ressources trophiques, les possibilités de camouflage et d'autres facteurs déterminent le biotope le plus propice à la reproduction d'une population et sélectionnent les individus qui y sont le mieux adaptés.

En ce sens, les facteurs proximaux sont ceux qui assurent présentement la cohésion du groupe ou la fréquentation du biotope. Il s'agit dans le premier cas des stimuli émis par les membres du groupe et des mécanismes d'attachement responsables de l'association des membres du groupe (→ *comportement d'attachement*), dans le second de signes présents dans le biotope perceptibles par l'individu, et d'une préférence programmée ou acquise (p. ex. par → *empreinte biotopique*) pour ces particularités.

La distinction claire entre contrôle ultime et proximal peut contribuer énormément à éclaircir les mécanismes qui régissent le comportement.

ASCHOFF (1954, 1955); MAYR (1961); IMMELMANN (1971, 1972a).

FAMILLE*
Familie
Family, rearing system

En biologie, le terme « famille » ressortit à deux disciplines différentes : en systématique biologique, il recouvre une série d'espèces animales ou végétales étroitement apparentées, par exemple la famille des félidés, des fringillidés, des iguanidés, des siluridés ou des carabidés.

En éthologie, « famille » désigne une → *structure sociale* déterminée. Cette dénomination s'applique à l'association de l'un ou des deux parents et de sa (de leur) progéniture. La fonction principale de la famille est d'assurer les soins parentaux (→ *comportement parental*). La structure familiale existe chez tous les mammifères et chez presque tous les oiseaux, mais se présente également chez d'autres vertébrés, surtout les poissons, et dans des cas isolés chez les invertébrés (par exemple les insectes, les arachnides et les myriapodes). Selon la participation des parents aux soins prodigués aux jeunes, on distingue entre famille biparentale, famille maternelle et famille paternelle. La famille biparentale se rencontre chez la plupart des oiseaux, mais également chez les poissons (par exemple de nombreux cichlides), de même que chez certains mammifères (par exemple les gibbons, les ouistitis et les canidés) (fig. 53). S'il s'établit une → *division du travail* entre les deux parents sur le plan des charges parentales, on parle aussi de famille père-mère. La famille maternelle est le schéma familial typique de la plupart des mammifères, chez lesquels la lactation dicte pour ainsi dire son rôle parental à la mère. Elle existe cependant aussi chez les oiseaux (par exemple, bon nombre de gallinacés et de colibris), chez les poissons, les arachnides et les scorpions. Jusqu'à présent, on ne connaît que de rares exemples de famille paternelle, dans laquelle le mâle est seul à s'occuper de sa descendance, par exemple chez l'épinoche et les poissons anabantidés et, pour les oiseaux, chez le phalarope, les turnicidés et le nandou. Les → *sociétés* d'insectes, par leur structure, sont elles aussi des familles. Les hyménoptères (guêpes, bourdons, abeilles, fourmis) s'organisent en familles maternelles, les termites, chez lesquels le mâle demeure auprès de la reine même après le → *vol nuptial*, en familles biparentales. En général, la famille se dissout après l'émancipation des jeunes, c'est-à-dire qu'elle constitue une « construction sociale à durée déterminée ». Cependant, nombreuses sont les espèces structurées en familles biparentales chez lesquelles le → *lien conjugal* se maintient au-delà. Enfin, chez certaines espèces, les jeunes demeurent attachés aux parents ou, selon le cas, à la mère, même une fois capables de s'alimenter seuls. Cette persistance de la cohésion familiale s'observe dans deux situations : d'une part, chez les espèces qui transmettent par → *tradition* un bagage substantiel à leurs jeunes, ce processus ne pouvant s'accomplir qu'à un stade avancé ou devant se poursuivre assez tardivement (par

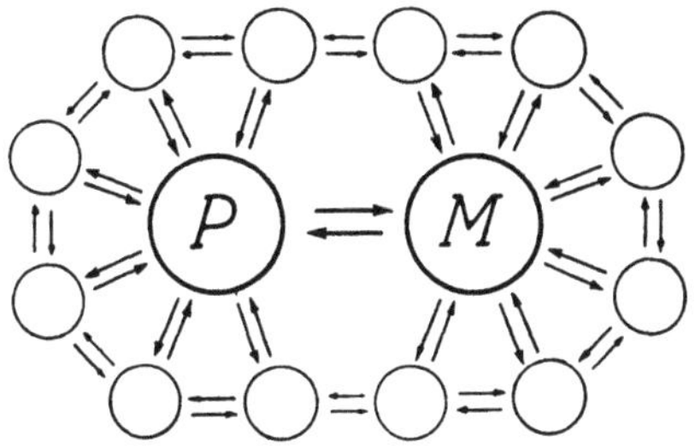

Fig. 53. Représentation schématique d'une « famille biparentale ». Elle se caractérise par la participation plus ou moins égale des deux sexes aux soins parentaux et par l'existence de relations sociales réciproques aussi bien entre parents et jeunes qu'entre les deux parents (in PETERS, 1948).

---

* In THINES G. (1966), p. 310 ; CHAUVIN R. (1969), pp. 81-93 ; CAMPAN R. (1980), p. 216.

Fatigue

exemple, chez les oiseaux migrateurs, connaissance des voies migratoires pour rallier les quartiers d'hiver), d'autre part, chez les espèces organisées en groupes sociaux fermés comprenant les jeunes de différentes périodes de reproduction et leurs parents. Les jeunes plus âgés peuvent alors prodiguer certains soins à leurs frères et sœurs (→ *aidants*). Chez les mammifères, l'existence de ces familles durables est notamment attestée chez les gibbons et bon nombre d'ongulés.

MAYR (1975); PETERS (1948); MARKL (1971).

FATIGUE
Ermüdung
Fatigue

En éthologie, on utilise les termes « fatigue » ou « fatigabilité » lorsque la déclenchabilité d'une action faiblit en raison de ses « antécédents » (→ *variation du seuil de réponse*). Si ce fléchissement relève d'une accoutumance au stimulus déclencheur, on parle de fatigue spécifique au stimulus ou d'habituation ; si par contre une conduite devient difficile à déclencher parce qu'elle vient précisément de se produire, il est question de → *fatigue spécifique d'action*. Aucune de ces formes n'est néanmoins assimilable à une fatigue « générale » au sens habituel du terme.

FATIGUE SPECIFIQUE D'ACTION
Aktionsspezifische Ermüdung
Action-specific fatigue

Phénomène qui consiste en l'impossibilité de déclencher à nouveau pendant un certain laps de temps, si ce n'est par des stimuli très puissants, des comportements qui viennent précisément de s'exprimer (→ *variation du seuil de réponse*). Cette forme de → *fatigue* peut varier très fort d'une conduite à l'autre (d'où les termes « spécifique d'action »). Ainsi, les réactions de fuite et de défense peuvent en général réapparaître dans toute leur intensité immédiatement après leur dernière manifestation, alors que la répétition des comportements sexuels ou alimentaires n'est possible qu'au terme d'une période d'attente relativement importante. De telles différences donnent à penser qu'une lassitude des muscles sollicités joue tout au plus un rôle secondaire dans cette forme de « fatigue ». Le → *ramassage* des jeunes propre à divers rongeurs est l'exemple par excellence d'une activité qui échappe pratiquement à toute fatigue.

V. HOLST et ST. PAUL (1960); DÜCKER *et al.* (1981).

FECONDATION
Befruchtung
Fertilization

Fusion des noyaux cellulaires de l'ovule et du spermatozoïde. Les publications ne distinguent toutefois pas toujours entre « fécondation » et → « *insémination* » : le premier terme figure souvent dans le sens du second, voire dans l'acception d'« accouplement » (→ *copulation*).

FIDELITE AU SITE
Ortstreue, Heimattreue
Fidelity to place, site tenacity

Propension de certains animaux à se fixer à un endroit ou à y revenir, par exemple au site de naissance, au lieu de la première reproduction (on parle chez les oiseaux de fidélité au site de couvaison) ou à un endroit quelconque où l'animal a déjà séjourné auparavant (par exemple aux quartiers d'hiver chez les oiseaux migrateurs). Cette inféodation est particulièrement affirmée chez certaines chauves-souris, chez de nombreux oiseaux et poissons migrateurs (par exemple le saumon et la merluche). Elle peut contribuer puissamment au maintien de l'→ *isolement sexuel*. Chez les oiseaux, elle repose souvent sur des processus d'apprentissage précoces (→ *empreinte au site*).

BERNDT et STERNBERG (1969); BEZZEL (1977); MERKEL (1980).

FILTRAGE DES STIMULI*
Reizfilterung
Stimulus filtering

A partir de l'ensemble des stimuli présents dans le milieu ambiant, sélection de ceux qui sont vitaux pour l'espèce (→ *stimuli-clés*) et auxquels l'individu doit répondre par des conduites appropriées (→ *mécanisme inné de déclenchement*). Cette opération peut s'amorcer dans les organes des sens, lorsque certains stimuli sensoriels ne sont pas captés ou transmis par les → *récepteurs* («filtrage périphérique»). Toutefois le tri des stimuli s'opère en règle générale dans le → *système nerveux central*, encore que les mécanismes et la localisation de ce «filtrage central» demeurent dans une large mesure obscurs. Il s'effectue vraisemblablement en plusieurs étapes.
HORN (1965); HINDE et HINDE (1973); HUBER (1978).

FONCTION
Funktion
Function

La recherche de la fonction, c'est-à-dire de la «signification biologique» d'une propriété est l'une des principales démarches de la biologie en général, et bien entendu aussi des sciences du comportement. Elle ouvre la voie à une meilleure compréhension des phénomènes observés. Par conséquent, le débat portant sur la fonction éventuelle des caractères comportementaux est traité d'abondance dans les publications éthologiques. Toutefois, même ce terme «fonction» n'est pas toujours utilisé uniformément. En éthologie, on entend généralement par la fonction d'un comportement sa contribution à la survie et à la capacité de reproduction d'un organisme (→ *aptitude*), c'est-à-dire ses conséquences spécifiques, responsables de son apparition et de son maintien dans le répertoire de l'espèce envisagée au cours de la phylogenèse, sous l'influence des facteurs de sélection (→ *facteur ultime*, → *adaptation*, → *évolution*).
WILLIAMS (1966); BAERENDS *et al.* (1975); HINDE (1975).

FORMATION DU COUPLE*
Paarbildung
Pair formation

Emergence d'un → *lien conjugal*. Les conduites manifestées lors de la formation du couple dérivent en grande partie de la → *parade nuptiale*; toutefois, des éléments empruntés à d'autres registres comportementaux peuvent également s'y intégrer (par exemple → *démonstration de prestance*). Chez l'immense majorité des espèces, le cérémonial d'appariement est amorcé par le mâle. Par contre, c'est souvent à la femelle qu'incombe la «décision finale» qui préside à l'établissement d'un lien entre les deux partenaires. Rares sont les espèces où l'initiative revient à la femelle. C'est notamment le cas des turnicidés et des phalaropes apparentés aux pluviers. Chez maintes espèces, surtout en cas de grande solidité du lien interpartenaire (→ *monogamie*), par exemple chez beaucoup d'anséridés et d'anatidés, la formation du couple peut précéder de beaucoup la saison de reproduction, et par conséquent la première copulation.
LACK (1940a); OEHLERT (1958); LINSENMAIR et LINSENMAIR (1971).

FORMATION DU GROUPE*
Gruppenbildung
Group formation

Chez de nombreuses espèces animales, les individus s'assemblent en entités éphémères ou durables plus vastes que le couple et que la → *famille*. La fonction,

---

* In VOSS J. *et al.* (1975), p. 306; RICHARD G. (1975), pp. 102-103; CAMPAN R. (1980), p. 164; GUYOMARC'H J.-Ch. (1980), pp. 59-69.

* In RUWET J.-Cl. (1969), pp. 205-206, 212; DE LANNOY J.D. et FEYEREISEN P. (1987), pp. 46-47.

* In CAMPAN R. (1980), pp. 206-218.

de même que la composition de ces rassemblements, peuvent varier considérablement compte tenu de l'espèce, de l'âge et du sexe de leurs membres. Dans l'immense majorité des cas, le groupe réunit des sujets d'une seule et même → *espèce*. Toutefois, on peut également rencontrer des groupes composés de plusieurs espèces, appelés → *groupes plurispécifiques*.

Dans le cas le plus simple, les groupes se forment «par hasard», par la convergence d'un grand nombre d'individus, indépendamment les uns des autres, vers un même endroit. Ces «agrégats» sont appelés pseudo-sociétés ou → *foules*. A un niveau supérieur sur le plan de l'organisation sociale se situent les groupements qui reposent sur une → *interattraction*, c'est-à-dire dont les membres ne s'agglomèrent pas sans aucune coordination mais sont bel et bien attirés les uns vers les autres. Les éthologistes les désignent couramment par l'appellation «goupe social». Parmi ces groupes sociaux, on distingue entre ceux dont les membres sont interchangeables et dont la composition est dès lors susceptible à tout instant de modification («groupe social ouvert»), et ceux dont les animaux sont capables de distinguer les membres du groupe des étrangers et où toute substitution d'individus est par conséquent exclue («groupe social fermé»). Les groupes ouverts se présentent essentiellement chez les espèces qui accomplissent de longues migrations et chez lesquelles les animaux s'assemblent en cours de route. Chez les mammifères, on parle de troupeaux, et chez les espèces qui évoluent dans un univers tridimensionnel (eau, air — poissons, oiseaux, criquets pèlerins), de bancs, de volées, de nuées ou d'→ *essaims* selon le cas.

Les groupes sociaux fermés se subdivisent à leur tour en deux catégories: ceux où l'identification des membres est possible grâce à des caractères supra-individuels, communs à tous les membres du groupe et distincts des caractères correspondants propres à d'autres groupes, par exemple une → *odeur de groupe* («groupe social anonyme»), et ceux dont les membres sont capables de → *reconnaissance individuelle* («groupe social individualisé»). Parmi les groupes anonymes, on compte notamment les → *sociétés* de quantité d'insectes et les groupes que forment maints rongeurs. Les groupes individualisés sont attestés entre autres chez de nombreux primates et certains carnassiers (loup, lycaon, lion, viverridés). Ils se caractérisent par l'existence d'une → *hiérarchie sociale* entre leurs membres. Lorsque plusieurs groupes distincts se rassemblent à des moments déterminés, par exemple à un dortoir, comme on l'observe principalement chez divers primates, la délimitation précise du groupe peut s'avérer malaisée. En règle générale, la proximité spatiale des individus, de même que la fréquence et la nature de leurs → *relations*, servent «d'unités de mesure», et le groupe se définit comme «un ensemble d'animaux qui ne se séparent pas, que ce soit au sein ou en dehors d'une entité plus large, et qui interagissent essentiellement entre eux» (KUMMER).

CROOK (1961); WICKLER (1967); KUMMER (1975); SHAW (1978).

FOSSILES
Fossilien
Fossils

Restes de végétaux et d'animaux préhistoriques ou traces (empreintes, formes de remplissage) de leur passage conservés dans les dépôts sédimentaires de l'écorce terrestre. Les fossiles constituent de précieux auxiliaires pour établir les lignées phylogéniques (→ *phylogenèse*). Ils font précisément défaut pour l'étude du comportement, qui par nature n'est pas fossilisable (→ *phylogénie du comportement*). Parmi les quelques rares «fossiles comportementaux» que nous connaissions figurent des empreintes de pieds pétrifiées, qui nous apportent certains éclaircissements sur la locomotion d'une espèce disparue, ou encore des contenus stomacaux et des restes d'aliments fossilisés qui permettent d'inférer le mode d'alimentation ainsi que la nature de la prise alimentaire. Ainsi, l'étude des coquilles fossilisées des gastéropodes phytophages conservées dans différentes couches géologiques a permis de retracer l'évolution du comportement prédateur des gastéropodes carnassiers sur une période d'environ 100 millions d'années. On a établi qu'au cours de cette période, ces mollusques, appelés «prosobranches», ont commencé par modifier, c'est-à-dire «parfaire» l'orientation de leurs mouvements de capture, mais qu'au cours des 60 millions d'années qui ont suivi, cette conduite s'est figée : le prédateur ménage dans la coquille une ouverture dans laquelle il introduit sa trompe et sa langue, puis brise la coquille. Les fossiles les plus anciens révèlent qu'à l'époque, la perforation est pratiquée arbitrairement. On constate ensuite une concentration croissante dans une région aborale (opposée à la bouche) près de l'orifice de la coquille. C'est là que l'attaque est la plus efficace, parce que le prédateur peut éviter au mieux le comportement de défense du gastéropode phytophage. Ce stade a été atteint au début du tertiaire, et depuis lors le comportement de capture des prosobranches n'a plus subi de modification. Jusqu'à présent, rares sont cependant les cas où l'étude des fossiles a fourni des renseignements sur l'évolution comportementale d'un groupe d'animaux sur une période géologique relativement étendue, et dans l'ensemble la portée des informations véhiculées par les fossiles comportementaux est encore très restreinte. On appelle «paléontologie» la science biologique qui étudie les fossiles et leur répartition dans les couches géologiques.

Dès lors, on désigne parfois par «paléoéthologie» l'étude des fossiles comportementaux.
WICKLER (1961a); SEILACKER (1967); CRIMES et HARPER (1970); FREY (1975); BERG (1978).

FOULE*
Aggregation
Aggregation

Pseudo-société. Rassemblement d'animaux qui ne repose sur aucune → interattraction, mais simplement sur la présence simultanée de nombreux individus en un même endroit. Une foule peut se constituer près d'un point d'eau, d'une concentration de nourriture, d'une cachette propice, d'un dortoir ou d'un quartier d'hivernage approprié (fig. 54). Toutefois, certaines indications donnent à penser que chez diverses espèces d'oiseaux la fréquentation d'un dortoir abrité, vers lequel convergent de nombreux congénères, peut également présenter un avantage supplémentaire, de nature sociale : les dortoirs peuvent fonctionner comme des «centres d'information» si, le matin, les individus qui, le jour précédent, ont découvert une abondante source de provende s'envolent sans hésiter dans une direction déterminée, «entraînant» à leur suite ceux qui ont eu moins de succès la veille. Le cas décrit est une forme intermédiaire entre la foule et le véritable groupe social (ouvert) (→ *formation du groupe*). On qualifie parfois les foules de «groupements subsociaux» pour les distinguer des groupements sociaux «proprement dits».
KÜHNELT (1965); WARD et ZAHAVI (1973); WELLS (1977a).

---

* In CHAUVIN R. (1961), pp. 12-18; CHAUVIN R. (1969), p. 100; UNIV. (1971-1975), vol. 15, p. 54; CAMPAN R. (1980), p. 193; LEROY Y. (1986), pp. 172, 175.

Fratricide

Fig. 54. « Rassemblement de sommeil » constitué par le grimpereau des jardins (*Certhia brachydactyla*) en un dortoir abrité : en cas de froidure, il arrive que même des individus d'espèces qui respectent normalement une → *distance inter-individuelle* recherchent un contact corporel étroit (d'après une photographie in LÖHRL, 1975).

FRATRICIDE
Fratrizid
Fratricide

Elimination de la fratrie. La mise à mort des compagnons de nichée s'observe surtout chez les oiseaux de proie (rapaces diurnes et nocturnes), dont les œufs éclosent à plusieurs jours d'intervalle, ce qui entraîne d'importantes différences de taille entre individus d'une même couvée. Des cas de fratricide ont également été décrits chez les poissons et les insectes. La signification exacte de ce comportement nous échappe encore; il est toutefois probable que, tout comme l'→ *infanticide*, il puisse contribuer à adapter l'importance de la ponte aux disponibilités alimentaires. Le « sacrifice » de certains jeunes intervient surtout dans des conditions de vie contraignantes et a pour effet de réduire la progéniture et d'assurer ainsi la survie des autres jeunes. Si, en plus de la mise à mort, il y a prédation des frères et sœurs, on parle alors de caïnisme, un terme qui ne figure cependant pas très souvent dans les publications.

INGRAM (1959); LÖHRL (1968); FOX (1975); O'CONNOR (1978); WENDLAND (1978); THALER et PECHLANER (1980).

G

GAMETE
Gamet
Gamet

Cellule reproductrice. Chez la plupart des animaux, il existe deux types de gamètes : les spermatozoïdes du mâle, capables de se déplacer, et les ovules non mobiles de la femelle. Lors de l'→ *insémination*, le spermatozoïde et l'ovule fusionnent et produisent un ovule fécondé appelé zygote.

GENERALISATION DU STIMULUS*
Reizgeneralisation
Stimulus generalization

Capacité qu'ont de nombreux animaux, après s'être familiarisés avec un objet déterminé, c'est-à-dire avec une combinaison stimulante donnée, de réagir de la même manière à d'autres combinaisons stimulantes, légèrement différentes de la première. Cette capacité de généralisation du stimulus varie certainement d'une espèce à l'autre et vraisemblablement aussi, au sein d'une même espèce,

en fonction du registre comportemental considéré. Ses mécanismes demeurent obscurs. La généralisation du stimulus intervient certainement dans bon nombre de processus de reconnaissance sociale : un animal qui, au cours des premiers jours ou des premières semaines de sa vie, ne s'est familiarisé qu'avec un seul individu, sa mère, ou quelques-uns seulement (parents, frères et sœurs) doit par la suite être en mesure de reconnaître toute une catégorie d'individus, c'est-à-dire les représentants de son → *espèce* ou de sa → *population*, et de les distinguer des porteurs d'autres caractères (sujets d'une espèce ou d'une population étrangère) (→ *reconnaissance spécifique*). La généralisation du stimulus participe vraisemblablement aussi à la → *reconnaissance de la parentèle*. L'aptitude à former des concepts (→ *conceptualisation*) dont témoignent certaines espèces supérieures procède de performances de généralisation particulièrement élevées.

BUCHHOLTZ (1973); RENSCH (1973).

GENESE
Genese
Genesis

Formation. Les comportements subissent une évolution dans le temps qui s'exprime à trois niveaux : le développement des espèces au fil des générations (→ *ontogenèse*) et le développement actuel d'un comportement (→ *microgenèse*).

GENOME
Genom
Genome

Patrimoine génétique. Lot chromosomique du gamète. Se dit de l'ensemble des gènes présents sur les chromosomes du noyau cellulaire. Ils contiennent les informations héréditaires qui commandent la formation d'un caractère, par exemple d'une structure morphologique, d'une

---

* In RICHELLE M. (1966), p. 194; CHAUVIN R. (1969), p. 234; THINES G. et LEMPEREUR A. (1975), p. 420.

Génotype

propriété physiologique (→ *physiologie*) ou d'une composante comportementale → *innée*.

GENOTYPE
Genotyp
Genotype

Constitution génétique d'un individu. Il réalise le → *phénotype* sous l'action des facteurs du milieu.

GESTIQUE*
Gestik
Gesture

Terme collectif désignant les mouvements et postures expressives dans lesquels interviennent le tronc, les extrémités et les appendices corporels (par exemple la queue) (fig. 55). La gestique s'oppose à la → *mimique*, qui résulte de la contraction des muscles faciaux.

GLANDE ENDOCRINE
Endokrine Drüse
Endocrine gland

Glande qui produit des hormones et les déverse directement dans le sang.

GONADE
Gonade
Gonad

Glande génitale. Les gonades mâles portent le nom de testicule, les gonades femelles d'ovaire. Les gonades remplissent deux fonctions essentielles : elles fabriquent les produits sexuels (spermatozoïdes et ovules) et assurent en grande partie la sécrétion des → *hormones sexuelles*.

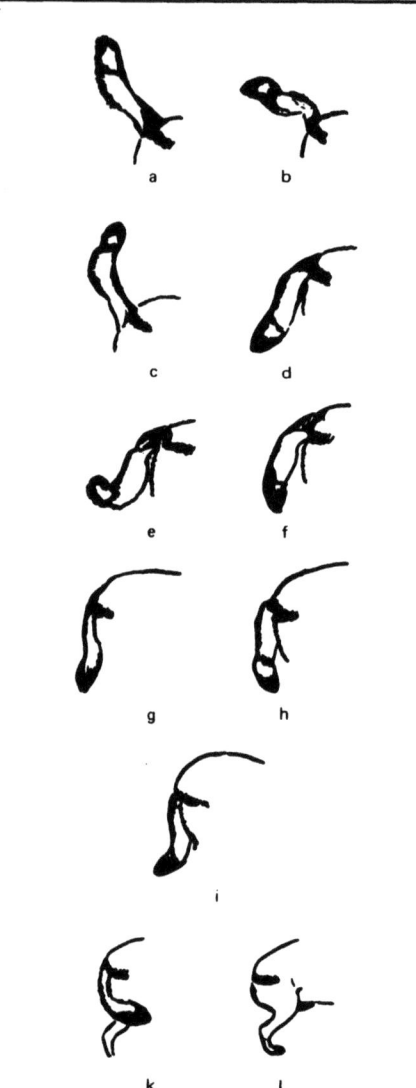

Fig. 55. Gestes expressifs chez le loup. Le port de la queue peut exprimer un état émotionnel (→ *motivation*) compréhensible pour un tiers : a) attitude « confiante » d'un animal dominant (→ *hiérarchie sociale*) ; b) menace « franche » ; c) posture de prestance ; d) posture normale (en l'absence de tension sociale) ; e) menace « hésitante » ; f) position normale, fréquente lors de la prise alimentaire et chez l'animal attentif ; g) anxiété ; h) intermédiaire entre la menace et la défense ; i) soumission active ; k) et l) forte inhibition. L'analyse des attitudes du loup constitue une des premières études détaillées portant sur le comportement expressif chez les animaux (in SCHENKEL, 1947).

---

* Voir : Expression des émotions chez le loup ; in CHAUVIN R. (1969), p. 93.

GONADOTROPHINE, HORMONE GONADOTROPE
Gonadotropin
Gonadotropic hormone

Se dit des hormones hypophysaires qui stimulent l'activité des glandes sexuelles (→ *gonades*) et par conséquent agissent sur la sécrétion des → *hormones sexuelles*.

GRATTAGE DE LA TÊTE
Kopfkratzen
Head-scratching

La manière dont les oiseaux se grattent la tête avec la patte (→ *comportement de confort*) a suscité descriptions et spéculations très tôt dans l'histoire de l'éthologie. Dans la classe des oiseaux, ce comportement revêt deux formes : la patte est portée directement à la tête, par devant (fig. 56), ou l'aile est abaissée et la patte soulevée par-dessus la naissance de l'aile pour atteindre la tête par derrière. Pour comprendre cet enchaînement moteur, « pénible » à première vue et responsable de fréquentes pertes d'équilibre chez les jeunes oiseaux, il convient d'imaginer les proportions d'un quadrupède, chez lequel la tête n'est accessible avec les extrémités postérieures qu'en contournant les membres antérieurs dont le point d'attache est situé bien en avant du corps. Cette succession motrice présente une étonnante rigidité, alors que les animaux ont toute licence d'exécuter le mouvement « par la voie directe ». De là à considérer le grattage par-dessus l'aile comme un → *vestige historique* du stade reptilien, il n'y a qu'un pas, qui d'ailleurs a été franchi plus d'une fois dans les publications éthologiques. Deux éléments invalident pareille interprétation : tout d'abord, il semble que la façon de se gratter se distribue arbitrairement entre les oiseaux les plus anciens phylogénétiquement et les espèces les plus évoluées, si bien qu'on est bien en peine de déterminer laquelle est apparue

Fig. 56. Grattage direct de la tête chez la cigogne blanche (*Ciconia ciconia*).

la première au cours de l'évolution biologique. Il arrive que même des espèces proches, parfois très étroitement apparentées, adoptent sous ce rapport des comportements différents. Par ailleurs, il est des espèces isolées chez lesquelles les jeunes se comportent différemment des adultes et ce sont précisément les jeunes qui se grattent la tête par devant. Les lois de la → *récapitulation* voudraient même que cette méthode soit la plus ancienne. Toute explication définitive du grattage par-dessus l'aile reste par conséquent prématurée.

HEINROTH (1930); WICKLER (1961); BURTT et HAILMAN (1978).

GROUPE MONOSEXE MÂLE
Männchengruppe
All male group, cohort

Troupe de jeunes célibataires. Association de mâles, fréquente chez les mammifères. Ces rassemblements peuvent subsister à vie, comme chez nombre de cervidés : la harde des mâles ne se dissout temporairement qu'à la saison des

Groupe multimâle

amours, quand les mâles cherchent à se joindre à un groupe de femelles; il peut également s'agir de l'association de mâles « surnuméraires » chez les espèces qui vivent en → *harem*. La plupart du temps, ces mâles sont des individus jeunes qui ne possèdent pas encore de harem, mais chez certaines espèces, comme le babouin hamadryas, de vieux mâles ayant perdu le leur peuvent également se constituer en groupe.
CHANCE (1967); KLINGEL (1967, 1975); KUMMER (1975).

GROUPE MULTIMÂLE
Mehrmännchen-Gruppe
Multi-male group

Se dit surtout en primatologie d'un → *système de reproduction* qui, à l'inverse du groupe unimâle (→ *harem*), consiste en l'association de plusieurs mâles adultes, de femelles et de jeunes de tous âges. Cette forme d'organisation se présente notamment chez de nombreux babouins et macaques (fig. 6).
KUMMER (1975); CROOK et al. (1976).

GROUPE PLURISPECIFIQUE
Gemischte Gruppe
Mixed species group

Groupe composé d'individus de différentes espèces, que l'on rencontre surtout chez les mammifères, les oiseaux et les poissons (→ *formation du groupe*). Ses avantages biologiques devraient correspondre fondamentalement à ceux des rassemblements monospécifiques. En raison des différences de capacités sensorielles d'une espèce à l'autre (→ *récepteur*, → *organe des sens*), nous sommes fondés de voir dans l'avertissement réciproque un avantage propre aux groupes plurispécifiques.
MOYNIHAN (1962); MORSE (1970); KREBS (1973b); CALDWELL (1981).

H

HABITAT
Habitat
Habitat

En écologie, milieu géographique propre à la vie d'une espèce animale ou végétale. Au sens strict, il ne s'applique qu'à une seule espèce, alors que le terme → *« biotope »* désigne le milieu biologique d'une biocénose, c'est-à-dire de plusieurs espèces animales et végétales. La distinction entre ces deux termes n'est toutefois pas toujours respectée, surtout dans les publications en anglais.
BERNDT et WINKEL (1969, 1978); OSCHE (1973b).

HABITUATION
Habituation
Habituation

Egalement appelée « habituation au stimulus » ou « accoutumance ». Evanouissement de la réponse d'un animal à un stimulus répété auquel ne succède aucun renforcement positif ou négatif. Dans ce contexte, il est encore question de fatigue spécifique d'action et d'adaptation du système nerveux central. Que ce phénomène soit directement lié au stimulus est confirmé par la constatation suivante : une réaction qu'un stimulus déterminé, déjà administré à plusieurs reprises, ne parvient plus à déclencher, si ce n'est faiblement, peut réapparaître dans toute son intensité sur présentation d'un autre stimulus. Les phénomènes d'habituation ressortent particulièrement des expériences pratiquées avec des leurres. La diminution de la réactivité d'un organisme s'avère parfois être un processus extrêmement complexe qui englobe de multiples modifications de nature, durée et spécificité variées. Par conséquent, on peut discuter des nuances attachées aux termes susmentionnés.

En particulier, les auteurs utilisent souvent « habituation » et « accoutumance » dans des acceptions très différentes, qui parfois dépassent largement le champ sémantique que nous venons d'esquisser. Certains d'entre eux considèrent l'habituation comme une forme élémentaire d'apprentissage ; en revanche, d'autres ne la comptent plus parmi les processus d'apprentissage proprement dit, puisqu'elle n'implique l'acquisition d'aucun élément neuf, mais simplement la diminution de la déclenchabilité d'une conduite. Cette seconde conception est toutefois contestable dans la mesure ou cet affaiblissement repose sur la mémorisation de nouvelles informations (qui portent sur l'inutilité de répondre à des stimuli dépourvus de signification biologique) et dès lors cadre parfaitement avec la définition générale de l'→ *apprentissage*. L'habituation, par sa forme « négative », est en quelque sorte l'opposé du → *conditionnement* classique, puisqu'un stimulus capable initialement de déclencher une réaction devient neutre.

THORPE (1956) ; LORENZ (1961) ; SCHLEIDT (1961) ; THOMPSON et SPENCER (1966) ; GLASER (1968) ; BUCHHOLTZ (1973) ; SINZ (1979, 1981).

HAREM*
Harem
Harem

Groupe unimâle. Association stable et durable d'un mâle et de plusieurs femelles. L'organisation en harem est une forme de → *polygamie*. L'existence de harems est attestée chez les mammifères (par exemple le zèbre de Burchell et des montagnes, certaines antilopes et de nombreux primates, comme le patas, le gélada, le babouin hamadryas et le langur), chez quantité de reptiles (lézards) et chez les poissons (cichlides africains et sud-américains). Par ailleurs, on observe chez certains mammifères, surtout chez bon nombre de pinnipèdes, des associations temporaires entre un mâle et plusieurs femelles, souvent désignées elles aussi par le terme « harem ». Il ne s'agit cependant que d'une relation éphémère, qui doit déboucher sur un accouplement. De plus, la composition du groupe de femelles est à tout moment susceptible de modification, et tout le groupe peut tomber sous la tutelle d'un autre mâle. C'est pourquoi « harem » ne devrait pas s'appliquer à ce → *système de reproduction*, qu'il convient plutôt de considérer comme une forme de → *promiscuité*.

KLINGEL (1967) ; BRATTSTROM (1974) ; KUMMER (1975) ; EMLEN et ORING (1977) ; HENDRICHS (1978) ; WITTENBERGER (1979).

HIERARCHIE*
Hierarchie
Hierarchy

Prééminence d'une instance supérieure sur une instance subordonnée. En éthologie, le concept de hiérarchie s'applique à deux phénomènes : d'une part, à la distribution étagée des « droits et obligations » au sein d'un groupe (→ *hiérarchie sociale*), d'autre part — en éthologie théorique —, à l'hypothèse selon laquelle le comportement animal s'articule en composantes majeures, « supérieures », et en composantes mineures ou « subordonnées ». Ainsi par exemple, le comportement reproducteur de l'épinoche à trois épines s'organise en quatre registres intermédiaires : la parade nuptiale, la nidification, les soins parentaux et la bataille, cette dernière se subdivisant à son tour en conduites telles que la menace, la morsure et la poursuite. Pour représenter ces « hiérarchies des instincts », plusieurs → *modèles explicatifs*

---

* In HEYMER A. (1977), p. 83 ; GUYOMARC'H J.-Ch. (1980), p. 138 ; GAUTIER J.-Y. (1982), pp. 122-124, 147-150.

* In THINES G. (1966), pp. 261-268 ; HEYMER A. (1977), p. 87.

Hiérarchie de becquetage

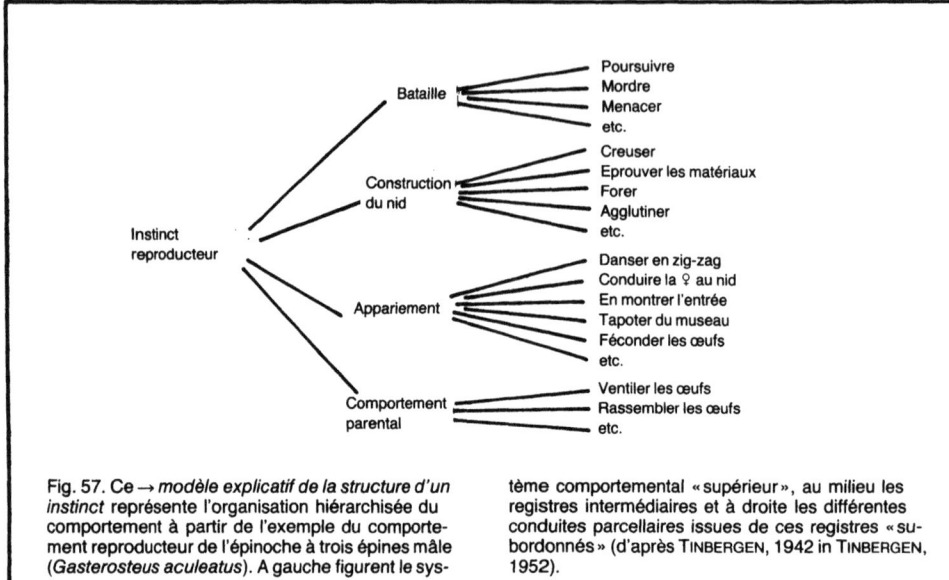

Fig. 57. Ce → *modèle explicatif de la structure d'un instinct* représente l'organisation hiérarchisée du comportement à partir de l'exemple du comportement reproducteur de l'épinoche à trois épines mâle (*Gasterosteus aculeatus*). A gauche figurent le système comportemental «supérieur», au milieu les registres intermédiaires et à droite les différentes conduites parcellaires issues de ces registres «subordonnés» (d'après TINBERGEN, 1942 in TINBERGEN, 1952).

de la structure d'un instinct ont été élaborés aux premiers temps de l'éthologie (fig. 57).

TINBERGEN (1950, 1952a); HINDE (1953); BAERENDS (1956, 1976); LEYHAUSEN (1965); DAWKINS (1976); DAWKINS et DAWKINS (1976).

HIERARCHIE DE BECQUETAGE*
Hackordnung
Peck order

Concept forgé par l'éthologie naissante, aujourd'hui remplacé par celui de → *hiérarchie sociale*. Pour comprendre son origine, il faut savoir que les chercheurs ont eu pour la première fois l'attention attirée sur les différences de rangs chez les animaux sociaux en observant des poules domestiques, chez lesquelles la position hiérarchique de chaque individu résulte effectivement de l'issue des affrontements. Cette notion est tombée en désuétude (fig. 58, p. 127).

SCHJELDERUP-EBBE (1922); WOOD-GUSH (1971).

---

* In HEYMER A. (1977), p. 81.
Syn. **Hiérarchie de dominance agressive** in ZAYAN R. (1984), p. 266.

HIERARCHIE SOCIALE*
Rangordnung
Rank order, social hierarchy

→ «*Hiérarchie de becquetage*». Distribution ordonnée des «droits et des devoirs» au sein d'un groupe d'animaux. Ces échelonnements sociaux sont surtout attestés chez les vertébrés (poissons, reptiles, oiseaux et mammifères), mais aussi isolément chez les invertébrés (insectes). Toutefois, leur forme peut être très variable d'une espèce à l'autre. Dans bien des cas, par exemple chez la poule domestique, la hiérarchie est linéaire (fig. 58), dans d'autres s'établissent des relations plus complexes, par exemple des «hiérarchies triangulaires», où un animal en domine un deuxième, qui en domine un troisième, ce der-

---

* In CHAUVIN R. (1969), pp. 182-183; RUWET J.-Cl. (1969), p. 199; HEYMER A. (1977), pp. 140-141; La Recherche en éthologie (1979), p. 315; CAMPAN R. (1980), pp. 206-210; GUYOMARC'H J.-Ch. (1980), pp. 126-129; LEROY Y. (1986), pp. 191-194; DE LANNOY J.D. et FEYEREISEN P. (1987), p. 49.
Syn. **Hiérarchie de dominance** in La Recherche en éthologie, *ibidem*.

Hiérarchie sociale

Fig. 58. « Hiérarchie de becquetage » chez la poule : exemple de hiérarchie linéaire. L'animal de rang supérieur (1) domine tous les autres (→ *dominance*), celui qui se situe tout au bas de l'échelle (6) est subordonné à tous les autres. A l'exclusion de ces deux sujets, chaque individu domine un certain nombre de membres du groupe et est dominé par les autres. La silhouette du dessus dans le coin inférieur gauche schématise l'attitude d'un dominant, celle du dessous la posture d'un dominé (d'après une illustration in MC BRIDE, 1971).

nier dominant à son tour le premier sujet (→ *dominance*). De plus, la position hiérarchique d'un individu peut varier considérablement selon le registre comportemental, comme chez beaucoup de primates, où ces différences sont particulièrement accusées. Les deux sexes peuvent être représentés dans une même hiérarchie ou dans deux hiérarchies distinctes. Dans ce cas, les deux partenaires d'un couple occupent quelquefois le même rang. En règle générale, surtout dans les premières publications éthologiques, la position hiérarchique d'un animal est indiquée par les lettres de l'alphabet grec. On appelle alpha l'individu situé tout au sommet de la hiérarchie, omega celui qui se trouve tout au bas.

Les animaux dominants jouissent de la priorité d'accès aux ressources naturelles (préséance au site de nourrissage ou au point d'eau, utilisation des meilleures places au dortoir ou aux sites de repos, privilèges sexuels), mais ils peuvent aussi avoir certaines « obligations » (responsabilité du groupe, fonction de sentinelle, défense). En raison de cet état de chose et de la grande complexité des relations hiérarchiques chez maints animaux, la description de ces → *rôles* prend de plus en plus le pas sur la terminologie hiérarchique pure. Les rapports de dominance concourent à la stabilisation des relations dans le groupe dans la mesure où les conflits se limitent essentiellement à l'établissement de la hiérarchie ou à sa modification (par exemple lors de l'intégration des jeunes qui atteignent l'âge adulte), alors qu'en temps normal, les différents statuts sont respectés sans confrontation ou que les affrontements ne mettent aux prises que des voisins hiérarchiques. La condition préalable à l'établissement et au maintien d'une hiérarchie sociale est la capacité de → *reconnaissance individuelle* des membres du groupe. Bien que le terme « hiérarchie » s'applique généralement aux animaux qui vivent en groupes, le phénomène en soi n'est pas leur apanage. Au contraire, une certaine hiérarchie peut également exister entre les partenaires d'un couple. Elle semble particulièrement affirmée chez les partenaires monogames (→ *monogamie*) et a surtout été décrite pour un nombre appréciable d'oiseaux. Chez la plupart des espèces, le mâle est dominant pendant la majeure partie de l'année, mais au début de la période de reproduction, quand la femelle s'investit davantage que lui (→ *investissement parental*), il y a souvent inversion des rapports de dominance. Chez les espèces qui vivent dans un même milieu (→ *sympatrie*) et dépendent des mêmes ressources naturelles, il s'établit quelquefois aussi une sorte de hiérarchie entre individus d'espèces différentes; elle s'exprime entre autres dans l'ordre d'accès — qui résulte éventuellement des affrontements — de chacune des espèces à un abreuvoir ou à une source de nourriture convoitée (par exemple un cadavre chez les charognards). Hediger a donné à cet étagement l'appellation « hiérarchie biologique ».

Hediger (1941); Nicolai (1959b); Immelmann (1962c); West (1967); Richards (1974); Rowell (1974); Syme (1974); Kummer (1975); Bernstein (1976, 1981); Kalas (1977); Hinde (1978); Wolf (1978); Banks et al. (1979); Smith (1980); Walther (1980).

HOMOLOGIE
Homologie
Homology

Correspondances morphologiques et fonctionnelles, y compris comportementales, qui reposent sur une ascendance commune et par conséquent sur une information génétique identique. S'il est relativement aisé, grâce à l'existence de formes intermédiaires fossiles (→ *fossile*), d'établir les homologies entre organes, les homologies comportementales doivent être reconstituées, parfois fastidieusement, à l'aide d'un certain nombre de caractères et de mécanismes. Une série de « critères d'homologie » ont été définis à cet effet. Ils permettent d'inférer l'existence d'une homologie (sans pour autant en apporter la preuve irréfutable). Une homologie comportementale entre deux espèces animales suppose la correspondance du plus grand nombre possible d'unités fonctionnelles dans une séquence comportementale (critère de la qualité spécifique) ou l'agencement séquentiel identique de la conduite considérée, p. ex. dans la → *chaîne de réactions* (critère de position). Même des conduites assez dissemblables chez deux espèces peuvent être homologues si elles s'écartent l'une de l'autre par des formes intermédiaires. Celles-ci peuvent s'exprimer soit au cours de l'→ *ontogenèse* chez l'espèce considérée, soit chez des espèces étroitement apparentées (critère de liaison par des formes intermédiaires). La probabilité d'avoir affaire à une homologie est d'autant plus élevée que ces critères sont mieux remplis et que les unités fonctionnelles se correspondent (→ *analogie*).

BAERENDS (1958); WICKLER (1961a, 1965a, 1967); REMANE (1971); LORENZ (1974); HAILMAN (1976); MEISSNER (1976).

HOMOSEXUALITE
Homosexualität
Homosexuality

Comportement sexuel entre individus de même sexe. En milieu naturel, l'homosexualité s'observe dans les → *groupes multimâles* des mammifères qui vivent en harem. Elle pourrait contribuer à entretenir constamment chez les mâles la motivation à l'accouplement et leur permettre de se reproduire dès que la possibilité de conquérir un harem se présente (→ *pseudo-copulation*).

Il est possible d'induire l'homosexualité expérimentalement si, au cours de la → *phase sensible* de l'→ *empreinte sexuelle*, les jeunes (dans le cas envisagé, mâles), sont privés de tout contact avec des animaux de l'autre sexe. Cette expérience a été pratiquée avec des canards colvert et des estrildinés. Elle entraîne une → *empreinte aberrante* sur les sujets de même sexe, qui débouchera ultérieurement sur des accouplements homosexuels. Même des individus élevés dans des conditions normales peuvent manifester des conduites homosexuelles en l'absence de partenaires du sexe opposé (p. ex. chez les animaux de jardin zoologique).

MORRIS (1952); SCHULTZ (1965a, 1966).

HORLOGE INTERNE
Innere Uhr
Internal clock

Horloge biologique. Capacité de déterminer le temps de manière endogène, indépendamment de tout stimulus externe (par exemple de la position du soleil). Elle repose sur la récurrence de certains phénomènes du vivant, c'est-à-dire sur leurs fluctuations régulières (→ *périodicité*) (fig. 96 et 97, p. 206). L'horloge interne intervient pour beaucoup dans la → *danse des abeilles* et l'→ *orientation* des oiseaux migrateurs comme d'autres animaux.

Son « centre », de même que les mécanismes physiologiques qui la régissent, demeurent obscurs. Pour les vertébrés, des recherches récentes indiquent néanmoins que l'organe pinéal n'est pas étranger à ce phénomène. Cet organe en forme de vésicule se situe à l'extrémité de l'épiphyse, un appendice utriculaire de l'encéphale intermédiaire.

ASCHOFF (1961); v. FRISCH (1965); RENSING (1973); BÜNNING (1977); SCHMIDT-KÖNIG (1980).

HORMONE
Hormon
Hormone

Substance active. Sécrétion organique produite par des glandes endocrines (→ *gonade*), par exemple la thyroïde, les surrénales, le pancréas, libérée dans

Hormone sexuelle

la circulation sanguine et transportée par le flux sanguin dans d'autres parties du corps, où elle peut exercer divers effets (régulation du métabolisme et de la croissance). Le comportement de l'animal, en particulier les conduites liées à la reproduction, sont en grande partie influencées elles aussi par des hormones (→ *hormone sexuelle*) (fig. 59).

On appelle → *phéromones* une catégorie de substances assimilables aux hormones, également produites par l'organisme mais libérées dans le milieu extérieur.

BEACH (1961); GERSCH (1964); WRIGHT et al. (1975); EPPLE et STETSON (1980); FABER et HAID (1980); BÖSEL (1981).

HORMONE SEXUELLE
Sexualhormon
Sex hormone, sex steroid

Terme générique pour les hormones produites principalement dans les → *gonades*, qui exercent surtout une influence régulatrice sur de nombreux phénomènes et processus liés à la reproduction. Parmi ceux-ci figurent le développement des → *caractères sexuels* secondaires, dont la plupart possèdent une fonction de déclencheurs, ainsi que les comportements qui accompagnent la reproduction (p. ex. parade, construction du nid, activités parentales). Chez les vertébrés, on appelle → *androgènes* les hormones sexuelles mâles, → *oestrogènes* et → *progestagènes* les hormones sexuelles femelles (fig. 59).

YOUNG (1961); YOUNG et al. (1964); BEACH (1967); SLATER (1978); FABER et HAID (1980); SOSSINKA et al. (1980).

HORMONE STEROÏDE
Steroidhormon

Terme générique pour un groupe d'hormones qui présentent toutes une structure semblable. Parmi elles figurent les → *hormones sexuelles*.

FABER et HAID (1980).

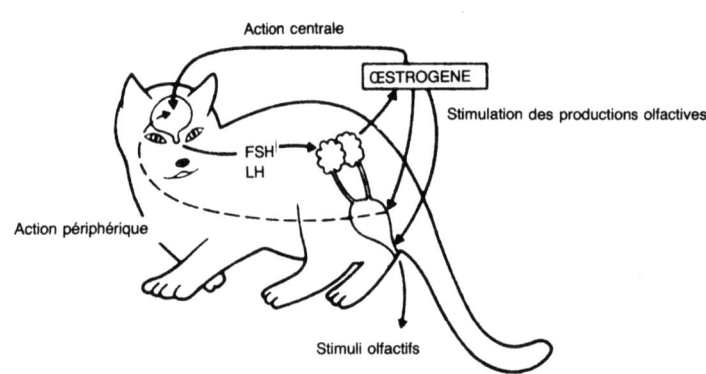

Fig. 59. Représentation schématique de l'influence qu'exercent les hormones sexuelles femelles sur le comportement chez le chat. La sécrétion d'œstrogènes par les ovaires, commandée par les hormones → *hypophysaires* FSH et LH, influe sur le comportement de trois manières différentes : l'œstrogène peut agir directement sur le cerveau, où il stimule notamment l'activité de certaines cellules nerveuses, et par conséquent influence les comportements qu'elles régissent (action centrale). Il peut renforcer la sensibilité de certaines cellules sensorielles, p. ex. situées à l'entrée ou à l'intérieur des voies génitales, et influencer ainsi la nature et le nombre de stimuli envoyés au cerveau (action périphérique). Il peut enfin déclencher ou augmenter la production de certaines substances olfactives et, par le biais des stimuli olfactifs émis, modifier le comportement d'autres individus (qui exerce à son tour une rétroaction sur le comportement de l'animal émetteur) (d'après SLATER, 1978).

HOUSPILLAGE*
Hassen
Mobbing

Terme collectif pour les conduites manifestées par de nombreuses espèces d'oiseaux envers un prédateur au repos, par exemple un rapace diurne ou nocturne. « Ils se rassemblent autour de l'oiseau de proie repéré, tout en exécutant des mouvements spectaculaires, spécifiques, et/ou en poussant des cris adaptés à la situation, ou encore sans émettre aucun son » (CURIO). La fonction du houspillage n'a pas encore été établie définitivement, et elle est probablement multiple. En tout cas, il permet d'une manière ou d'une autre de se prémunir contre les prédateurs, par exemple en déroutant l'ennemi (« effet de confusion » ; → *essaim*) et/ou en avertissant d'autres individus du danger (→ *comportement d'avertissement*). Nous ignorons encore s'il peut également inciter l'ennemi à poursuivre son chemin, et donc agir directement. Il se peut aussi qu'il assure la transmission à des congénères inexpérimentés d'informations relatives au péril que représente un prédateur.

Un comportement analogue s'observe chez quantité de mammifères, par exemple les babouins, qui s'approchent en groupe du prédateur découvert (léopard, chacal), ou les écureuils terrestres de Californie qui assaillent les serpents et vont même jusqu'à les mordre et leur jeter du sable. Ce type de comportement est lui aussi désigné par le terme « houspillage ».

ALTMANN (1956); KUMMER (1975); WILSON (1976); OWINGS et COSS (1977); CURIO (1978b); CURIO *et al.* (1978).

---

* In HEYMER A. (1977), p. 85.
Syn. **Harcèlement** in GUYOMARC'H J.-Ch. (1980), p. 136.
Syn. **Rameutage** in GUYOMARC'H J.-Ch. (1980), p. 106.

HYBRIDE
Bastard, Hybride
Hybrid

Se dit d'un individu provenant du croisement de deux espèces différentes. L'étude du comportement des hybrides est essentielle pour l'→ *éthogénétique*. En règle générale, les hybrides, en raison de l'absence d'« harmonie » entre les facteurs génétiques des deux espèces de départ (→ *génome*), sont incapables de se reproduire et, souvent, ne vivent que très peu de temps. En milieu naturel, différents mécanismes font obstacle à l'hybridation (→ *isolement sexuel*).

SIBLEY (1957); MAYR (1967).

HYGIENE DU NID
Nesthygiene
Nest hygiene

Conduites qui garantissent la propreté du nid. L'hygiène du nid est particulièrement développée chez de nombreux oiseaux, notamment les oiseaux chanteurs dont les petits restent assez longtemps au nid (→ *nidicole*). Chez ces espèces, les jeunes défèquent dès qu'ils ont été nourris, et la femelle ou les deux parents saisissent le produit de la défécation entouré d'une fine membrane au sortir du cloaque de l'oisillon pour le laisser choir en vol à quelque distance du nid. Chez quantité d'espèces, l'orifice cloacal des jeunes est entouré d'une couronne de plumes blanches. Celle-ci est mise en évidence quand l'animal soulève le croupion juste avant de déféquer, et suscite chez le parent l'enlèvement des excréments.

Cette forme d'hygiène évite que le nid et les oisillons se souillent, fait obstacle à l'invasion par les parasites et empêche que les matières fécales blanches n'attirent l'attention sur le nid. Chez bien des espèces, les parents, en plus des excréments, évacuent aussi les coquilles d'œufs.

TINBERGEN *et al.* (1962); BEZZEL (1977).

HYPERSEXUALITE
Hypersexualisierung
Hypersexuality

→ *Hypertrophie* du comportement sexuel. Elle est fréquente chez les animaux domestiques, mais peut également survenir temporairement après un isolement prolongé chez d'autres animaux, à la suite d'un accroissement de la → *motivation* sexuelle.

LORENZ (1940); HEDIGER (1942); IMMELMANN (1962b); SOSSINKA (1970); HERRE et RÖHRS (1973).

HYPERTROPHIE
Hypertrophie
Hypertrophy

Manifestation excessive d'un comportement. Les hypertrophies affectent surtout les animaux domestiques (→ *caractères de domestication*, → *éthopathie*) et surviennent très fréquemment dans le registre sexuel (→ *hypersexualité*). On appelle hypotrophie l'→ *anomalie comportementale* inverse.

IMMELMANN (1962b); HERRE et RÖHRS (1973).

HYPOPHYSE
Hypophyse
Pituitary gland, hypophysis

Le principal organe neuro-glandulaire, situé à la base de l'encéphale intermédiaire. L'hypophyse sécrète deux espèces d'hormones : les hormones corporelles qui atteignent directement l'organe-cible et les hormones « glandotropes », qui influencent l'activité d'autres glandes, par exemple des → *gonades*, et agissent donc indirectement. Ce double fonctionnement se retrouve sur le plan comportemental : certaines hormones de l'hypophyse participent directement à la régulation de registres comportementaux déterminés (par exemple activités parentales, agression), tandis que d'autres hormones, responsables du renforcement ou de la limitation de la sécrétion hormonale, par exemple des hormones sexuelles, n'agissent qu'indirectement. Certaines « hormones hypophysaires » ne sont toutefois pas produites par l'hypophyse même, mais bien par l'hypothalamus, une région de l'encéphale intermédiaire, et sont simplement stockées dans l'hypophyse.

Les hormones sécrétées par l'hypophyse peuvent néanmoins dépendre elles aussi de l'hypothalamus, puisque leur sécrétion est commandée par des substances fabriquées dans l'hypothalamus (→ *stimulines*). Le système composé de l'hypophyse et de l'hypothalamus constitue donc en quelque sorte le « connecteur » entre les deux grands systèmes régulateurs de l'organisme, le → *système nerveux central* et les hormones.

BARGMANN (1954).

I

IMAGE SPECIFIQUE DE RECHERCHE
Suchbild
Search image, searching image

Cette expression a trait à la quête alimentaire chez les espèces carnivores. Elle désigne une modification passagère des structures de perception visuelle d'un prédateur : ainsi, nombre d'oiseaux peuvent manifester à court terme une prédilection pour une proie particulièrement abondante. Ils concentrent sélectivement leur attention sur les caractères spécifiques de cette proie. Ce n'est que lorsque cette source alimentaire préférée vient à s'épuiser qu'ils orientent à nouveau leurs recherches vers d'autres proies et éventuellement construisent une nouvelle image spécifique de recherche. Celle-ci rappelle donc un MID opérationnel à court terme (→ *mécanisme de déclenchement*), qui requiert un → *renforcement* permanent. Les images spécifiques de recherche facilitent le repérage de proies cryptiques, difficilement discernables (→ *mimétisme*) et contribuent par conséquent à l'exploitation optimale d'une source trophique avantageuse.

v. Uexküll et Kriszat (1956); Tinbergen (1960); Croze (1970); Dawkins (1971); Krebs (1973); Curio (1976).

IMITATION*
Nachahmung
Imitation, imitative copying

Copiage. Egalement appelée «apprentissage par observation» (anglais : observational learning). Adoption, dans le → *comportement* moteur d'un animal, de conduites observées, et dans son répertoire sonore, de vocalisations entendues. L'imitation constitue une des multiples possibilités d'→ *apprentissage*. Elle est particulièrement manifeste chez les mammifères supérieurs, par exemple les primates, mais est également attestée, sur le plan sonore, chez diverses espèces d'oiseaux, par exemple bon nombre d'oiseaux chanteurs et de perroquets. On appelle → «*appropriation vocale*» la reproduction par un oiseau de vocalisations d'une autre espèce. L'imitation joue un rôle important dans l'émergence de → *traditions*. On confond souvent imitation et → *panurgisme*, un processus qui ne lui est pourtant pas identique.

La → *mimicrie* est une tout autre forme d'«imitation». Ici, une espèce a acquis au cours de sa phylogenèse (→ *évolution*) certains attributs d'un «modèle» propre à une autre espèce.

Wickler (1968); Alcock (1969); Buchholtz (1973).

---

* In Chauvin R. (1969), pp. 270, 315-317; Campan R. (1980), p. 131.

INCUBATEUR BUCCAL
Maulbrüter
Mouth brooder

Espèces de poissons qui gardent leurs œufs et leurs alevins à l'abri des prédateurs dans leur bouche extrêmement extensible. Au cours de cette phase de leur développement, les jeunes se nourrissent de leur réserve de vitellus et ne quittent leur refuge que lorsqu'elle est épuisée; chez maintes espèces, ils le réintègrent néanmoins ultérieurement, par exemple en cas de danger (fig. 104, p. 221). Les incubateurs buccaux produisent des œufs moins nombreux mais plus gros que les espèces qui pondent en eau libre ou sur un substrat. Parmi eux, on compte surtout de nombreux tilapias (cichlides) (fig. 60) et labyrinthidés. Cette forme de → *comportement*

Fig. 60. La perche africaine (*Tilapia mossambica*) est l'un des incubateurs buccaux les mieux étudiés. Seule la femelle conserve les œufs et les alevins en bouche. Chez d'autres espèces, comme de nombreux poissons combattants, cette forme d'activités parentales incombe au mâle, et chez d'autres encore, certaines perches d'Amérique du Sud notamment, les deux sexes se partagent la tâche (d'après une photographie de H. Schapitz in Hediger, 1973).

parental est apparue indépendamment chez ces deux groupes de poissons (et chez d'autres encore), et s'observe également chez des espèces non étroitement apparentées. Elle résulte donc d'évolutions convergentes (→ *convergence*).
WICKLER (1962); OPPENHEIMER (1970); BAYLIS (1981).

INDICATEUR DE STATUT*
Status-Signal
Status-signal

Dénomination récemment introduite dans le vocabulaire éthologique pour désigner les caractères par lesquels un animal signifie à des congénères une particularité déterminée remplissant une fonction sociale, par exemple sa position dans la → *hiérarchie de dominance*, son âge et/ou son expérience de partenaire en puissance. Ces attributs peuvent aussi bien être de nature morphologique que comportementale. Ainsi, chez les gorilles, le mâle dominant se distingue des autres membres du groupe, porteurs d'une fourrure noire, par son pelage d'un gris argenté lumineux (mâle à dos argenté). Certains indices donnent à penser que chez maints oiseaux chanteurs, les patrons de coloration peuvent indiquer le rang hiérarchique. Chez d'autres, les vieux mâles expérimentés dans les soins à la progéniture possèdent un → *répertoire vocal* plus étendu et s'emparent de territoires plus vastes et/ou qualitativement meilleurs que leurs mâles rivaux. Chez le carouge à épaulettes, une espèce polygyne, on a pu établir que ces mâles réalisent également plus d'accouplements. Les modifications souvent très spectaculaires que subit la morphologie des femelles primates réceptives sont des exemples d'indicateurs de statut temporaires (→ *œstrus*).

La signification biologique des indicateurs de statut semble résider dans le fait qu'en caractérisant le porteur de façon permanente et précise, ils concourent à la réduction des tendances agressives intraspécifiques (par exemple des conflits de préséance).
BALPH *et al.* (1979); DEPUTTE (1980); YASUKAWA *et al.* (1980).

INDUCTION
Induktion
Induction

Terme emprunté à la physiologie développementale. Il signifie qu'un tissu embryonnaire déterminé peut influencer le développement et la différenciation d'un autre tissu. Dans les sciences comportementales au sens large (y compris la psychologie humaine), il peut prendre des acceptions très diverses. Depuis peu, on parle d'induction en éthologie, surtout dans les publications en anglais, lorsqu'au cours de l'→ *ontogenèse* précoce d'un organisme certains facteurs génétiques ou environnementaux entraînent l'apparition d'une nouvelle propriété, par exemple d'un comportement ou d'un schème de réaction, qui ne se serait pas structuré sans eux. L'induction dans ce sens peut notamment consister en l'apparition de certaines → *préférences* par → *empreinte*. On oppose à l'induction la → *facilitation*, laquelle favorise des propriétés déjà existantes, sans pour autant en appeler de nouvelles.
GOTTLIEB (1976a); SECKETT *et al.* (1982).

INFANTICIDE*
Infantizid
Infanticide, infant killing

Elimination physique des jeunes. Mise à mort des nouveau-nés. Dans des conditions naturelles, l'infanticide survient dans deux situations très différentes : il peut être commis par les parents eux-mêmes en cas de conditions défavora-

---

* In DEPUTTE B.L. (1980), pp. 50, 60.

* In GAUTIER J.-Y. (1982), pp. 182, 198.

bles de l'environnement, ou par un mâle étranger qui s'approprie un → *harem*. La première situation est surtout rapportée dans les publications pour divers rapaces diurnes et nocturnes ; toutefois, il n'est pas toujours possible de démontrer irréfutablement que le jeune a vraiment été tué par ses parents et n'est pas mort de faim ou d'épuisement. Par contre, un exemple incontestable de mise à mort des oisillons par les géniteurs en cas de cruelle insuffisance alimentaire a été décrit chez le geai des pinèdes. Si, en plus, les parents dévorent leur progéniture, on parle de → *cronisme*. Dans ce cas, la prédation des jeunes peut contribuer à réduire le déficit alimentaire des parents. Même sans prédation des jeunes, l'infanticide, dans des situations précises, peut cependant revêtir une signification fonctionnelle, si les minces chances de survie de la progéniture ne justifient pas d'« investissements » supplémentaires, ou encore s'il permet d'adapter l'importance d'une descendance nombreuse aux disponibilités alimentaires. Les jeunes eux-mêmes peuvent atteindre ce dernier « objectif » en mettant à mort des compagnons de fratrie moins âgés (→ *fratricide*). La seconde forme d'infanticide s'observe chez les mammifères organisés en → *harem*. Un mâle qui s'approprie un harem après l'avoir emporté sur l'ancien possesseur peut tuer les jeunes non encore émancipés de son « prédécesseur ». De cette façon, les femelles, qui n'entrent plus en chaleur pendant la lactation (→ *œstrus*), c'est-à-dire aussi longtemps qu'elles allaitent les jeunes, redeviennent réceptives, et porteront après l'accouplement les propres rejetons du nouveau maître du harem, qui de ce fait transmettra plus rapidement ses gènes (→ *théorie de la parentèle*). Cette forme d'infanticide a été décrite chez le lion et chez divers primates. L'infanticide est plus fréquent en captivité qu'en milieu naturel, surtout en cas de perturbations et de densité de population excessive (→ *stress*).

BERTRAM (1975) ; DICKEMAN (1977) ; HRDY (1977) ; STRUHSACKER (1977) ; CURTIN et DOLKINOW (1978) ; O'CONNOR (1978) ; CHAPMAN et HAUSFATER (1979) ; VOGEL (1979).

INFANTILISME*
Infantilismus
Infantilism

Terme désignant la résurgence chez l'adulte de comportements juvéniles. Les conduites infantiles sont particulièrement fréquentes au cours de la → *parade nuptiale*. Ainsi, chez quantité d'espèces d'oiseaux, la → *sollicitation à l'accouplement* de la femelle adulte comporte des mouvements et postures de quémande propres à l'oisillon, tandis qu'à l'inverse, le mâle, chez maints mammifères (par exemple : hamster, chamois, daim) émet au cours des préliminaires nuptiaux des vocalisations empruntées au répertoire du jeune. L'→ *offrande nuptiale* peut elle aussi comprendre des mouvements de quémande. Par ailleurs, les infantilismes apparaissent très souvent dans les → *mouvements d'apaisement*, en raison de l'inhibition qu'ils exercent sur l'agressivité.

BURCKHARDT (1958) ; EIBL-EIBESFELDT (1957).

INHIBITION
Hemmung
Inhibition

En biologie, le terme « inhibition » s'applique à plusieurs phénomènes distincts. Il apparaît dans deux contextes particulièrement importants pour les sciences du comportement : en neurophysiologie et en éthologie. En neurophysiologie, on entend par inhibition la modération de l'activité d'une ou de plusieurs cellules nerveuses ou d'un → *effecteur* sous l'action inhibitive d'une ou de plusieurs autres cellules nerveuses (« inhibition

---

* In CHAUVIN R. (1969), p. 28 ; HEYMER A. (1977), p. 92 ; CAMPAN R. (1980), p. 183 ; DE LANNOY J.D. et FEYEREISEN P. (1987), pp. 61, 96.

nerveuse »). Ce type d'inhibition s'exerce souvent entre nerfs antagonistes (→ *antagonisme*). Elle peut également jouer entre cellules sensorielles voisines (→ *récepteur*) et accentuer ainsi les contrastes entre des patrons de stimulation perçus (« inhibition latérale »).

De plus, entre certains sites cérébraux interviennent des mécanismes inhibiteurs essentiels pour l'organisation du comportement. Des centres supérieurs peuvent bloquer l'activité des effecteurs lorsqu'elle est inopportune, ou encore des centres équivalents peuvent s'entraver mutuellement. La suppression de ces mécanismes inhibiteurs peut entraîner l'émergence de → *comportements spontanés*.

En éthologie, on parle d'inhibition lorsqu'une conduite se trouve bloquée par certains stimuli externes ou internes ou par une tendance comportementale incompatible. Cette inhibition réciproque du comportement peut déboucher sur des → *activités de substitution*. Il arrive que l'inhibition d'un comportement soit exercée par un congénère. On parle alors d'→ *inhibition sociale*.

SEVENSTER (1961); FLOREY (1970); SCHMIDT (1974); OPPENHEIM (1982b).

INHIBITION SOCIALE
Soziale Hemmung
Social inhibition

→ *Inhibition* émanant d'un individu, qui réprime chez un autre certaines conduites. Nous en avons des exemples dans plusieurs registres comportementaux. Les → *postures de soumission* exercent une forte inhibition sur les tendances agressives des congénères (inhibition de l'attaque, de la mise à mort, → *comportement de mise à mort*). Chez les animaux qui vivent en groupes, certaines conduites des dominants (→ *hiérarchie sociale*) peuvent bloquer ces mêmes conduites chez les subalternes : chez nombre de mammifères, le rôle de meneur revient toujours au même individu. A sa mort, un autre membre du groupe peut cependant le remplacer dans les quelques heures qui suivent, ce qui montre bien que seuls la présence et le → *rôle* assigné au premier individu s'y opposaient. Quantité de primates sont soumis à une pression sociale de nature particulière, p. ex. les babouins hamadryas, chez lesquels un mâle n'accapare jamais les femelles d'autres mâles (inhibition de la rivalité). La → *castration* sociale décrite chez certains mammifères est une inhibition sociale qui a des répercussions sur la physiologie de l'individu.

KUMMER (1975); EIBL-EIBESFELDT (1976).

INNE*
Angeboren
Innate

Un des concepts éthologiques dont l'usage est le plus controversé. Il postule qu'un trait comportemental donné (par exemple la structure d'un mouvement, une → *disposition à l'apprentissage* ou la connaissance d'un objet, comme des aliments ou certains traits distinctifs de l'espèce, → *reconnaissance spécifique*) a un fondement héréditaire, c'est-à-dire que l'information indispensable à la structuration de ce trait comportemental a été enregistrée au cours de la → *phylogenèse* dans le patrimoine génétique de l'espèce (→ *génome*; → *adaptation*; → *programme*). Par exemple, l'exécution parfaite des activités de capture chez un insecte prédateur qui vient de sortir de sa pupe prouve bien que ces manifestations n'ont pas pu se développer par expérience spécifique au contact de la proie mais devaient déjà être programmées dans l'organisme même. C'est pourquoi on parle d'une conduite innée.

---

* In RUWET J.-Cl. (1969), pp. 63-104; CHAUVIN R. (1975), pp. 212-214; THINES G. et LEMPEREUR A. (1975), p. 500; HEYMER A. (1977), p. 28.

Ce concept *ne* signifie toutefois *pas*, bien qu'on l'ait souvent interprété abusivement en ce sens, qu'une telle caractéristique s'est structurée indépendamment du milieu. Bien plus, — comme tous les autres caractères d'un organisme — les traits innés comportementaux résultent eux aussi d'une interaction permanente entre le patrimoine génétique et le milieu. Seule est innée une «norme de réaction», qui représente en quelque sorte une «potentialité» soumise à l'action du milieu. A l'intérieur de cette marge de variation, les diverses influences du milieu décideront comment les informations véhiculées par les gènes pourront se réaliser. Par exemple, chez une espèce animale donnée, la localisation temporelle de la → *phase sensible* de l'→ *empreinte* est fixe dans une large mesure, c'est-à-dire que le patrimoine génétique détermine à quel âge l'apprentissage *peut* prendre place. Cependant, entre les limites ainsi fixées, le véritable moment de l'empreinte dépendra des possibilités d'apprentissage effectivement rencontrées par chaque individu. Les composantes innées du comportement sont tout aussi caractéristiques de l'→ *espèce* que n'importe quel trait morphologique ou n'importe quelle propriété physiologique. Par conséquent leur étude peut également contribuer à clarifier la position systématique des espèces et à établir leur généalogie (→ *éthologie comparée*)**.

LORENZ (1937, 1961); LEHRMAN (1953, 1970); EIBL-EIBESFELDT (1963); KONISHI (1966); MAYR (1974); WADDINGTON (1975); CASSIDY (1979); OPPENHEIM (1982a).

** CASSIDY a récemment tenté de reformuler comme suit la définition de l'innéité : «Un caractère est inné si et seulement si il est canalisé (au sens où l'entend WADDINGTON : son expression offre une forte résistance aux variations du milieu génétique ou extérieur), si, à l'intérieur de la norme de réaction, tout phénotype ne présentant pas ce caractère se révèle inadapté et si toute modification en est porteuse».

N.d.t. Littéralement, in CASSIDY (1979), pp. 364 et 374-375 : «A trait is innate if, and only if, it is canalized and such that any phenotype in the reaction norm which does not possess the trait is a morphose – hence maladapted – and such that all modifications do possess the trait.»

INSEMINATION
Besamung
Insemination

Rencontre de l'ovule et du spermatozoïde. Chez nombre d'animaux marins inférieurs, qui libèrent leurs produits sexuels dans l'eau de mer, elle a lieu en eau libre; chez les animaux supérieurs, elle est précédée d'une → *copulation* ou d'une → *transmission indirecte de spermatophores* et s'accomplit dans les voies génitales de la femelle. A l'insémination succède la → *fécondation*.

INSTINCT*
Instinkt
Instinct

Le concept de loin le plus controversé de l'éthologie. Les différentes disciplines scientifiques lui ont toujours attribué des significations très diverses. Comme il appartient en plus au langage courant (de nouveau avec des connotations extrêmement variées), et peut même y être associé à un jugement de valeur, l'éthologie répugne de plus en plus à utiliser ce concept difficile à circonscrire. En éthologie on entend généralement par instinct un mécanisme comportemental → *inné* qui s'exprime dans des séquences de mouvements appelées → *coordinations motrices héréditaires*, et que des stimuli spécifiques peuvent amorcer par l'intermédiaire d'un → *mécanisme de déclenchement* (MD). La coordination des mouvements s'effectue dans des centres déterminés du cerveau. Dans ce sens, on entend par «activité instinctive» une suite ordonnée de coordinations motrices héréditaires. Par contre, «mouvement instinctif» est le plus souvent synonyme de coordination motrice héréditaire. Par conséquent, une activité instinctive se compose de plusieurs mouvements instinctifs. Toutefois,

---

* In RUWET J.-Cl. (1969), pp. 88-101; CHAUVIN R. (1969), p. 20; THINES G. et LEMPEREUR A. (1975), pp. 502-503; HEYMER A. (1977), p. 93.

Instinctif

la distinction entre ces deux notions n'a pas toujours été nette. Le concept plus neutre de → *structure modale d'action* commence à supplanter ceux de coordination motrice héréditaire et de mouvement instinctif. Selon la définition proposée initialement par N. TINBERGEN et souvent citée, l'instinct est un « mécanisme nerveux organisé hiérarchiquement, sensible à des influx amorceurs, déclencheurs et directeurs d'origine aussi bien interne qu'externe et y répondant par des mouvements coordonnés qui contribuent à la conservation de l'individu et de l'espèce ».

LORENZ (1937a, 1937b); TINBERGEN (1950, 1952a); LEHRMAN (1953); KONISHI (1966); HAILMAN (1967); BAERENDS (1976); OPPENHEIM (1982a).

INSTINCTIF
Instinktiv
Instinctive

Terme presque aussi controversé et difficile à circonscrire que le mot « instinct ». Pourtant, son usage demeure nettement plus répandu. En règle générale, on qualifie d'instinctifs les comportements dont le fondement est héréditaire. Dans ce sens, instinctif est donc synonyme d'→ *inné*.

INTERATTRACTION
Soziale Attraktion
Social attraction

Chez les espèces → *sociales*, attraction réciproque que les congénères (dans les → *groupes plurispécifiques*, parfois aussi des étrangers à l'espèce) exercent les uns sur les autres. Elle préside à de nombreuses → *formations de groupes*. Dans bien des cas, l'interattraction pourrait obéir à une → *motivation* propre (→ *lien d'attachement*) (fig. 61).

WICKLER (1967).

INTEROCEPTEUR
Interorezeptor
Interoceptor

Egalement appelé « intérorécepteur » ou « viscérocepteur ». Dénomination d'une cellule sensorielle qui répond aux états ou changements d'états de l'organisme (→ *stimulus interne*). Les intérocepteurs renseignent notamment sur les fluctuations de la tension artérielle, la tempéra-

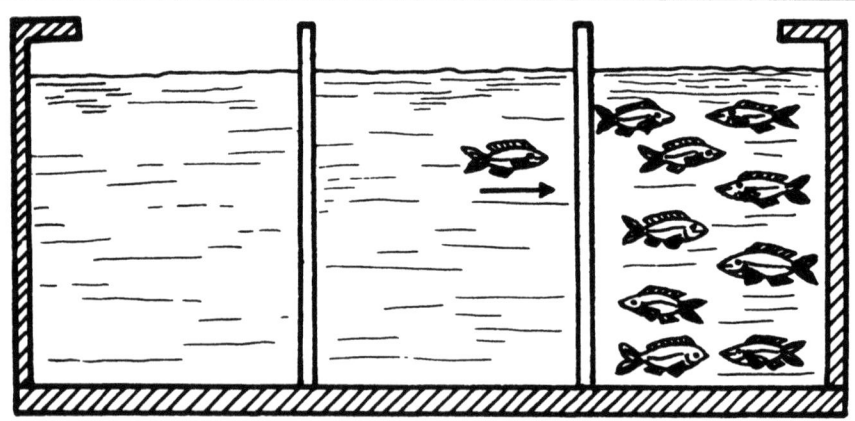

Fig. 61. Epreuve de discrimination appelée à mettre en évidence l'interattraction qu'exerce sur un congénère isolé un groupe de poissons d'une espèce vivant en bancs : dans l'aquarium divisé en trois compartiments, l'esseulé se colle contre la paroi qui le sépare du banc, et tente de rejoindre celui-ci en nageant le long de la vitre (in FRANCK, 1979).

ture corporelle, le degré de satiété ou le taux d'oxygène dans le sang. Les intérocepteurs en relation avec la musculature sont appelés → «*propriocepteurs*».
KUFFLER et NICHOLLS (1976); PENZLIN (1977).

INTERPENETRATION DE L'INNE ET DE L'ACQUIS*
Instinkt-Dressur-Verschränkung
Instinct training-interlocking

Concept forgé par K. LORENZ (d'abord sous le nom d'interpénétration de la pulsion et du dressage — «Trieb-Dressur-Verschränkung») faisant référence aux interactions qui s'exercent entre l'hérédité et le milieu lors de la structuration des traits comportementaux (→ *ontogenèse*). Il repose sur l'idée que dans des séquences comportementales programmées génétiquement sont prévus des «blancs» où viendront s'incorporer des expériences relatives au milieu. La localisation de ces espaces vierges est déterminée génétiquement, tandis que le contenu, c'est-à-dire la nature de l'information qui s'intercalera, dépend du milieu. En ce sens, le → *comportement de mise à mort* chez le putois («morsure à la nuque»), comme l'ouverture de noisettes chez l'écureuil, sont des exemples d'interpénétration de l'inné et de l'acquis. L'enchaînement des actes moteurs de ces séquences comportementales est indépendant de l'expérience, alors que leur orientation requiert un apprentissage (→ *Inné*).
LORENZ (1932, 1937a); EIBL-EIBESFELDT (1963).

INTROSPECTION
Introspektion
Introspection

Observation par un individu de son propre comportement ou de son vécu. En raison des points de comparaison qu'elle confère, elle peut constituer un précieux auxiliaire pour expliquer le comportement d'autrui, et la psychologie humaine y a par conséquent souvent recours. En revanche, elle ne se prête pas à la recherche objective du comportement animal, puisqu'elle n'est pas vérifiable dans l'optique des sciences naturelles et qu'au surplus les phénomènes psychiques animaux comparables à ceux de l'homme échappent à cette analyse. Toujours est-il qu'aux premiers temps de l'éthologie et de la → *psychologie animale*, l'introspection a souvent été invoquée pour expliquer le comportement animal.
BORING (1953).

INVESTISSEMENT PARENTAL*
Brutpflege-Aufwand
Parental investment

Ensemble des dépenses énergétiques consenties par les parents au bénéfice d'un de leurs jeunes, qui augmentent les chances de survie de ce dernier (et par conséquent son succès reproducteur ultérieur), mais dans le même temps réduisent la capacité des parents à «investir» dans d'autres petits (TRIVERS). L'investissement parental comprend aussi bien les charges physiologiques des parents que les dépenses impliquées par le → *comportement parental* et les → *soins à la ponte*. Il est en règle générale plus important pour la femelle que pour le mâle, étant donné que la production d'œufs, surtout pourvus de substances de réserve (vitellus), représente une charge physiologique plus lourde que la spermatogenèse. La différence est particulièrement importante chez les vivipares. En plus des charges physiologiques qui résultent de l'alimentation de l'embryon au cours de son développement, la longue période pendant laquelle la femelle est tenue par les soins que requiert sa progéniture réduit

---

* In HEYMER A. (1977), p. 93.
Syn. **Imbrication - instinct - dressage** (pour «Trieb - Dressur - Verschränkung», «Instinkt - Dressur - Verschränkung»); in VOSS *et al.* (1973), p. 304.

---

* In GAUTIER J.-Y. (1982), pp. 162-168.

également ses chances de reproduction ultérieure. Le mâle, lui, peut continuer à procréer, y compris pendant cette période. C'est chez les mammifères que le déséquilibre entre les sexes est le plus flagrant : non seulement la femelle porte les jeunes mais elle est également seule à assumer leur alimentation après la naissance, par la lactation.

Le concept d'investissement parental est surtout débattu dans les publications sociobiologiques, notamment celles qui traitent de l'aptitude darwinnienne globale d'un individu (→ *aptitude* ; → *théorie de la parentèle*). Un conflit peut résulter des écarts existant entre les exigences du jeune et les prestations de la mère ou des deux parents, surtout lorsque l'émancipation approche (→ *conflit de générations* ; → *sevrage*).

(En allemand, on rencontre parfois à la place de « Brutpflege-Aufwand » les synonymes « Aufzuchtinvestition » ou « elterliche Investition ». Ils se rapprochent davantage du concept anglais équivalent tout en faisant référence à la terminologie économique, où on entend par investissement des dépenses engagées à plus ou moins court terme et destinées à rapporter un bénéfice à long terme).

WILLIAMS (1966, 1975); TRIVERS (1972, 1974); DAWKINS et CARLISLE (1976); MAYNARD SMITH (1977); PERRONE et ZARET (1979); ANDERSSON et al. (1980); BAYLIS (1981).

IRREVERSIBILITE*
Irreversibilität
Irreversibility

Terme essentiellement utilisé dans les premières publications traitant de l'→ *empreinte*, pour désigner la persistance et la stabilité extrêmes qui caractérisent les préférences acquises au cours de la → *phase sensible*. Il concerne surtout l'→ *empreinte sexuelle*, puisque de toute façon les préférences acquises lors de l'→ *empreinte filiale* ne jouent qu'un rôle éphémère, en raison de l'extinction relativement rapide de la réaction de poursuite (→ *comportement de suite*). Depuis lors, on a relevé des cas d'empreinte sexuelle qui semblent totalement irréversibles. En revanche, il est encore possible de modifier les conséquences de nombreux processus d'empreinte ou de phénomènes similaires (toutefois, jusqu'à un certain point seulement, et quelquefois, au prix d'un « investissement » considérable, par exemple en cas de → *syndrome d'isolement*). Il convient alors d'utiliser simplement le terme neutre « persistance » ou « stabilité ». Certains cas d'→ *empreinte vocale*, d'→ *empreinte au site*, → *au biotope* et → *à l'hôte* présentent également une stabilité durable.

La signification biologique de cette grande stabilité réside dans la « protection de l'information ». Elle évite que les informations importantes au point de vue biologique (relatives aux caractères de l'espèce ou au biotope propice à la reproduction) acquises au cours de la phase sensible ne soient occultées ou refoulées par des expériences ultérieures, éventuellement « inadéquates », une fois que l'animal s'émancipe et est confronté à des individus d'autres espèces, ou qu'il séjourne dans des biotopes moins favorables à la reproduction.

LORENZ (1935); SCHEIN (1963); SLUCKIN (1973); HESS (1975); IMMELMANN et SUOMI (1982); OPPENHEIM (1982b).

ISOLEMENT
Isolation
Isolation

En éthologie, le terme « isolement » recouvre deux acceptions différentes. Il désigne d'une part la séparation qui fait obstacle à la reproduction d'→ *espèces*, voire de → *populations* différentes. Elle peut être déterminée géographiquement, c'est-à-dire découler d'une → *allopatrie*,

---
* In DE LANNOY J. (1970), pp. 759-760; THINES G. et LEMPEREUR A. (1975), p. 330; HEYMER A. (1977), pp. 130-131; DORE F.Y. (1983), pp. 268-269.

ou peut être maintenue chez les espèces → *sympatriques* par des → *mécanismes d'isolement* particuliers (→ *isolement sexuel*), parmi lesquels le comportement joue un rôle majeur. Ce terme s'applique d'autre part à l'isolement social — généralement artificiel, c'est-à-dire provoqué à des fins expérimentales (expérience d'isolement, → *privation d'expérience*). Celui-ci peut être responsable de perturbations comportementales communément appelées → *syndrome d'isolement*.
MAYR (1967).

ISOLEMENT SEXUEL
Sexuelle Isolation
Sexual isolation

Existence de barrières qui font obstacle à la reproduction entre → *espèces* différentes. Il importe surtout lorsque au moins deux espèces étroitement apparentées occupent le même espace (→ *sympatrie*). Ces espèces étant potentiellement capables de produire des → *hybrides* (comme l'attestent des croisements pratiqués par l'homme), le « risque » de brassage entre espèces est particulièrement élevé. Un certain isolement sexuel peut également exister entre diverses → *populations* d'une seule et même espèce, surtout si elles sont adaptées à des conditions environnementales différentes (→ *dialecte*).

L'isolement sexuel s'opère par des « mécanismes d'isolement ». Il peut s'agir tant de structures morphologiques (p. ex. une absence de « correspondance » entre les organes copulatoires, « isolement mécanique ») que de facteurs physiologiques (p. ex. étalement dans le temps de la réceptivité sexuelle). Le comportement joue toutefois un rôle essentiel en tant que « barrière à l'accouplement » (« isolement éthologique ») et l'une des fonctions premières des conduites résumées dans l'appellation → « *parade nuptiale* » est le maintien de l'isolement sexuel. Par conséquent, la parade nuptiale de quantité d'espèces se présente comme une → *réaction en chaîne*, qui réduit encore le « risque de confusion ». Les déclencheurs sexuels des espèces sympatriques étroitement apparentées sont eux aussi très différents, et toute possibilité de méprise se trouve ainsi écartée (→ *reconnaissance spécifique*). Pareillement, la fixation précoce et durable sur les caractères dont le partenaire sexuel est porteur (→ *empreinte sexuelle*) contribue sans aucun doute à l'isolement sexuel.
SIBLEY (1957); MAYR (1967); BROWN (1978).

J

JUVENILE
Juvenil
Juvenile

Jeune. Se dit des attributs propres aux individus encore immatures sexuellement.

K

KASPAR-HAUSER*
Kaspar-Hauser-Tier
Kaspar Hauser animal

Animal qu'un isolement sévère (→ *privation d'expérience*) a empêché d'accumuler les expériences indispensables à son développement comportemental

---

* In THINES G. et LEMPEREUR A. (1975), p. 500; HEYMER A. (1977), p. 96; La Recherche en éthologie (1979), glossaire p. 314.

normal. Il n'est pratiquement pas possible d'obtenir des Kaspar-Hauser «purs», car on ne peut éviter qu'un animal, même élevé en isolement absolu, dans l'obscurité totale, fasse certaines expériences — du moins avec son propre corps. Souvent, en fonction des aspects comportementaux qu'on désire étudier, on ne prive l'animal que de certains stimuli (sociaux par exemple, c'est-à-dire ceux qui émanent des congénères — on parle alors de «Kaspar-Hauser de second ordre» ou de «Kaspar-Hauser partiels»). Il est également fréquent qu'une dénomination plus spécifique précise la nature de la privation. Ainsi par exemple, un animal qui n'a pas d'expérience de la nature des proies de l'espèce est appelé «Kaspar-Hauser de proies». Si plusieurs sujets ont été élevés simultanément dans certaines conditions de privation, comme c'est notamment le cas lorsqu'on étudie le développement du chant chez les oiseaux, on parle de «Kaspar-Hauser de groupe».

L'appellation Kaspar Hauser fait référence à un enfant trouvé du même nom qui apparut à Nuremberg en 1828 et suscita un émoi général. Il existe une abondante littérature à son sujet ; on n'a toutefois jamais pu établir son origine avec certitude. D'après son propre témoignage, Hauser vivait, aussi loin qu'aient remonté ses souvenirs, dans une pièce sombre. Son développement intellectuel resta très limité jusqu'à la fin de ses jours. C'est en cette perturbation du développement, conséquence d'expériences trop restreintes au cours de l'enfance, que réside le parallèle avec les «Kaspar-Hauser» produits expérimentalement en éthologie.

BRÜCKNER (1933); KOEHLER (1951); SCHLEIDT (1964a).

L

LABYRINTHE*
Labyrinth
Labyrinth, maze

En biologie, le terme «labyrinthe» recouvre deux réalités : en anatomie, il désigne le système de «canaux semi-circulaires» remplis de liquide qui, en tant qu'élément de l'oreille interne, est le siège du centre de l'équilibre et favorise ainsi l'→ *orientation* spatiale (angl. labyrinth). En éthologie et en psychologie de l'apprentissage, on appelle labyrinthe (angl. maze) un système d'allées utilisé pour étudier les performances des animaux au cours de leur apprentissage. Un seul trajet conduit à un «but», invisible du point de départ, où une récompense (nourriture, nid) attend l'animal, tandis que les autres conduisent à des impasses. La récompense (→ *renforcement*) corrige progressivement les changements d'orientation, d'abord aléatoires, vers la gauche ou la droite. Le degré de difficulté du labyrinthe dépend du nombre de bifurcations. Le labyrinthe le plus simple est un dispositif en forme de T ou d'Y, où le choix se limite à deux possibilités. Pour évaluer les performances d'un animal de laboratoire dans l'épreuve du labyrinthe, on considère surtout le nombre de parcours qu'il effectuera avant d'accomplir un «sans faute», c'est-à-dire sans emprunter les impasses, de même que le nombre total d'embranchements qu'il est capable de maîtriser dans un labyrinthe complexe.

Pour ce type d'expériences, on utilise généralement des rats et des souris qui,

---

* In RUWET J.-Cl. (1969), p. 19; THINES G. et LEMPEREUR A. (1975), p. 541; RICHELLE M. et DROZ R. (1976), p. 323; HEYMER A. (1977), p. 108; DELACOUR J. (1980), p. 48; DORE F.Y. (1983), pp. 176-178.

Langage

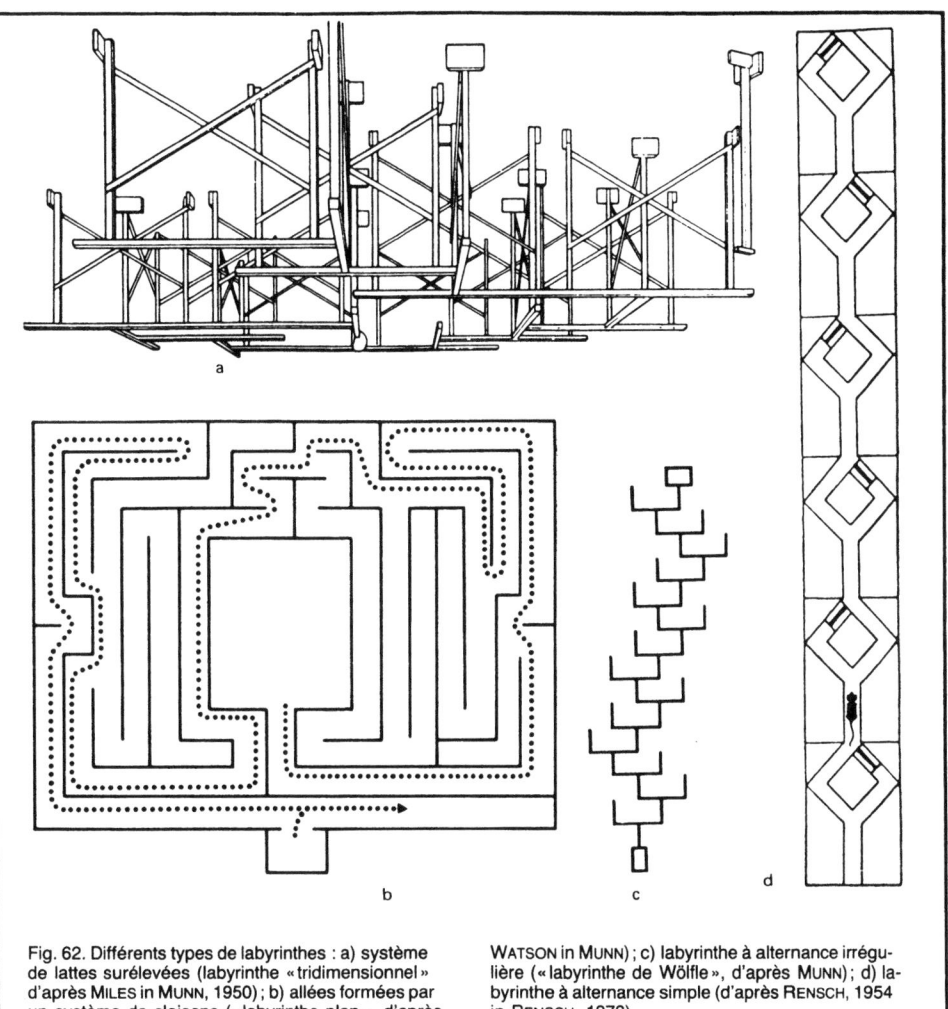

Fig. 62. Différents types de labyrinthes : a) système de lattes surélevées (labyrinthe «tridimensionnel» d'après MILES in MUNN, 1950); b) allées formées par un système de cloisons («labyrinthe plan», d'après WATSON in MUNN); c) labyrinthe à alternance irrégulière («labyrinthe de Wölfle», d'après MUNN); d) labyrinthe à alternance simple (d'après RENSCH, 1954 in RENSCH, 1973).

même dans des conditions naturelles, vivent dans des réseaux de galeries et doivent résoudre de semblables problèmes d'orientation (→ *conditionnement*). Les expériences de labyrinthe ont surtout joué un rôle important dans le courant des sciences du comportement appelé → *behaviorisme* (fig. 62).

MUNN (1950); BUCHHOLTZ (1973); RENSCH (1973); ROMER (1976).

LANGAGE
Sprache
Speech

Le terme «langage» a souvent été utilisé quelque peu inconsidérément dans le contexte de la → *communication animale*. Il en a parfois été question pour désigner l'ensemble des émissions sonores des animaux, voire pour toutes les formes de communication animale.

Toutefois, comme il existe au moins deux cas de communication animale effectivement comparables sous certains rapports au langage humain, il convient de préciser la définition. On entend par langage une forme de communication qui transmet des informations sur l'environnement à l'aide de symboles. Dans cette acception, le langage n'est pas lié aux mots ou aux émissions sonores en général, mais peut reposer sur d'autres formes de transmission de l'information, indépendantes de l'objet signifié. La → *danse des abeilles* remplit ce critère. La vitesse d'exécution indique aux compagnes de ruche l'éloignement d'une source de miellée, et l'angle entre le plan des évolutions et la verticale donne l'angle que la butineuse devra maintenir avec la direction du soleil pour atteindre la source de provende.

Un second exemple, artificiel cette fois, réside dans le langage gestuel inculqué à des chimpanzés à des fins expérimentales. L'incapacité des anthropoïdes de produire une série différenciée de sons articulés leur interdit la communication verbale. En utilisant des signes gestuels inspirés du langage dont les sourds-muets se servent aux Etats-Unis (→ *ameslan*), on n'en a pas moins réussi à apprendre à certains individus la signification d'un nombre appréciable de signes et à établir une forme de communication langagière avec le soigneur.

Le point commun entre la danse des abeilles, le langage gestuel des chimpanzés et le langage verbal de l'homme réside dans la possibilité de véhiculer une information à l'aide de signes, même en l'absence du signifié, c'est-à-dire que les symboles assurent la transmission de cette information sans contrainte de lieu ni de temps. En dépit de ce point commun, il existe une différence fondamentale entre d'une part la danse des abeilles, et de l'autre le langage gestuel des chimpanzés ou le langage parlé de l'homme : la première est un système codifié rigide, dont les composantes sont innées, tandis que les gestes du chimpanzé et le vocabulaire humain font l'objet d'un apprentissage individuel et sont transmis par → *tradition*. De plus, dans ces deux derniers cas, les signes ne sont pas prescrits par des éléments de l'environnement (p. ex. angle solaire), mais sont purement «inventés» et reposent simplement sur une convention entre les vis-à-vis dans le processus de communication. Ce n'est pas le cas de la danse des abeilles. Ne répondent pas à la définition susmentionnée les mots ou fragments de phrases que certains oiseaux sont à même de reproduire (→ *appropriation vocale*). Ces imitations ne présentent aucun caractère symbolique et permettent simplement la communication directe avec le soigneur. Elles ont la même fonction que les cris qu'échangent les congénères. Il existe manifestement un parallèle entre ces imitations et l'emprunt des sons d'un modèle, par exemple d'un voisin territorial. Les oiseaux captifs n'ont d'autre modèle que leur soigneur.

KAINZ (1961); KOEHLER (1951b, 1954); CHOMSKY (1965); v. FRISCH (1965); GARDNER et GARDNER (1969, 1980); LENNEBERG (1973); PLOOG (1974); GIPPER (1977); SEBEOK (1977); HERRE (1979); SEBEOK et SEBEOK (1980).

LARVE
Larve
Larva, larval stage

Stade développemental précoce qui diffère plus ou moins de celui de l'individu adulte, sexuellement mûr. La larve se caractérise par la possession de certains organes (larvaires) et éventuellement l'absence d'autres organes (par exemple les organes génitaux). La larve et le sujet adulte peuvent présenter des différences fondamentales de comportement, dans le mode d'alimentation, de locomotion, les performances d'orientation ou les structures sociales. On appelle métamorphose le passage du stade larvaire au stade définitif de l'insecte sexué (→ *dimorphisme lié à l'âge*).

LEURRE*
Attrappe
Dummy, stimulus model, surrogate

Le mot « leurre », utilisé dans le contexte éthologique, prend une autre signification que dans le langage courant, où il désigne la reproduction aussi fidèle que possible d'un objet. En éthologie, il existe également des leurres tout à fait « aberrants ». Il s'agit d'imitations destinées à tester les réactions comportementales d'un animal afin d'analyser les → *stimuli-clés* et les → *déclencheurs* du comportement considéré. Ainsi, les copies se résument souvent à des parties d'un autre animal (bec, tête), ou bien il y a modification de diverses caractéristiques de l'objet (agrandissement, réduction, variantes dans la forme ou la couleur). Il arrive même que des objets qui ne rappellent en rien le modèle naturel tiennent lieu de leurres (par exemple des disques, des billes ou des cubes de bois coloré) (fig. 63). On peut encore utiliser à cette fin des enregistrements d'émissions sonores ou des odeurs artificielles (leurres acoustiques ou olfactifs). Il est également possible de modifier certains caractères de l'original afin de tester les propriétés effectives des stimuli administrés. Depuis les débuts de l'éthologie, la méthode des leurres a joué un rôle important en tant que procédure expérimentale.

A côté des leurres auxquels l'homme a recours dans ses expériences, il existe aussi des leurres « naturels ». Au cours de leur phylogenèse, certaines espèces parasites ont reproduit des caractères d'autres espèces dotés d'un pouvoir déclenchant, afin de susciter la même réponse chez leurs « hôtes » (→ *mimicrie* ; → *mimicrie comportementale*).

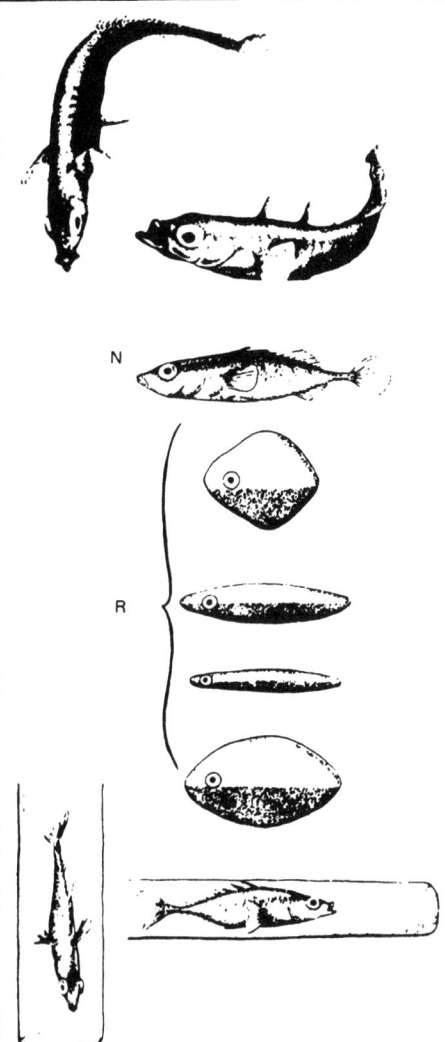

Fig. 63. Leurres utilisés pour tester les stimuli déclencheurs de l'agressivité chez l'épinoche à trois épines (*Gasterosteus aculeatus*). A l'époque de la reproduction, le mâle défend son territoire contre ses rivaux. La bataille peut être induite aussi bien par la livrée nuptiale d'un rouge éclatant dont il est porteur en cette saison que par la position verticale du corps. Il est facile de le vérifier expérimentalement : l'attaque s'adresse plus souvent à de simples disques de bois, dont la forme s'écarte au maximum de celle d'un poisson, mais dont les parties inférieures ont été peintes en rouge (R), qu'à des reproductions fidèles auxquelles manque le ventre rouge (N). De plus, le leurre est plus efficace s'il est incliné vers le bas que s'il est présenté horizontalement (d'après TINBERGEN, 1948 et TER-PELWIJK et TINBERGEN, 1937 in TINBERGEN, 1952).

---

* In RUWET J.-Cl. (1969), p. 29 ; CHAUVIN R. (1961), p. 9 ; THINES G. et LEMPEREUR A. (1975), p. 549 ; RICHARD G. (1975), p. 22 ; HEYMER A. (1977), p. 31 ; GUYOMARC'H J.-Ch. (1980), p. 88.
Syn. **Attrape** in THINES G. et LEMPEREUR A. (1975), p. 107.

Ainsi, les dessins qui marquent le gosier des jeunes veuves sont les copies exactes des marques de l'espèce d'estrildinés par laquelle ils seront élevés en tant que parasites (→ *parasitisme de reproduction*), et les larves de certaines espèces de coléoptères vivant dans des nids de fourmis sécrètent des → *phéromones* qui imitent celles des larves de leurs hôtes («phéromones mimétiques») et incitent ces derniers à leur prodiguer des soins (→ *comportement parental*) (les figures 51 p. 104, 89 p. 189 et 105 p. 222 reproduisent d'autres exemples de leurres).

TINBERGEN (1952); HARLOW (1958).

LIEN CONJUGAL*
Paarbindung
Pair bonding

« Union ». Attachement plus ou moins durable de deux partenaires de sexes différents, par opposition à la brève rencontre copulatoire (→ *promiscuité*). Il peut soit subsister jusqu'au terme de la période de reproduction, c'est-à-dire jusqu'à l'émancipation des jeunes, soit se prolonger au-delà. Dans le premier cas, il permet aux deux parents d'assumer ensemble les tâches parentales et/ou au mâle de défendre le territoire et de protéger les petits (par exemple par → *manœuvre de diversion*). Jusqu'à présent, on n'est parvenu à aucune explication globale de la persistance du lien interpartenaire au-delà de la saison de reproduction. Les publications mentionnent les avantages éventuels suivants : le mâle protège la femelle de ses rivaux ; deux partenaires s'avéreront plus forts associés qu'isolés — par exemple dans la compétition pour l'accès aux ressources alimentaires — parce que le mâle peut assister la femelle ou que les deux membres du couple s'entraident en cas d'affrontement ; enfin, quand débute la saison de reproduction, les couples soudés depuis longtemps déjà sont plus prompts à se reproduire en raison d'une → *synchronisation* plus rapide entre partenaires, et sont avantagés, par exemple sur le plan de la compétition pour l'accès aux territoires et aux sites de nidification et d'incubation. Ainsi, chez la mouette tridactyle, qui niche sur des falaises escarpées, les couples unis depuis un certain temps commencent à pondre plus tôt au printemps que ceux qui viennent seulement de se former, et en moyenne leurs couvées réussissent mieux. Chez la plupart des espèces, ce lien interpartenaire unit un seul mâle et une seule femelle (→ *monogamie*). Toutefois, chez maintes espèces, on note aussi un attachement durable à plusieurs congénères de l'autre sexe. Une telle structure sociale est appelée → *harem* (→ *polygamie*).

En règle générale, les espèces qui établissent des liens conjugaux expriment des conduites particulières qui renforcent la cohésion du couple. On parle de → «*comportement d'attachement*». Dans certains cas, elles semblent résulter d'une → *pulsion d'attachement* spécifique.

COULSON (1966); LAMPRECHT (1973); TRILLMICH (1976a); WICKLER (1976); SEIBT et WICKLER (1979).

LOCAL ENHANCEMENT

Dans les publications en anglais, se dit de l'éveil de l'attention d'un animal pour un objet ou un endroit particulier de son environnement. Ainsi, nombre d'animaux trouvent plus rapidement le chemin vers une source de nourriture s'ils peuvent observer d'autres individus accomplir le parcours. Tout comme le → *panurgisme*, le local enhancement n'a rien à voir avec

---

* In BARRUEL P. (1953), p. 77.
Syn. **Lien interpartenaire** in GAUTIER J.-Y. (1982), p. 158 ;
syn. **Lien mâle-femelle** in GAUTIER J.-Y. (1982), p. 159 ;
syn. **Lien de couple** in GAUTIER J.-Y. (1982), p. 43 ;
syn. **Lien sexuel** in RUWET J.-Cl. (1969), p. 139.

l'→ *imitation*. Il appartient à chaque individu de découvrir le chemin par essais et erreurs ; l'observation d'autres animaux peut néanmoins accélérer le processus.
THORPE (1956) ; KREBS et al. (1972).

LOCALISATION
Lokalisation
Localization

Détermination de l'endroit où se situent d'importants points de repère (sources alimentaires, congénères, prédateurs).

LOCOMOTION
Lokomotion
Locomotion

Action de se déplacer. Changement actif d'endroit chez les animaux dotés de motilité, par exemple par la reptation, la course, l'escalade, la nage ou le vol. Ce terme ne recouvre pas les mouvements des organismes fixes, par exemple les mouvements des tentacules chez l'anémone de mer et autres coelentérés, ni le déplacement passif (dérive) des êtres vivants portés par l'air ou l'eau. On qualifie de locomoteurs les comportements qui permettent le déplacement (→ *comportement moteur*).
ASCHOFF (1962).

LORDOSE
Lordosis
Lordosis

Position de l'animal dos cambré, membres écartés ou fléchis, queue dressée et tête penchée en avant. La femelle adopte cette posture chez de nombreux mammifères, surtout en période d'→ *oestrus*, notamment juste avant et pendant la → *copulation*.
BEACH (1967) ; NIETHAMMER (1979).

M

MACROSMATES
Makrosmaten
Macrosmatic animals

Animaux dotés d'un odorat très développé. La classification en macrosmates et → *microsmates* est surtout d'usage chez les mammifères, chez lesquels la plupart des espèces — à l'inverse des oiseaux par exemple — possèdent d'étonnantes capacités olfactives.
PENZLIN (1977) ; NIETHAMMER (1979).

MALE CARE

Dans les publications de mammalogie, notamment de primatologie, se dit depuis peu des activités parentales auxquelles se livre le mâle. Contrairement à d'autres vertébrés, comme la plupart des oiseaux et nombre de poissons chez lesquels le mâle participe plus ou moins activement, voire exclusivement, à l'élevage des jeunes, chez les mammifères cette tâche incombe quasi automatiquement à la femelle, qui porte et allaite les petits. Les mâles s'occupent donc rarement de la progéniture. Les ouistitis monogames (→ *monogamie*) constituent une exception : pratiquement toutes les activités parentales, l'allaitement mis à part, reviennent au père. Chez d'autres mammifères, le mâle se charge surtout de la défense des jeunes, du → *toilettage social* (→ *service dermique*) et des jeux sociaux (→ *comportement ludique*) ; chez les primates, il peut encore tenir et porter les petits. Chez ces espèces du moins, cette répartition des tâches semble remplir une fonction essentielle dans la transmission d'acquis, par exemple l'adoption de conduites liées au sexe (→ *rôle*). Dans les → *groupes multimâles*, les mâles concentrent manifestement leurs activités parentales sur leur descendance (→ *théorie de la parentèle ; → reconnaissance de la parentèle*).

Dans ce cas, et lorsqu'il est établi que les soins sont réservés à la progéniture, les publications en anglais parlent également de « soins paternels » (paternal care).

(Comme il est malaisé de délimiter strictement les activités parentales des autres comportements, la notion de male care revêt parfois une acception encore plus vaste et recouvre l'ensemble des réactions comportementales entre mâles et jeunes — à l'exception des manifestations d'agressivité).

ITANI (1959); DEAG et CROOK (1971); EPPLE (1975); DEAG (1980); PARKE et SUOMI (1982); SNOWDON et SUOMI (1982).

MÂLE SATELLITE*
Satellitenmännchen
Satellite male, peripheral male

Dénomination introduite initialement dans le vocabulaire éthologique pour désigner, chez le chevalier combattant, un oiseau apparenté aux pluviers, les mâles sexuellement mûrs qui n'établissent pas de → *territoire* propre mais se cantonnent sur le territoire ou l'→ *arène de parade* d'autres mâles, ou à leur périphérie. Depuis lors, la présence de mâles satellites a été observée chez un nombre appréciable d'espèces de toutes les classes de vertébrés, et isolément d'invertébrés (sauterelles), les modalités variant néanmoins selon les espèces (par exemple différences dans le degré de tolérance manifesté par le propriétaire du territoire, dans l'assiduité des mâles satellites à fréquenter un site particulier, etc.). Il est possible que l'avantage tiré par le maître des lieux de la présence de l'intrus réside dans l'aide apportée par ce dernier à la défense du territoire. Les mâles périphériques peuvent quant à eux jouir de divers bénéfices, par exemple de l'accès à des ressources naturelles propices (p. ex. sources de provende) ou de la probabilité plus éle-

_____
* In LEJEUNE P. (1985), p. 192.

Fig. 64. Exemple d'intervention d'un mâle satellite : une grenouille-bœuf mâle (*Rana catesbeiana*) (à gauche) émet sur son territoire un appel qui attire une femelle (à droite). Un mâle satellite (au centre) se cantonne tranquillement sur le territoire du maître des lieux et tente de copuler avec la femelle avant qu'elle n'ait atteint l'appelant (→ *cleptogamie*) (in KREBS et DAVIES, 1981a).

vée de reprise ultérieure du territoire. De plus, chez de nombreuses espèces, ils réalisent à l'occasion des copulations « furtives » (→ *cleptogamie*) avec les/la femelle(s) du propriétaire et, en cas de → *fécondation*, assurent par là la transmission de leur patrimoine génétique (→ *théorie de la parentèle*) (fig. 64). L'existence de ces deux types de mâles constitue un cas de → *polyéthisme*.

HOGAN-WARBURG (1966); OTTE (1972); VAN RHIJN (1973); LE BOEF (1974); ALEXANDER (1975); PERILL et al. (1978); WIRTZ (1981).

MANŒUVRE DE DIVERSION*
Verleiten
Distraction display

Désignation d'une conduite exprimée pendant la couvaison à l'approche d'un prédateur terrestre par beaucoup d'oiseaux qui nidifient au sol, et dont la fonction consiste à « détourner » l'ennemi du

---

* In HEYMER A. (1977), p. 189; DEMARET A. (1979), p. 95.
Syn. **Parade de simulation** in ARMSTRONG E.A. (1952), pp. 102-122; DEMARET A. (1979), p. 95.

Fig. 65. Diverses postures adoptées par le pluvier à collier (*Charadrius hiaticula*) au cours de la manœuvre de diversion « au sol ». A. Passage de l'accroupissement au battement d'une seule aile; B. extension d'une aile seulement; C. battement des ailes déployées (d'après G. QUEDENS et R. GILLMOR in GLUTZ VON BLOTZHEIM, 1975).

Marche nuptiale

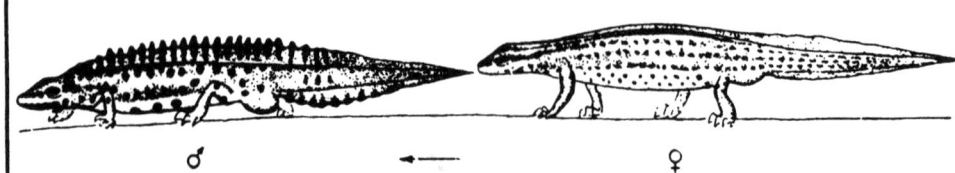

Fig. 66. « Marche nuptiale » chez un couple de tritons. Par certaines conduites, le mâle (à gauche) invite la femelle à le suivre (→ *comportement de suite*). Au cours de la marche nuptiale, il dépose sur le sol un → *spermatophore*, dont le contenu est presque automatiquement recueilli par l'orifice génital de la femelle, qui suit de très près ses évolutions (in SCHALLER, 1954).

nid ou des oisillons. Cette manœuvre de diversion se présente comme l'enchaînement complexe d'éléments comportementaux permettant l'exhibition de parties contrastées du plumage et l'obtention d'un effet d'ensemble « saisissant ». L'oiseau soit feint une blessure qui l'empêcherait de voler (« feinte de l'aile brisée »), soit mime une proie (trottinement de rongeur) et déclenche ainsi chez l'ennemi des tentatives de capture. L'oiseau qui fait diversion reste toujours légèrement hors de portée du prédateur et l'éloigne du nid ou de la nichée. En règle générale, les éléments du comportement de diversion sont empruntés aux registres de l'agression et de la fuite. Ils sont fortement ritualisés (→ *ritualisation*) et se succèdent la plupart du temps dans un ordre caractéristique. Des → *activités de substitution* surviennent souvent au cours de la diversion, en raison du contexte conflictuel dans lequel cette manœuvre s'inscrit (fig. 65).
ARMSTRONG (1947, 1956); SIMMONS (1955).

MARCHE NUPTIALE
Paarungsmarsch
Mating march

Forme de cérémonial d'appariement (→ *parade nuptiale*) au cours duquel mâle et femelle manœuvrent pendant un certain temps en se suivant de très près, ou en maintenant le contact corporel. Cette appellation s'applique surtout aux ongulés, chez lesquels le mâle s'attache à suivre la femelle pas à pas en exécutant des mouvements très « raides » (qui justifient l'emploi du mot « marche »). Elle s'utilise toutefois aussi pour les espèces qui se reproduisent par → *transmission indirecte de spermatophores*. Ainsi, chez les scorpions et pseudo-scorpions, le mâle et la femelle se saisissent par les pinces et déambulent d'avant en arrière jusqu'à ce que le mâle dépose ses spermatophores et que la femelle les recueille avec son orifice génital (fig. 66).
SCHALLER (1962); WALTHER (1979).

MARIAGE
Ehe
Marriage

L'éthologie a utilisé ce terme dans le souci de décrire l'→ *attachement* qui lie des partenaires de sexes opposés. En raison de la différence d'acception avec son usage habituel, ce terme a quasiment disparu du vocabulaire éthologique. On lui préfère dorénavant l'appellation neutre → *« lien conjugal »*.

MARQUAGE OLFACTIF[*]
Duftmarkieren
Scent marking

Dépôt d'un repère odorant sur un → *territoire*, un partenaire social ou son propre corps (→ *comportement de mar-*

---

[*] In CHAUVIN R. (1975), p. 176; GUYOMARC'H J.-Ch. (1980), p. 142; LEROY Y. (1986), pp. 95-111.
Syn. **Marquage odorant** in CHAUVIN R. (1969), p. 91; HEYMER A. (1977), p. 56.

quage). Le marquage olfactif intervient surtout chez les mammifères dotés d'un odorat très développé (→ *macrosmates*), mais des exemples isolés ont également été relevés chez d'autres animaux (bourdons, maintes abeilles, isopodes des sables). La nature de la substance de marquage est variable. Pour circonscrire leur territoire, les canidés et félidés, les lémuriens et bon nombre de rongeurs utilisent de l'urine, l'hippopotame, des giclées d'excréments, divers marsupiaux et rongeurs, de la salive, et les mustélidés, les ongulés de même que les bourdons, les sécrétions de glandes spéciales («glandes odorantes»). Ces dernières substances entrent dans la catégorie des → *phéromones*. Le marquage des partenaires sociaux peut pareillement s'effectuer grâce à des sécrétions glandulaires, mais parfois aussi à de l'urine (→ *aspersion d'urine*) (fig. 12, p. 35). Le terme «allomarquage» commence à s'implanter pour désigner le marquage de congénères, alors qu'on utilise → «*automarquage*» — surtout dans les publications de primatologie — pour la caractérisation olfactive d'un animal par lui-même. A côté du marquage du territoire et de partenaires sociaux, les émissions odorantes peuvent également remplir occasionnellement d'autres fonctions. Ainsi, les souris, les rats et quantité de poissons peuvent libérer en cas de danger des substances d'alarme («substances d'effroi» → *comportement d'avertissement*) et beaucoup de fourmis laissent derrière elles, au cours de la quête alimentaire, des «traces odorantes» qui leur permettent de retrouver le chemin du nid. Le nycticèbe, un mammifère nocturne de la famille des lorisidés, s'oriente grâce à ses traînées d'urine.

HEDIGER (1949); FIEDLER (1957); MASCHWITZ (1964); SCHENKEL (1966); WICKLER (1966); WALTHER (1967); ALTMANN (1969); SEITZ (1969); RALLS (1971); EISENBERG et KLEIMAN (1972); LINSENMAIR (1972); JOHNSON (1973); RASA (1973a); THIESSEN et RICE (1976); HÖLLDOBLER (1978); BROWN (1979).

MATURATION
Reifung
Maturation

Perfectionnement d'un comportement sans répétition préalable. Une conduite mûrit si elle atteint sa pleine fonctionnalité au cours de l'→ *ontogenèse*, même en l'absence de toute possibilité d'exécution, d'«entraînement». La maturation repose sur des processus de développement du → *système nerveux central*. C'est une opération par laquelle l'information déjà ancrée dans le patrimoine génétique se réalise (→ *inné*). On peut démontrer l'existence de processus de maturation en empêchant un jeune animal d'exécuter une conduite au moment où celle-ci est censée se structurer, et en comparant le comportement ultérieur de cet individu avec celui d'un groupe témoin une fois la conduite bien achevée chez les individus élevés dans des conditions normales. Si on ne relève que des divergences négligeables, on est en droit de penser que le comportement envisagé se structure par maturation. (Par contre, si ce comportement ne se manifeste pas, n'apparaît que tardivement ou présente une anomalie quelconque, on ne peut pas encore invalider l'existence de la maturation, puisque ces insuffisances peuvent aussi découler des conditions artificielles de détention). Dans des conditions naturelles de développement, les processus de maturation peuvent être mis en évidence lorsque le patron d'impulsion d'une conduite envoyé par le système nerveux central et décelable par des électrodes s'affine progressivement, alors que le comportement même ne peut encore se manifester en raison de l'immaturité des structures corporelles appelées à l'exprimer. Aux premiers temps de l'éthologie, le terme «maturation» s'appliquait également à la récurrence et au perfectionnement annuels des conduites liées à la → *reproduction* (p. ex. activité constructrice, → *chant*). On appelait «croissance » la toute première apparition de ces manifestations chez le jeune.

CARMICHAEL (1935); CRUZE (1935); LORENZ (1937a); GROHMANN (1938); KORTLANDT (1940a); TINBERGEN (1952a); WICKLER (1961); BENTLEY et HOY (1970); ELSNER (1982).

MECANISME DE DECLENCHEMENT [*]
Auslösemechanismus
Releasing mechanism

Filtre des stimuli, mécanisme filtreur. Terme générique pour tous les sites du système nerveux qui entraînent un filtrage des stimuli afférents et assurent la spécificité de la réponse aux stimuli adéquats, propres à déclencher la réaction (→ *stimulus-clé*), c'est-à-dire aux stimuli présents dans une situation biologique permettant au comportement déclenché de remplir sa fonction (par exemple les stimuli qui émanent de la proie pour induire les activités appropriées de capture). Ce filtrage n'est pas un processus homogène, mais consiste en une succession d'étapes (→ *filtrage des stimuli*).

Si l'animal réagit de manière adéquate à une configuration déclenchante sans l'avoir jamais rencontrée auparavant, c'est-à-dire sans avoir eu la possibilité de se familiariser avec elle, on parle d'un « mécanisme inné de déclenchement » (MID). Ce concept implique que la liaison entre un stimulus déterminé et la réponse qu'il suscite chez l'animal est indépendante de l'expérience. Par contre, si les caractéristiques des stimuli déclencheurs doivent faire l'objet d'un apprentissage, on se trouve en présence d'un « mécanisme acquis de déclenchement » (MAD).

Le « mécanisme inné de déclenchement complété par l'expérience » (MIDE) constitue une troisième forme de mécanisme de déclenchement. Ce mécanisme, inné au départ, se complète et se perfectionne au cours de l'→ *ontogenèse*. On considère qu'il y a innéité si à des stades précoces du développement le mécanisme inné de déclenchement suffit à susciter la réponse comportementale attendue (fig. 67).

L'→ *empreinte filiale* nous fournit un exemple de ces trois formes de mécanisme de déclenchement. Bon nombre de jeunes → *nidifuges* sont pourvus d'un MID qui déclenche la réaction de poursuite (→ *comportement de suite*) en réponse à des stimuli visuels et/ou auditifs très peu nombreux et très simples. Ce MID suffit à déclencher les premières réactions de poursuite. Toutefois, alors que le jeune oiseau suit ses parents, le MID se précise par apprentissage d'une série de caractéristiques (par exemple la couleur du plumage), et ultérieurement, seul le mécanisme de déclenchement affiné, devenu un MIDE, pourra encore provoquer la réaction de poursuite. Par contre, un jeune animal élevé par une espèce étrangère dont les caractéristiques ne correspondent pas à son MID fixera ces caractères « inadéquats », et par la suite suivra de préférence l'espèce nourricière (→ *empreinte aberrante*). Chez ces animaux, une fois le sujet imprégné à l'objet aberrant, la structure initiale du MID ne participe plus du tout au déclenchement de la réaction de poursuite. Le mécanisme de déclenchement est un MAD pur.

Les invertébrés sont très souvent équipés de MID. La plupart du temps, les vertébrés n'en sont pourvus qu'aux stades précoces de l'→ *ontogenèse*, le MIDE étant la règle chez l'adulte.

LORENZ (1935, 1978); PRECHTL (1953a); MARLER (1961); SCHLEIDT (1962).

MECANISME D'ISOLEMENT
Isolationsmechanismus
Isolating mechanism

On désigne ainsi les « particularités biologiques individuelles qui empêchent le

---

[*] In TINBERGEN N. (1953), p. 62; THINES G. et LEMPEREUR A. (1975), p. 502; GUYOMARC'H J.-Ch. (1980), p. 94; CAMPAN R. (1980), p. 12.
Syn. **Mécanisme déclencheur** in CHAUVIN R. (1975), p. 15; HEYMER A. (1977), p. 27.

Mécanisme de déclenchement

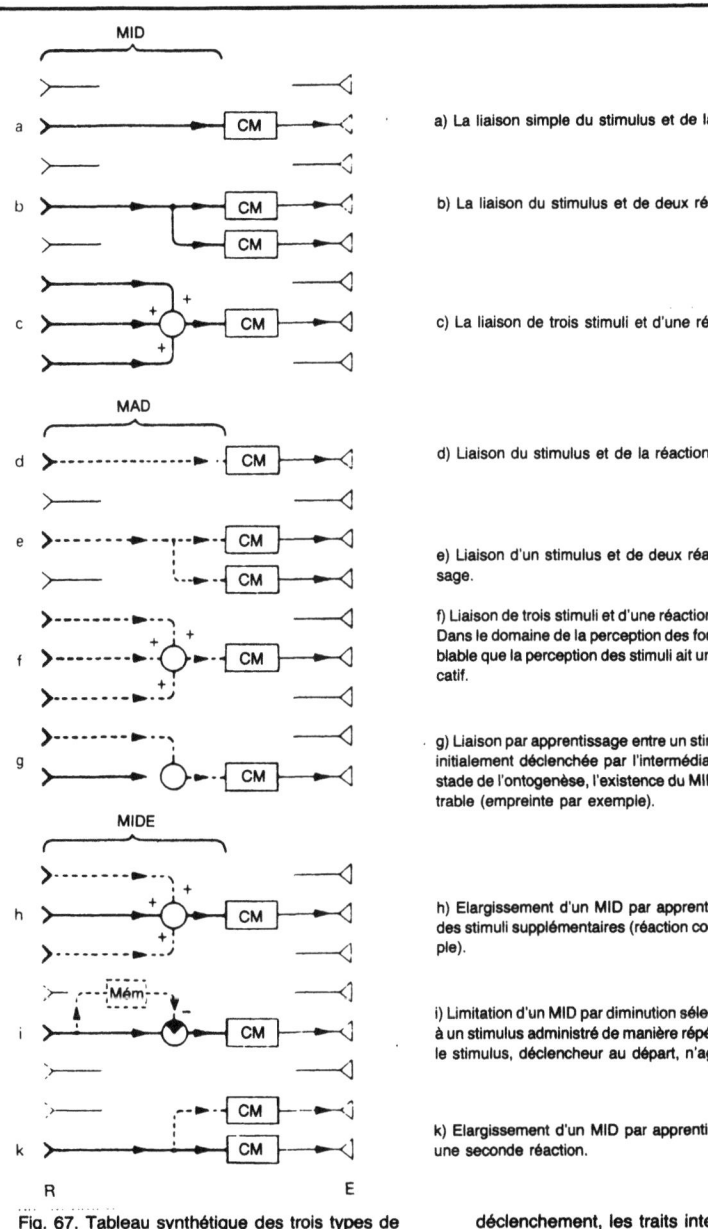

a) La liaison simple du stimulus et de la réaction est innée.

b) La liaison du stimulus et de deux réactions est innée.

c) La liaison de trois stimuli et d'une réaction est innée.

d) Liaison du stimulus et de la réaction par apprentissage.

e) Liaison d'un stimulus et de deux réactions par apprentissage.

f) Liaison de trois stimuli et d'une réaction par apprentissage. Dans le domaine de la perception des formes, il est vraisemblable que la perception des stimuli ait un caractère multiplicatif.

g) Liaison par apprentissage entre un stimulus et une réaction initialement déclenchée par l'intermédiaire d'un MID; à ce stade de l'ontogenèse, l'existence du MID n'est plus démontrable (empreinte par exemple).

h) Elargissement d'un MID par apprentissage, liaison avec des stimuli supplémentaires (réaction conditionnée par exemple).

i) Limitation d'un MID par diminution sélective de la sensibilité à un stimulus administré de manière répétitive (habituation); le stimulus, déclencheur au départ, n'agit plus.

k) Elargissement d'un MID par apprentissage; liaison avec une seconde réaction.

Fig. 67. Tableau synthétique des trois types de mécanismes de déclenchement et des différentes formes de liaison entre le stimulus et la réaction pour chacun de ces trois mécanismes. Les angles de gauche représentent les récepteurs (R), les triangles de droite les effecteurs (E). Entre les deux figurent les mécanismes de déclenchement et les centres de coordination motrice (CM). Les traits pleins symbolisent les composantes innées des mécanismes de déclenchement, les traits interrompus les liaisons complétées au cours de l'→ ontogenèse. Les flèches indiquent le sens de l'influx nerveux. Les cercles représentent les centres de traitement de l'information où les excitations s'additionnent (+) ou se neutralisent (−), Mém. une mémoire qui, lorsque se présentent des stimuli familiers, freine le flux d'excitations et entraîne ainsi une diminution de la sensibilité par accoutumance (in SCHLEIDT, 1962).

Mécanorécepteur

croisement de populations effectivement ou potentiellement sympatriques» (MAYR) (→ *sympatrie*; → *population*). On distingue entre les mécanismes qui interviennent avant l'accouplement et font obstacle dès le départ aux croisements entre espèces ou populations différentes, et ceux qui n'agissent qu'après un accouplement et réduisent ou anéantissent les chances de succès du croisement opéré (p. ex. dégénérescence de l'ovule fécondé). Dans le premier cas, les attributs comportementaux sont des mécanismes d'isolement essentiels (→ *isolement sexuel*).

DOBSHANSKY (1937); MAYR (1967).

MECANORECEPTEUR
Mechanorezeptor
Mechanoreceptor

Cellule sensorielle mécanosensible, c'est-à-dire qui réagit à des stimuli mécaniques. Parmi ceux-ci, on compte la pression, la dilatation, le courant et le son. Les mécanorécepteurs sont au service du toucher, de l'ouïe, de l'orientation et de l'équilibre.

FLOREY (1970); PENZLIN (1977).

MELOTOPE
Melotop
Melotope

En bioacoustique, ce terme désigne habituellement un → *biotope* présentant des propriétés déterminées. Il ressort de mesures comparatives que les vocalisations animales sont souvent adaptées très subtilement à ces propriétés, par exemple qu'elles se situent dans la plage de fréquences (qui conditionne la hauteur du son) à laquelle le biotope, par sa structure, est le plus «perméable» («fenêtre acoustique»). Cette adaptation assure la propagation optimale du son. Il existe par ailleurs des adaptations aux bruits parasites présents dans le biotope considéré. Ainsi, les rousserolles, qui doivent couvrir le bruissement continu

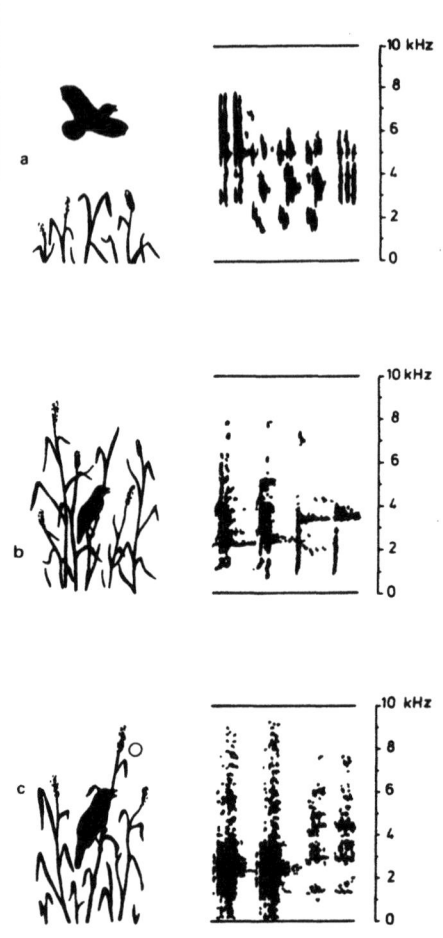

Fig. 68. Exemple de l'adaptation des → *chants* aux propriétés acoustiques de l'environnement. Les fréquences les plus élevées se situent dans la plage fréquentielle qui assure une propagation optimale du son. Ainsi, la rousserolle turdoïde (*Acrocephalus arundinaceus*) (c) émet un chant de basses fréquences, qui porte particulièrement loin dans les strates élevées des roseaux, tandis que chez la rousserolle effarvate (*Acrocephalus scirpaceus*) (b), qui chante enfouie dans la végétation, l'énergie se concentre à des fréquences supérieures. Enfin, chez le phragmite des joncs (*Acrocephalus schoenobaenus*) (a), qui choisit pour poste d'émission les strates végétales supérieures et vocalise également en vol (→ *vol nuptial*), le chant présente les fréquences les plus élevées des trois espèces. Ici, l'énergie sonore serait très atténuée si elle devait traverser l'écran de la végétation (d'après JILKA et LEISLER, 1971 in WICKLER et SEIBT, 1977).

des roseaux, émettent des chants rauques, sonores et structurés rythmiquement, alors que les habitants des bois denses, au niveau sonore plus bas, produisent souvent des chants fluides, mélodieux, dotés d'une structure moins rigide (fig. 68).

STADLER (1926); COLLIAS (1960); CHAPPUIS (1971); SCHIØTZ (1973); JILKA et LEISLER (1974); MORTON (1975); NOTTEBOHM (1975); MARTEN et MARLER (1977); WILEY et RICHARDS (1978); BOWMAN (1979).

MEMOIRE
Gedächtnis
Memory

Capacité du → *système nerveux central* de stocker des informations qui seront sollicitées ultérieurement. Les processus sous-jacents à ce phénomène demeurent obscurs. Des études du cerveau donnent à penser qu'on peut attribuer certaines opérations de la mémoire à des sites précis du système nerveux central; il arrive cependant que l'information soit engrangée dans plusieurs sites cérébraux.

On distingue deux formes de mémoire, que régissent des processus physiologiques différents : une mémoire à court terme, responsable du stockage de l'information pendant quelques secondes ou plusieurs minutes, et une mémoire à long terme — souvent illimitée dans le temps. Qu'il s'agisse bien de deux processus distincts ressort de leur réaction différente aux → *psychotropes*. De plus, une perte de conscience ou un violent électrochoc peut effacer les informations stockées dans la mémoire à court terme. Il est vraisemblable que la mémoire à long terme procède d'un ancrage de l'information par voie chimique, c'est-à-dire d'une modification moléculaire de la structure du neurone; la mémoire à court terme pourrait résulter quant à elle d'oscillations électriques amorcées par une excitation et qui se prolongent pendant un certain temps. (Depuis peu, on envisage également l'existence d'une « mémoire à moyen terme »).

En biologie, le terme « mémoire » revêt encore une autre signification : on oppose à la « mémoire individuelle » acquise, comme son nom l'indique, par l'individu, la « mémoire spécifique » : il s'agit de l'information transmise par les gènes d'une génération à l'autre qui, comme la mémoire individuelle, fournit des informations à un organisme. Cette information véhiculée génétiquement intervient surtout dans le comportement des animaux inférieurs (→ *inné,* → *programme*).

FOPPA (1970); BUCHHOLTZ (1973); RENSCH (1973); PIAGET et INHELDER (1974); RAHMANN (1976); LAUDIEN (1977); SINZ (1979, 1981, 1982).

METABOLISME
Stoffwechsel
Metabolism

Ensemble des transformations chimiques qui s'accomplissent dans l'organisme, c'est-à-dire des processus de la digestion, de la respiration et de l'excrétion.

METHODE DE L'ANIMAL-CIBLE
Fokus-Tier-Methode
Focal-animal sampling

Méthode d'observation qui consiste à suivre systématiquement pendant un certain temps le comportement d'un individu, l'animal-cible, au sein d'un groupe, de même que ses interactions avec d'autres membres du groupe. Une fois ce laps de temps écoulé, le choix de l'observateur se reporte sur un autre individu. L'observation systématique de chaque animal pris isolément assure un inventaire moins lacunaire des séquences comportementales et des relations sociales que la distribution arbitraire des observations sur tous les membres du groupe.

ALTMANN (1974); DUNBAR (1976); RHINE et LINVILLE (1980).

MICROGENESE
Aktualgenese
Microgenesis

En éthologie, se dit de l'apparition actuelle d'un comportement, c'est-à-dire de sa manifestation plus ou moins prompte chez un individu. Ainsi, la présence soudaine d'un rival peut enclencher un comportement de menace qui se précise et gagne en intensité au fur et à mesure que l'intrus approche; ou encore les oisillons répondent à la proximité des parents par la quémande, qui s'accentue jusqu'à ce qu'ils reçoivent la becquée (→ *genèse*).
WICKLER (1967); SCHLEIDT (1964b).

MICROSMATES
Mikrosmaten
Microsmatic animals

Animaux dotés d'un odorat peu développé (→ *macrosmates*). Chez les mammifères, il s'agit surtout des primates.

MIMETISME
Mimese
Mimesis

Camouflage. Imitation d'éléments de l'environnement qui passent inaperçus (pierres, feuilles, excréments d'oiseaux, fleurs, branches, etc.). L'exemple de mimétisme le plus célèbre est l'imitation de feuilles par certains phasmes, les phyllies (→ *mimicrie*).
WICKLER (1968).

MIMICRIE
Mimikry
Mimicry

Falsification de signaux. Contrefaçon. Imitation d'un animal ou de certains de ses attributs propre à procurer un avantage biologique. Le cas le mieux connu est la mimicrie batésienne (copie de → *coloration de mise en garde*) par laquelle un animal vulnérable imite une espèce bien protégée (munie de moyens de défense, au goût repoussant ou dont la capture nécessite une grande dépense d'énergie). L'exemple le plus célèbre est l'imitation de la guêpe par divers insectes. Inversement, la mimicrie péckhamienne (mimicrie d'attaque) consiste en l'imitation par une espèce prédatrice des victimes de sa propre proie (par exemple copie de prolongements vermiformes). C'est par ce moyen que le carnassier attire sa proie (p. ex. le poisson-pêcheur ou baudroie). La plupart des cas de mimicrie s'appliquent aux formes et aux couleurs. Toutefois, nous avons également connaissance depuis peu d'imitations de comportements (→ *mimicrie comportementale*).

Les publications confondent souvent les termes mimicrie et → *mimétisme*, ou du moins négligent de les délimiter clairement. Une distinction étymologique nette semble toutefois de rigueur en dépit des correspondances existant entre les deux phénomènes. Le point commun réside dans la reproduction souvent très précise d'éléments de l'environnement physique. Cependant, la mimicrie permet à l'animal de révéler sa présence, le mimétisme au contraire de se dissimuler.
WICKLER (1968); SCHULER (1974).

MIMICRIE COMPORTEMENTALE
Verhaltensmimikry
Behavioural mimicry

On appelle mimicrie comportementale ou éthomimicrie toute imitation de nature comportementale et non morphologique (→ *mimicrie*) d'une autre espèce animale. Ainsi, de petits poissons carnassiers imitent les évolutions des poissons nettoyeurs et s'approchent des «clients» de ceux-ci, non pour les déparasiter (→ *symbiose de nettoyage*), mais pour leur arracher des fragments de nageoire. Certains insectes qui élisent domicile dans les fourmilières et portent dès lors le nom de «myrmécophiles» (coléoptè-

Mimique

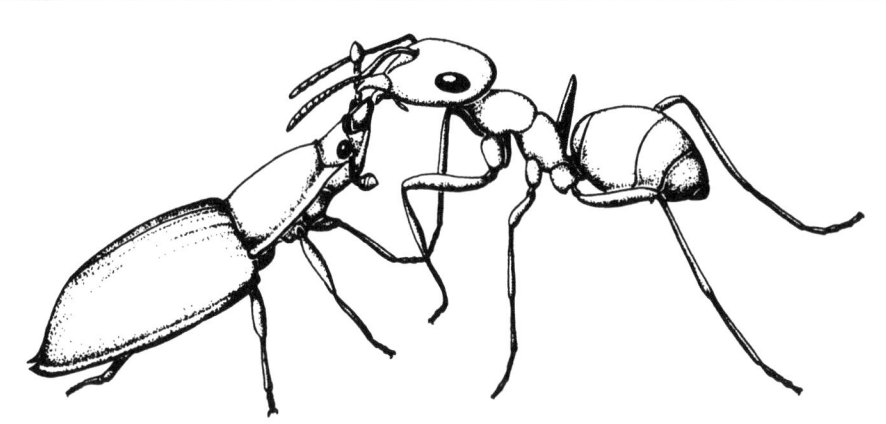

Fig. 69. Mimicrie comportementale chez le coléoptère nitidulide *Amphotis marginatus* : il quémande auprès d'une fourmi ouvrière *Lasius fuliginosus* au retour de la quête alimentaire, en lui pétrissant la tête avec ses antennes et en heurtant ses pièces buccales avec sa tête. Il imite ainsi grossièrement les signaux de quémande des fourmis et suscite chez l'ouvrière l'→*offrande alimentaire* (d'après HÖLLDOBLER, 1970 in DUMPERT, 1978).

res, lépismes) copient les mouvements antennaires des fourmis lorsqu'elles procèdent à un échange trophallactique, et déclenchent ainsi chez leurs hôtes la régurgitation d'éléments nutritifs (→ *déclencheur interspécifique,* → *parasitisme social*) (fig. 69). L'imitation peut être de nature acoustique. En cas de danger, les jeunes de la chouette des terriers émettent un cri presque identique au bruit que le crotale produit en frottant ses écailles les unes contre les autres et qui a pour effet de dissuader le prédateur.

WICKLER (1968) ; HÖLLDOBLER (1973).

MIMICRIE DE STATUT
Rangmimikry
Rank mimicry

Imitation par des subalternes de particularités comportementales d'individus dominants (→ *hiérarchie sociale,* → *mimicrie*). Chez les primates, elle pourrait intervenir dans le phénomène de rapport hiérarchique relatif (→ *rapport hiérarchique absolu*).

Sur le plan acoustique, la mimicrie de statut a été observée chez certaines espèces d'oiseaux, dont les jeunes mâles apprennent sélectivement le chant de mâles dominants. Ce phénomène n'est attesté jusqu'à présent que chez les espèces polygynes (→ *polygamie*), et celles vivant dans la → *promiscuité*. Son avantage pour l'imitateur pourrait résider dans l'attraction des femelles (→ *indicateur de statut*).

SNOW (1968) ; KREBS et KROODSMA (1980).

MIMIQUE*
Mimik
Facial expression

Mouvements et attitudes expressives de la face (→ *comportement expressif*).
Les mimiques concourent à la → *communication* sociale et sont particulièrement expressives dans le contexte du → *comportement de menace* par exemple.

---

* Syn. **Expression faciale** in CHAUVIN R. (1969), pp. 85, 331-332, 335 ; FEYEREISEN P. et DE LANNOY J.D. (1985), cf. p. 358 (index).

Mimique de menace

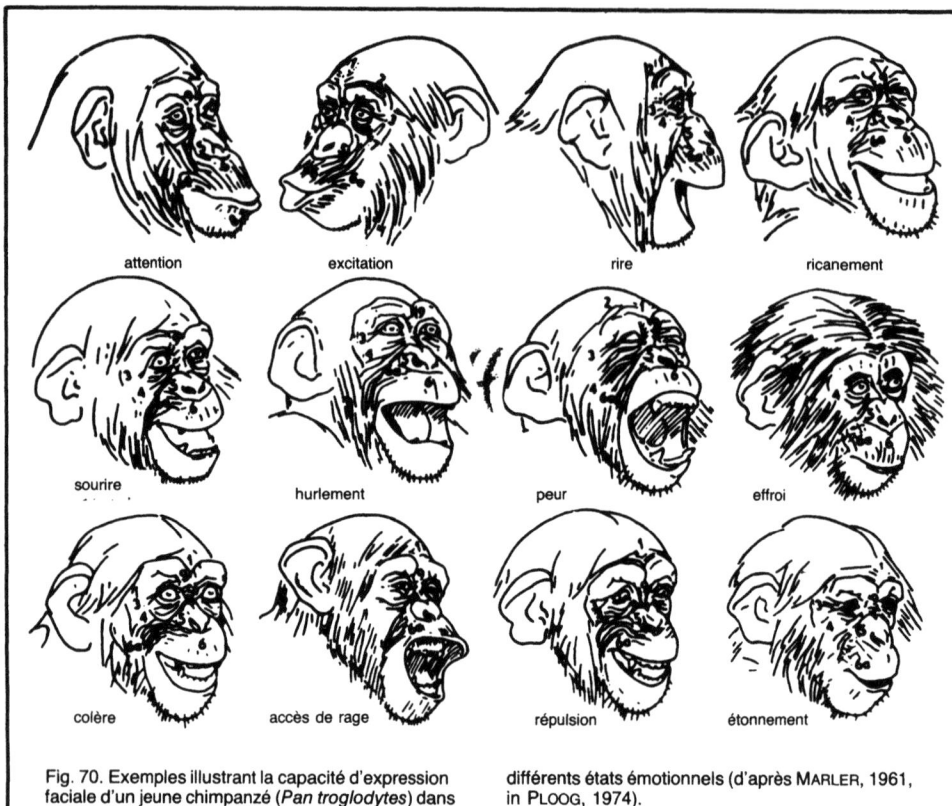

Fig. 70. Exemples illustrant la capacité d'expression faciale d'un jeune chimpanzé (*Pan troglodytes*) dans différents états émotionnels (d'après MARLER, 1961, in PLOOG, 1974).

Au-delà de l'information véhiculée, elles peuvent traduire une émotion déterminée, induire à leur tour ou encore modifier un état motivationnel chez le vis-à-vis dans le processus de communication (→ *motivation*).

Les expressions faciales sont l'apanage des mammifères supérieurs : par comparaison, les canidés, les félins et quantité d'ongulés (→ *moue de flairage*) présentent des formes d'expression relativement simples tandis qu'on observe chez beaucoup de primates, surtout les chimpanzés, des jeux de physionomie presque aussi riches que les mimiques humaines (fig. 70).

ANDREW (1963); TALBERT (1963); BOLWIG (1964); FOX (1970); SEILER (1973); PLOOG (1974); EMDE et GAENSBAUER (1982).

MIMIQUE DE MENACE*
Drohmimik
Threat mimic

L'expression « mimique de menace » s'est implantée dans le vocabulaire éthologique pour désigner les conduites issues du registre du → *comportement de menace* qui résultent de l'intervention de la musculature faciale (→ *mimique*). Le découvrement des canines qui, parmi les mammifères, s'est développé chez les primates et les cervidés indépendamment (→ *convergence*) en est un exemple connu : les primates en position de

---

* In HEYMER A. (1977), p. 54.

MIROIR*
Spiegel
Speculum

On entend par miroir une zone corporelle blanche ou colorée qui contraste vivement avec les couleurs voisines. Le plus souvent, ce terme désigne les parties de pelage blanc de la région caudale chez les mammifères sociaux (ongulés, lagomorphes, primates) (fig. 72), de même

Fig. 71. Bâillement de menace chez le singe rhésus (*Macaca mulatta*) (in HINDE, 1966).

Fig. 72. Une biche de Virginie (*Odocoileus virginianus*) signale un danger, par exemple la présence d'un prédateur potentiel, en dévoilant son miroir (in KREBS et DAVIES, 1981 b).

menace abaissent les commissures des lèvres, découvrant les canines des mâchoires supérieure et inférieure. Certaines espèces exhibent leurs canines encore plus ostensiblement par un bâillement spectaculaire (bâillement de menace ou « de colère ») (fig. 71). Les cervidés retroussent la lèvre supérieure et découvrent ainsi les canines supérieures, prolongées en forme de défense chez les types les plus primitifs (chevrotains, hydropotes, munjacs). Toutefois, le même mouvement s'observe également chez certaines espèces supérieures de cervidés comme le cerf rouge, chez lesquelles les canines ont fortement régressé au fur et à mesure que la ramure se développait, et ne servent plus au combat (→ *vestige historique*). Ces animaux adoptent donc la position de menace en présentant des « armes » qu'ils ne possèdent plus et ce mouvement ne peut plus être interprété qu'en regard de l'évolution de l'espèce (→ *phylogénie du comportement*).

ANTONIUS (1940); ANDREW (1963); FOX (1970).

que les taches alaires souvent chatoyantes chez bon nombre d'oiseaux (fig. 73). Le miroir alaire des anatidés qui, par son caractère signalétique, peut contribuer au renforcement de la cohésion du groupe en vol et qui de plus est mis en évidence, surtout au cours de la → *parade nuptiale* du mâle, par des mouvements d'ailes appropriés, a fait progresser l'éthologie dans la mesure où c'est un des premiers → *déclencheurs* intraspécifiques à avoir été décrits. La signification biologique du miroir des mammi-

---

* In GEROUDET P. (1946), p. 188; TINBERGEN N. (1953), p. 255; Grand dictionnaire encyclopédique Larousse (1982-1985), p. 6977.

Modalité

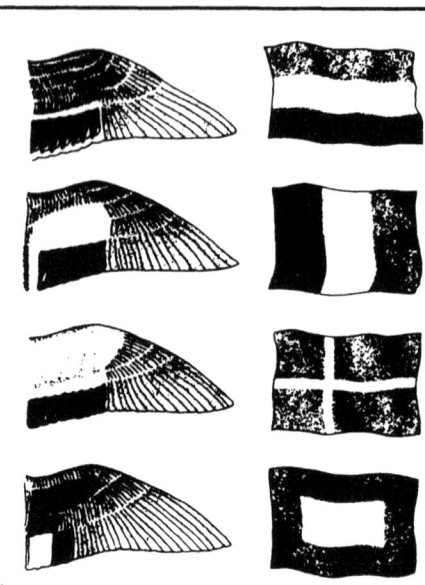

Fig. 73. Miroirs alaires d'anatidés comparés à des drapeaux pour souligner le caractère signalétique des patrons de coloration (in TINBERGEN, 1952).

fères nous échappe encore et elle varie vraisemblablement d'une espèce à l'autre. Probablement sert-il dans la plupart des cas de signal d'avertissement (→ *comportement d'avertissement*) qui, à l'approche d'un prédateur, est « activé » par certains mouvements, par exemple le dressement de la queue, et qui resserre les liens du groupe en fuite ou abrité. Comme ce signal, en attirant l'attention sur l'animal émetteur, l'expose dangereusement à l'ennemi, certains éthologistes avancent que sa signification ne ressortit pas uniquement à l'antiprédation, mais que sa présentation peut au surplus équivaloir à un → *mouvement d'apaisement* de portée plus générale au sein du groupe. Cette interprétation ne fait cependant toujours pas l'unanimité.

HEINROTH (1911); HEDIGER (1966); GUTHRIE (1971); KREBS et DAVIES (1981a et b).

MODALITE
Modalität
Modality

Notion empruntée à la psychologie humaine, qui désigne des stimuli (p. ex. lumière, son, odeur ou goût : modalité stimulante) perçus par un type donné d'organes des sens (modalité sensorielle) et par conséquent responsables de sensations analogues (modalité sensitive). Ce terme dérive également de la physiologie sensorielle, où il est tombé en désuétude.

MODELE
Sollmuster
Template

Terme surtout utilisé en → *bioacoustique* pour désigner une information enregistrée dans la → *mémoire*, qui guide l'animal au cours de la mise en place de son propre comportement. Chez quantité d'oiseaux chanteurs, le → *chant* du jeune mâle est soumis au monitorage du père ou d'autres adultes. Ce processus d'apprentissage s'accomplit souvent très tôt, bien avant que le jeune n'émette lui-même, et dans nombre de cas au cours d'une → *phase sensible* fixe (→ *empreinte vocale*). A ce stade du développement, le jeune, à l'audition du chant d'un adulte, acquiert un modèle (« image auditive »); il modulera ultérieurement son chant en conformant ce qu'il produit à ce qu'il a mémorisé (rétroaction acoustique - auditory feedback).

Les oiseaux chanteurs rendus sourds expérimentalement, incapables d'entendre leur chant et de le comparer au modèle, émettent généralement des vocalisations atypiques. Lorsque le chant d'une espèce est en partie programmé génétiquement, certains auteurs parlent de modèle inné (toutefois perfectible par expérience).

MARLER (1963, 1976); KONISHI (1965); DIETRICH (1980).

Modèle de la structure d'un instinct

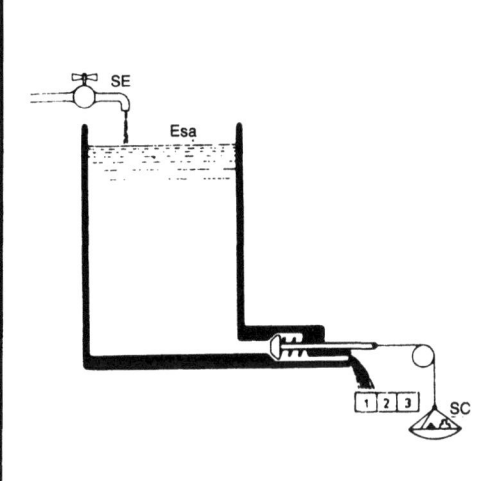

Fig. 74. L'ancien modèle « psychohydraulique » permet d'expliquer l'apparition d'une activité instinctive. Le robinet SE représente l'accumulation d'une force endogène (→ endogène) ; la ligne Esa indique le niveau momentané de l'→ énergie spécifique d'action (→ potentiel d'action) relative au comportement envisagé. Le ressort de l'exutoire symbolise la stabilité du système, et la traction qu'exercent les poids par l'intermédiaire du filin figure l'action des stimuli-clés : plus importante est la réserve d'eau, plus légers seront les poids qui ouvriront l'exutoire (ou encore, plus puissant sera le jet s'échappant du réservoir en présence de poids identiques). Ce modèle était notamment destiné à interpréter le phénomène de → variation du seuil de réponse, c'est-à-dire à expliquer pourquoi, en cas d'abaissement de plus en plus important de ce seuil (élévation du niveau de l'eau), des stimuli de moins en moins spécifiques (poids plus faibles), voire les stimuli émanant d'→ objets de remplacement, suffisent à déclencher un comportement (in LORENZ, 1978).

Fig. 75. Modèle explicatif « classique » de la structure d'un instinct, proposé par N. TINBERGEN. Il représente l'organisation « hiérarchisée » du comportement et distingue entre instincts (supérieurs) de premier niveau, instincts intermédiaires de deuxième niveau et instincts de niveaux inférieurs, qui commandent chacun une des conduites partielles ou une des séquences motrices régies par l'instinct immédiatement supérieur (→ instinct). D'après cette représentation schématique, le centre supérieur est surtout influencé par des facteurs internes, dans le cas présent des hormones. En revanche, les autres centres sont activés tant par des stimuli externes que par des facteurs internes. Un « obstacle » empêche normalement la décharge des « influx » d'un centre supérieur vers celui qui lui est immédiatement inférieur ; cet obstacle, qu'il faut se représenter comme un → mécanisme inné de déclenchement, peut être levé par des stimuli appropriés (→ stimulus-clé ; → déclencheur). Toutefois, en l'absence des déclencheurs propres à induire les comportements partiels des centres inférieurs, les obstacles subsistent et l'influx est canalisé vers le → comportement appétitif du niveau correspondant. La phase d'appétence se poursuit jusqu'à ce qu'une combinaison de stimuli-clés lève l'obstacle à ce niveau. En raison d'une inhibition réciproque il ne peut y avoir exécution à tout instant que d'un seul comportement partiel à un niveau donné. Le niveau terminal est celui de l'→ acte consommatoire du registre comportemental considéré. Aux échelons inférieurs l'inhibition réciproque fait place à une coordination entre les différentes sous-unités, comme on l'explique ici pour les mouvements d'une nageoire (in TINBERGEN, 1952).

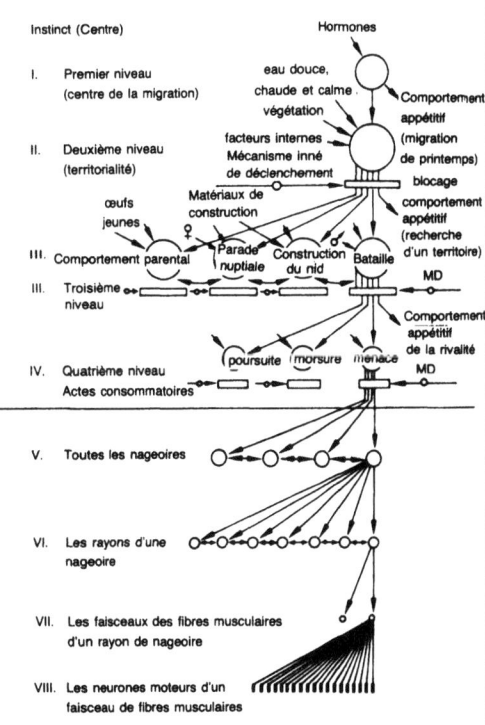

161

MODELE DE LA STRUCTURE D'UN INSTINCT*
Instinktmodell
Instinct model

Dénomination des modèles hypothétiques élaborés essentiellement aux premiers temps de l'éthologie pour représenter sous forme visuelle la structure hiérarchisée d'un instinct (→ *hiérarchie*) ; cette représentation graphique permet d'appréhender globalement les relations existant entre → *motivations*, conduites et contractions musculaires majeures et subordonnées, et dès lors l'organisation du comportement dans son ensemble. En raison des réticences que suscite le concept d'→ *instinct*, cette appellation n'est plus guère utilisée que dans un sens historique (fig. 74 ; fig. 75 ; fig. 57 p. 126).

TINBERGEN (1950, 1952a) ; HINDE (1953) ; BAERENDS (1976).

MODIFICATION
Modifikation
Modification

Collectif pour tous les changements d'un organisme suscités par les facteurs de l'environnement au cours de la vie individuelle et par conséquent, au contraire de la → *mutation*, non héréditaires. Ces modifications affectent tant la morphologie (par exemple la taille, la stature et la coloration chez les animaux, comme d'ailleurs chez les végétaux) et la physiologie (par exemple sensibilité à la température ou à la lumière) que le comportement, comme le mode d'ingestion des aliments, l'→ *usage d'instruments* ou les vocalisations (→ *dialecte*). Il arrive que ces modifications comportementales soient transmises par → *tradition*.

LORENZ (1961) ; BANDURA (1969).

---

* Voir THINES G. et LEMPEREUR A. (1975), p. 503.
On trouve souvent dans la littérature l'expression « schéma explicatif de la structure hiérarchique contrôlant le comportement instinctif » (THINES, 1966, p. 263). Voir aussi TINBERGEN N. (1971), p. 176.

MONOGAMIE*
Monogamie
Monogamy

Association d'un seul mâle et d'une seule femelle aux fins de la reproduction. La monogamie (à l'inverse de la → *polygamie*) s'accompagne presque toujours de la manifestation d'un → *comportement parental* par les deux géniteurs. Elle a été décrite chez des représentants de toutes les classes de vertébrés et, isolément, d'invertébrés (par exemple isopodes des sables, crustacés et coléoptères). Chez les mammifères, elle est extrêmement rare et n'a été attestée avec certitude que pour quelques carnassiers (la plupart des canidés, maints mustélidés et viverridés), certains rongeurs (par exemple le castor) et ongulés (par exemple le dik-dik, l'oréotrague sauteur), et divers primates (par exemple les ouistitis, les callicèbes et les gibbons).

En revanche, chez les oiseaux la monogamie est le → *système de reproduction* de loin le plus répandu et est propre à plus de 90 % de toutes les espèces. La durée de l'association est toutefois très variable. Ainsi, le → *lien conjugal* peut subsister le temps d'une couvée seulement (comme chez maints oiseaux chanteurs), pendant toute une saison de reproduction ou plusieurs années successives (→ *union durable*). On a décrit des unions à vie chez l'oie cendrée et le grand corbeau. Une → *hiérarchie sociale* s'établit souvent entre les partenaires d'un couple. Dans la plupart des cas, la monogamie suppose une capacité de → *reconnaissance individuelle*. Chez certains oiseaux migrateurs comme la cigogne blanche, le martinet noir et l'hirondelle de cheminée, le maintien à long terme de la cohésion du couple s'explique par l'inféodation des deux partenaires au même site, qu'ils regagnent après leur séjour (séparé) dans leurs quartiers

---

* In CHAUVIN R. (1961), p. 82 ; GAUTIER J.-Y. (1982), pp. 126-128.

d'hiver. On qualifie ce phénomène de « fidélité au site » ou de « monogamie anonyme ».

EISENBERG (1965); BREDER et ROSEN (1966); LACK (1966); ORIANS (1969); WICKLER (1976); EMLEN et OHRING (1977); KLEIMAN (1977); LINSENMAIR (1979); PERRONE et ZARET (1979); WITTENBERGER et TILSON (1980); BAYLIS (1981).

MONOMORPHISME
Monomorphismus
Monomorphism

Uniformité dans la morphologie et/ou le comportement d'une espèce. On appelle monomorphes les espèces qui ne connaissent ni → *dimorphisme sexuel*, ni → *castes*, ni → *rôles* comportementaux (→ *polymorphisme*).

MONTE
Aufreiten
Mounting

Se dit de la posture copulatoire la plus répandue chez les mammifères : le mâle prend appui sur le dos de la femelle (→ *copulation*). Chez nombre de mammifères, surtout les primates, la monte s'observe également en dehors de l'→ *oestrus* (→ *pseudo-copulation*).
ANTONIUS (1940); HANBY (1975); OWENS (1976).

MORPHOLOGIE DU COMPORTEMENT
Verhaltensmorphologie
Behavioural morphology

Ancienne appellation, assez peu courante, de l'éthologie descriptive, c'est-à-dire de la discipline qui établit des → *éthogrammes*. Elle trouve deux justifications : d'une part, les comportements aussi revêtent une « forme » ; de l'autre, l'→ *éthologie comparée* a rejoint dès le départ la tradition morphologique par son approche évolutive (→ *évolution*) et comparative, et comme elle, s'est surtout attachée aux caractères → *spécifiques*.
WICKLER (1959, 1961a); LORENZ (1978).

MORSURE A LA NUQUE
Nackenbiss
Neck bite

Se dit de la morsure infligée à un animal en plantant les dents à un endroit bien précis de sa nuque. C'est ainsi que de nombreux félidés mettent leur proie à mort (morsure léthale) — alors que d'autres prédateurs pratiquent le → *secouement léthal*. La morsure à la nuque (alors appelée également « prise à la nuque ») survient dans une forme atténuée lors du → *ramassage* des jeunes chez divers rongeurs et félidés, et au cours de la → *copulation* chez quantité de mammifères carnassiers et d'oiseaux, quand le mâle saisit la femelle avec les dents ou le bec (« morsure nuptiale »).
LEYHAUSEN (1965, 1979); EWER (1976).

MOTIVATION[*]
Motivation
Motivation

Humeur, disposition, état préparatoire à une action spécifique, impulsion, poussée de la → *pulsion*. Etat interne qui pousse un animal à accomplir une action déterminée. Il dépend de multiples facteurs, externes comme internes (fig. 76).

La motivation sous-jacente à un comportement a à tout instant une valeur déterminée. L'action exécutée (→ *acte consommatoire*), le niveau de la motivation peut baisser (parfois par paliers) pour ensuite s'élever à nouveau. Les valeurs extrêmes de la motivation, qui toutefois ne sont pas atteintes pour toutes les conduites, se situent entre, d'une part, le niveau correspondant à l'absence totale de réaction au stimulus adéquat (→ *habituation*), et d'autre part celui de la capacité maximale de réaction qui suscite déjà un comportement en présence de stimuli très simples et inadé-

---
[*] In PIERON H. (1963), p. 249; PAULUS J. (1965), p. 37; CHAUVIN R. (1975), p. 200; RICHARD G. (1975), pp. 167-168; SILLAMY N. (1980), p. 773.

Motivation composite

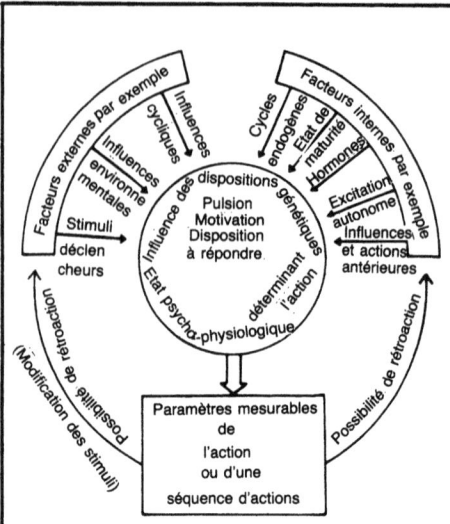

Fig. 76. Schéma élaboré à l'issue d'une vive controverse entre plusieurs éthologistes pour expliquer le concept de motivation et représenter les «entrées» quantifiables qui influencent celle-ci, de même que les «sorties», également mesurables. Parmi les facteurs internes qui agissent sur la disposition à répondre d'un organisme, on compte entre autres les stimuli internes, la phase précédant l'action (c'est-à-dire l'intervalle écoulé depuis sa dernière exécution), l'influence des → hormones, l'«état de maturité» d'un animal (→ ontogenèse), les cycles → endogènes (→ périodicité) ou une production autonome d'influx par le → système nerveux central (→ potentiel d'action). Parmi les facteurs externes on peut citer diverses influences de l'environnement (→ écologie) de même que leurs fluctuations cycliques, par exemple annuelles (→ rythme circannien), ainsi que l'action des stimuli externes (→ stimulus-clé, → déclencheur). Les «sorties» sont les → comportements observables et quantifiables (→ analyse motivationnelle), qui peuvent à leur tour rétroagir sur la disposition ultérieure à répondre. Il existe également de multiples interactions entre les différentes «entrées» (in BECKER-CARUS et al., 1972).

quats (abaissement du seuil de réponse) ou en l'absence totale de stimuli externes détectables (→ activités à vide, → variation du seuil de réponse).

En éthologie, le concept de motivation, qui a suscité d'innombrables controverses, n'est pas toujours utilisé de manière cohérente. De nombreux chercheurs y incluent les processus de maturation et d'apprentissage ainsi que les phénomènes de fatigue car ceux-ci peuvent également influencer le seuil de réponse. D'autres éthologistes rejettent cette conception élargie.

HINDE (1960); HUNT (1960); HOKANSON (1969); BECKER-CARUS et al. (1972); BÖSEL (1981); HAILMAN (1981).

MOTIVATION COMPOSITE
Mischmotivation
Mixture of motivations, mixed motivation

Bien des comportements n'obéissent manifestement pas à une motivation unique, mais à la conjonction de plusieurs motivations. La preuve en est leur structuration à partir d'éléments empruntés à divers registres : ainsi, de nombreux mouvements et postures de menace (→ *comportement de menace*) se composent d'éléments de l'attaque comme de la fuite qui, chez quantité d'espèces, viennent s'ajouter aux composantes sexuelles dans la parade nuptiale (motivation mixte sexuelle et agressive). La → *pulsion d'attachement* pourrait être également une motivation composite.

HINDE (1953); TINBERGEN (1954); ANDREW (1956); MORRIS (1970).

MOUE DE FLAIRAGE*
Flehmen
Flehmen

Expression faciale propre à de nombreux mammifères, surtout des ongulés et des félidés, qui s'observe également dans des cas isolés chez certains insectivores, chauves-souris et primates (→ *mimique*); l'animal retrousse en partie la lèvre supérieure et découvre ainsi les canines supérieures ou la gencive. La plupart du temps, ce comportement est lié à l'olfac-

---
* N.d.t. : Le terme allemand Flehmen est très usité dans les publications, que ce soit en français ou en anglais. Cf. HEYMER A. (1977), p. 68; LEROY Y. (1986), p. 56.

Mouvement d'intention

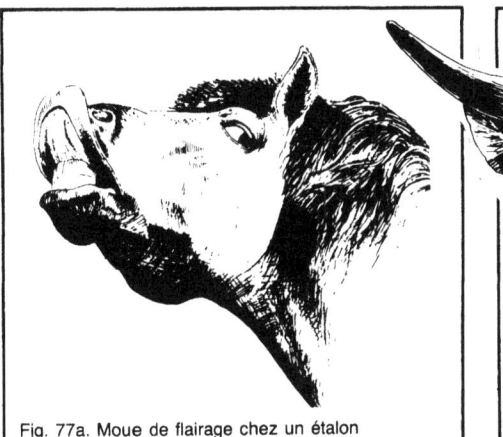

Fig. 77a. Moue de flairage chez un étalon

Fig. 77b. Moue de flairage chez un buffle banteng (*Bos javanicus*).

tion d'une substance et survient fréquemment chez le mâle qui flaire l'urine de la femelle (fig. 77a, fig. 77 b).

Jusqu'à présent, la fonction de la moue de flairage n'a pu être établie avec certitude. Le mouvement des lèvres permet plus que vraisemblablement l'acheminement des substances odorantes sous forme liquide jusqu'à l'organe de Jacobson. C'est par cet organe olfactif s'ouvrant au plafond de la cavité buccale que les mammifères inférieurs analysent les stimuli olfactifs des aliments en cours d'ingestion. Par contre, il semble que chez les mammifères macrosmatiques (→ *macrosmates*), les récepteurs de cet organe réagissent violemment aux → *hormones sexuelles* de la femelle. Comme leur concentration dans l'urine fluctue au cours du cycle, le mâle perçoit le début de l'→ *oestrus* et détermine le degré de réceptivité de la femelle.

SCHNEIDER (1930); KNAPPE (1964); VERBERNE (1971); EISENBERG et KLEIMAN (1972); ESTES (1972); BAILEY (1978); WALTHER (1979).

MOUVEMENT D'INTENTION *
Intentionsbewegung
Intention movement

Mouvement indicatif. Mouvement d'humeur. Ebauche d'une conduite (par exemple becquetage répété de matériaux pour le nid avant le début de la construction proprement dite). Il traduit l'état motivationnel d'un animal à un moment donné (→ *motivation*) et peut ainsi faciliter la compréhension intraspécifique en indiquant la disposition de l'individu à accomplir une action déterminée. Ainsi, chez de nombreuses espèces, le → *comportement de menace* inclut des mouvements d'intention de véritables combats. Certains oiseaux exécutent avant l'envol des mouvements d'intention capables de «stimuler» la disposition au vol au sein d'un groupe et de provoquer l'essor presque simultané de toute la bande (→ *panurgisme*). Au cours de la phylogenèse, la → *ritualisation* a souvent accentué la charge signalétique des mouvements d'intention.

HEINROTH (1911); DAANJE (1950); LORENZ (1951); TINBERGEN (1952a); ANDREW (1956).

---

* In RUWET J.-Cl. (1969), p. 66; CHAUVIN R. (1975), p. 204.
Syn. **Mouvement intentionnel** in HEYMER A. (1977), p. 94.

MUTATION
Mutation
Mutation

Modification du patrimoine génétique d'une cellule. Dans des conditions naturelles, les mutations s'accomplissent «spontanément», c'est-à-dire sans impulsion extérieure perceptible. Il est possible d'en accroître le nombre expérimentalement, par exemple par un rayonnement de haute fréquence ou par des substances chimiques. Les mutations produisent le matériau brut à partir duquel la → *sélection* s'opère et constituent par conséquent le préalable à l'→ *évolution*.
MAYR (1967).

N

NAVIGATION
Navigation
Navigation

Capacité de déterminer sa position et l'orientation à prendre dans un environnement inconnu (→ *orientation*).
SCHMIDT-KOENIG (1979, 1980).

NECROPHORESIE
Nekrophorie
Necrophoric behaviour

Transport des cadavres de congénères. Les fourmis évacuent les morts de la fourmilière, et les oiseaux débarrassent généralement leur nid des oisillons morts.
WILSON (1971); HOWARD et TSCHINKEL (1976); DUMPERT (1978).

NEOTENIE
Neotenie
Neoteny

En biologie, ce terme désigne un ralentissement général dans le développement, qui peut se traduire par un retard de la croissance sur la maturité sexuelle. On observe chez certains mammifères et oiseaux supérieurs un phénomène comparable qui a de multiples répercussions sur le comportement. On relève chez ces animaux une tendance manifeste à un étalement, voire un ralentissement du développement, dont les causes demeurent obscures.

Il pourrait être nécessaire à l'animal pour constituer suffisamment de réserves à consommer après son émancipation. Il est toutefois plus probable que l'avantage réside dans l'allongement de la période pendant laquelle le jeune peut accumuler des expériences (par exemple par la voie du → *comportement ludique* et/ou *exploratoire*) et assimiler des conduites par → *tradition*. Il importe que le jeune qui séjourne longtemps auprès des parents ou dans le groupe puisse être identifié comme tel (→ *caractère juvénile*).
GOULD (1977); MASON (1979).

NEUROETHOLOGIE
Neuro-Ethologie
Neuro-ethology

Discipline de l'éthologie qui étudie les fondements neuronaux du comportement, c'est-à-dire les processus sous-jacents à une conduite déterminée dans les organes sensoriels et surtout dans le → *système nerveux central*. La recherche neuroéthologique s'interroge notamment sur la régulation du comportement par le système nerveux central, sur les processus neurophysiologiques susceptibles d'influencer l'état motivationnel d'un animal (→ *motivation*), sur l'enregistrement dans le cerveau d'informations portant sur le milieu (→ *mémoire;* →*en-*

gramme) ou enfin sur la sélection, parmi toutes les informations perçues, des stimuli essentiels pour l'individu (→*stimulus-clé;* → *filtrage des stimuli*).

WRIGHT et al. (1975); EWERT (1976); FENTRESS (1976); KANDEL (1976); BENTLEY et KONISHI (1978); HOYLE (1978); HUBER (1978).

NEURONE
Neuron
Neuron

Cellule nerveuse, élément fondamental du → *système nerveux central.* Cellule capable d'engendrer, de traiter et de transmettre des signaux électriques, et par conséquent responsable de la transmission de l'information dans l'organisme (fig. 78).

NEUROSECRETION
Neurosekretion
Neurosecretion

Libération par des cellules du → *système nerveux central* de produits de la → *sécrétion.* Ces cellules sont appelées neurosécrétrices ou — si comme les glandes hormonales (→ *hormones*) elles dégagent leurs substances dans le fluide corporel — neuroendocrines. On parle alors de neurohormones. Celles-ci jouent un rôle particulier chez de nombreux invertébrés (p. ex. insectes, crustacés et seiches), chez lesquels elles exercent une activité régulatrice notamment sur la mue, les métamorphoses (→ *larve*), l'→*activité* en général ou le → *changement de couleur.*

BERGMANN (1954); FARNER et OKSCHE (1962); GERSCH (1964); RAHMANN (1976); FABER et HAID (1980).

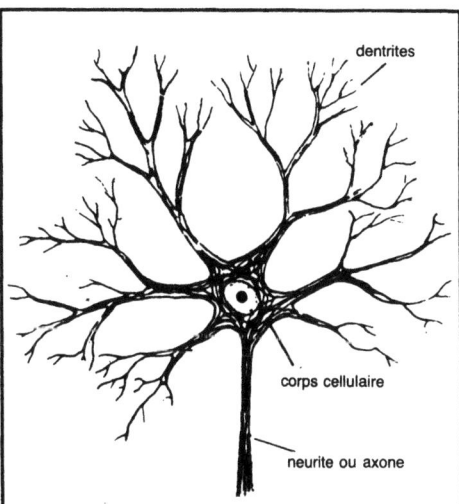

Fig. 78. Schéma simplifié d'un neurone. Il représente les principaux éléments d'une cellule nerveuse : le corps cellulaire avec le noyau, les dendrites extrêmement ramifiées, prolongements souvent multiples qui conduisent l'excitation vers la cellule (centripète), et le neurite unique, souvent très long et dont seule l'extrémité est ramifiée, qui assure la conduction de l'excitation à partir de la cellule (centrifuge). Le terme «axone» a cependant supplanté dans les publications celui de «neurite» (in WURMBACH, 1970).

NICHE ECOLOGIQUE
Ökologische Nische
Ecological niche

En → *écologie*, on entend par là la position qu'occupe une → *espèce* en fonction de ses besoins physiologiques et de son utilisation du milieu dans un «écosystème», c'est-à-dire dans la «biocénose» composée de tous les habitants d'un biotope déterminé. Le terme «niche» ne comporte ici aucune connotation spatiale, mais désigne un système de relations fonctionnelles entre diverses espèces et les facteurs de l'environnement. (La définition et l'utilisation du terme peuvent toutefois varier considérablement d'un auteur à l'autre). Le comportement, par exemple la quête alimentaire ou le mode d'ingestion des aliments, intervient pour beaucoup dans l'adaptation à une niche écologique (→ *radiation adaptative*).

KÜHNELT (1965); VANDERMEER (1972); OSCHE (1973b); COLWELL et FUENTES (1975); MAUERSBERGER (1978).

NID DE REPOS
Schlafnest
Sleep nest, roosting nest

Terme générique pour les nids qui ne sont pas destinés à abriter les jeunes, mais bien à servir de gîtes pour la nuit. Les nids de repos sont surtout connus chez les anthropoïdes et les oiseaux chanteurs (p. ex. fringillidés, troglodytes, moineaux). Ceux-ci occupent souvent des nids abandonnés, qu'ils soient ou non de leur propre espèce. Il est plus rare qu'ils en aménagent eux-mêmes. La signification biologique de ces nids reste à découvrir. L'amélioration de l'isolation thermique ne peut être sa seule fonction, puisque même des espèces tropicales s'arrangent un endroit où passer la nuit et que ce phénomène est même plus répandu sous les tropiques que sous les latitudes tempérées.

SCHALLER (1961, 1963); IMMELMANN (1962); SKUTCH (1976).

NIDICOLE
Nesthocker
Nidicolous nestling, altricial animal

Se dit des espèces chez lesquelles les jeunes, à la naissance ou à l'éclosion, se trouvent à un stade de développement relativement tardif eu égard à la régulation thermique, aux possibilités de mouvement et aux capacités sensorielles, et dès lors sollicitent encore pendant un certain temps de leurs deux parents ou de leur mère des soins intensifs. Les limites entre nidicoles et → *nidifuges* sont floues : chez maintes espèces d'oiseaux (par exemple les oiseaux chanteurs), les jeunes éclosent nus et aveugles et restent au nid pendant une période relativement importante, tandis que chez d'autres espèces (par exemple les mouettes et alcidés) ils se trouvent à un stade plus avancé au sortir de l'œuf et quittent déjà le nid après quelques jours.

BEZZEL (1977); NIETHAMMER (1979).

NIDIFUGE
Nestflüchter
Precocial animal, nidifugous nestling

A l'origine, les deux termes antinomiques « nidifuge » et « nidicole » étaient réservés aux oiseaux et se référaient essentiellement au moment où les petits quittent le nid (dès la naissance ou seulement après plusieurs jours ou semaines). Aujourd'hui, ces termes s'appliquent aussi aux mammifères et depuis peu aux poissons également, bien que chez ces espèces, la plupart des nidifuges n'aménagent jamais de « nid ». (Désormais, « nidifuge » s'emploie même pour les formicidés, lorsque, comme chez la fourmi chasseresse sud-américaine, les ouvrières, très peu de temps après la

Fig. 79. Exemple illustrant les deux types de développement chez les oiseaux : nidicole (torcol, *Jynx torquilla*) (à gauche) et nidifuge (vanneau, *Vanellus vanellus*) (à droite). Les deux oisillons ont à peu près le même âge (in K. v. FRISCH, 1974).

sortie de la nymphe, participent aux migrations et aux expéditions de chasse de la colonie).

Dans son sens actuel, ce terme s'utilise donc indépendamment de l'existence d'un nid. Il évoque davantage un état de développement avancé du jeune à la naissance ou à l'éclosion, qui lui permet très vite de suivre ses parents ou sa mère (fig. 79).

En général, chacun de ces types de développement est typique d'entités systématiques relativement vastes (ordres). Ainsi, nous trouvons des exemples de nidifuges parmi les oiseaux, chez les autruches, les gallinacés et les anatidés, et parmi les mammifères, chez les ongulés. Seuls les groupes de lagomorphes et autres rongeurs comprennent aussi bien des nidifuges (caviidés, lièvres) que des nidicoles (les autres rongeurs, lapins). Chez les oiseaux, les nidifuges se rencontrent surtout parmi les espèces les plus anciennes phylogénétiquement, chez les mammifères au contraire chez les formes plus récentes, plus « évoluées ». Chacune de ces deux classes de vertébrés se distingue par une progéniture nombreuse ou maigre ; chez les oiseaux, les nidifuges sont ceux qui laissent le plus de descendants, ce rapport étant inversé chez les mammifères.

A côté de l'« échelon » phylogénique, il semble que des adaptations écologiques interviennent également dans la structuration de ces deux types de développement. En particulier, la vie terrestre et l'augmentation du risque de prédation qu'elle implique semble avoir concouru à l'apparition des nidifuges. Ce phénomène est surtout manifeste lorsque les deux types se présentent chez des espèces assez étroitement apparentées.
Ainsi les grues, qui couvent au sol, de même que les lièvres, sont des nidifuges, tandis que les cigognes, qui nichent dans les arbres, et les lapins, qui mettent bas dans des terriers, appartiennent aux nidicoles. Les jeunes primates appelés → *agrippeurs* et quelques autres mammifères occupent une position intermédiaire entre nidifuges et nidicoles.

NICE (1972); GOULD (1977); TOPOFF et MIRENDA (1978); NIETHAMMER (1979).

O

OBJET DE REMPLACEMENT, SUBSTITUT
Ersatzobjekt
Substitute object

Objet aberrant auquel une conduite s'adresse à la suite d'un abaissement du seuil de réponse (→ *variation du seuil de réponse*). Il est parfois également question d'objet de remplacement pour désigner la cible d'une → *activité de redirection*. Ces deux phénomènes étant bien distincts, il convient de privilégier dans ce cas l'appellation → *objet d'évacuation* (pour la discussion, se reporter à cette entrée) (fig. 80).

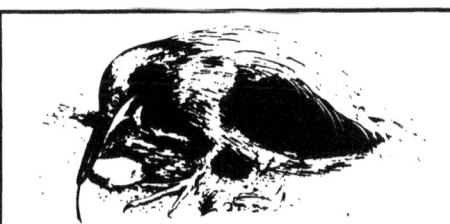

Fig. 80. Exemple de conduite dirigée vers un objet de remplacement. Un héron vert américain (*Butorides virescens*) reporte sur une pierre des comportements habituellement réservés à la ponte : il dispose des matériaux de construction autour du substitut, gonfle le plumage puis s'installe précautionneusement dans la position de la couveuse (d'après une photographie de G. BUDICH in LIPPERT, 1972).

OBJET D'EVACUATION
Ausweichobjekt
Neutral object

Objet « inadéquat » vers lequel s'oriente un comportement dans des situations conflictuelles (→ *activité de redirection*). Dans ce contexte on trouve aussi fréquemment le terme « objet de remplacement », par ailleurs utilisé en cas d'abaissement du seuil de réponse (→ *variation du seuil de réponse*). Toutefois, comme ces deux situations présentent des différences manifestes, il convient d'opérer une distinction : dans le cas d'un abaissement du seuil de réponse, l'objet inadéquat prend, *en son absence*, la place de l'objet attendu, tandis que dans le cas d'une activité de redirection, la cible normale est effectivement présente et l'inhibition de la réaction ne joue *qu'à son égard*.

BASTOCK et al. (1954).

ODEUR DE GROUPE
Gruppenduft
Group odour, community odour

Odeur résultant d'un marquage mutuel, propre à un groupe de mammifères sociaux (→ *comportement de marquage;* → *marquage olfactif*). C'est pour les membres du groupe un trait distinctif réciproque, une sorte de « laissez-passer » qui, même chez les groupes sociaux anonymes (→ *formation du groupe*), permet de les distinguer des intrus. Les odeurs de groupe sont surtout attestées chez certains rongeurs et chez les phalangers, une sorte de marsupiaux, mais aussi isolément chez les invertébrés (p. ex. isopodes). Par ailleurs, l'→ *odeur* de ruche de l'abeille mellifère est également un bel exemple d'odeur de groupe (→ *phéromone*).

RIBBANDS (1965); SCHULTZE-WESTRUM (1965); LINSENMAIR (1972); RASA (1973a); BROWN (1979); GREENBERG (1979).

ODEUR DE RUCHE
Stockgeruch
Hive odour

Odeur propre à une communauté d'abeilles. Elle permet la reconnaissance mutuelle des compagnes de ruche et le repérage des intrus. A l'inverse des → *odeurs de groupe* des mammifères, les odeurs propres aux différentes communautés ne diffèrent pas par la composition des sécrétions olfactives en elles-mêmes, mais bien par l'adjonction des senteurs florales qui ont la préférence des membres de la ruche (→ *phéromone*).

v. FRISCH (1965); GREENBERG (1979).

ŒSTROGENES
Oestrogene
Oestrogens, estrogens

Groupe d'hormones sexuelles femelles, essentiellement sécrétées dans les ovaires. Elles commandent la maturation des ovules et l'→ *ovulation*, et assurent le développement et le maintien des caractères sexuels et du comportement reproducteur femelles. L'œstrogène le plus important est la folliculine (œstradiol).

FABER et HAID (1980); PFAFF (1980).

ŒSTRUS
Oestrus
Oestrus, estrus

« Chaleur ». Chez les mammifères, ensemble des modifications saisonnières que subit la femelle à la reprise de l'activité sexuelle (→ *ovulation*). La plupart d'entre elles sont de nature physiologique et préparent la gestation. Elles appellent parallèlement des modifications comportementales (souvent désignées par « œstrus comportemental ») liées à la → *copulation* (p. ex. → *lordose*). De plus, chez quantité de primates, la tumescence spectaculaire de la région génitale de la femelle est responsable d'un changement de morphologie.

Offrande alimentaire

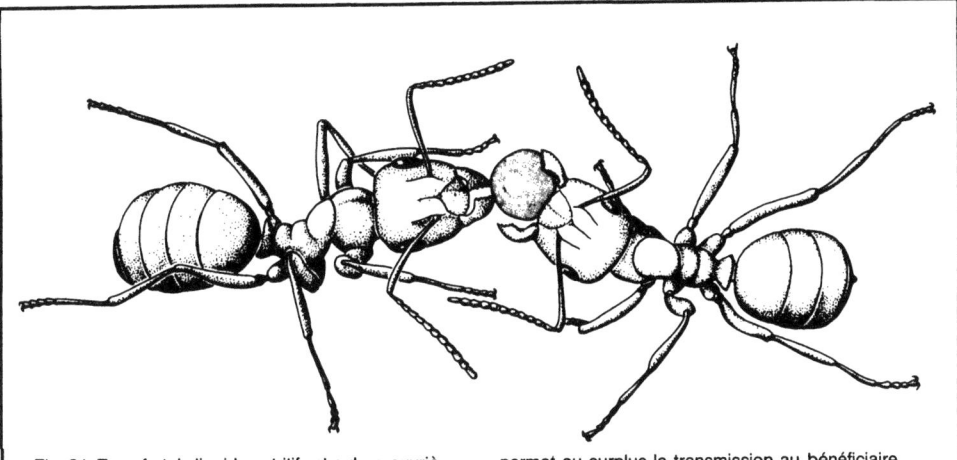

Fig. 81. Transfert de liquide nutritif entre deux ouvrières chez la fourmi des bois *Formica sanguinea*. Ce comportement assure en premier lieu le nourrissage par des sujets rentrés au nid le jabot plein, mais permet au surplus la transmission au bénéficiaire d'informations de nature chimique (→ *trophallaxie*) (d'après HÖLLDOBLER, 1973 in DUMPERT, 1978).

Comme ces modifications, qui sont d'abord des → *déclencheurs* sexuels à l'adresse du mâle, peuvent également amener un changement de position sociale au sein du groupe (p. ex. adoption par la femelle en œstrus du rang hiérarchique de son prétendant, → *couple consort*), il convient de les compter parmi les → *indicateurs de statut* au sens large. Les phénomènes d'œstrus sont en grande partie régis par des hormones (→ *œstrogènes, progestérone*). A l'inverse des mâles, qui manifestent une activité sexuelle pendant toute la saison de reproduction, chez les mammifères, les femelles sont pratiquement inactives en dehors de l'œstrus (on parle d'anœstrus).
ROWELL (1972); HAUSFATER (1975).

OFFRANDE ALIMENTAIRE*
Futterübergabe
Food dispensing, food transmission

Nourrissage d'un individu par un autre. Dans le règne animal, le transfert d'éléments nutritifs, qui s'inscrit dans le comportement altruiste (→ *altruisme*), intervient dans les contextes suivants : des parents aux jeunes, dans le cadre du → *comportement parental*, entre mâle et femelle, comme élément de la parade nuptiale ou du rituel de renforcement du → *lien conjugal* (→ *offrande nuptiale*), chez certains insectes sociaux, entre n'importe quels individus d'une même communauté (fig. 81). En cas de → *division du travail*, l'offrande alimentaire peut assurer le ravitaillement des individus que d'autres activités (par exemple défense de la société, soins à la ponte) empêchent de se consacrer, du moins en suffisance, à leur propre quête alimentaire. Chez certains insectes sociaux, il existe des → *castes* devenues tout à fait incapables de se procurer leur nourriture, et dont l'alimentation dépend donc exclusivement des congénères (→ *société*). Chez quantité d'insectes, les substances nutritives véhiculent également des → *phéromones*. L'offrande alimentaire peut alors garantir secondairement la transmission d'informations de nature chimique (→ *trophallaxie*). En cas de → *parasitisme de reproduction* et de → *parasitisme social* notamment,

---
* In CAMPAN R. (1980), pp. 203, 205.

un transfert d'aliments s'effectue d'une espèce à une autre (fig. 69, p. 157).
NIXON et RIBBANDS (1952); LANGE (1967).

OFFRANDE NUPTIALE
Balzfüttern
Courtship feeding

Nourrissage du partenaire. Apport (réel ou symbolique) de nourriture au partenaire au cours de la parade nuptiale ou de la consolidation du couple. Ce comportement est particulièrement répandu parmi les oiseaux. A l'origine, l'offrande alimentaire du mâle à la femelle remplissait vraisemblablement une fonction physiologique : elle assurait partiellement ou totalement le ravitaillement de la femelle pendant l'ovogenèse et la couvaison (→ *investissement parental*). Chez nombre d'espèces, l'offrande alimentaire a toutefois subi une → *extension* ou un → *changement* total *de fonction*. Elle contribue donc au surplus, et dans bien des cas exclusivement — quand aucun transfert alimentaire n'intervient plus et que le nourrissage n'est plus que symbolique («bécotage») — au renforcement du → *lien conjugal* ou est désormais partie intégrante de la → *parade nuptiale*.
LACK (1940b); NICOLAI (1956).

ONTOGENESE*
Ontogenese
Ontogeny

Développement de l'individu. Evolution de l'être vivant depuis la fécondation de l'ovule jusqu'à la mort. Elle comprend le développement prénatal dans l'œuf ou la matrice (développement embryonnaire et fœtal), la croissance, l'état de l'organisme adulte, mûr sur le plan sexuel, et les processus liés au vieillissement et à la dégénérescence. Le développement du comportement porte le nom d'ontogenèse du comportement. La recherche éthologique s'intéresse en particulier au développement du jeune depuis la naissance jusqu'à la maturité sexuelle, car à cette époque se produisent des phénomènes dont l'étude peut faciliter la compréhension des processus d'→ *apprentissage* et de → *maturation* comme celle de l'interaction entre facteurs génétiques et facteurs externes au cours du développement du comportement (→ *inné*). De nos jours, les recherches se concentrent toujours davantage sur le développement prénatal, par exemple sur l'→ *apprentissage prénatal* (→ *embryologie du comportement*). Enfin, l'étude de l'ontogenèse apporte également des éclaircissements sur l'évolution des espèces, puisque certains caractères comportementaux du jeune rappellent de loin ou de près le comportement des adultes d'une espèce plus ancienne (→ *récapitulation*).
GOTTLIEB (1971); MARLER (1975); GOULD (1977); BURGHARDT et BEKOFF (1978); RICHARD (1979); IMMELMANN et al. (1982).

ORGANE
Organ
Organ

Partie fonctionnelle de l'être vivant caractérisée par une structure particulière, par exemple cœur, foie, cerveau. Les principaux organes responsables de la régulation du comportement sont le → *système nerveux central* et certaines glandes hormonales (→ *hormone*).

ORGANE CIBLE
Zielorgan
Target organ

Se dit depuis peu de certaines structures du → *système nerveux central* qui subissent passagèrement ou durablement une modification et une régulation hormonale «organisante» (→ *empreinte*

---

* In CHAUVIN R. (1969), pp. 131 à 165; RUWET J.-Cl. (1969), p. 153; HEYMER A. (1977), p. 124; THINES G. et LEMPEREUR A. (1975), p. 673; GUYOMARC'H J.-Ch. (1980), pp. 49-54, 112-121; GAUTIER J.-Y. (1982), pp. 207-208, 207-245.

hormonale). La notion d'organe cible correspond ainsi à celle d'→ *effecteur*, c'est-à-dire à la structure corporelle qui est la cible de la régulation neuronale (nerveuse).

FABER et HAID (1980).

ORGANE DES SENS
Sinnesorgan
Sense organ

Organe qui perçoit les stimuli. Ensemble de cellules sensorielles (→ *récepteurs*), nerveuses et auxiliaires (cellules ou groupes de cellules de protection et de soutien).

ORGANISME
Organismus
Organism

Etre vivant. Ce terme, emprunté à la philosophie, évoque le concours harmonieux des différents «organes» ou parties d'organes d'un être vivant pour former un ensemble intégré.

ORIENTATION
Orientierung
Orientation

Capacité d'un organisme de se positionner et de donner à ses mouvements, tant à ses déplacements (→ *locomotion*) qu'aux mouvements des parties de son corps, une direction déterminée dans le champ de stimulation de l'environnement. On distingue entre orientation spatiale et orientation temporelle. L'orientation spatiale s'opère soit à partir des sources stimulantes présentes dans l'environnement (par exemple astres, repères topographiques, sources lumineuses) soit à partir des stimuli émis par l'animal lui-même (par exemple → *écholocalisation*). Il convient ici de distinguer entre orientation de translation et orientation de positionnement. On appelle → *taxies* les mouvements de translation orientée des animaux capables de se mouvoir librement, → *tropismes* les mouvements de positionnement des organismes fixés.

Si l'animal, pour s'orienter dans l'espace, se sert d'une source stimulante qui se déplace elle aussi (comme les astres), il est indispensable qu'une orientation temporelle corrige ce mouvement propre. Elle repose sur une → *horloge interne*. Parmi les formes d'orientation qui requièrent un mécanisme correcteur de ce type figure l'orientation à la boussole, particulièrement développée chez les oiseaux migrateurs et les abeilles, qui se guident d'après le soleil, mais également attestée chez une multitude d'autres espèces. L'horloge interne assure l'ajustement permanent de l'angle entre la source stimulante et la direction du déplacement.

LINDAUER (1964); V. FRISCH (1965); HASLER (1971); SCHMIDT-KOENIG (1979-1980); MERKEL (1980); SCHÖNE (1980).

OVULATION
Ovulation
Ovulation

Libération de l'ovule fécondable après rupture de l'enveloppe qui l'entoure, le follicule ovarien (ou de De Graaf) qui assure essentiellement l'alimentation de l'ovule au cours de la maturation. Les follicules ovariens se présentent chez de nombreux groupes d'animaux. Chez les mammifères, le follicule, indépendamment de sa fonction nourricière, est un important producteur d'→ *œstrogènes*, par lesquels il influence grandement le comportement. On relève également le phénomène inverse : chez les mammifères existent deux formes d'ovulation, apparemment distribuées arbitrairement : dans la plupart des cas — et ceci vaut également pour les primates, l'homme y compris — la rupture du follicule est spontanée et obéit à un cycle spécifique d'activité de l'ovaire. La durée de ce cycle est d'environ 28 jours chez la femme, de 4 jours chez la rate et de

4 mois chez la femelle du chat domestique (ovulation spontanée ou automatique). Par contre chez d'autres espèces, p. ex. les musaraignes, le lapin et le spermophile souslik, le vison et le furet, l'ovulation n'est pas automatique, mais ne se produit qu'après une → *copulation* réussie, p. ex. chez le lapin, environ 10 heures après l'accouplement (ovulation induite). Un comportement, l'accouplement, détermine donc un processus physiologique, l'ovulation. L'ovulation est régie par le jeu des hormones gonadotropes et des hormones sexuelles, → *œstrogènes* et → *progestagènes*, qui interagissent étroitement.

BASTOCK (1969); PENZLIN (1977); FABER et HAID (1980).

OUTIL COMPORTEMENTAL
Mehrzweckbewegung
Behavioural tool

Terme forgé par K. LORENZ pour désigner les conduites (généralement élémentaires et fugitives) qui peuvent survenir dans plusieurs → *cycles fonctionnels*. Il s'agit essentiellement de nombreuses conduites de la → *locomotion*, qui se manifestent tantôt au cours de la quête alimentaire, tantôt au cours de la défense territoriale ou de déplacements plus importants. Si un outil comportemental permet le passage d'un registre comportemental à un autre, on parle d'une → *action de transition*.

LORENZ (1937a, 1978).

P

PALEOETHOLOGIE
Paläo-Ethologie
Palaeo-ethology

Discipline qui étudie le comportement d'espèces animales disparues (→ *fossiles*). Ce terme est peu usité.

BERG et NISHENKO (1975).

PANURGISME *
Stimmungsübertragung
Social facilitation, contagion, mood induction

« Contagion ». Tendance répandue chez les animaux sociaux à tous exécuter simultanément une même conduite. Ainsi, une poule rassasiée est « entraînée » par ses congénères en quête de nourriture et recommence à picorer. Le panurgisme concourt dans une large mesure à la → *synchronisation* du comportement au sein d'un groupe. Par exemple, il est indispensable là où une réaction prompte s'impose, comme la fuite devant un prédateur (→ *comportement d'avertissement*) ou quand la distance séparant les ressources naturelles, comme les points d'eau, est telle que le groupe ne peut les visiter qu'épisodiquement : est alors défavorisé l'individu qui, parce qu'il n'a pas encore soif, se comporte différemment des autres membres du groupe, puisque après avoir quitté le point d'eau, il n'aura plus l'occasion de s'abreuver avant longtemps.

Le panurgisme est souvent confondu avec l'→ *imitation*. La différence entre

---
* In LEROY Y. (1986), p. 238.
Syn. **Contagion** in DE LANNOY J.D. et FEYEREISEN P. (1987), p. 48.
Syn. **Facilitation sociale** in CHAUVIN R. (1969), p. 290; GUYOMARC'H J.-Ch. (1980), pp. 28-29.
Syn. **Induction allomimétique** in HEYMER A. (1977), p. 168.

ces deux processus est pourtant claire. L'imitation permet à un animal d'acquérir une capacité *nouvelle* ; en revanche, le panurgisme ne fait que le « disposer » à une conduite dont il est de toute façon déjà capable. A l'inverse du processus d'apprentissage par imitation, il n'y a donc pas de mémorisation d'informations supplémentaires.

Depuis peu, on rencontre également à la place du terme « panurgisme » les dénominations « incitation sociale », « renforcement social » et — d'après la traduction littérale du terme anglais — « facilitation sociale ». Il existe toutefois entre ces appellations prises au sens strict une certaine différence : on parle surtout de « facilitation sociale » lorsque tous les animaux se trouvent déjà dans la même « disposition » et manifestent ou sont sur le point de manifester un comportement donné (par exemple prise alimentaire). Le moment où débute cette action est donc simplement avancé par des stimuli sociaux. Le panurgisme au sens strict s'applique cependant à des situations dans lesquelles la vue du comportement d'autres individus place effectivement un animal dans une « disposition nouvelle » (par exemple envol).

LORENZ (1935, 1951) ; THORPE (1963) ; KUMMER (1975) ; LAZARUS (1979).

PARADE COLLECTIVE
Gruppenbalz
Communal courtship, communal mating, group mating, group courtship

Parade de groupe, d'ensemble. Collectif désignant toutes les formes de parade auxquelles participent plus de deux individus. (Le synonyme « parade sociale » prête à confusion en raison de l'acception de l'adjectif → « *social* » en éthologie, toute parade pouvant être qualifiée comme telle). Il existe deux formes de parades collectives chez les animaux : chez de nombreux oiseaux, par exemple le canard colvert, les paradisiers, les colibris et les manakins, de même que chez certains insectes, p. ex. les empididés, plusieurs mâles s'assemblent pour parader (→ *arène de parade*). En vertu du principe de → *sommation hétérogène*

Fig. 82. Parade collective chez le petit flamant rose (*Phoeniconaias minor*). Le groupe des oiseaux en parade évolue parmi les individus occupés à s'alimenter ; il va et vient en mouvements amoeboïdes.

Parasitisme

des stimuli, l'exécution simultanée des mouvements, voire leur parfaite synchronisation, exerce manifestement une puissante attraction et stimulation sur la femelle. La seconde forme de parade collective réunit les mâles comme les femelles. Elle survient surtout chez les animaux sociaux des régions tropicales et favorise vraisemblablement la → *stimulation* réciproque de la motivation reproductrice, qui peut pallier l'absence de → *synchroniseur temporel* saisonnier (→ *effet Fraser-Darling*). Les flamants roses nous en fournissent un exemple célèbre : des dizaines, voire des centaines d'individus, se livrent à des « cérémonies » collectives au cours desquelles ils exécutent de concert des mouvements d'étirement et de toilettage ; à côté de la stimulation mutuelle, elles permettent vraisemblablement aux oiseaux ayant atteint le même stade de maturité sexuelle de se regrouper, puis de fonder une colonie de nidification (fig. 82).

SNOW (1963); IMMELMANN (1971); STUDER-THIERSCH (1974).

PARASITISME
Parasitismus
Parasitism

Relation entre deux organismes dont l'un vit aux dépens de l'autre (l'hôte), auprès duquel il trouve les éléments indispensables à son alimentation et à sa reproduction (endoparasite ou ectoparasite selon qu'il se trouve dans l'organisme ou non) et auquel il porte préjudice en lui infligeant des blessures et/ou en dégageant des métabolites toxiques. Le parasitisme suppose de grandes performances d'adaptation, qui s'expriment dans la morphologie, la physiologie et le mode de reproduction, mais également dans le comportement du parasite. Le → *parasitisme de reproduction* et le → *parasitisme social* en sont des formes particulières.

KÜHNELT (1965); OSCHE (1973b); REMMERT (1978).

PARASITISME DE REPRODUCTION
Brutparasitismus
Brood parasitism

Forme de → *parasitisme* par laquelle une espèce confie totalement ou partiellement à une autre les soins de ses œufs (→ *soins à la ponte*) ou de sa progéniture (→ *comportement parental*). Le parasitisme de reproduction exige une grande adaptation, qui concerne tant l'apparence des œufs ou des jeunes que le comportement des parents et des petits. Il n'est donc en rien plus « primitif » ou « moins complexe » que le comportement parental en soi. Le coucou nous offre l'exemple le plus célèbre de parasitisme de reproduction. Ce phénomène ne se limite toutefois pas aux oiseaux. Il s'observe également chez divers insectes, surtout les coléoptères et les hyménoptères (« abeilles-coucous »), qui confient leurs larves à d'autres espèces, généralement étroitement apparentées.

MAKATSCH (1955); NICOLAI (1964).

PARASITISME SOCIAL
Sozialparasitismus
Social parasitism

Forme de → *parasitisme* propre aux → *sociétés* d'insectes. A l'inverse des « véritables » parasites, les parasites sociaux (p. ex. les lépismes, différents coléoptères et les fourmis esclavagistes) ne nuisent pas à l'individu en particulier, mais portent préjudice à la « construction sociale » qu'est la société, par exemple par la consommation des réserves alimentaires (→ *cleptobiose*) ou la mise à mort et l'ingestion du couvain. Comme le → *parasitisme de reproduction*, le parasitisme social requiert une série d'adaptations particulières, certaines de nature comportementale (→ *mimicrie comportementale*).

KÜHNELT (1965); OSCHE (1973).

PARURE NUPTIALE
Prachtkleid
Nuptial dress

Chez les espèces qui connaissent un → *dimorphisme sexuel*, apparition de formes ou de patrons de couleur particuliers, voyants, chez le mâle ou la femelle. Dans l'immense majorité des cas, la livrée nuptiale est portée par le mâle. Font exception à cette règle quelques espèces d'oiseaux polyandres (→ *polygamie*), chez lesquelles les soins parentaux incombent au mâle. La livrée nuptiale peut être arborée tout au long de l'année ou à la saison des amours seulement — la couleur du pelage ou du plumage change alors deux fois par an. Les crêtes dorsales de nombreux tritons, la livrée d'un rouge éclatant de l'épinoche mâle ou le plumage bariolé du mâle chez quantité d'anatidés en sont des exemples. On appelle «parure d'éclipse» ou «patron cryptique» la livrée portée par le mâle, éventuellement la femelle, en dehors de la période de reproduction. La parure nuptiale joue un rôle important sur le plan comportemental dans la mesure où elle peut constituer un important → *déclencheur* de l'activité sexuelle ou de manifestations d'agressivité.

BEZZEL (1977); WICKLER (1965a, 1966b).

PERCEPTION DE LA FORME*
Gestaltwahrnehmung
Gestalt perception

Capacité qu'ont de nombreux animaux de reconnaître certaines combinaisons stimulantes non seulement à l'ensemble de leurs différents caractères (→ *sommation des stimuli*), mais surtout à certaines structures relationnelles existant entre eux. On trouve des exemples de cette «suprasommativité», qui implique que le tout est plus que la somme de ses parties, aussi bien dans le domaine auditif que visuel. Ainsi, il ressort d'expériences pratiquées avec des leurres sonores (→ *repasse*) qu'à l'audition des enregistrements, les oiseaux dont le chant se compose d'une succession de phrases longues et variées ne réagissent pas seulement aux caractères pris séparément mais aussi à l'impression auditive générale. De même, certaines configurations stimulantes visuelles n'ont d'effet que si elles présentent tous les caractères agencés selon un ordre déterminé. Il en est ainsi pour la reconnaissance des constellations qui permettent aux oiseaux migrateurs de s'orienter au cours de leurs déplacements.

LORENZ (1959); SCHLEIDT (1964a); EMLEN (1967); CORCORAN (1971); KÖHLER (1971); THORPE et HALL-CRAGGS (1976).

PERIODICITE
Periodik
Periodicity

Fluctuations régulières, invariablement récurrentes, de certains phénomènes du vivant (température corporelle, activité du foie, motivation sexuelle, activité globale d'un animal etc.). Elles reposent sur des processus physiologiques internes (→ *endogène*), qui s'accomplissent manifestement dans les cellules, mais dont la nature exacte n'est pas encore établie, et s'ajustent par le biais de → *synchroniseurs temporels* aux modifications de l'environnement. Les principaux processus périodiques qui affectent les êtres vivants sont de nature → *circadienne* et → *circannienne*.

BERTHOLD (1974); BÜNNING (1977); ASCHOFF (1979).

PERIPHERIQUE
Peripher
Peripheral

Situé dans les régions externes du corps ou d'un organe.

---
* In THINES G. (1966), pp. 94-100.

PHASE DE RETENTION
Kannphase

Dans le → *conditionnement*, laps de temps qui suit la phase d'apprentissage, c'est-à-dire l'association du stimulus et de la réaction. Elle prend fin à l'→ *extinction*.
BUCHHOLTZ (1973).

PHASE SENSIBLE*
Sensible Phase
Sensitive phase

Tranche de la vie d'un organisme où il est particulièrement sensible à certaines expériences d'apprentissage. A cette époque, qui se situe généralement tout au début du développement ontogénique de l'individu (→ *ontogenèse*), certaines influences de l'environnement (relevant par exemple du domaine social ou écologique) laissent une impression plus stable et plus durable qu'une expérience équivalente ou plus forte qui s'inscrirait en dehors de la phase sensible. La localisation et l'étalement de cette phase peuvent varier très fort selon les espèces, et au sein d'une même espèce, selon les processus d'apprentissage envisagés. Les phases sensibles se marquent particulièrement bien dans les diverses formes de l'→ *empreinte*, où elles ne durent parfois que quelques heures, comme dans le cas de l'→ *empreinte filiale*. L'apparition du → *syndrome d'isolement* est également liée à des phases sensibles, toutefois généralement moins limitées dans le temps.

Dans les premières publications traitant de l'empreinte (et en partie aujourd'hui encore), on rencontre à la place de « phase sensible » l'expression « période critique » empruntée à la physiologie du développement. Il est toutefois préférable d'utiliser la première appellation, plus courante à l'heure actuelle, et ce pour deux raisons : tout d'abord, cette époque de la vie n'a rien de critique (seule l'est *l'occasion manquée*) ; c'est au contraire une phase de sensibilité optimale vis-à-vis de certains stimuli. Ensuite, le mot « période » suggère, du moins en allemand, la récurrence d'un phénomène à intervalles réguliers. Or, la caractéristique la plus importante de la phase sensible est précisément qu'elle n'intervient qu'une seule fois dans la vie du sujet.
FABRICIUS (1964) ; SCOTT et al. (1974) ; BATESON (1979) ; OYAMA (1979) ; GROSSMANN (1981) ; IMMELMANN et SUOMI (1982).

PHENOTYPE
Phänotyp
Phenotype

Ensemble des caractères individuels d'un individu. Il est le résultat d'une interaction entre les dispositions héréditaires (→ *génotype*) et les facteurs du milieu qui s'exercent sur l'organisme au fil de son développement.
MAYR (1967) ; BEKOFF (1977) ; HAILMAN (1981).

PHEROMONE*
Pheromon
Pheromone

Egalement appelée phérormone, phérohormone, ectohormone ou sociohormo-

---

* Syn. **Période sensible** in DE LANNOY (1970), p. 759 ; CHAUVIN R. (1975), p. 210 ; HEYMER A. (1977), p. 163 ; CAMPAN R. (1980), p. 148 ; GUYOMARC'H J.-Ch. (1980), pp. 110-111.
Syn. **Période critique** in THINES G. et LEMPEREUR A. (1975), p. 350 ; VIDAL J.M. (1979), p. 77 ; CAMPAN R. (1980), p. 148.
Syn. **Période sensible ou période critique** in RUWET J.-Cl. (1969), p. 174.

* In HUSSON R. (1970), p. 214 ; CHAUVIN R. (1975), p. 192 ; THINES G. et LEMPEREUR A. (1980), pp. 726-727 ; HEYMER A. (1977), pp. 129-130 ; CAMPAN R. (1980), p. 201 ; SILLAMY N. (1980), p. 899 ; LEROY Y. (1986), pp. 67-74, 135-138, 163-167.
Syn. **Phérormone** in THINES G. et LEMPEREUR A. (1980), pp. 726-727 ; SILLAMY N. (1980), p. 899.
Syn. **Phéro-hormone** in HUSSON R. (1970), p. 214 ; THINES G. et LEMPEREUR A., *ibidem*.
Syn. **Ectohormone** in HUSSON R., *ibidem* ; LEROY Y. (1986), p. 22.
Syn. **Sociohormone** in LEROY Y. (1986), pp. 22-23.

ne. Substance apparentée aux → *hormones*, sécrétée par des glandes particulières et — à l'inverse des hormones proprement dites — libérée dans le milieu extérieur. Par conséquent, elle n'agit pas sur l'animal émetteur, mais influence d'autres individus conspécifiques. Deux types de fonctions sont dévolus aux phéromones, un seul d'entre eux justifiant cependant le terme «hormone» :

a) Au sens strict, une phéromone est un agent qui produit des effets physiologiques immédiats, une «hormone externe» directement comparable aux hormones «véritables». L'exemple le mieux connu est la gelée royale sécrétée par les glandes mandibulaires proéminentes de la reine des abeilles, qui empêche le développement d'autres reines dans une même ruche (→ *société*). Les phéromones régissent également l'appartenance des insectes sociaux aux → *castes*. Chez bien des termites, plusieurs phéromones différentes peuvent y concourir en de complexes interactions.

b) Au sens élargi, on appelle également «phéromones» des substances qui n'exercent aucun effet physiologique immédiat, mais contribuent simplement à la → *communication* sociale, c'est-à-dire jouent le rôle de «déclencheurs chimiques». C'est pourquoi elles sont aussi qualifiées de «phéromones-signal». Parmi elles, on compte les → *attractifs sexuels*, les substances odorantes de marquage territorial (→ *comportement de marquage*) et les substances d'alarme sécrétées notamment par divers poissons vivant en bancs et par les fourmis moissonneuses (→ *comportement d'avertissement*). De plus, les phéromones permettent entre autres la reconnaissance des membres du groupe (→ *odeur de groupe, odeur de ruche*), la → *reconnaissance individuelle* ou — comme chez nombre de fourmis et de termites — font office de poteaux indicateurs («traces odorantes») qui guident l'animal jusqu'à une source de nourriture («phéromone de piste»). Il arrive qu'une même substance remplisse ces deux types de fonction : c'est le cas de la gelée royale de l'abeille mellifère, qui avant le → *vol nuptial* agit également comme attractif sexuel.

BRONSON (1971); WILSON (1971); BIRCH (1974); SHOREY (1976); THIESSEN (1977); HÖLLDOBLER (1978).

PHOBIE
Phobie
Phobia

Aversion incoercible. Crainte obsessionnelle, incontrôlable de certains objets ou de situations précises. L'étude des phobies, qui ressortit surtout à la psychologie humaine, est de portée plus générale pour l'éthologie également en ce sens que des réactions → *innées* semblent encore participer, chez l'homme aussi, aux réactions d'effroi «justifiées» dans le contexte biologique (p. ex. peur des serpents ou des araignées).

SELIGMAN (1971); RACHMAN (1972); EYSENCK (1979).

PHORESIE
Phoresie
Phoresis

Utilisation passagère d'autres animaux comme «moyens de transport». La phorésie est particulièrement fréquente chez les espèces qui occupent des substrats très exigus et très éloignés les uns des autres, et dont les possibilités de locomotion ne suffisent pas à vaincre ces distances. Ainsi, de nombreux acariens coprophages se fixent à des géotrupes et se font transporter sur un tas de purin frais (fig. 83). Les nématodes, qui se nourrissent de charogne, se cachent sous les ailes des silphidés et peuvent ainsi atteindre un nouveau substrat.

SCHALLER (1960); MATTHES (1978).

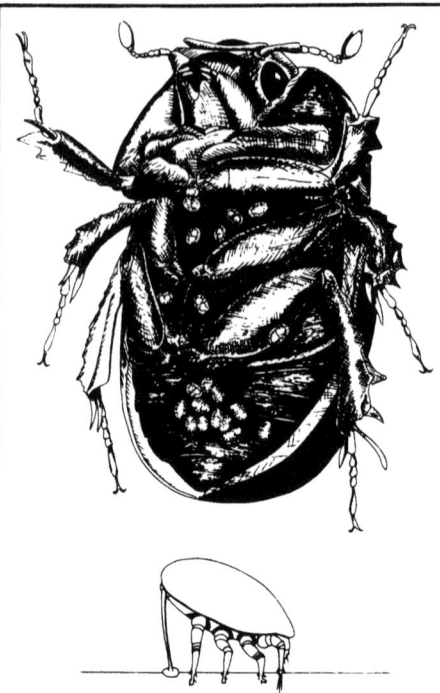

Fig. 83. Les nymphes errantes de l'acarien (*Parasitus coleoptratorum*) s'accrochent à l'abdomen d'un géotrupe (Geotrupes) et se laissent véhiculer jusqu'à un nouveau tas de fumier. Nombre d'acariens phorétiques sont dotés d'organes adhésifs qui leur permettent de s'accrocher à leur hôte pendant le transport. La « nymphe vagile » de l'espèce *Uropoda orbicularis* représentée au bas de la figure sort un style abdominal de son orifice cloacal (d'après RAPP, 1959 in SCHALLER, 1962 et in FAASCH, 1967).

PHOTORECEPTEUR
Photorezeptor
Photoreceptor

Cellule sensorielle excitée par les stimuli lumineux (optiques). Chez la plupart des animaux, les photorécepteurs se situent dans des organes sensoriels particuliers, les yeux. Chez certains animaux inférieurs, ils peuvent cependant se distribuer sur toute la surface du corps (« perception dermoptique »).

FLOREY (1970); PENZLIN (1977).

PHYLOGENESE*
Phylogenese
Phylogenesis, phylogeny

Développement des → *espèces* au cours de l'→ *évolution*. On entend par là l'origine et le développement d'une espèce, d'un ordre ou d'une classe (ou de l'un des deux grands « embranchements » du monde vivant, les végétaux ou les animaux) au fil des générations. La phylogenèse du comportement obéit aux mêmes lois que celle de tout autre caractère d'un être vivant. La → *mutation* et la → *sélection* en sont les principaux facteurs. La → *phylogénie du comportement* est une branche de l'éthologie qui étudie l'évolution du comportement chez l'espèce. On oppose à la phylogenèse l'→ *ontogenèse*, qui désigne le développement de l'individu.

WICKLER (1961a); RICHARD (1979).

PHYLOGENIE DU COMPORTEMENT
Verhaltensphylogenetik
Phylogeny of behaviour

Discipline éthologique qui a pour objet l'origine et l'évolution des comportements au cours de la → *phylogenèse*. Elle se heurte à de grandes difficultés de méthode, en raison de l'absence quasi totale de → *fossiles* comportementaux. Dès lors, très rares sont les cas en éthologie où on peut se prononcer sur des formes animales disparues, comme en morphologie où il a été possible de retracer l'évolution phylogénique des organismes. La phylogenèse des comportements ne peut pratiquement être inférée qu'à partir du comportement d'espèces récentes, c'est-à-dire actuelles. Deux possibilités se présentent : l'étude de l'→ *ontogenèse* comportementale et la comparaison d'espèces voisines dont

---

* In HUSSON R. (1970), p. 217.
N.d.t. La phylogenèse est le développement des espèces au cours de l'évolution. La phylogénie est la discipline qui étudie la phylogenèse (cf. JEUNIAUX, 1979, p. 1).

nous connaissons déjà la position phylétique grâce à l'apport d'autres disciplines zoologiques (→ éthologie comparée).
WICKLER (1967); ROE et SIMPSON (1969); BROWN (1975); GOULD (1977).

PHYSIOLOGIE
Physiologie
Physiology

Science qui étudie les fonctions et propriétés des êtres vivants. Il s'agit notamment du → métabolisme, de la motricité, de la sécrétion et de l'activité des → hormones, et de la perception, de la conduction et du traitement des → stimuli (→ récepteur, → neurone). Chaque discipline de la physiologie porte une dénomination propre en fonction des processus du vivant qu'elle étudie, par exemple physiologie de la respiration, de la digestion, de la motricité, physiologie hormonale, sensorielle ou neurophysiologie. L'→ éthophysiologie s'attache aux phénomènes physiologiques qui régissent le comportement.
FLOREY (1970); PENZLIN (1977).

PILOERECTION
Fellsträuben
Pilo-erection

Dressement des poils. Dans l'ensemble, la fonction de la piloérection correspond à celle de l'→ ébouriffement du plumage chez les oiseaux; il semble toutefois que sa fonction de déclencheur visuel soit moins répandue et moins affirmée que chez ceux-ci, phénomène assurément lié à l'importance moindre des attributs colorés chez les mammifères. Comme l'ébouriffement des plumes, la piloérection dérive d'un → épiphénomène.

PLACENTA
Plazenta
Placenta

Organe présent chez l'immense majorité des mammifères, qui entoure et nourrit le fœtus. Il est constitué à la fois de tissus embryonnaires et de tissus maternels (paroi utérine). A côté de sa fonction alimentaire, le placenta est l'un des principaux organes responsables de la sécrétion des hormones sexuelles femelles (→ progestagènes).
ROMER (1976).

POLYETHISME*
Polyethismus
Polyethism

Polymorphisme comportemental. Manifestation régulière de diverses expressions de comportement au sein d'une → espèce ou d'une → population. Les différentes spécialisations de comportement peuvent être soit «interchangeables», comme les → rôles assumés par de nombreux oiseaux et mammifères, soit fixées pour toute la vie (et généralement, s'accompagner alors de différences morphologiques, → polymorphisme), comme chez quantité d'insectes sociaux (→ société, → caste).
L'abeille mellifère occupe une position intermédiaire : au cours de leur vie, les ouvrières exécutent les différentes tâches à l'intérieur et à l'extérieur de la ruche dans un ordre plus ou moins établi. Le polyéthisme conditionne la mise en place d'une véritable → division du travail.

A côté des séquences comportementales proprement dites, le polyéthisme peut également se manifester dans le cadre de → préférences, écologiques notamment, par exemple en cas de prédilection pour un biotope particulier. Diverses expériences intervenues précocement dans la vie du sujet commandent souvent l'apparition de cette forme de polyéthisme (→ empreinte au biotope).
IMMELMANN (1975); DUMPERT (1978).

---

* In LEROY Y. (1986), pp. 171, 190.

POLYGAMIE*
Polygamie
Polygamy

Union multiple. Rapports sexuels entre un individu d'un sexe et plusieurs individus de l'autre. On distingue entre « polygynie » (un seul mâle pour plusieurs femelles) et « polyandrie » (une seule femelle pour plusieurs mâles). (La polyandrie est néanmoins exceptionnellement rare et nous n'en avons connaissance que pour quelques espèces d'oiseaux — par exemple les tinamous et les turnicidés). A l'inverse de la → *monogamie*, la polygamie se rencontre surtout chez les espèces où la participation de l'un des sexes (le polygame) aux soins parentaux est faible, voire nulle, de sorte qu'il peut consacrer une bonne partie de son temps et de son énergie à la défense de plusieurs partenaires et d'un territoire suffisamment vaste pour ceux-ci et leur progéniture. (C'est pourquoi, alors que les oiseaux sont souvent monogames, la polygamie est la stratégie de reproduction la plus répandue parmi les mammifères, parce qu'en raison de la gestation et de la lactation, le gros des charges parentales incombe « automatiquement » à l'un des sexes). Du point de vue temporel, il existe deux types de relations polygames : chez maintes espèces, comme de nombreux tisserins, un mâle s'accouple successivement avec plusieurs femelles, tandis que chez d'autres, par exemple quantité de mammifères et de poissons, un mâle établit avec plus d'une femelle un lien durable, qui subsiste souvent pendant des années. On parle alors de → *harem*. Des exemples de « polygamie facultative » ont été décrits pour nombre d'oiseaux chanteurs, par exemple le troglodyte : les mâles ne s'accouplent qu'occasionnellement avec une seconde femelle (manifestement, en présence de conditions environnementales particulièrement propices). La plupart du temps, les espèces polygames se caractérisent par un → *dimorphisme sexuel* très net dans la taille et/ou dans la couleur. (Alors que le terme « monogamie » vaut pour « l'espèce dans son ensemble », c'est-à-dire pour le mâle comme pour la femelle, « polygamie » ne s'applique qu'à l'un des deux sexes selon le cas, l'autre entretenant une relation monogame avec le partenaire polygame).

v. HAARTMAN (1961); BRATTSTROM (1974); JENNI (1974); ALTMANN *et al.* (1977); PERRONE et ZARETT (1979); WITTENBERGER (1979, 1980).

POLYMORPHISME
Polymorphismus
Polymorphism

Apparition régulière de → *phénotypes* différents au sein d'une → *espèce*. Le polymorphisme se distingue des autres formes de variabilité intraspécifique en ce sens qu'il ne repose pas sur la → *mutation* et qu'il existe une discontinuité entre les différents phénotypes, c'est-à-dire qu'aucune forme intermédiaire n'assure le passage de l'un à l'autre. Le polymorphisme est un phénomène extrêmement répandu dans le règne animal. Il est particulièrement fréquent chez les insectes sociaux (→ *société*, → *caste*). Il peut également jouer un rôle sur le plan comportemental, si les attributs morphologiques diversement marqués servent ou non de supports à des signaux remarquables (→ *déclencheurs*). Ainsi, le polymorphisme que présentent certains insectes, par exemple les chenilles de lépidoptères, peut s'opposer à l'émergence d'une → *image spécifique de recherche* chez le prédateur. On appelle « polymorphisme comportemental » ou → *polyéthisme* l'apparition de diverses expressions, comparable au polymorphisme, dans le comportement même.

FORD (1945); WILSON (1953); HUXLEY (1955); LEES (1966); CURIO (1975); DUMPERT (1978).

---

* In CHAUVIN R. (1961), pp. 83-85; GAUTIER J.-Y. (1982), p. 130.

POLYPHENISME
Polyphänismus
Polyphenism

Coexistence de différents → *phénotypes* au sein d'une espèce ou d'une → *population*. Il peut être de nature tant morphologique (→ *polymorphisme*) que comportementale (→ *polyéthisme*). On appelle «dimorphisme» la coexistence de deux phénotypes seulement.

POOL GENIQUE
Gen-Pool
Gene pool

Ensemble des génomes d'une → *population*, c'est-à-dire totalité des facteurs héréditaires présents dans une population.

POPULATION
Population
Population

Ensemble de tous les individus d'une même → *espèce* présents dans un espace donné. Elle constitue une entité de reproduction et est plus ou moins séparée des autres populations, que ce soit par des obstacles (par exemple vastes étendues d'eau, sites inhabitables pour l'espèce concernée) ou tout simplement par l'éloignement géographique. Les populations sont le véritable «théâtre» de la → *sélection* naturelle. Comme la direction et la vitesse de cette sélection peuvent varier considérablement en fonction des conditions du milieu, les populations d'une même espèce présentent parfois également des différences,

Fig. 84. Girafe pendant la phase de sommeil profond. Cette posture de sommeil caractéristique, qui vraisemblablement expose dangereusement l'animal aux prédateurs parce qu'il lui faut plusieurs secondes pour dresser le cou et se remettre sur pied, n'est adoptée que pour peu de temps : l'observation de girafes maintenues en captivité a permis d'établir que les adultes dorment moins de 20 minutes par nuit. Ce bref sommeil est divisé en plusieurs phases de sommeil profond réparties régulièrement sur toute la nuit. En règle générale, elles n'excèdent pas trois à quatre minutes. La phase la plus longue de sommeil profond relevée jusqu'à ce jour chez une girafe adulte est de douze minutes. Entre ces périodes, l'animal se repose, le cou dressé, en ruminant ou en somnolant les yeux à demi fermés.

qui peuvent précisément s'affirmer sur le plan comportemental (→ *adaptation*; → *dialecte*; → *tradition*).

LACK (1966); MAC ARTHUR et CONNELL (1966); MAYR (1967); HENDRICHS (1978).

POSTURE DE SOMMEIL
Schlafstellung
Sleeping posture

Fig. 85. « Aplatissement de soumission » adopté par un gnou à queue blanche (*Connochaetes gnou*) devant l'animal dominant (d'après WALTHER, 1966).

Attitude posturale adoptée par un animal pendant son sommeil. La plupart des animaux prennent une ou plusieurs posture(s) très caractéristique(s). Les positions allongées sur l'abdomen, le flanc ou le dos sont les plus courantes. Les chauves-souris et les loricules se suspendent la tête en bas à une branche ou un rocher. La plupart des oiseaux dorment en équilibre sur une patte, « la tête sous l'aile », c'est-à-dire qu'ils enfouissent le bec sous les plumes du dos de l'épaule. Les autruches posent la tête et le cou à plat sur le sol. La girafe possède une position de sommeil très étrange : le cou plié vers la gauche ou la droite décrit une arche et le museau vient toucher le sol entre les pattes postérieures écartées (fig. 84).

HEDIGER (1959); IMMELMANN (1962a); IMMELMANN et GEBBING (1962); HASSENBERG (1965); BEZZEL (1977); HEINROTH (1977).

POSTURE DE SOUMISSION*
Demutgebärde
Submissive gesture, submission posture

Assujettissement. Attitude adoptée par l'animal dominé au cours du combat intraspécifique (→ *combat rituel*). Elle peut exercer sur l'agression une telle inhibition que le combat cesse (→ *inhibition sociale*). La posture de soumission est souvent antithétique d'un mouvement de menace (→ *comportement de menace*). Les signaux qui auparavant exprimaient l'agressivité sont pour ainsi dire « escamotés ». Les postures de soumission ont un caractère particulièrement accusé chez les animaux pourvus de structures défensives et contribuent à leur éviter des blessures (fig. 85).

DARWIN (1955); REESE (1962); SCHENKEL (1967); KUMMER (1968).

POSTURE DE TETEE
Saugstellung
Nursing position

Attitude corporelle des jeunes mammifères pendant l'allaitement. Elle dépend de la posture qu'adopte la mère au cours de l'opération et varie entre des marges de fluctuations spécifiques. Si la majorité des ongulés adoptent la station debout pour nourrir leur petit, celui-ci se plaçant tête-bêche sous la mère ou à ses côtés, la plupart des rongeurs et des carnassiers allaitent allongés sur le sol. Lorsqu'ils tètent, les jeunes primates et les musaraignes se cramponnent à la mère (→ *agrippeur*). Il arrive que les postures de tétée d'espèces relativement proches soient différentes. En effet, chez les porcins, les espèces européennes allaitent couchées, les pécaris d'Amérique en position debout (fig. 86).

HEDIGER (1954); WALTHER (1979).

---

* In CAMPAN R. (1980), p. 212.
Syn. **Attitude de soumission** in SILLAMY R. (1980), p. 32.

Fig. 86. Différentes positions de tétée chez les porcins : le sanglier d'Europe (*Sus scrofa*) s'allonge sur le sol, le pecari à collier d'Amérique centrale et d'Amérique latine (*Tayassu tajacu*) adopte la station debout.

POTENTIEL D'ACTION*
Aktionspotential
Action potential

Le concept de potentiel d'action s'applique à deux domaines de la biologie : en neurophysiologie, il désigne des phénomènes bioélectriques qui affectent la membrane des cellules sensorielles et nerveuses à la suite d'une modification de sa perméabilité provoquée par des influences déterminées. Les potentiels d'action sont à la base de la conduction des influx le long des fibres nerveuses et de leur transmission des nerfs aux muscles.

En éthologie, ce concept introduit par K. LORENZ a été appliqué à un facteur in-

---

* Au sens neurophysiologique in TAXI J. (1977), pp. 9-11 ; THINES G. et LEMPEREUR A. (1975), p. 748 ; HEYMER A. (1977), p. 26.
Syn. **Potentiel spécifique d'action** in THINES G. (1966), p. 253.
Syn. **Energie spécifique d'action** in PIERON G. (1963), p. 132 ; THINES G. (1966), p. 253 ; RUWET J.-Cl. (1969), p. 68.

terne dont divers phénomènes comportementaux (→ *variation du seuil de réponse,* → *activité à vide*) laissaient supposer l'existence, qui s'accroît spontanément, c'est-à-dire sans aucune intervention de messages transmis par les organes sensoriels, et qui augmente la probabilité d'exécution d'une conduite. Etant donné que cette «énergie» peut varier très fort selon les différents registres comportementaux, on utilisait également les appellations «potentiel spécifique d'action» (PSA) ou «énergie spécifique d'action». Cette énergie spécifique d'action s'épuise à la suite d'un → *acte consommatoire* pour se reconstituer ensuite. Pour illustrer ces fluctuations, on a élaboré des modèles «hydrauliques» qui comparent l'élévation de la disposition interne à agir à l'accumulation d'un liquide dans un réservoir (fig. 74, p. 161). A l'heure actuelle, les concepts que nous avons mentionnés ont pratiquement été abandonnés; on sait en effet que des facteurs très divers concourent à déterminer la motivation à chaque instant et qu'un modèle représentant l'accumulation linéaire d'un facteur unique ne tient pas suffisamment compte de leurs multiples interactions (→ *motivation*).

LORENZ (1937b, 1978); TINBERGEN (1950, 1952a); HINDE (1954); LEYHAUSEN (1965); FLOREY (1970); PENZLIN (1977).

PREFERENCE
Präferenz
Preference

Terme surtout fréquent en écologie pour désigner une prédilection pour certains éléments de l'environnement physique (température, humidité, luminosité) ou biologique (aliment, biotope) chez un individu ou une espèce. Ce sont surtout les préférences sociales qui retiennent l'attention des éthologistes, par exemple la préférence pour une espèce déterminée ou une catégorie de congénères, qui permet de constater l'→ *empreinte sexuelle* chez un sujet, ou encore des préférences pour certains individus, précieuses pour étudier les performances de → *reconnaissance individuelle*. En règle générale, les préférences se révèlent au cours de l'→ *épreuve de discrimination* (fig. 87). Dans des conditions naturelles, les préférences individuelles peuvent déboucher sur la → *sélection sexuelle*.

IMMELMANN (1972b); OSCHE (1973b); REMMERT (1980).

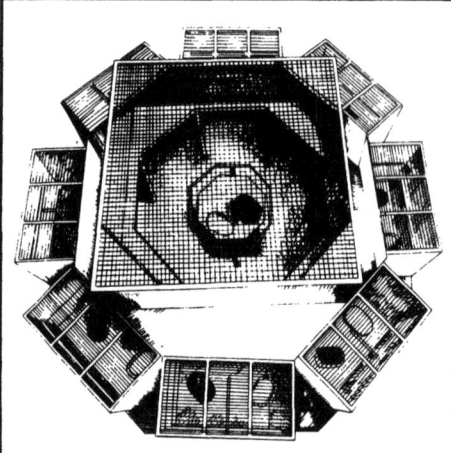

Fig. 87. Dispositif à choix multiples destiné à l'étude des préférences sociales chez les oiseaux. Le sujet d'expérience se trouve dans la partie centrale du dispositif, les objets à choisir dans les «cages satellites» disposées autour du centre. En plus de l'observation directe, le temps d'arrêt de l'oiseau devant chacune des cages satellites permet d'inférer l'existence ou l'absence de préférences pour certains individus. Ce temps est indiqué par une cellule photo-électrique braquée sur les perchoirs installés devant chaque cage satellite. Le temps passé pendant une heure sur les différents perchoirs s'imprime sur un compteur. Ce type de dispositif expérimental permet notamment d'établir les préférences liées à l'empreinte (→ *empreinte sexuelle*), les préférences individuelles (p. ex. pour le père et/ou la mère; → *reconnaissance individuelle;* → *reconnaissance de la parentèle*) ou les préférences portant sur des catégories précises d'individus (p. ex. pour des sujets sexuellement expérimentés ou non). On utilise le même type d'appareillage pour étudier les préférences chez les poissons.

Présentation

Fig. 88. « Présentation » chez une femelle de babouin doguera (*Papio anubis*) (à droite). La région génitale de la femelle en → *oestrus* enfle considérablement et est exhibée devant le mâle dans la posture caractéristique de présentation (d'après une illustration en couleurs in WICKLER, 1968).

PREFERENCE MANUELLE
Händigkeit
Handedness, hand preference

Utilisation préférentielle d'une extrémité, c'est-à-dire d'une main ou — chez les oiseaux — d'une patte. Nous connaissons des exemples de préférence manuelle chez les rats, les chats, divers primates et certains oiseaux qui, comme bon nombre de perroquets, se servent de leur patte pour porter de la nourriture au bec. Chez les primates, cette particularité est plus accusée chez les espèces terrestres (par exemple les babouins et les macaques) que chez les arboricoles (p. ex. les cercopithèques), dont la progression dans les branchages souffrirait vraisemblablement d'une spécialisation extrême de l'un des deux côtés, le gauche ou le droit. Les origines de ce comportement, c'est-à-dire sa signification biologique, demeurent obscures.

LUDWIG (1932); COLE (1957); WARREN (1958); ETTLINGER (1961, 1977); MC NEIL *et al.* (1971); CLARK (1973).

PRESENTATION*
Präsentieren
Presentation

Dans la littérature éthologique, on entend par là l'« exhibition » de certaines parties du corps ou de certains appendices corporels devant un partenaire social.
L'exemple le plus célèbre est la présentation du postérieur chez les primates (fig. 88), à laquelle est dévolue une double fonction sociale : c'est d'abord la posture par laquelle la femelle sollicite l'accouplement du mâle ; il peut s'agir par ailleurs d'un → *mouvement d'apaisement* adressé à des membres du groupe de rang supérieur (→ *hiérarchie sociale*). La présentation d'« armes » intervient très souvent dans le contexte du → *comportement de menace* ; elle est notamment particulièrement évidente chez les antilopes (« présentation des cornes »).

WICKLER (1966a); VOGEL (1971); ROWELL (1972); WALTHER (1979).

* In CHAUVIN R. (1969), p. 84 ; La Recherche en éthologie (1979), p. 254.

PRIMATES
Primaten
Primates

Ordre de mammifères qui comprend les prosimiens (par exemple les galagos et les lémuriens de Madagascar), les simiens (babouins, macaques, guenons et tous les singes du Nouveau Monde), les anthropoïdes et l'homme. La discipline biologique qui a pour objet l'étude des primates est la primatologie.

La recherche comportementale chez les primates autres que l'homme peut aussi, en raison de leur étroite parenté phylogénique avec celui-ci, contribuer grandement à la compréhension des mécanismes comportementaux humains. La preuve en sont les travaux, souvent cités, sur le → *syndrome d'isolement*, d'abord poursuivis sur des singes rhésus, ensuite sur d'autres primates, qui ont ouvert la voie à une meilleure compréhension des besoins d'attachement social chez le nourrisson humain.

ANKEL (1970); JOLLY (1972); HASSENSTEIN (1973); KUMMER (1975); SCHMALOHR (1975).

PRIMIPARE
Primipar
Primiparous

Chez les mammifères, femelle qui accouche pour la première fois. Ce terme trouve sa place en éthologie dans la mesure où le comportement des femelles qui mettent bas pour la première fois se distingue souvent de leur comportement ultérieur, n'est pas encore « achevé », si bien que le taux de survie des petits de la première portée est inférieur à celui des petits des portées suivantes, un fait connu de tous les biologistes de jardin zoologique. On appelle multipares les femelles qui ont déjà mis bas, nullipares celles qui ne l'ont jamais fait.

PRIVATION D'EXPERIENCE*
Erfahrungsentzug
Deprivation experiment, experience deprivation

Egalement appelée expérience d'isolement, déprivation ou privation d'apprentissage. Elle consiste à élever un animal en le soustrayant à certaines expériences. Cette méthode permet de déceler les aptitudes qui se développent normalement même en l'absence d'expérience, ainsi que les déficiences qui résultent d'une privation particulière. En définitive, ces expériences nous fournissent donc d'importants éclaircissements sur les composantes du comportement qui sont → *innées* chez une espèce. (Les conclusions d'une expérience de privation ne peuvent toutefois jamais être tirées qu'à sens unique : si un comportement s'exprime dans sa forme normale, même chez un animal maintenu en isolement, on peut en déduire que l'expérience qui induirait ce comportement n'est pas indispensable à sa mise en place. En revanche, s'il n'apparaît pas, on ne peut pas forcément tenir le raisonnement inverse, puisque son absence peut résulter des conditions — artificielles — de captivité créées par l'expérience).

La privation d'expérience peut résulter de l'isolement du sujet (par exemple élevage en chambre insonorisée) ou d'interventions directes [par exemple placement d'une cache sur l'œil, surdité expérimentale — suppression du sens de l'ouïe, ou → *déafférentation* (« privation sensorielle », *sensory deprivation*)]. En général, on ne prive l'animal que de certaines expériences, qui concernent soit des organes sensoriels précis (vue ou ouïe), soit des objets déterminés (proie, matériaux de construction). Si on empêche le contact avec les congénè-

---
* In THINES G. et LEMPEREUR A. (1975), p. 758; DEPORTES J.-P. (1975), pp. 582-583.
Syn. **Expérience de privation** in CHAUVIN G. et LEMPEREUR A. (1975), p. 758; THINES G. et LEMPEREUR A. (1975), p. 758; GUYOMARC'H J.-Ch. (1980), p. 51.

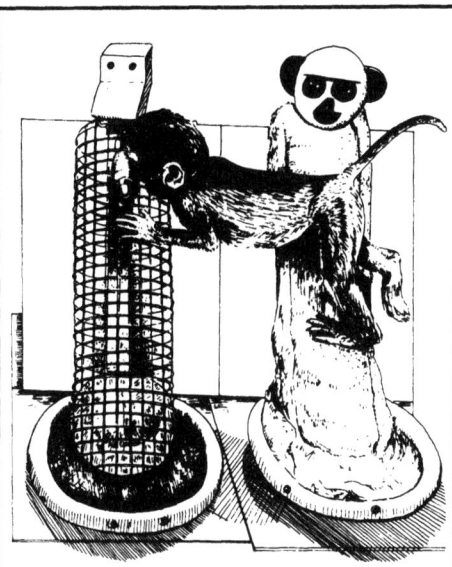

Fig. 89. Exemple d'animal élevé en isolement social : séparé de sa mère et de tout autre congénère, ce jeune rhésus (*Macaca mulatta*) grandit avec des → *leurres* pour toute compagnie. Cette expérience permet notamment de tester l'importance relative de la source de nourriture et du contact corporel (→ *comportement de contact*) pour le développement du jeune animal : celui-ci préfère s'agripper au modèle recouvert de tissu, et maintient même le contact avec lui quand il boit au leurre en treillis qui distribue le lait, ce qui semble indiquer que le contact corporel est plus important pour l'→ *attachement* au substitut maternel que la distribution de nourriture (→ *attachement mère-enfant*) (d'après une photographie in HARLOW et HARLOW, 1962).

res, par exemple avec la mère, les deux parents, les compagnons de portée ou d'autres sujets de même âge, on parle de privation sociale (fig. 89). On appelle les animaux privés d'expérience des → *Kaspar-Hauser*. Toutefois cette appellation est généralement réservée aux cas de privation très sévère.

L'expérience de privation est particulièrement répandue en → *bioacoustique*. La privation de modèles auditifs (par exemple les vocalisations des congénères) permet d'établir quelles sont les émissions sonores qui se développent indépendamment de toute expérience, et celles pour lesquelles certains modèles sont indispensables au cours du développement (→ *modèle;* → *chant*). L'expérience qui consiste à maintenir un sujet à l'abri de toute stimulation auditive, uniquement possible dans des chambres ou des enceintes insonorisées, porte le nom d'isolement acoustique. On appelle → *syndrome d'isolement* les anomalies du comportement imputables à une privation d'expérience. [Dans les publications allemandes, il existe cependant une certaine incohérence dans la mesure où bien des auteurs utilisent le terme «Deprivation» (déprivation) comme synonyme de «Deprivationssyndrom» (syndrome d'isolement). Le souci d'opérer une claire distinction entre ces deux termes commande pourtant de désigner par déprivation le *processus* de la privation d'expérience, et par syndrome d'isolement les symptômes de l'*état* qui en résulte].

HARLOW (1958, 1964); LORENZ (1961); HARLOW et HARLOW (1962); SCHWARTZKOPFF (1963); SCHLEIDT (1964a); THIELCKE (1970); MILLER (1982).

PROGESTAGENE
Gestagen
Progestin

Hormone sexuelle femelle qui est sécrétée dans l'ovaire par le corps jaune — chez les mammifères également dans le → *placenta*. Elle participe à la régulation des processus sexuels, mais intervient généralement après les → *œstrogènes* et par conséquent influence davantage les phases du comportement reproducteur postérieures à l'accouplement (préparation de la muqueuse utérine à l'implantation de l'œuf, comportement d'incubation, nourrissage).

La progestagène la plus répandue est la progestérone (lutéine).

FABER et HAID (1980).

PROGRAMME
Programm
Program

Les termes « programme » ou « programme comportemental » se sont implantés depuis peu en éthologie. Par analogie avec le vocabulaire informatique, ils permettent surtout de mieux formuler la question controversée des composantes innées et acquises du comportement : dans un ordinateur, le traitement des données engrangées est dicté par des programmes. Les commandes indispensables à l'exploitation de ces programmes peuvent être intégrées à l'ordinateur au moment de la fabrication de la machine, et donc en déterminer durablement le fonctionnement (hardware ou matériel), ou bien la succession des opérations est enregistrée sur une disquette et par conséquent varie selon les cas (software ou logiciel).

Chez les animaux, le contrôle du comportement requiert lui aussi des informations, et ici encore il existe des différences selon le moment où les informations ont été engrangées dans la mémoire, qui se situe dans les structures du → *système nerveux central*, et dans le degré de flexibilité de leur traitement : le comportement de chaque individu est adapté à son milieu (→ *adaptation*). Cette adaptation suppose la réception par l'organisme d'informations portant sur le milieu, ce qui peut s'effectuer par deux voies différentes, par le patrimoine génétique et par les organes sensoriels. L'information peut être enregistrée dans le → *génome*, qui constitue une sorte de « mémoire spécifique », et se transmettre de génération en génération, ou elle peut être acquise par les individus de chaque génération et conservée dans la « mémoire individuelle » de chacun d'eux. L'ensemble des informations qui régissent le comportement issues de ces deux sources est appelé programme (comportemental), par analogie avec le vocabulaire informatique.

Les informations du premier type, emmagasinées au cours de la structuration de l'« ordinateur » qu'est l'organisme, correspondent au « matériel » de l'ordinateur, tandis que l'information acquise par expérience individuelle, qui doit constamment s'ajuster à de nouvelles situations, correspond au « logiciel ». Si le comportement d'une espèce repose exclusivement sur des informations héréditaires, innées, comme c'est vraisemblablement le cas chez les groupes d'animaux les plus anciens, par exemple les vertébrés inférieurs, on parle de « programme (comportemental) fermé » ; si par contre le comportement est modifié ou déterminé par des informations individuelles, on a affaire à un « programme (comportemental) ouvert ». L'importance relative de ces deux types de programmes varie non seulement d'une espèce à l'autre, mais aussi, chez une seule et même espèce, d'un → *cycle fonctionnel* à un autre.

En dépit des correspondances qui ont motivé l'emprunt de ce terme, on relève pourtant des différences déterminantes sous deux rapports : tout d'abord, même les structures neuronales et les conduites dictées par des dispositions génétiques se développent en interrelation constante avec l'environnement et peuvent donc s'exprimer de multiples façons (→ *inné*), si bien qu'on ne peut parler de matériel chez les organismes vivants au sens où l'entend le vocabulaire informatique. Ensuite, s'il existe chez les animaux des programmes « ouverts » sur le plan génétique, l'expérience individuelle précoce les fixe si étroitement qu'ils ne sont plus susceptibles de modifications ultérieures et sont donc pratiquement assimilables aux programmes fermés.

C'est surtout vrai de nombreux traits comportementaux fixés par → *empreinte*. Ici toutefois, le « matériel » ne s'élabore pas seulement par programmation adéquate lors de la fabrication de l'ordinateur, mais bien au cours des premières étapes du traitement. En raison du degré variable de stabilité que présentent les différents phénomènes d'empreinte (→ *irréversibilité*), les limites entre ces deux catégories inspirées par le vocabulaire informatique peuvent être floues. La raison de cette différence entre informatique et biologie provient du fait que l'ordinateur ne commence à fonctionner qu'une fois achevé le processus de fabrication, et par conséquent défini le matériel, alors que le jeune organisme, déjà avant d'être définitivement formé, doit être en mesure de traiter des informations, et donc au besoin de compléter son matériel.

Cette mouvance des frontières entre matériel et logiciel chez l'être vivant est l'une des raisons pour lesquelles les termes « inné-acquis » qui, d'après certains auteurs, suggèrent une dichotomie beaucoup plus rigide, ont plus d'une fois été rejetés dans l'histoire de l'éthologie. Si un organisme, dans un registre comportemental donné, dispose de plusieurs programmes qu'il applique en fonction de la situation, on parle de → *stratégies*. La différence essentielle des termes « programme » et « stratégie » en éthologie est que l'étude des programmes pose la question de la réalisation concrète des stratégies (comment l'organisme élabore-t-il une stratégie déterminée), alors que l'analyse stratégique ne se préoccupe guère de cet aspect (→ *sociobiologie*).
MAYR (1974a, 1974b).

PROMISCUITE
Promiskuität
Promiscuity

Se dit d'un → *système de reproduction* caractérisé par l'absence de → *lien conjugal* (durable) et la rencontre des partenaires sexuels aux seules fins de l'accouplement. Un mâle peut par conséquent copuler avec plusieurs femelles et inversement. Les limites entre la promiscuité d'une part, la → *polygamie* et le → *harem* de l'autre sont cependant floues. En effet, chez les espèces qui visitent une → *arène de parade*, la rencontre n'excède généralement pas le temps nécessaire pour amorcer la copulation et y procéder, alors que dans d'autres cas, comme chez de nombreux pinnipèdes, mâles et femelles restent ensemble pendant quelques jours ou quelques semaines (ce qui n'exclut toutefois pas les changements de partenaires). Comme les espèces polygames, celles qui vivent dans la promiscuité se distinguent par un → *dimorphisme sexuel* accusé, et ici également, les soins parentaux n'incombent qu'à l'un des parents, la plupart du temps à la femelle (→ *comportement parental*).
EMLEN et ORING (1977); PERRONE et ZARET (1979); WITTENBERGER (1979).

PROPRIOCEPTEUR
Propriorezeptor
Proprioceptor

→ *Intérocepteur* qui perçoit la position et les mouvements coordonnés des différentes parties du corps et renseigne ainsi sur la motricité propre de l'organisme (→ *cinesthésie*).

Les propriocepteurs sont situés notamment dans la musculature des vertébrés (fuseaux musculaires, organes tendineux de Golgi) et des arthropodes (récepteurs d'étirement, organes chordotonaux).
FLOREY (1970); KÜFFLER et NICHOLLS (1976).

PSEUDO-COPULATION
Scheinpaarung
Pseudo-copulation

Se dit d'une → *copulation* sans fonction de → *fécondation*. Les pseudo-copulations sont attestées chez divers oiseaux et mammifères. Chez ces derniers, la → *monte* peut s'accompagner ou non d'une intromission, c'est-à-dire de l'introduction de l'organe copulatoire du mâle (pénis) dans l'orifice génital de la femelle. La pseudo-copulation s'observe tant entre mâle et femelle qu'entre deux individus de même sexe. Dans le premier cas, elle contribue vraisemblablement au renforcement du → *lien conjugal*. Il s'agit d'un exemple de comportement sexuel déclenché à la saison des amours (→ *comportement d'attachement*). Les pseudo-copulations entre individus de même sexe sont plus difficiles à interpréter. Leur signification biologique varie probablement selon les espèces et le contexte. Chez les primates, chez lesquels elles sont particulièrement fréquentes, on y a souvent vu la « demonstration » d'une position hiérarchique dominante. Cette explication prête toutefois à contestation puisque la monte de mâles subalternes sur le dos de dominants (→ *dominance*) s'observe également chez nombre d'espèces. Dans les → *groupes monosexes mâles*, la pseudo-copulation pourrait entretenir la motivation sexuelle aux fins de l'accouplement (→ *homosexualité*). Globalement, elle survient particulièrement souvent en cas de vive agitation générale, de même que dans des situations conflictuelles (→ *comportement conflictuel*). Elle peut encore intervenir au cours du jeu (→ *comportement ludique*).

KUMMER (1968); WICKLER (1972); HANBY (1975); CURIO (1978a).

PSYCHOGENETIQUE
Psychogenetik
Psychogenetics

Terme (peu usité) qui désigne l'→ *éthogénétique* pratiquée chez l'homme. Son principal apport est d'avoir ouvert la voie en psychopathologie vers la découverte d'hypothétiques fondements héréditaires du comportement.

BROADHURST (1979).

PSYCHOLOGIE ANIMALE
Tierpsychologie
Animal psychology

Ancien synonyme d'« éthologie » qui, en raison de l'orientation principalement physiologique prise entre-temps par cette discipline, prête désormais à confusion et par conséquent n'est plus utilisé dans cette acception. On entend aujourd'hui par psychologie animale une discipline éthologique qui s'attache moins au comportement « moyen » ou aux « normes comportementales » d'une espèce qu'à la description des caractères individuels, c'est-à-dire personnels, subjectifs (pour autant qu'ils se prêtent à l'analyse) et même des manifestations comportementales pathologiques d'un animal (→ *anomalie comportementale*). L'observation d'animaux de jardin zoologique et de cirque a fait progresser sensiblement la psychologie animale (→ *biologie des animaux de jardin zoologique*). Depuis peu, on parle également de « psychoéthologie ».

HEDIGER (1954, 1963, 1980).

PSYCHOLOGIE COMPAREE*
Vergleichende Psychologie
Comparative psychology

Courant — essentiellement américain — de la recherche en psychologie, qui a pour but l'étude des différences et des similitudes dans le comportement de diverses espèces animales. C'est en cela que la psychologie comparée correspond à → *l'éthologie comparée*, et par conséquent à l'éthologie.

Cependant, contrairement à cette discipline, elle ne s'intéresse pas au premier chef au caractère adaptatif et au développement phylogénique du comportement (→ *évolution*), mais plus particulièrement à l'étude des aspects du compor-

---

* In THINES G. et LEMPEREUR A. (1975), p. 778.
** Voir CHAUVIN R. (1972). Modèles animaux du comportement humain.

tement qui présentent un intérêt pour l'homme également mais qui, expérimentalement du moins, ne peut être pratiquée sur celui-ci pour des raisons de méthode ou d'éthique. A l'instar du → *behaviorisme*, sans toutefois en adopter la position théorique extrême, la psychologie comparée se concentre donc sur des aspects comportementaux étroitement liés au milieu, surtout sur des questions de perception, d'accoutumance et d'apprentissage, étudiées sur les animaux en tant que modèles transposables à l'homme**. Etant donné toutefois que le choix des espèces était jusqu'à présent essentiellement dicté par leur adéquation à l'étude de l'aspect sur lequel devait porter l'expérience, et par conséquent se limitait en substance aux animaux « habituels » de laboratoire, et que les méthodes et l'approche des problèmes n'avaient quelquefois rien de biologique et excluaient une véritable « comparaison », ce courant n'a pas réussi à atteindre l'objectif qu'il s'était fixé, du moins au sens biologique. Ce n'est que depuis peu qu'on assiste à un élargissement et à un glissement sensibles des travaux de la psychologie comparée vers l'approche éthologique et ses méthodes, et que les divergences entre ces deux branches des → *sciences du comportement* s'estompent progressivement.

BEACH (1950); WATERS *et al.* (1960); HODOS et CAMPBELL (1969); JAYNES (1969); LOCKARD (1971); DEWSBURY (1973); MASON et LOTT (1976); MILLER (1977).

PSYCHOTROPES
Psychopharmaka
Psychopharmacological drugs

Combinaisons chimiques qui agissent sur le → *système nerveux central* et modifient le comportement. Chez l'homme, les psychotropes sont utilisés principalement pour influencer l'état motivationnel. On est parvenu à influer expérimentalement sur l'→ *activité* générale et la → *mémoire* d'animaux en administrant à ceux-ci certains produits psychotropes. Les substances analeptiques (par exemple la strichnine) agissent sur la mémoire à court terme, certains antibiotiques au contraire sur la mémoire à long terme.

WANDREY et LEUTNER (1965); RAHMANN (1976); BÖSEL (1981).

PULSION *
Trieb
Drive

Ancienne dénomination de la disposition momentanée qui pousse un animal à exprimer un comportement déterminé. Cependant, en raison de son utilisation, du reste très variable, dans le langage courant, ce concept se charge d'une connotation péjorative et est difficile à circonscrire. Par conséquent, il n'est plus guère utilisé en éthologie à l'heure actuelle mais est la plupart du temps remplacé par le concept de → *motivation*, bien que, de l'avis de certains éthologistes, ces deux concepts ne soient pas tout à fait équivalents. Il arrive également qu'on établisse une distinction entre « pulsion » et « impulsion »; pulsion désigne alors l'état latent (état de repos), impulsion l'état déjà excité (activé).

TINBERGEN (1942); v. HOLST et ST. PAUL (1960); WICKLER et SEIBT (1972).

PULSION D'ATTACHEMENT
Bindungstrieb
Bonding drive, social drive

Appelation (assez peu heureuse, cf. infra) d'une → *motivation* qui assure chez les animaux sociaux la cohésion des individus (par exemple des partenaires d'un couple ou des membres d'un groupe). Jusqu'à présent, la participation d'une « pulsion » propre au maintien de la cohésion intraspécifique est cependant contestée. Nombre de rassemble-

---

* In PIERON H. (1963), p. 323; CHAUVIN R. (1975), pp. 198-199; THINES G. et LEMPEREUR A. (1975), p. 795; HEYMER A. (1977), p. 177.

ments sociaux reposent « indirectement » sur des mécanismes d'attachement « empruntés » à d'autres cycles fonctionnels (par exemple sur l'attraction sexuelle). On a toutefois relevé dans deux cas (le → *cérémonial de triomphe* de l'oie cendrée et la « connexion spatiale » d'une crevette de l'océan Pacifique et de l'océan Indien) des comportements impossibles à attribuer à une autre motivation (par exemple à la fuite, la sexualité ou l'agression) et qui obéissent donc manifestement à une « pulsion d'attachement » propre. Dans ces deux cas, on peut même observer le → *comportement appétitif* correspondant. La question de savoir si on a effectivement affaire à une motivation homogène demeure toutefois sans réponse. Dans le cas des formations de groupes également, quantité d'observations portant essentiellement sur les insectes, les poissons, les oiseaux et les mammifères donnent à penser qu'un groupement social peut véritablement obéir à une « pulsion » propre, distincte de toute autre motivation. Les termes utilisés dans les publications sont néanmoins très variables : maints auteurs parlent de pulsion sociale ou (chez les mammifères) grégaires, d'autres évitent l'appellation controversée → *pulsion* et lui préfèrent des termes plus neutres, comme « tendance sociale », besoin de sociabilité ou appétence sociale (→ *comportement appétitif*).

KEENLEYSIDE (1955); FISCHER (1965); IMMELMANN (1966); WICKLER et SEIBT (1972); TRILLMICH (1976); WICKLER (1976a).

PULSION INFANTILE
Kindestriebhandlung
Infantile behaviour

Terme générique autrefois utilisé pour désigner les conduites juvéniles, par exemple la → *quémande alimentaire* ou le → *comportement de suite*. Ce terme est pratiquement tombé en désuétude en raison de la connotation péjorative attachée au terme → *pulsion*.

R

RADIATION ADAPTATIVE
Adaptive Radiation
Adaptive radiation

Processus phylogénique (→ *évolution*) qui aboutit à une ramification vers des → *espèces* et des genres adaptés à des conditions environnementales très différentes. Pareille disjonction évolutive survient surtout quand une forme initiale s'établit dans un biotope riche en →*niches écologiques* et n'abritant pas de compétiteurs dominants. Les marsupiaux australiens (fig. 90), les cichlides (« perches africaines ») des lacs d'Afrique de l'Est, les pinsons des Galapagos et les drépanis des îles hawaïennes nous fournissent autant d'exemples de radiation adaptative. Des formes de vie très différentes sont ainsi apparues assez rapidement en regard de l'âge des événements géologiques. Par exemple, on trouve parmi les pinsons de Darwin, étroitement apparentés, des granivores, des insectivores, des nectarivores et des frugivores, c'est-à-dire des spécialisations alimentaires qui, en général, sont propres à des entités systématiques plus vastes (les familles, parfois les ordres). Le comportement joue un rôle capital dans la radiation adaptative, parce que la modification comportementale constitue souvent la première étape d'un changement évolutif (→ *évolution*), susceptible d'entraîner à son tour la transformation d'autres attributs, notamment morphologiques. On parle dès lors de la « fonction d'entraînement » du comportement.

LACK (1947); MAYR (1967, 1975); OSCHE (1972); LEISLER (1977).

Ramassage

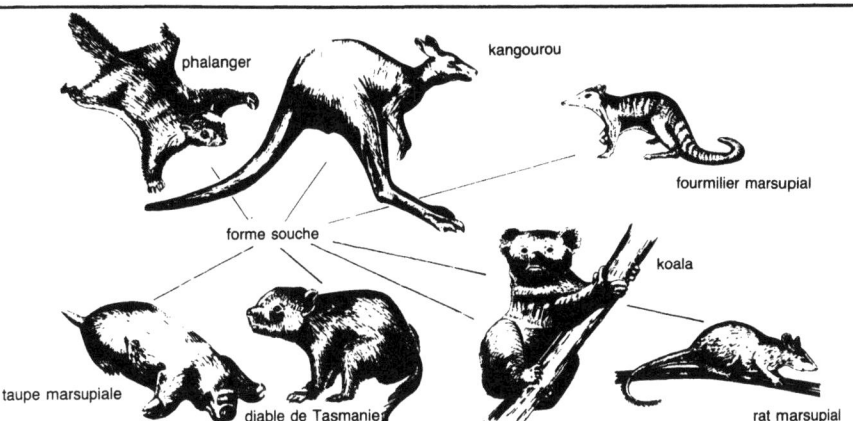

Fig. 90. Les marsupiaux australiens illustrent à merveille la radiation adaptative : une forme initiale a donné naissance aux formes les plus diversifiées, présentant des mœurs très différentes. Cette divergence évolutive a pu s'accomplir en raison de la séparation de l'Australie des autres continents dès la fin du crétacé. Ainsi, la plupart des mammifères supérieurs (placentaires), apparus au tertiaire essentiellement, et dont la « concurrence » avait provoqué la disparition des marsupiaux qui, à l'origine, peuplaient également les autres continents, n'ont pu se répandre en Australie. Les marsupiaux ont dès lors pu occuper toutes les → *niches écologiques* disponibles. L'→ *adaptation* à des conditions de vie comparables s'est soldée par de surprenantes évolutions parallèles entre les marsupiaux et certaines formes de placentaires (→ *convergence*) (d'après OSCHE, 1972).

Fig. 91. A côté des cas « typiques » de ramassage propres aux rongeurs et aux carnassiers, des cas isolés de rapportage des jeunes au nid sont également attestés chez les oiseaux, comme ici chez le busard cendré (*Cyrcus pygargus*), une espèce qui nidifie au sol (d'après une photographie in O. v. FRISCH, 1966).

RAMASSAGE *
Eintragen
Carrying in, retrieving

Transport d'objets (par exemple de matériaux de construction ou de provisions d'hiver ; → *amassement*) ou des jeunes dans le nid ou la tanière. Ce comportement est surtout affirmé chez nombre de rongeurs et de carnassiers, qui ramènent au nid un petit qui s'en est éloigné en le maintenant précautionneusement entre les dents (→ *transport des jeunes*). Si les abords du nid sont perturbés, toute la progéniture peut ainsi être transportée dans un nouveau nid. Pendant le transport, le jeune reste généralement immobile et observe une rigidité propre à faciliter l'opération. Le ramassage des jeunes revêt pour l'éthologie un intérêt général dans la mesure où c'est un des rares exemples de comportement qui échappe à tout phénomène de fatigue (→ *fatigue spécifique d'action*). C'est cette infatigabilité qui garantit manifestement le transport de toute la portée, même si la destination se situe à bonne distance de l'ancien nid.

Un comportement analogue s'observe chez certains oiseaux (fig. 91).

EIBL-EIBESFELDT (1963) ; GERBER (1965) ; LEYHAUSEN (1979) ; DÜCKER et al. (1981).

RAPPORT HIERARCHIQUE ABSOLU
Grundrang
Basic rank

Les notions de rapport hiérarchique absolu et de rapport hiérarchique relatif se rencontrent surtout dans les publications de primatologie : la position respective de deux individus dans une → *hiérarchie sociale* peut varier selon que s'exercent ou non des influences sociales directes. Ainsi, on qualifie d'absolu le rapport hiérarchique entre deux individus en l'absence de toute intervention d'un autre membre du groupe, et de relatif le rapport entre ces mêmes animaux compte tenu des interactions de certains, voire de tous les membres du groupe. Ces deux positions hiérarchiques peuvent être diamétralement opposées. Elles ne sont toutefois pas sans lien, dans la mesure où un rapport hiérarchique relatif élevé peut se traduire à la longue par un rapport absolu élevé.

L'exemple le plus célèbre de rapport dépendant nous est fourni par maints jeunes primates : ils devraient occuper les échelons inférieurs de la hiérarchie sociale, mais ils adoptent au sein du groupe la position de leur mère. Depuis peu, ce phénomène suscite énormément d'intérêt. Les publications envisagent trois mécanismes pour l'expliquer : une détermination génétique, une « identification » du jeune, qui imite la mimique et la gestique de sa mère (→ *mimicrie de statut*), ou le soutien actif de celle-ci au cours des confrontations qui opposent le jeune à ses pairs ; la mère « hisse » ainsi automatiquement son rejeton jusqu'à sa propre position hiérarchique, mais pas au-delà. De ces tentatives d'explication, la première est la moins plausible et la dernière la plus vraisemblable.

Nous trouvons un autre exemple de rangs hiérarchiques dépendants parmi les espèces chez lesquelles mâles et femelles établissent des hiérarchies sociales séparées, par exemple chez le choucas ; la position du mâle détermine ici celle de la femelle avec laquelle il s'accouple.

LORENZ (1931) ; KAWAI (1958, 1965b) ; KOFORD (1963) ; CHENEY (1977) ; ESTRADA (1978).

REAFFERENCE
Reafferenz
Reafference

Information en retour. Excitations sensorielles (→ *afférence*) provoquées par l'exécution d'un mouvement. Un animal qui se meut perçoit son déplacement par deux canaux : les → *extérocepteurs*, par exemple les yeux, lui signalent les modi-

---
* In CHAUVIN R. (1969), p. 47.

fications apparentes de l'environnement liées au déplacement (par exemple glissement de l'image rétinienne), et les propriocepteurs l'informent des changements de position de son corps (→ *cinesthésie*). En comparant ces deux types de messages, l'animal peut établir si les modifications apparentes de son environnement résultent uniquement de son activité motrice, ou si interviennent au surplus ou exclusivement un déplacement passif (comme une dérive par la force du vent ou du courant). Dans ce dernier cas, il peut apporter des correctifs au mouvement.

Le principe de réafférence postule, pour chaque ordre moteur envoyé aux → *effecteurs*, dans le cas présent aux muscles responsables de la locomotion, la formation d'une «copie d'efférence» dans le → *système nerveux central*. Elle est comparée aux stimulations sensorielles qui naissent du déplacement, la réafférence. Si la réafférence provient uniquement du déplacement de l'animal, elle doit être conforme à la copie d'efférence, la trajectoire «prévue». Si en revanche des mouvements passifs entrent en jeu, il n'y a guère de correspondance entre les deux. Dans ce cas, des informations extérieures additionnelles, appelées «exafférences» par opposition aux afférences, corrigent le mouvement.

v. HOLST et MITTELSTAEDT (1950); MITTELSTAEDT (1971); SCHÖNE (1973a).

RECAPITULATION
Rekapitulation
Recapitulation

«Récurrence au cours de l'→ *ontogenèse* de caractères autrefois présents chez les ancêtres adultes» (RENSCH). Les phénomènes de récapitulation sont essentiellement de nature anatomique, mais également comportementale: chez maintes espèces animales, les jeunes exécutent des conduites qui s'observent également chez les adultes d'espèces la plupart du temps étroitement apparentées. Il ressort de l'étude comparative des espèces que celles-ci sont toujours plus «anciennes» au sein du groupe taxonomique concerné. On est donc fondé de penser que les ascendants des espèces «dérivées» possédaient aussi cette conduite, c'est-à-dire qu'elle a disparu par la suite et ne survient plus que temporairement chez le jeune (→ *phylogénie du comportement*).

Certains oiseaux chanteurs qui couvent au sol (p. ex. alouettes, motacillidés) nous fournissent des exemples bien connus de récapitulation comportementale: une fois adultes, ils se déplacent en exécutant des mouvements alternés des pattes, alors que les premiers jours après la sortie du nid, ils sautillent en levant simultanément les deux pattes et rejoignent ainsi le comportement d'espèces apparentées qui nichent dans les buissons. Les larves de phyllies présentent un patron de coordination des mouvements des pattes qui se distingue nettement de celui des adultes mais rappelle celui des blattes: les phyllies partagent avec les blattes des relations ancestrales.

Il n'est pas toujours aisé d'établir si les phénomènes de récapitulation comportementale sont des → *vestiges historiques* ou si ces conduites continuent à remplir une fonction propre, correspondant à des attributs particuliers (p. ex. taille) ou à des besoins physiologiques déterminés (mode d'alimentation, biotope différent de celui des adultes) (→ *caenogenèse*).

BALINT (1932); RENSCH (1954); KUNKEL (1962); GRAHAM (1972); SUDHAUS (1974); GOULD (1977).

RECEPTEUR
Rezeptor
Receptor

Cellule sensorielle. Cellule qui enregistre des processus internes (→ *intérocepteur*, → *propriocepteur*) et externes (→ *extérocepteur*) et les traduit dans le sys-

tème d'encodage qui lui est propre, c'est-à-dire en impulsions électriques. Chaque type de cellules sensorielles ne réagit qu'à des stimuli bien déterminés (adéquats), par exemple uniquement à la lumière ou à des substances olfactives (→ *photorécepteur,* → *chimiorécepteur;* → *spécificité du stimulus*). Les cellules sensorielles sont soit isolées soit structurées en → *organes des sens.*
FLOREY (1970); PENZLIN (1977).

RECONNAISSANCE
Erkennen
Recognition

En éthologie, on parle de « reconnaissance » lorsqu'un individu est capable de distinguer l'un de l'autre deux stimuli au moins, p. ex. reconnaissance de l'ennemi, → *reconnaissance spécifique* et → *individuelle.* (La pertinence de ces notions lorsqu'elles s'appliquent aux animaux suscite cependant la controverse, cf. → *reconnaissance spécifique*).

RECONNAISSANCE DE LA PARENTELE
Verwandschaftserkennen
Kin recognition

Capacité qu'ont nombre d'animaux de distinguer entre les congénères qui leur sont apparentés et les autres. Elle est attestée chez quantité de mammifères et d'oiseaux, mais aussi isolément chez les invertébrés (isopodes, abeille mellifère). Elle peut reposer sur la reconnaissance personnelle des différents individus (→ *reconnaissance individuelle*) ou sur une particularité commune à tout un groupe d'animaux apparentés, par exemple une « odeur familiale » (→ *odeur de groupe,* → *odeur de ruche*).

La reconnaissance de la parentèle peut faire obstacle à un accouplement entre individus proches parents. Inversement, elle peut, en raison de certaines → *préférences,* favoriser l'appariement d'animaux unis par une parenté éloignée (→ *appariement sélectif;* → *comportement anti-inceste*). Elle permet également de réserver les conduites altruistes (→ *altruisme*) aux seuls parents (→ *théorie de la parentèle*).
WILSON (1971); LINSENMAIR (1972); BATESON (1978); GREENBERG (1979); WU et al. (1980).

RECONNAISSANCE INDIVIDUELLE
Individuelles Kennen
Individual recognition

→ *Reconnaissance* personnelle d'un individu par un autre. Elle joue généralement entre congénères, mais on en connaît également des exemples isolés entre individus d'espèces différentes. La capacité de reconnaissance individuelle est attestée chez un nombre appréciable de vertébrés, surtout des oiseaux et des mammifères, mais également chez certains invertébrés, en particulier divers crustacés (isopodes, crevettes). Elle intervient entre partenaires conjugaux (→ *lien conjugal*), entre parents et jeunes, entre voisins territoriaux (→ *territoire*) ou entre membres d'un groupe (→ *formation du groupe*). Elle préside à l'établissement de tout → *attachement* social, à la formation d'un groupe social individualisé ou au maintien d'une → *hiérarchie sociale.*

Il peut s'agir par ailleurs d'un facteur important de la → *reconnaissance de la parentèle,* qui notamment s'oppose à l'inceste (→ *appariement sélectif;* → *comportement anti-inceste*). De manière générale, la capacité de reconnaissance individuelle est d'une importance capitale là où l'identification des individus est indépendante du site, c'est-à-dire lorsque les repères topographiques du lieu où l'individu séjourne ne peuvent être d'aucun secours. C'est le cas du manchot empereur qui, au retour de la quête alimentaire, reconnaît son propre rejeton parmi la multitude de jeunes que la → *crèche* abrite.

La reconnaissance individuelle peut reposer sur des caractères visuels (de nombreux oiseaux se reconnaissent aux détails des dessins de leur tête), sur des vocalisations (quantité d'oiseaux et de primates sont capables de distinguer les vocalisations individuelles), et sur des signaux olfactifs (surtout chez les mammifères, les poissons et les crustacés) (→ *phéromone*).

SCHULTZE-WESTRUM (1965); BOWERS et ALEXANDER (1967); BEER (1970); TODD (1971); HAZLETT (1975); TRILLMICH (1976b); WASER (1977); KONISHI (1978); BROWN (1979); CALDWELL (1979); LINSENMAIR (1979).

RECONNAISSANCE SPECIFIQUE*
Arterkennung
Species recognition

Dans les publications traitant d'éthologie, on entend par reconnaissance spécifique « l'échange entre les sexes de stimuli propres à assurer l'accouplement d'individus de même espèce et à empêcher l'hybridation » (MAYR). Ce concept s'applique donc aux éléments du comportement de parade nuptiale qui garantissent le rapprochement d'individus conspécifiques de sexes opposés (cf. fonctions de la → *parade nuptiale*) et favorisent dès lors l'→ *isolement sexuel* (E. MAYR fait remarquer à juste titre que l'expression « reconnaissance » spécifique est trompeuse dans la mesure où dans le langage courant elle implique une prise de → *conscience*, dont l'existence reste à démontrer chez les animaux, surtout les animaux inférieurs, équipés de mécanismes de « reconnaissance spécifique » tout aussi efficaces que ceux des vertébrés supérieurs).

La connaissance des caractères propres à l'espèce peut avoir pour fondement soit l'innéité (→ *inné*), soit un apprentissage précoce (par exemple par → *empreinte sexuelle*). La première possibilité se rencontre essentiellement chez les espèces qui n'auront pas l'occasion d'acquérir cette connaissance par apprentis-

sage, par exemple les parasites de couvée ou de nombreux insectes et autres invertébrés chez lesquels une génération meurt avant l'éclosion de la suivante.

DILGER et JOHNSGARD (1959); MAYR (1967); GOTTLIEB (1971); EMLEN (1972b).

REFLEXE
Reflex
Reflex

Réaction automatique et immédiate d'un → *effecteur* à un stimulus sensoriel. Les réflexes se distinguent par une → *relation stimulus-réponse* quasi immuable et parcourent une voie nerveuse bien déterminée (→ *arc réflexe*). Si la relation sti-

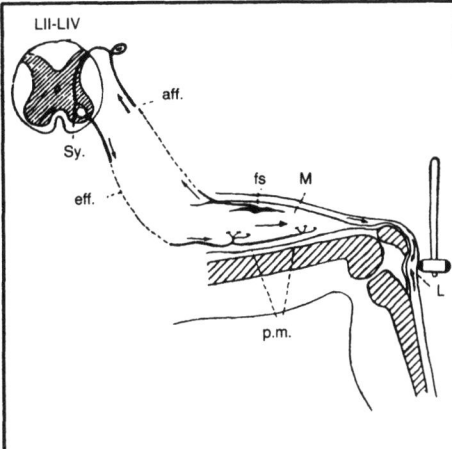

Fig. 92. Exemple de réflexe inconditionné simple chez l'homme : réflexe rotulien. Si on heurte le ligament (L), le muscle (M) subit une extension passive dans le sens de la longueur. Cette extension est perçue par les fuseaux musculaires (fs) qui jouent le rôle de → *propriocepteurs*. De ceux-ci naît une excitation, acheminée vers la moëlle épinière en passant par le → *neurone* afférent (centripète) (→ *afférence*), et de là ramenée à la plaque motrice (p.m.) du même muscle, en passant par une synapse et le neurone efférent (centrifuge) (→ *efférence*). Elle déclenche alors un tressaillement du muscle, qui corrige l'extension passive. Comme l'→ *arc réflexe* intervenant dans le cas présent passe par une seule → *synapse*, on l'appelle monosynaptique (in SCHNEIDER, 1966).

---

* In THINES G. et LEMPEREUR A. (1975), p. 818.

mulus-réflexe est de nature héréditaire, on a affaire à un réflexe « inconditionné » (réflexe pupillaire, rotulien, réflexe de salivation, d'→ *agrippement*, d'effroi et d'évitement) (fig. 92). Si par contre l'association entre le stimulus et la réaction résulte d'un → *conditionnement*, on parle d'un réflexe « conditionné » (sous-entendu : par l'expérience). Les réflexes conditionnés ont surtout été étudiés par le physiologiste russe I. PAVLOV.

PAVLOV (1972); PENZLIN (1977).

REFLEXE D'AGRIPPEMENT
Klammerreflex
Clasp reflex, grasp reflex

Mouvements automatiques d'agrippement des bras en cas d'effleurement de l'abdomen, ou des doigts et des orteils en cas de frôlement de la paume de la main ou de l'intérieur du pied. Les réflexes d'agrippement sont attestés essentiellement chez les amphibiens anoures et les mammifères arboricoles. Ils ont toutefois des fonctions très différentes selon le groupe d'animaux considéré : chez les anoures, les mâles prêts à l'accouplement enfourchent la femelle et se cramponnent à elle. Cette conduite assure la fécondation des œufs par le mâle dès leur expulsion de l'orifice génital de la femelle (→ *insémination*, → *comportement de gardiennage*). Chez les mammifères arboricoles, le réflexe d'agrippement — également appelé « réflexe de préhension » — est propre aux jeunes → *agrippeurs*. Il consiste en une succession ordonnée de mouvements des doigts ou des orteils, par laquelle le petit étreint durablement sa mère. Le réflexe d'agrippement s'observe également chez les nouveau-nés (généralement, on parle ici de réflexe de préhension). Il est particulièrement accusé chez les prématurés et est considéré comme un vestige comportemental (→ *vestige historique*) (fig. 93).

PRECHTL (1953b); HUTCHISON et POYNTON (1963); HASSENSTEIN (1973); WELLS (1977b).

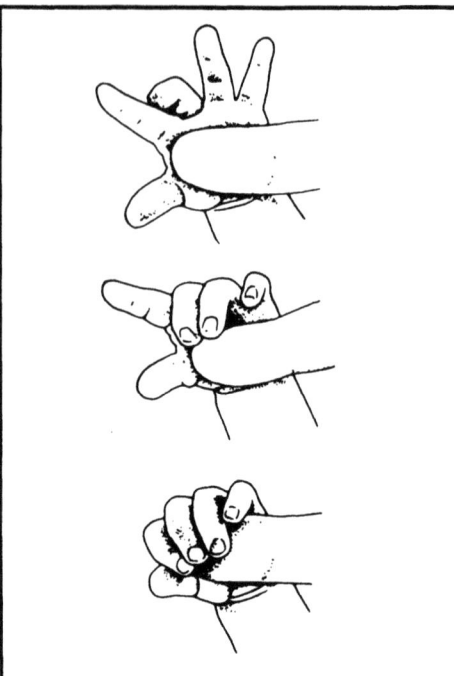

Fig. 93. Réflexe d'agrippement et de préhension chez le nourrisson (d'après PRECHTL, 1953).

RELATION
Beziehung
Relationship

Dans la littérature éthologique, on entend par relation une certaine orientation spatiale ou sociale chez un animal, qui s'exprime en une succession d'interactions pendant un laps de temps relativement long. L'→ *attachement* en est une forme particulière. Sur le plan de la méthode, l'existence d'une « relation » est difficile à démontrer et requiert une description et une quantification précises des paramètres suivants : fréquence, nature, qualité, distribution temporelle et direction.

HINDE (1976a, b, 1979).

RELATION STIMULUS-REPONSE
Reiz-Reaktions-Beziehung
Stimulus-response relationship

Relation (chronologique et quantitative) entre la présentation d'une configuration stimulante et la manifestation du comportement « adéquat ». Elle est fixe et immuable pour les réflexes simples, mais est susceptible de bien des modifications pour d'autres conduites, et dépend tant des facteurs du milieu, p. ex. de la puissance du stimulus, que de l'état interne de l'individu ($\rightarrow$ *motivation*, $\rightarrow$ *habituation*, $\rightarrow$ *variation du seuil de réponse*).
EWERT et REHM (1969).

RELEVE AU NID
Brutablösung
Nest relief, brood relief

En éthologie, se dit du remplacement de l'un des partenaires par l'autre dans la couvaison ou la surveillance des jeunes. Chez une espèce aviaire, quand les soins parentaux incombent aux deux parents, le mâle et la femelle se relèvent au nid ou à proximité immédiate. La fréquence de la relève varie à l'intérieur de marges spécifiques. Ainsi, nombre d'oiseaux de petite taille se relèvent au bout de quelques minutes seulement ; en revanche les pigeons se relaient uniquement le matin et le soir. La relève comporte très souvent des « cérémonies de relève » ($\rightarrow$ *cérémonie*) qui inhibent ou détournent vraisemblablement l'agressivité et dans lesquelles nous sommes dès lors fondés de voir des $\rightarrow$ *comportements d'apaisement*. La relève s'observe également (sans pour autant avoir fait l'objet d'études aussi approfondies) chez maints poissons monogames ($\rightarrow$ *monogamie*), chez lesquels les deux parents prodiguent des soins à leur progéniture. Egalement chez les poissons sont attestés des « cérémonials » fortement ritualisés.
LORENZ (1935) ; DRENT (1975) ; SKUTCH (1976) ; RECHTEN (1980).

RENFORCEMENT*
Verstärkung
Reinforcement

Nom générique pour tous les événements qualifiés de « renforçateurs » qui succèdent à une conduite exprimée par l'animal et entraînent dès lors un accroissement de sa fréquence et/ou de son intensité. Le renforcement consiste généralement en une récompense (par exemple une gratification alimentaire) : le « renforcement positif ». Cependant, il peut également résulter de la *disparition* d'un stimulus *aversif* (par exemple un choc électrique). Dans ce cas, on parle de « renforcement négatif ». (Toutefois, certains auteurs réservent précisément cette dernière appellation à l'*administration* de punitions, susceptible théoriquement de provoquer une baisse de la motivation mais qui, de l'avis de nombreux psychologues de l'apprentissage, n'aurait aucun impact sur le conditionnement). On appelle « cessation du renforcement » la disparition d'agents renforçants positifs.

Le renforcement joue surtout un rôle important dans le $\rightarrow$ *conditionnement*. De nos jours, on rencontre souvent aussi dans les publications allemandes à la place des termes « Verstärkung » ou « Bekräftigung » (renforcement) le mot anglais « reinforcement »**.
FESTER et SKINNER (1957) ; GLASER (1971) ; BUCHHOLTZ (1973) ; HINDE et STEVENSON-HINDE (1973) ; SKINNER (1974b).

REPASSE
Lautattrappe
Vocal simulation, sound simulation

Restitution de sons naturels ou artificiels, généralement enregistrés sur bande

---
* In RICHELLE M. (1966), pp. 56, 126 ; RUWET J.-CL. (1969), p. 18 ; THINES G. et LEMPEREUR A. (1975), pp. 834-835 ; RICHELLE M. et DROZ R. (1976), p. 331 ; CAMPAN R. (1980), p. 115 ; DELACOUR J. (1980), pp. 1, 24, 33, 92 ; SILLAMY N. (1980), p. 1024 ; DORE F.-Y. (1983), pp. 174-176.

** N.d.t. Ce n'est pas le cas en français.

magnétique. Les modifications apportées aux sons (réagencement des éléments de la séquence sonore, changements de rythme, suppression de certaines séquences etc.) permettent de déduire, à partir de la réaction du sujet d'expérience, les propriétés par lesquelles l'animal reconnaît un son particulier remplissant une fonction biologique, par exemple le → *chant* d'un rival. L'expérimentateur a surtout recours aux leurres sonores pour étudier la communication acoustique chez les animaux.
THIELCKE (1970).

REPERTOIRE COMPORTEMENTAL
Verhaltensrepertoire
Behavioural repertoire

Ensemble de tous les comportements d'un individu ou d'une espèce animale (→ *éthogramme*, → *système d'action*).

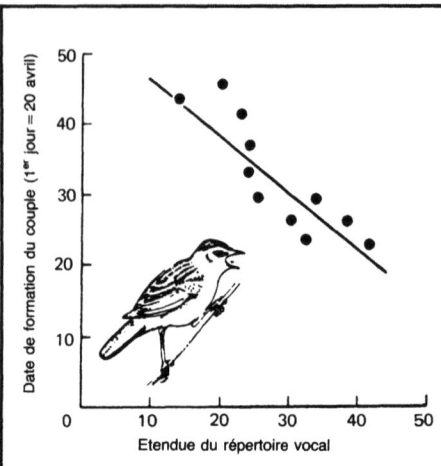

Fig. 94. Illustration de l'attraction qu'exerce sur la femelle un répertoire vocal étendu : chez le phragmite des joncs (*Acrocephalus schoenobaenus*), ce sont les mâles qui possèdent le répertoire le plus vaste qui, au printemps, s'accouplent le plus rapidement (d'après CATCHPOLE, 1980).

REPERTOIRE SONORE
Lautrepertoire
Vocal repertoire

Ensemble des émissions sonores d'un animal ou d'une espèce. Le répertoire sonore est particulièrement étendu chez nombre de primates (surtout le chimpanzé et les singes du Nouveau Monde), et la plupart des oiseaux, les espèces chanteuses essentiellement (→ *répertoire vocal*).

REPERTOIRE VOCAL
Gesangsrepertoire
Song repertoire

En bioacoustique, se dit de l'ensemble des chants ou des strophes vocales d'un individu. Ce terme s'applique en particulier aux oiseaux chanteurs mâles : chez maintes espèces, ceux-ci disposent de deux types de chant au moins (la paruline à flancs roux va jusqu'à en émettre cinq), dont chacun remplit une fonction déterminée (→ *chant*). Ainsi, le petit chanteur de Cuba, originaire d'Amérique centrale, possède un chant bref par lequel il signifie son agressivité aux autres mâles, et une variante plus longue qu'il émet davantage en présence de femelles, vraisemblablement appelée à jouer un rôle sur le plan sexuel. En revanche, chez la plupart des oiseaux chanteurs, le mâle n'émet qu'un seul chant, qui assume toutes les fonctions vitales pour l'espèce. Tandis que quantité d'espèces ne font entendre qu'un seul motif — qui peut certes varier selon les individus et la région géographique (→ *dialecte*) — d'autres espèces en possèdent un nombre élevé, voire une multitude (le troglodyte des marais une centaine, et le carouge à épaulettes même plusieurs milliers). Il arrive même que l'étendue du répertoire diffère d'une variété géographique à une autre, comme chez le troglodyte des marais précisément.

La signification exacte d'un répertoire étendu reste à établir. Elle pourrait varier selon les espèces. Des observations donnent à penser qu'il présente des avantages pour le mâle comme pour la femelle : la diversité des motifs peut notamment agir auprès de la femelle comme → *indicateur de statut*, lui indiquer un vieux mâle expérimenté et par conséquent exercer sur elle une forte attraction (fig. 94), ou il peut signifier à un rival une densité de population supérieure à la densité réelle et l'inciter à passer son chemin (hypothèse Beau Geste). Il favoriserait également chez les deux sexes la → *reconnaissance individuelle* (du partenaire, du voisin territorial).

KROODSMA (1975); KREBS (1977); KROODSMA et PARKER (1977); BAPTISTA (1978); LEIN (1978); KREBS et KROODSMA (1980); YASUKAWA (1980).

REPRODUCTION
Fortpflanzung
Reproduction

En biologie, on entend par reproduction la génération de nouveaux individus. C'est une des caractéristiques essentielles du vivant et, en raison de la mortalité des êtres, le préalable indispensable à la perpétuation de l'→ *espèce*. Certaines conduites sont propres à assurer le processus reproducteur.

RETOUR AU GÎTE
Heimfindevermögen
Homing

Capacité d'un animal de retrouver un emplacement précis (par exemple son lieu de naissance ou le site de nidification de l'année précédente). Elle exige de remarquables facultés d'→ *orientation*. Le retour au gîte est particulièrement développé chez les oiseaux et les poissons migrateurs (par exemple les saumons).

HASLER et al. (1978); SCHMIDT-KOENIG (1979, 1980).

RITUALISATION *
Ritualisierung
Ritualization

Processus qui renforce l'efficacité, dans le cadre de la communication réciproque, d'un comportement à fonction de déclencheur (→ *déclencheur,*→ *comportement expressif*), c'est-à-dire qui le souligne, le précise, et réduit par là la possibilité de « malentendus ». Parmi les modifications qui contribuent ainsi à améliorer la transmission du signal figurent les simplifications et « exagérations » du schème moteur même, la répétition (le plus souvent rythmique) du mouvement concerné ou l'accentuation particulière de certains de ses éléments**. Contrairement à leurs « modèles » non ritualisés, les comportements ritualisés présentent toujours une vitesse et une intensité quasi invariables (« intensité type »). Ainsi, les mouvements du bec qu'exécutent les pics en quête de nourriture varient d'après les circonstances, alors que dans le « tambourinage », ils se caractérisent invariablement par le même rythme, propre à l'espèce. Les comportements ritualisés interviennent surtout dans le cadre de la → *parade nuptiale* et de l'→ *agression*.

Il est particulièrement fréquent qu'on trouve, sous-jacents à une ritualisation, des → *mouvements d'intention* et des → *activités de substitution*, qui acquièrent par là secondairement un caractère signalétique. Ainsi, chez de nombreux estrildinés, le comportement de parade nuptiale comprend un balayage de substitution répété à l'aide du bec. Chez certaines espèces, ce mouvement s'est directement intégré dans la parade sous

---

* In BAERENDS (1963), p. 95; THINES G. (1966), p. 260; RUWET J.-Cl. (1969), pp. 128-140; RICHARD G. (1975), pp. 160-161; THINES G. et LEMPEREUR A. (1975), pp. 845-846; HEYMER A. (1977), pp. 148-149.

** L'appellation « exagération mimique » [**Exagération mimique** : voir VOSS et al. (1973), p. 314], parfois utilisée pour désigner l'exécution particulièrement spectaculaire des mouvements ritualisés, est linguistiquement fausse, puisque ces « exagérations » interviennent aussi et surtout dans les mouvements et attitudes posturales. On peut donc tout au plus parler « d'exagération gestuelle ».

forme ritualisée. Elles l'exécutent à un endroit déterminé de la → *chaîne de réactions*, de manière toujours identique et à une allure souvent fortement ralentie. Quelquefois, le bec ne touche même plus le substrat, de sorte que l'ensemble du mouvement rappelle davantage une salutation et que seule la comparaison avec d'autres espèces permet encore de reconnaître le balayage initial du bec.

Au départ, le concept de ritualisation s'appliquait uniquement à un processus phylogénique (→ *évolution*). Toutefois, pareille «formalisation» peut également intervenir au cours de l'→ *ontogenèse*, lorsque à partir du comportement très variable du jeune animal se structurent les conduites de l'adulte, plus constantes dans leur forme (→ *constance de forme*), comme lors du passage du préchant au → *chant* définitif (→ *souschant*). On parle alors de «ritualisation ontogénique».

HUXLEY (1923, 1966); LORENZ (1951, 1966); TINBERGEN (1952a, 1952b); MORRIS (1957); BLEST (1961); WICKLER (1961a, 1967); EIBL-EIBESFELDT (1979a).

RÔLE
Rolle
Role

Ce terme ressortit surtout à la mammalogie où il désigne l'exécution par certains individus d'un groupe d'activités liées à des fonctions sociales spécifiques (par exemple rôle de sentinelle, de meneur) (→ *division du travail*). La répartition des rôles est particulièrement rigoureuse chez les primates. Certains rôles sont l'apanage de l'un des sexes seulement ou de tranches d'âge déterminées. Ainsi, chez nombre d'espèces, le rôle de chef de file revient toujours à un mâle, chez d'autres à une femelle. Il existe parfois un rapport entre l'exercice d'un rôle particulier et la position sociale (→ *hiérarchie sociale*) (bien qu'au départ le rang et le rôle soient indépendants l'un de l'autre). A l'inverse d'autres formes de →

polyéthisme, la distribution des rôles peut se modifier au fil du temps.

MC BRIDE et al. (1959); HENDRICHS et HENDRICHS (1971); HENDRICHS (1973); KUMMER (1975); RASA (1977); HINDE (1978).

ROULAGE DE L'ŒUF*
Eirollbewegung, Einrollbewegung
Egg-rolling

Parfois également appelé «ramener de l'œuf au nid», ou «rentrée de l'œuf dans le nid». Séquence motrice exécutée par de nombreux oiseaux qui couvent à terre, consistant à ramener dans la coupe du nid en les roulant sur le sol les œufs qui en ont été écartés. L'oiseau étend le cou, puis à l'aide du bec, dirige l'œuf vers le nid en effectuant un lent mouvement de rétraction accompagné de mouvements latéraux de correction. D'un point de vue épistémologique, l'intérêt du roulage de l'œuf réside dans le fait qu'il a permis d'établir pour la première fois (chez l'oie cendrée) qu'un comportement consiste en la combinaison d'une → *coordination motrice héréditaire* et d'une → *composante taxique* (→ *taxie*). Si l'expérimentateur retire son œuf à une oie qui a déjà amorcé le mouvement de roulage, l'oiseau n'en continue pas moins à rétracter le cou, mais les mouvements latéraux de correction cessent immédiatement. Le ramener proprement dit est donc une coordination motrice héréditaire qui se poursuit une fois amorcée, même en l'absence de stimuli externes. Par contre, les mouvements de correction sont des réactions d'orientation dont l'apparition et le déroulement dépendent de la situation stimulante, dans le cas présent de la position instantanée de l'œuf. Ces deux composantes

---

* In HEYMER A. (1977), p. 90; GUYOMARC'H J.-Ch. (1980), p. 93.
Syn. **Ramener de l'œuf** in CHAUVIN R. (1958), p. 27; RICHARD G. (1975), pp. 90-91; GUYOMARC'H J.-Ch. (1980), p. 88.
Syn. **Rentrée de l'œuf dans le nid** in BAERENDS G. (1963), p. 83.

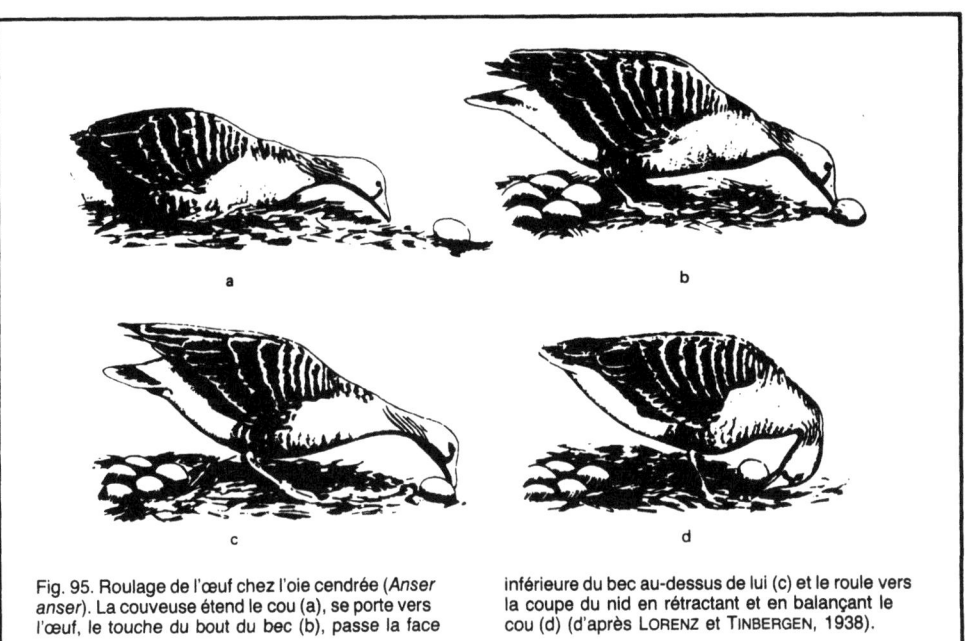

Fig. 95. Roulage de l'œuf chez l'oie cendrée (*Anser anser*). La couveuse étend le cou (a), se porte vers l'œuf, le touche du bout du bec (b), passe la face inférieure du bec au-dessus de lui (c) et le roule vers la coupe du nid en rétractant et en balançant le cou (d) (d'après LORENZ et TINBERGEN, 1938).

comportementales sont dissociables l'une de l'autre (fig. 95; fig. 105, p. 222).
LORENZ et TINBERGEN (1938); WICKLER (1967); WINKEL (1969).

RUT
Brunst
Rut, heat

Se dit de l'activité sexuelle des mammifères. Ce terme n'est toutefois pas utilisé uniformément dans les publications, mais apparaît au moins dans trois contextes : il désigne la période de l'année au cours de laquelle les animaux manifestent une activité sexuelle, l'état physiologique qui correspond à celle-ci (→ *œstrus*) et enfin le comportement sexuel exprimé pendant cette période. Le souci de délimiter clairement les termes commande de parler dans ce dernier cas de comportement de rut (→ *parade nuptiale*).
HEDIGER (1942, 1966).

RYTHME CIRCADIEN
Circadiane Rhythmik
Circadian rhythm

Rythme qui correspond approximativement à la succession des jours et des nuits. Rythme de 24 heures. Variation journalière de l'→ *activité* et d'autres fonctions corporelles. Dans de nombreux cas, il est déjà déterminé dans l'organisme sous forme d'une périodicité interne (endogène) et s'ajuste (se synchronise) à la périodicité du milieu par le biais de → *synchroniseurs temporels*. Cette → *synchronisation* est indispensable parce qu'en général la période endogène ne couvre pas exactement 24 heures mais est légèrement inférieure ou supérieure. Il est possible d'en déterminer la durée exacte par des expériences au cours desquelles le sujet (animal et humain) est maintenu dans des conditions absolument constantes (p. ex. une luminosité invariable). Dans de telles conditions, la période, système oscilla-

Rythme circannien

toire autoentretenu, se poursuit, et puisqu'on peut écarter toute influence externe, révèle sa durée endogène (fig. 96 et 97).
ASCHOFF (1954, 1979); RENSING (1973); GWINNER (1975); BÜNNING (1977).

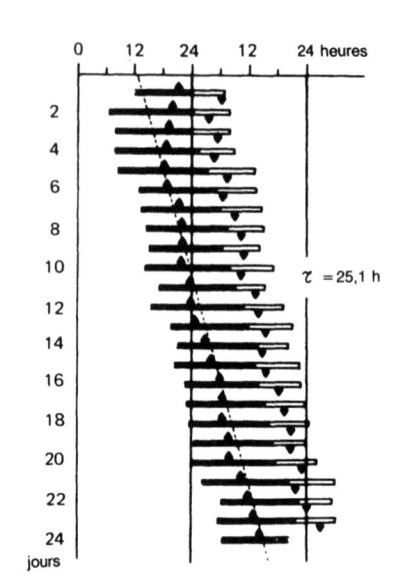

Fig. 97. Un rythme circadien « spontané », c.-à-d. de nature endogène, déjà attesté chez une multitude d'animaux, se rencontre également chez l'homme : les traits gras représentent les périodes d'activité (en noir) et de repos (en blanc) d'un sujet humain expérimental vivant en isolement sans aucune information de temps. Les triangles situés sur ou sous le trait indiquent respectivement le moment où la température rectale atteint son maximum et son minimum. La période circadienne moyenne (τ) correspond à 25,1 h (in ASCHOFF, 1970).

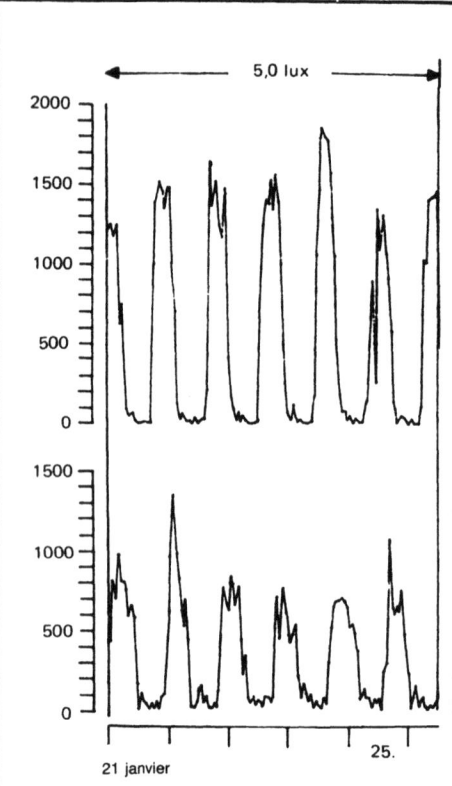

Fig. 96. Périodicité de l'activité du pinson des arbres (*Fringilla coelebs*) dans des conditions constantes de captivité (l'activité se mesure au nombre de sautillements d'un perchoir à l'autre, enregistré automatiquement). Le graphique révèle le caractère endogène du rythme circadien chez cette espèce (→ *endogène*) : même si on supprime l'alternance des périodes de luminosité et d'obscurité, qui sert normalement de → *synchroniseur temporel*, il se poursuit en tant que système oscillatoire autoentretenu (d'après ASCHOFF et WEVER, 1962).

RYTHME CIRCANNIEN
Jahresperiodik
Annual periodicity,
circannual periodicity,
circannual rhythm

Changement saisonnier auquel sont soumis le comportement et diverses fonctions physiologiques. Chez la plupart des espèces, les fluctuations saisonnières affectent particulièrement la reproduction, par exemple l'état de développement des → *gonades* et l'apparition des → *caractères sexuels* secondaires. Les migrations (par exemple des oiseaux), l'hibernation ou le renouvellement du

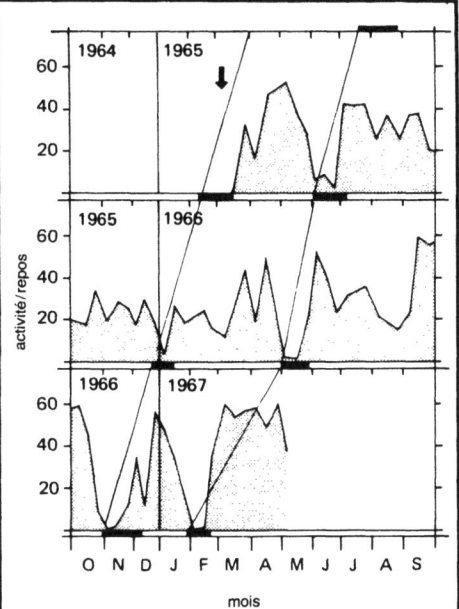

Fig. 98. Mues (traits noirs) et agitation migratoire nocturne d'un pouillot fitis (*Phylloscopus trochilus*) maintenu pendant 27 mois dans des conditions expérimentales absolument stables (éclairement diurne de 12 h : 12 h, 200 : 0,2 lux, température 21 °C ± 2°), c.-à-d. sans aucune indication des fluctuations saisonnières de l'éclairement et de la température. L'ordonnée indique le nombre d'intervalles de dix minutes pendant lesquels l'oiseau a déployé une activité nocturne. La figure montre que chez l'oiseau soustrait à la périodicité annuelle naturelle, les mues et l'agitation migratoire obéissent à un cycle de 2 × 4,8 = 9,6 mois. Une telle déviation par rapport aux périodes naturelles exclut toute intervention de facteurs environnementaux et prouve ainsi l'endogénéité du phénomène (in GWINNER, 1967).

pelage et du plumage (mue ; → *changement de couleur*) sont autant de phénomènes récurrents au fil des saisons. Sur le plan comportemental, ce sont une fois encore les conduites liées à la reproduction qui présentent les plus fortes variations saisonnières (par exemple parade nuptiale, comportement territorial, activités constructrices ou parentales). L'agressivité évolue elle aussi au cours de l'année. Elle culmine généralement au début de la saison des amours, c'est-à-dire à l'époque de la fondation du → *territoire*. De récentes observations laissent supposer l'existence d'une → *périodicité* interne (→ *endogène*) sous-jacente au rythme circannien (fig. 98). Elle semble toutefois n'être ni aussi répandue ni aussi affirmée que pour le rythme jour-nuit (→ *rythme circadien*). Nombre de processus saisonniers semblent dépendre beaucoup plus directement de l'environnement (par exemple des saisons). C'est par analogie avec le terme « circadien » que l'adjectif « circannien » s'est implanté.

ASCHOFF (1955); IMMELMANN (1967, 1971); RENSING (1973); BERTHOLD (1974); GWINNER (1975); BÜNNING (1977).

S

SCHEMA DU BEBE
Kindchenschema
Child schema

Combinaison d'attributs corporels qui induisent chez l'être humain un état émotionnel assimilable à une réaction affective. En font partie les grands yeux, la tête démesurée par rapport au corps et les joues « rebondies ». Ces caractères se retrouvent chez le nourrisson humain. On peut donc établir un parallèle entre eux et les → *caractères juvéniles* des animaux. Comme ces traits distinctifs présents chez les animaux, surtout chez les jeunes, sont capables de déclencher, chez l'homme également, des manifestations ou des élans de tendresse, le schéma du bébé est considéré comme un exemple de → *mécanisme inné de déclenchement* humain.

Schéma inné

Fig. 99. Les principaux traits distinctifs de la tête (grands yeux, front bombé, joues rebondies) du «schéma du bébé» établi par Konrad LORENZ. Ils ne sont pas présents uniquement chez les nourrissons et les jeunes animaux, mais surviennent aussi occasionnellement chez les animaux adultes sauvages (yeux démesurés des espèces nocturnes) (rouge-gorge, 4ᵉ ligne à gauche). Chez les animaux de compagnie, les proportions de la tête correspondent parfois au schéma du bébé ; il n'est pas exclu qu'elles résultent d'une → sélection artificielle pratiquée à dessein (→ domestication) (d'après LORENZ, 1943 in TINBERGEN, 1952).

Tant que feront défaut des études précises établissant la part d'expérience qui intervient dans de telles réactions, nous ne pourrons fournir la preuve de leur innéité (fig. 99).
LORENZ (1943) ; GARDNER et WALLACH (1965) ; HÜCKSTEDT (1965).

SCHEMA INNE
Angeborenes Schema
Innate releasing schema

Egalement appelé «schéma inné de déclenchement». Ancienne dénomination du → mécanisme inné de déclenchement (MID). Elle peut susciter l'impression trompeuse que la réaction comportementale de l'animal est purement «schématique». C'est pourquoi elle est pratiquement tombée en désuétude.
SCHLEIDT (1962).

SCIENCES DU COMPORTEMENT
Verhaltenswissenschaften
Behavioural sciences

On regroupe sous ce nom toutes les disciplines empiriques qui s'intéressent au → comportement. L'→ éthologie et la → psychologie comparée se consacrent à l'étude du comportement animal. La psychologie, l'→ éthologie humaine et différentes branches de la sociologie et de l'anthropologie sont vouées au comportement humain.

SECOUEMENT LETHAL
Totschütteln
Shaking to death

Vigoureux secouement latéral de la tête que l'animal effectue la proie entre les dents. Il s'observe chez de nombreux prédateurs (canidés, mustélidés, viverridés) et isolément chez d'autres mammifères (diable de Tasmanie, hérisson). Diverses hypothèses ont été avancées quant à la phylogenèse du secouement léthal (→ évolution). Son origine réside vraisemblablement dans les mouvements de projection arythmiques et asymétriques de la tête avec lesquels tous les prédateurs saisissent les petites proies et les rejettent immédiatement. Ce mouvement s'est progressivement accusé, et la proie n'est plus relâchée tout de suite, mais secouée plusieurs fois de gauche à droite. Elle perd momentanément son orientation spatiale, est incapable de fuir, et le prédateur peut assurer sa prise. Enfin, la forme la plus développée est le secouement léthal proprement dit par lequel les canidés infligent la mort à leur victime (par paralysie respiratoire ou fracture de la nu-

que). Chez les jeunes canidés, le secouement léthal s'intègre souvent au → *comportement ludique*.
LEYHAUSEN (1965); EISENBERG et LEYHAUSEN (1972); RASCH (1973); EWER (1976).

SECRETION
Sekretion
Secretion

Production d'une substance par une cellule. Le produit libéré est appelé secreta, l'activité de la cellule est qualifiée de sécrétrice. Les glandes sont des cellules responsables au premier chef de la sécrétion. Deux groupes de secreta glandulaires participent en étroite interaction au comportement animal : les → *hormones* et les → *phéromones*. On appelle → *neurosécrétion* l'activité sécrétrice des cellules nerveuses.
FLOREY (1970); ROMER (1976); PENZLIN (1977); FABER et HAID (1980).

SELECTION
Selektion
Selection

Le terme « sélection » trouve deux applications en biologie. Il désigne au premier chef un processus qui détermine les chances de survie et de reproduction d'un organisme en fonction de son → *aptitude* : les individus qui présentent les caractères les plus avantageux, donc les mieux adaptés aux conditions du milieu en vertu de leur patrimoine génétique (→ *adaptation*), ont la plus grande probabilité de survivre et de se reproduire. La sélection renforce la présence au sein d'une → *population* de certaines dispositions génétiques et diminue celle d'autres facteurs génétiques (comparativement moins avantageux). A côté de la → *mutation*, elle est donc un agent essentiel de l'→ *évolution*.

La pression sélective est plus forte si les conditions environnementales varient que si elles restent constantes. Elle dépend par ailleurs de l'importance de la progéniture. Les espèces dangereusement exposées aux prédateurs doivent « produire » de nombreux descendants pour compenser les lourdes pertes que subiront ces derniers. La majorité des individus succombent à la sélection naturelle déjà avant d'atteindre la maturité sexuelle. La sociobiologie introduit ici la notion de sélection r. Elle lui oppose celle de sélection K, appliquée aux espèces (en général de grande taille et/ou pourvues de moyens de défense) qui ne laissent que quelques descendants, la chance de survie de chacun d'entre eux étant relativement élevée. Dès lors, les espèces soumises à la sélection K « investissent » généralement davantage dans les soins parentaux (→ *théorie de la parentèle*).

A côté de cette « sélection naturelle » qui s'opère principalement sous l'action de facteurs extraspécifiques, les congénères peuvent également influencer le succès reproducteur d'un individu. Darwin a appelé ce phénomène « sélection sexuelle ». Il établit ainsi une distinction entre sélection intrasexuelle et sélection intersexuelle ou épigame. La première s'exerce par la concurrence directe que se livrent plusieurs mâles pour gagner une femelle (c'est parfois l'inverse qui se produit, p. ex. chez les mammifères vivant en → *harem*, plusieurs femelles en → *œstrus* peuvent entrer en compétition pour le même mâle). Par contre, la sélection épigame procède de → *préférences* individuelles chez l'un des sexes, qui, lors de la → *formation du couple*, jette son dévolu sur certains congénères de l'autre sexe (→ *appariement sélectif*). Chez la majorité des espèces étudiées jusqu'à ce jour, la décision finale revient à la femelle, qui fixe son choix sur un mâle. L'isolement sexuel s'exerce fortement chez les espèces polygames (→ *polygamie*), chez lesquelles nombre de mâles ne parviennent jamais à se reproduire.
DARWIN (1859); FISCHER (1958); PIANKA (1970); CAMPPBELL (1972); MAYR (1972); SELANDER (1972).

SELECTION ARTIFICIELLE
Zuchtwahl
Selective breeding

Choix par l'homme de certains individus pour la reproduction d'animaux domestiques. Elle permet de choisir et de parfaire progressivement certains caractères recherchés par l'éleveur, puisque seuls les individus chez lesquels ces traits sont déjà les plus accentués sont amenés à se reproduire. Les caractères soumis à la sélection sont de nature tant morphologique (p. ex. certaines couleurs ou patrons de coloration ou — chez les caprins ou les bovins — la forme des cornes) que physiologique (p. ex. plus grande production de lait ou d'œufs). La sélection artificielle peut également porter sur certains caractères comportementaux, comme une agressivité exacerbée chez les poissons combattants et les coqs de combats ou l'« exagération » de certaines conduites chez bien des columbidés (p. ex. chez les pigeons culbuteurs), ou encore une → activité générale intense ou faible (fig. 100). Comme l'homme apprécie chez ses animaux domestiques d'autres particularités que celles qui s'avèrent avantageuses en milieu naturel, la sélection artificielle va souvent à l'encontre de la → sélection naturelle. Les traits qui se mettent ainsi en place au fil des générations, par lesquels l'animal domestique diffère de la souche sauvage, sont appelés → caractères de domestication.

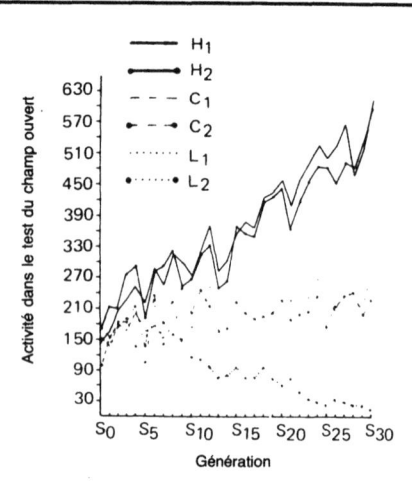

Fig. 100. Exemple de la rapidité avec laquelle la sélection artificielle s'exerce sur la mise en place d'un caractère comportemental, dans le cas présent de l'→ activité locomotrice de souris de laboratoire, établie par le → test du champ ouvert. A partir d'un matériel de départ homogène, l'expérimentateur sélectionne deux lots d'individus manifestant une activité intense (représentés par les traits H_1 et H_2), et deux lots d'une plus faible activité (L_1 et L_2). Les lots C_1 et C_2 servent de référence, c.-à-d. que les individus sont libres de s'accoupler en l'absence de toute intervention sélective de l'expérimentateur. La figure permet de déduire le niveau moyen d'activité de chacun des lots, représenté par les six traits. On constate que les trois groupes s'écartent de plus en plus l'un de l'autre au fil des générations, qu'après environ dix générations, leurs niveaux d'activité ne se correspondent plus et qu'après 30 générations, l'activité des groupes H est déjà plus de 30 fois supérieure à celle des groupes L. En même temps, ces résultats illustrent à merveille l'importance du fondement génétique d'un trait comportemental (→ inné; → éthogénétique) (in DEFRIES et al., 1978).

SAUER (1966); SOSSINKA (1970); HERRE et RÖHRS (1973); NICOLAI (1976).

SEMIOTIQUE
Semiotik
Semiotics

Théorie des signes, de la signification. Le néologisme « zoosémiotique » désigne la discipline éthologique qui s'attache aux signes échangés par les animaux dans le processus de → communication sociale.

SERVICE DERMIQUE*
Grooming
Grooming

Terme utilisé dans les publications de primatologie pour désigner le → toilettage social auquel se livrent les singes.

* In DEMARET A. (1979), p. 68.
Syn. **Epouillage** in CHAUVIN R. (1969), p. 85.
Syn. **Epouillage mutuel** in HEYMER A. (1977), p. 105; GUYOMARC'H J.-Ch. (1980), p. 126.
Syn. **Epouillage social** in La Recherche en éthologie (1979), pp. 252-256.
Voir aussi **lustrage, allolustrage, autolustrage, pseudoépouillage,** in DEMARET A. (1979), p. 67.

Fig. 101. « Service dermique » chez le magot (*Macaca sylvanus*).

Le terme anglais *grooming* s'est lui aussi implanté dans la littérature allemande** étant donné que les expressions « épouillage social » ou « mutuel » (soziale ou gegenseitige Fellpflege) ne rendent pas exactement compte de la diversité de ce comportement, qui ne se limite pas aux soins du pelage, mais comprend également l'entretien des dents ou des zones de peau nue. Bon nombre d'auteurs désignent par « allolustrage » le service dermique au bénéfice d'un congénère et l'opposent ainsi à l'« autolustrage », c'est-à-dire au toilettage de son propre corps. (A ces appellations correspondent dans les publications ornithologiques les expressions « allolissage » (angl. *allopreening*) et « autolissage » (*autopreening*) (fig. 101).
CULLEN (1963); SADE (1965); SPARKES (1967); VOGEL (1971); ROWELL (1972).

** N.d.t. En français également, mais dans une moindre mesure.

SEUIL DE REPONSE
Schwelle
Threshold

Valeur minimale à partir de laquelle un stimulus déclenche une réaction (p. ex. une conduite ou une impulsion nerveuse) chez un organisme (p. ex. seuil de l'audition : puissance sonore en-deçà de laquelle un son devient inaudible). Les stimuli qui restent en-deçà du seuil et par conséquent ne suscitent aucune réaction perceptible sont qualifiés de « sous-liminaires ». Le seuil de réponse n'est pas une valeur absolue, mais peut subir l'influence de facteurs internes comme externes (→ *adaptation*; → *variation du seuil de réponse*).
LORENZ (1937); PENZLIN (1977).

SEVRAGE
Entwöhnung
Weaning

Séparation du jeune d'avec sa mère ou ses deux parents lorsque prend fin la dépendance alimentaire (→ *comportement parental*). Bien souvent, le jeune sollicite de la nourriture de ses parents (ou de sa mère) alors que ceux-ci ne sont plus disposés à assurer sa subsistance. Il peut s'ensuivre un conflit de sevrage (→ *conflit de générations*). Chez les mammifères supérieurs, le sevrage est parfois un processus à plus long terme, qui s'accompagne de modifications comportementales chez le jeune, mais qui la plupart du temps impliquent davantage le père ou les deux parents.

Chez nombre d'oiseaux, notamment quand les jeunes participent à l'élevage des nichées ultérieures (→ *aidants*), et chez quantité de mammifères, le jeune demeure auprès des géniteurs — ou de la mère — même au-delà du sevrage, c'est-à-dire de son émancipation alimentaire. Cette persistance des liens familiaux favorise vraisemblablement l'accu-

Signal ludique

mulation d'expériences nouvelles (→ *tradition*).

KAUFMANN et ROSENBLUM (1969); INGRAM (1977); REITER *et al.* (1978); BERGER (1979); WALTHER (1979); BATESON (1982).

SIGNAL LUDIQUE
Spielsignal
Play signal

Signal → *mimique* ou → *gestique* qui indique qu'un animal est disposé à se prêter au jeu social (→ *comportement ludique*). La « puissance de déclenchement » effective de ces signaux reste cependant à établir. Les signaux ludiques contribueraient également à écarter toute équivoque, surtout pour le jeu d'attaque : ils signifient au partenaire qu'une manifestation d'agressivité ne doit pas être « prise au sérieux ». L'existence de signaux propres témoigne de l'importance biologique qui peut revenir au comportement ludique. L'exemple le plus célèbre est la mimique ludique de certains primates et mammifères prédateurs, dans laquelle il faut voir un → *mouvement d'intention* ritualisé (→ *ritualisation*) traduisant la disposition à mordiller.

BOLWIG (1964); FOX (1970); BEKOFF (1975); SMITH (1977); FAGEN (1981); BEKOFF et BYERS (1982).

SOCIAL
Sozial
Social

En éthologie, aucune connotation positive ne s'attache à l'adjectif « social », qui diffère sous ce rapport du même terme utilisé dans le contexte quotidien. Il suggère simplement que les conduites envisagées remplissent une fonction au service de la communication intraspécifique. Une espèce est sociale « si la rencontre de plusieurs individus dans un espace restreint est un événement régulier et non fortuit » (WICKLER), c'est-à-dire si elle vit durablement en couple (→ *monogamie;* → *lien conjugal*), en famille ou en groupe (→ *formation du groupe,* → *société*) et si le répertoire comportemental se compose en grande partie de conduites sociales (le contraire de social est → *asocial*).

Chez certaines espèces, la dépendance entre congénères est telle qu'un individu livré à lui-même n'est plus guère viable. A ces animaux qui manifestent une sociabilité obligée appartiennent essentiellement les espèces caractérisées par une → *division du travail* bien établie. (Il arrive néanmoins que même des animaux sociaux vivent seuls temporairement ou pendant un certain temps. On parle ici de → *solitaires*).

WICKLER (1967).

SOCIALISATION
Sozialisation
Socialization

On entend par socialisation l'apparition, au cours de la croissance d'un individu, d'une dimension sociale dans ses interactions avec ses congénères. Elle conditionne la sociabilité ultérieure de l'animal, l'établissement de → *relations*, d'→ *attachements*, son intégration dans des groupes ou la prise en charge de → *rôles*. Chez quantité d'espèces, certaines facultés sociales ne peuvent s'acquérir que par des contacts sociaux spécifiques au cours de tranches de la vie appelées « phases de socialisation ». En raison de leur caractère précoce et de leur brièveté, elles rappellent les → *phases sensibles* des phénomènes d'→ *empreinte*. Si la phase de socialisation est manquée, par exemple par → *privation d'expérience*, l'animal sera souvent incapable par la suite de relations sociales normales. Les phases de socialisation manquées sont donc à l'origine de nombreuses perturbations comportementales résumées sous l'intitulé → *« syndrome d'isolement »*.

FREEDMAN *et al.* (1961); BÜHLER (1962); GOSLIN (1969); POIRIER (1972); FREY (1974); CHEVALIER-SKOLNIKOFF (1977); ENGESSER (1977).

SOCIETE
Staat
Society

Dans le règne animal, on entend par société les populeuses communautés fondées par quantité d'insectes qui, en raison de leur → *division du travail* bien établie et de la coordination de la vie sociale, rappellent superficiellement les modèles d'organisation humaine. Parmi les insectes, elles se sont souvent développées selon des voies différentes, et se rencontrent chez les termites et les hyménoptères, et chez ces derniers aussi bien chez les fourmis que chez les guêpes, les bourdons et les abeilles. L'émergence phylogénique de sociétés est conditionnée par un → *comportement parental* évolué. Les sociétés d'hyménoptères sont des familles maternelles composées d'une ou plusieurs femelles entièrement développées (« reine ») et d'une multitude d'ouvrières (femelles stériles). Les reproducteurs mâles ne séjournent dans la société que jusqu'au → *vol nuptial*. Par contre, les sociétés de termites comptent autant de mâles que de femelles et constituent des familles biparentales. Un reproducteur mâle (« roi ») reste durablement auprès de la reine, et les « ouvriers » sont des jeunes ou des adultes des deux sexes incapables de se reproduire. Chez bon nombre de fourmis et de termites, les ouvriers se répartissent en différentes → *castes*. Dans les sociétés d'insectes, la distribution de nourriture est assurée en fonction des besoins (→ *offrande alimentaire,* → *altruisme*). De multiples aspects de la vie sociale sont régis par le jeu de → *phéromones*. Les sociétés de fourmis et de termites peuvent compter des millions d'individus. (Chez la fourmi chasseresse sud-américaine, on a découvert des entités de 20 à 22 millions de sujets). Au total, on connaît environ 8000 espèces d'insectes sociaux.

GOETSCH (1953); WILSON (1971); BUTLER (1974); LINDAUER (1975); DUMPERT (1978).

SOCIOBIOLOGIE
Soziobiologie
Sociobiology

« Etude systématique des fondements biologiques de tout comportement social » (WILSON). Discipline scientifique très jeune, qui se concentre entièrement sur le comportement social des animaux et étudie la → *structure sociale* des différentes espèces en tenant compte des conditions écologiques auxquelles elles sont adaptées. La sociobiologie s'intéresse au premier chef aux avantages sélectifs de structures sociales déterminées, c'est-à-dire qu'elle les mesure ou les évalue et se demande comment le système social considéré adapte ses membres au milieu (→ *stratégie*). A l'inverse de l'éthologie, elle ne s'attache guère aux mécanismes de mise en place et de maintien des structures sociales (→ *sociologie animale*), c'est-à-dire qu'elle s'arrête davantage aux facteurs ultimes qu'aux facteurs proximaux du comportement. Elle constitue donc en quelque sorte une biologie évolutive appliquée au comportement social des organismes (→ *évolution*). Comme l'éthologie, c'est une science hautement comparative. Avant l'introduction du terme « sociobiologie », on parlait de « socioécologie »*.

La sociobiologie a été la première à poursuivre une analyse des structures sociales dans l'optique de la biologie générale en ce sens qu'elle intègre les travaux de la → *biologie des populations* et de la génétique des populations. Elle a orienté la recherche éthologique, qui met traditionnellement l'accent sur le comportement → *spécifique*, vers une plus grande prise en compte des différences intraspécifiques, surtout individuelles, et a fourni de l'→ *altruisme*, le

---

* N.d.t. En français, on fait une nette distinction entre les deux termes. La théorie sociobiologique insiste sur l'adaptation phylogénique des structures sociales, tandis que la socioécologie accorde la primauté à l'influence du milieu et à la structuration ontogénique des sociétés.

Sociologie animale

seul comportement à n'avoir pas été interprété dans ce sens, une explication compatible avec la théorie de la → *sélection* (→ *théorie de la parentèle*).

WILSON (1975); BARASH (1980); CROOK (1980); BARLOW et SILVERBERG (1980); KREBS et DAVIES (1981a, b).

SOCIOLOGIE ANIMALE
Tiersoziologie
Animal sociology

Discipline éthologique qui étudie les → *structures sociales* des différentes espèces tout en mettant l'accent — à l'inverse de la → *sociobiologie* — sur les mécanismes, c'est-à-dire les formes de communication qui sous-tendent et maintiennent les structures sociales.

REMANE (1976).

SOCIOMETRIE
Soziometrie
Sociometry

Forme particulière de l'→ *éthométrie* qui appréhende quantitativement les relations sociales au sein d'un groupe, les comportements sociaux de ses membres et la structure du groupe. L'une de ses méthodes consiste à mesurer la distance qu'observent entre eux les différents membres du groupe. Ces mesures permettent notamment d'inférer l'existence d'un → *attachement* entre tel et tel individu. Par exemple, chez le babouin hamadryas, le mâle et la femelle d'un même couple sont séparés par une distance de quelque 60 cm au cours des périodes de repos, alors qu'entre deux individus quelconques, l'écart est d'environ 10 mètres. La méthode sociométrique s'inspire au départ de la psychologie humaine, qui l'utilise pareillement pour établir les relations qui lient certaines personnes à l'intérieur d'un groupe.

WICKLER (1976); WICKLER et SEIBT (1977); SEIBT (1980).

SOINS A LA PONTE
Brutfürsorge
Brood provisioning, prehatching parental care

On entend par soins à la ponte tous les comportements par lesquels les parents ménagent à leurs petits encore dans l'œuf des conditions de développement propices : l'aménagement et l'entretien de terriers, de nids et de cocons qui serviront de refuges, la constitution d'une réserve exceptionnelle de nourriture ou l'oviposition à proximité d'une source trophique dont les jeunes seront friands. En général, la notion de soins à la ponte englobe les conduites parentales qui précèdent l'éclosion.

Si les parents continuent à s'occuper des petits ultérieurement et qu'un contact direct s'établit entre les géniteurs et la progéniture, on parle de → *comportement parental*.

LENGERKEN (1954); WILSON (1971); PERRONE et ZARET (1979).

SOLITAIRE
Einzelgänger
«Lone wolf»

Se dit généralement d'animaux → *sociaux*, comme les vieux mâles chez bien des mammifères (p. ex. les éléphants), qui s'isolent du reste du troupeau. Il arrive cependant que ce terme s'applique aux espèces → *asociales*.

HENDRICHS et HENDRICHS (1971).

SOLLICITATION A L'ACCOUPLEMENT
Begattungsaufforderung
Soliciting behaviour

On entend par là les mouvements et attitudes posturales par lesquels une femelle invite un mâle à copuler (→ *copulation*). Elle constitue la dernière séquence de la → *parade nuptiale* chez la femelle. Chez quantité d'animaux, la sollicitation à l'accouplement porte un terme propre. Ainsi, on appelle «présentation» ou «présentation génitale» la mise en évidence de la région génitale (généralement vivement colorée) qui, chez les singes de l'Ancien Monde, contribue par ailleurs à l'apaisement social (→ *mouvement d'apaisement*).

WICKLER (1966a); KUMMER (1968); ROWELL (1972).

SOMMATION DES STIMULI*
Reizsummation
Stimulus summation

Renforcement réciproque des stimuli. Cette appellation renvoie au fait fréquemment observé que les → *stimuli-clés* → *déclencheurs* d'une seule et même conduite peuvent accroître mutuellement leur pouvoir déclenchant. Ainsi, la méthode des leurres a mis en évidence l'importance de la taille, de la tacheture et de la teinte de fond de l'œuf factice pour susciter chez le goéland argenté le → *roulage de l'œuf* : la préférence va à un gros œuf plutôt qu'à un œuf par ailleurs identique mais de taille inférieure, à un œuf tacheté plutôt qu'à un uni, à un verdâtre plutôt qu'à un brunâtre. Le leurre le plus efficace est celui qui réunit tous les caractères positifs. D'autre part, il est possible de compenser le déficit d'un caractère, par exemple l'absence de taches, par l'amélioration d'un autre, par exemple un agrandissement proportionnel du leurre.

L'expression «sommation des stimuli», de même que ses synonymes «loi de sommation hétérogène des stimuli» et «phénomène de sommation hétérogène des stimuli», surtout utilisés aux premiers temps de l'éthologie, sont cependant quelque peu ambigus dans la mesure où ils ne rendent pas exactement compte de la réalité : des études quantitatives ont entre-temps permis d'établir qu'apparemment les différents stimuli ne s'additionnent réellement que dans de rares cas (action conjointe par simple addition) alors que la plupart du temps ils ne font que se renforcer réciproquement sans que la valeur globale d'une situation stimulante équivaille effectivement à la somme exacte des différents stimuli (action conjointe par pondération). Il convient donc de préférer à ces dénominations l'expression «renforcement réciproque des stimuli» (CURIO).

En plus de son utilisation en éthologie, le concept de sommation se retrouve en physiologie, où il recouvre l'effet cumulatif des impulsions nerveuses. On distingue dans cette discipline entre sommation temporelle lorsqu'il y a perception d'un stimulus (impulsion) avant la disparition totale du précédent et addition de ce second stimulus au premier, et sommation spatiale lorsqu'il y a arrivée simultanée de plusieurs stimuli sur différentes synapses**.

SEITZ (1940); DREES (1952); BAERENDS et al. (1965); CURIO (1969, 1976); LEONG (1969); ROTHSTEIN (1981).

SOUS-CHANT
Subsong
Subsong

Chez les oiseaux, forme de chant à première vue non fonctionnel, puisque dépourvu des fonctions que le → *chant* remplit d'ordinaire (p. ex. marquage territorial, attraction de la femelle). En règle générale il se distingue du «chant fonctionnel» de l'espèce par une intensité plus faible, une plus grande variabilité, une plage de fréquences plus large, par un nombre plus élevé de composantes, de même que par la longueur de celles-ci, et par l'absence de motifs marquants. (C'est pour cette dernière raison que le chant propre est parfois appelé également «chant typique»). Le sous-chant s'entend surtout au printemps, avant la

---

* In CHAUVIN R. (1958), p. 26; PIERON H. (1963), p. 368; THINES G. (1966), p. 243; TINBERGEN N. (1971), p. 119; RUWET J.-Cl. (1969), p. 56; THINES G. et LEMPEREUR A. (1975), p. 891; HEYMER A. (1977), p. 145.

** Voir PIERON H., *Vocabulaire de la psychologie*, 3ᵉ éd., Paris, P.U.F., 1963, p. 368.

mise en place de la forme définitive du chant, et à l'automne pendant une brève reprise d'activité des → *gonades* (chant automnal). Chez maintes espèces, chant plein et sous-chant peuvent cependant coexister. Les jeunes mâles de quantité d'espèces émettent aussi un « chant juvénile », un « préchant » (angl. « recording ») avant de pouvoir exécuter le chant spécifique.

La signification biologique du sous-chant a suscité les hypothèses les plus diverses. Il semble improbable qu'il soit totalement dépourvu de fonction. Il pourrait remplir, surtout chez les jeunes, une certaine fonction d'exercice. C'est en ceci, comme en d'autres caractéristiques (grande variabilité, libre agencement des éléments, émission en l'absence d'activation de toute tendance comportementale), qu'il correspond au → *comportement ludique*. Il arrive dès lors qu'on l'associe à ce comportement et qu'on l'appelle aussi « chant ludique ».

Pour désigner ces formes vocales dans leur ensemble, le terme anglais « subsong » s'est implanté dans la littérature française comme allemande. En effet, aucun équivalent (préchant, gazouillis, chant de transition) ne s'applique universellement ou n'est satisfaisant du point de vue linguistique.

HAECKER (1900); LISTER (1953); THORPE et PILCHER (1958); THORPE (1961); ARMSTRONG (1973); FICKEN (1977); CONRADS (1979).

SPECIATION
Artbildung
Speciation

Apparition d'une nouvelle espèce, c'est-à-dire évolution divergente de deux sous-espèces jusqu'au niveau de l'espèce. A la difficulté globale que présente généralement la définition de l'espèce s'ajoute la détermination du moment où ce stade est atteint. En règle générale, la spéciation est accomplie lorsque deux sous-espèces occupent des espaces géographiques distincts (→ *allopatrie*) et doivent s'adapter à des conditions environnementales différentes. Les publications éthologiques ont abondamment traité de la possibilité de spéciation dans une seule et même région (spéciation sympatrique). Il ne s'agit cependant que d'une hypothèse, faute de preuves définitives. On peut du moins envisager que de très fortes fixations, p. ex. sur un biotope particulier (→ *empreinte au biotope*), entraînent entre divers groupes d'individus un → *isolement sexuel* qui aboutit progressivement à une évolution spéciative (→ *radiation adaptative*).

MAYR (1967); BUSH (1975).

SPECIFICITE DE PHASE
Phasenspezifität
Phase specificity

Ce néologisme indique que les influences du milieu sur le développement comportemental ne restent pas constantes dans le temps, mais peuvent avoir des effets particulièrement durables au cours d'une tranche déterminée de la vie appelée → *phase sensible*. La → *socialisation* et tous les processus d'empreinte obéissent à une spécificité de phase. La mise en place du comportement chez l'homme est également soumise à une certaine spécificité au sens défini ci-dessus.

OYAMA (1979); GROSSMANN (1981); IMMELMANN et SUOMI (1982).

SPECIFICITE DU STIMULUS
Reizspezifität
Stimulus specificity

Propriété d'une cellule nerveuse (→ *récepteur*) qui réagit de préférence ou exclusivement à des stimuli bien définis, par exemple uniquement à des signaux visuels, sonores ou chimiques. Ces stimuli sont qualifiés d'adéquats (→ *modalité*).

SPECIFIQUE
Artspezifisch
Species specific, species typical

Propre à une → *espèce*, typique d'une espèce déterminée. Parmi les composantes comportementales spécifiques figurent essentiellement les coordinations motrices héréditaires et les → *dispositions à l'apprentissage*. (Ce n'est pas parce qu'un comportement est spécifique qu'il ne peut pas se présenter chez une ou plusieurs autres espèces, souvent avec de légères variantes). Les caractères spécifiques de nature comportementale se sont avérés tout aussi fiables pour définir l'espèce que les autres attributs d'un organisme, et on peut donc y recourir au même titre. (Bien souvent, la délimitation et l'applicabilité du concept de spécificité présentent toutefois des difficultés lorsque diverses → *populations* d'une même espèce ont développé des caractères distincts, p. ex. des → *dialectes* différents, qui ne sont « spécifiques » que pour une partie de l'espèce).
HINDE et TINBERGEN (1958); MILLER (1982).

SPECTROGRAMME SONIQUE*
Klangspektrogramm
Sound spectrogram (sonogram)

Egalement appelé « sonogramme ». Représentation graphique d'émissions sonores à l'aide d'un appareil appelé « spectrographe sonique ». Elle se présente comme un système de coordonnées. En abcisse est portée la durée d'émission du son, et en ordonnée sa fréquence (hauteur du son). En outre, le degré de noirceur du sonogramme de départ peut indiquer l'amplitude relative (puissance sonore). Des filtres et autres dispositifs complémentaires permettent de représenter des aspects très divers des émissions sonores. Le spectrogramme sonique a remplacé la description verbale ou écrite, très imprécise, des vocalisations animales et, par les possibilités objectives de représentation et de comparaison qu'il offre, a contribué aux immenses progrès enregistrés récemment en → *bioacoustique*. La → *communication* acoustique est aujourd'hui la forme de communication la mieux étudiée. Des exemples de spectrogrammes soniques figurent pp. 32, 50, 96 et 154.
THORPE (1961); BUSNEL (1963); GREENEWALT (1968); THIELCKE (1970).

SPERMATOPHORE
Spermatophore
Spermatophore

Enveloppe qui entoure temporairement un certain nombre de → *spermatozoïdes*. Les spermatophores sont soit transférés directement à la femelle, soit déposés sur le sol ou sur un autre substrat où la femelle les prélèvera elle-même (→ *transmission indirecte de spermatophores*). Chez de nombreuses espèces, ils séjournent encore un certain temps dans les voies génitales de la femelle avant la rupture de l'enveloppe et la libération des spermatozoïdes (fig. 117, p. 239).
SCHALLER (1962).

SPERMATOZOÏDE
Spermium
Sperm, semen

Cellule reproductrice mâle, gamète mâle. Les spermatozoïdes sont produits dans les → *gonades* mâles, les testicules, et généralement libérés avec les sécrétions de diverses glandes (p. ex. la prostate chez les mammifères). On appelle sperme le liquide physiologique que forment les spermatozoïdes et le produit des glandes génitales mâles. Chez la plupart des espèces animales, les spermatozoïdes se déplacent à l'aide d'un long filament (flagelle).
REMER (1976).

---
* Syn. **Sonogramme**.

Stéréotypie

Fig. 102. Stéréotypie motrice chez un ours polaire (*Thalassarctos maritimus*). L'animal, avant d'être placé dans ce spacieux enclos aménagé, a été maintenu dans un fourgon de ménagerie exigu. Il continue à marcher en décrivant un cercle dont le diamètre correspond invariablement aux dimensions de la voiture, bien que l'espace dont il dispose dans son enceinte lui permette bien d'autres déplacements. Les empreintes laissées dans la glace fondue montrent qu'il pose toujours le pied exactement au même endroit (d'après une photographie in HEDIGER, 1954).

STEREOTYPIE*
Stereotypie
Stereotypy, stereotyped movement

Répétition incessante, monotone, de conduites ou de vocalisations. En milieu naturel, les → *coordinations motrices héréditaires* se distinguent par leur grande fixité (→ *constance de forme*), surtout si elles sont fortement ritualisées (→ *ritualisation*), comme le roucoulement que répète inlassablement un pigeon ou les mouvements rythmiques de la pince des crabes *Uca* mâles. Toutefois, les conduites acquises peuvent quelquefois atteindre elles aussi un degré élevé de stéréotypie. C'est essentiellement le cas des chants de nombreuses espèces d'oiseaux. En éthologie, les appellations «stéréotypie» ou «stéréotypie motrice» sont cependant réservées en général à l'expression de conduites rigides dans des conditions *artificielles*. Ces «conduites obligées» ont été décrites dans deux contextes. D'une part, lorsqu'elles sont particulièrement affirmées (par exemple violents tressaillements de la tête), elles traduisent, chez l'animal comme chez l'homme, un → *syndrome d'isolement*. D'autre part, des stéréotypies motrices spectaculaires, qui se répètent parfois pendant des heures (par exemple rotation de la tête, balancement ou pivotement de tout le corps, va-et-vient immuable), peuvent survenir de façon tout à fait générale chez les animaux maintenus en captivité (fig. 102). Elles résultent alors de l'exiguïté des cages, de leur mauvais aménagement, de la solitude chez les animaux → *so-*

---
* In DE LANNOY J.D. et FEYEREISEN P. (1987), p. 101.

ciaux ou tout simplement d'un «manque d'activité». Chez les animaux de jardin zoologique, une seule expérience traumatique suffit parfois à les déclencher.

Les stéréotypies découlant de la réclusion de l'animal proviennent d'une sorte de «pétrification» de l'orientation (→ *taxie*) des mouvements puisque l'invariabilité de l'environnement ne requiert aucune modification adaptative. Nous connaissons également l'existence de conduites compulsives rappelant les stéréotypies motrices des animaux captifs chez des animaux vivant en milieu naturel, par exemple des éléphants, des ours polaires et des chimpanzés. Nous ne savons rien de leur origine. Chez les primates, les stéréotypies peuvent se transmettre d'une génération à l'autre (→ *tradition*). Des stéréotypies qui avaient disparu peuvent ressurgir dans des situations de → *stress*.

HOLZAPFEL (1938); HEDIGER (1954); DITTRICH (1977).

STIMULATION
Stimulation
Stimulation

L'éthologie attache à ce terme des acceptions très variées et assez floues. Au sens large, il désigne toute influence de → *stimuli* sur l'organisme. Si ces stimuli émanent de congénères, on parle de → *stimulation sociale*. Dans le contexte de l'apprentissage, ce terme s'applique par ailleurs au → *renforcement* d'une conduite par une récompense appropriée.

STIMULATION CEREBRALE
Hirnreizung
Brain stimulation

Stimulation du cerveau par de faibles décharges électriques administrées dans certains sites cérébraux à l'aide de petites électrodes entièrement isolées. Ces décharges peuvent déclencher des comportements ou induire des états motiva-

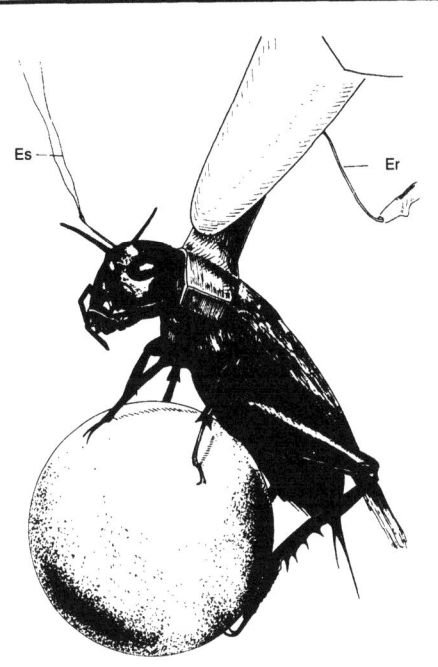

Fig. 103. Dispositif expérimental utilisé pour la stimulation cérébrale chez un grillon champêtre (*Gryllus campestris*). Un harnais est fixé dorsalement à hauteur du premier segment thoracique de l'animal sous narcose. Le dispositif de fixation sert de support à l'électrode de référence, introduite dans la cavité hémolymphique dorsale de ce segment. (On appelle hémolymphe le liquide qui, chez les mollusques et les arthropodes, remplit aussi bien le système circulatoire – ouvert – que les espaces intercellulaires). L'électrode de stimulation est implantée puis fixée dans un site cérébral déterminé, après dégagement de la partie antérieure du cerveau. L'expérimentateur présente à l'animal ainsi harnaché une balle en liège sur laquelle il peut prendre appui, la balle tournant dans le sens contraire à sa course (d'après HUBER, 1965).

tionnels (→ *motivation*) et partant, renseigner sur la participation de structures cérébrales déterminées à la coordination du comportement. Ce type d'expériences a été pratiqué sur une multitude de vertébrés, essentiellement des mammifères et des oiseaux, et sur divers invertébrés, principalement des insectes et des crustacés (fig. 103). Elles ont surtout permis

d'établir l'existence de relations concrètes entre tel site cérébral et telle particularité comportementale. Elles ont au surplus favorisé une meilleure compréhension de certains mécanismes qui régissent le comportement.
Hess (1954); v. Holst et St.Paul (1960); Huber (1965); Delius (1971).

STIMULATION SOCIALE
Soziale Stimulation
Social stimulation

→ *Stimulation* unilatérale ou réciproque entre congénères. Elle intervient pour beaucoup dans le → *comportement de parade*, où elle contribue à renforcer la motivation sexuelle, de même que dans les activités de nombreux animaux vivant en groupes chez lesquels elle peut déclencher un envol simultané, un mouvement migratoire ou synchroniser le début de la couvaison (→ *synchronisation*; → *colonie* de nidification).
Darling (1935); Immelmann (1973).

STIMULINES
Botenstoff
Releasing factor

Collectif pour les substances produites dans un site de l'encéphale intermédiaire, l'hypothalamus, qui, de là, passent dans l'→ *hypophyse*. Elles y influencent la sécrétion des hormones hypophysaires qui régissent à leur tour l'activité d'autres hormones et par conséquent peuvent également agir sur le comportement (→ *hormone*).
Faber et Haid (1980).

STIMULUS
Reiz
Stimulus

Agent externe ou interne capable de provoquer dans l'organisme des modifications (mesurables physiquement ou chimiquement), par exemple une excitation des cellules sensorielles ou nerveuses. En éthologie, le terme « stimulus » est parfois la forme abrégée de → *stimulus-clé*. Il désigne alors des stimuli ou des combinaisons stimulantes sensiblement plus complexes que le même terme utilisé dans les autres disciplines de la biologie.
Florey (1970); Penzlin (1977).

STIMULUS-CLE*
Schlüsselreiz
Key stimulus

Stimulus signal. Stimulus-signe. Stimulus externe ou combinaison de stimuli (fig. 104) capable d'induire ou d'entretenir un comportement donné. La genèse de ce terme se comprend en regard de la notion de → *filtrage*. On se représentait les stimuli externes comme des « clés » capables de faire jouer les « serrures » figurées par les filtres (→ *mécanisme inné de déclenchement*). A côté de cette action déclenchante, les stimuli-clés peuvent également influencer l'→ *orientation* d'une conduite ou l'état motivationnel d'un animal. Dans le premier cas, on parle de stimuli directeurs ou orienteurs, dans le second de → *stimuli motivationnels*. Dans le cadre de la → *communication* sociale, qui requiert dans l'intérêt de chacun des protagonistes la non-ambiguïté de l'information, des caractères comportementaux et morphologiques particuliers se sont souvent structurés en « émetteurs » de stimuli-clés. On les appelle → *déclencheurs*. Le terme « stimulus signal », souvent utilisé comme synonyme de stimulus-clé, s'avère inapproprié dans ce contexte, dans la mesure où il prend une autre signification quand il est question du → *conditionnement* instrumental.
Russel (1943); Schleidt (1964a); Lorenz (1978).

---

* In Chauvin R. (1958), p. 21; Heymer A. (1977), p. 156.
Syn. **Combinaison-clé** in Ruwet J.-Cl. (1969), p. 45.

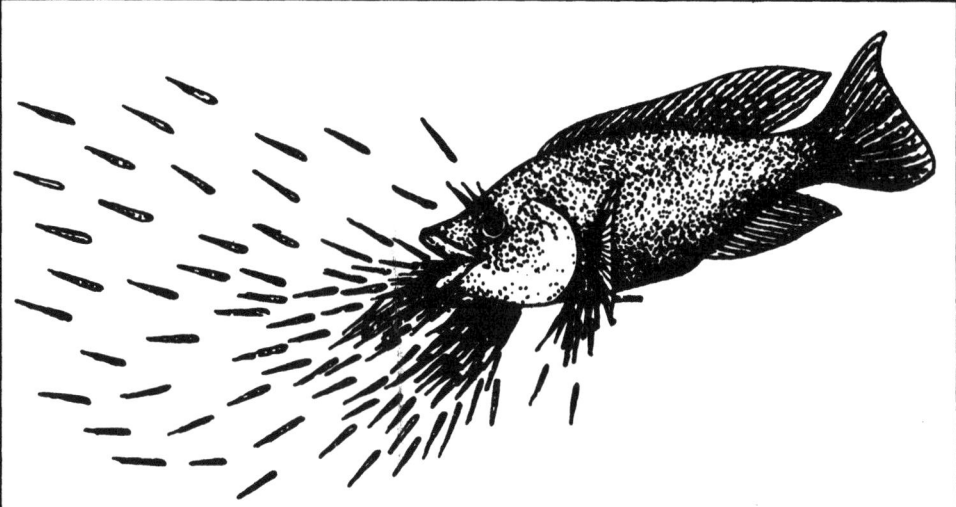

Fig. 104. Exemple montrant qu'un stimulus-clé peut se présenter comme la *combinaison* de différents stimuli : chez un → *incubateur buccal* du genre *Tilapia*, l'ouverture de la bouche associée à la position oblique du corps et à un lent mouvement de recul de la femelle déclenche l'approche des alevins vers la bouche de leur mère, dans laquelle ils pénètrent d'eux-mêmes ou sont passivement recueillis (in BAERENDS et BAERENDS van ROON, 1950).

STIMULUS EXTERNE
Aussenreiz
External stimulus

Agent externe capable de provoquer la réaction d'un système excitable. Il est perçu par les → *extérocepteurs*.

STIMULUS INTERNE
Innenreiz
Internal stimulus

Stimulus sensoriel issu de l'organisme lui-même. Il est perçu par les → *intérocepteurs*.

STIMULUS MOTIVATIONNEL
Motivierender Reiz
Priming stimulus, motivating stimulus

→ *Stimulus* qui ne déclenche aucune réaction discernable, par exemple un comportement, mais modifie l'état motivationnel interne de l'animal (→ *motivation*) et peut donc influencer sa réactivité à d'autres stimulations extérieures, c'est-à-dire modifier les seuils liminaires des conduites correspondantes (→ *variation du seuil de réponse*). Ainsi, les soins que prodiguent des souris domestiques femelles à un souriceau mort âgé d'un jour manquent de conviction. Si toutefois on leur administre au préalable un stimulus sensiblement plus fort en les mettant en présence d'un jeune vivant, leur réaction s'affirme sensiblement, même à l'endroit du souriceau mort. Le premier stimulus a donc influencé la réponse de l'animal au second. Pareille influence peut subsister plusieurs jours. Ce processus porte également le nom de potentiation.

STIMULUS SUPRANORMAL
Übernormaler Auslöser
Supernormal stimulus

Stimulus plus réactogène que le → *déclencheur* naturel « adéquat ». C'est par l'expérience des leurres qu'on s'est

Stratégie

Fig. 105. Puissance de déclenchement d'un stimulus supranormal illustré par le → *roulage de l'œuf* chez la caille peinte (*Excalfactoria chinensis*) : l'œuf factice de couleur claire, anormalement grand, est préféré à l'œuf de caille verdâtre. La taille de l'œuf et sa coloration claire sont manifestement des déclencheurs de la réaction de roulage, que l'expérimentateur peut « exagérer » (d'après une photographie in WINKEL, 1969).

aperçu que celui-ci n'est pas nécessairement optimal. Les leurres qui « exagèrent » des caractères appelés à déclencher des comportements (« superleurres ») sont souvent plus efficaces que des reproductions fidèles ou même que l'objet naturel (fig. 105). Sur le plan interspécifique, les stimuli supranormaux se rencontrent néanmoins en milieu naturel également : le gosier du jeune coucou, plus contrasté, et par conséquent doté d'un plus grand pouvoir déclenchant que celui de l'oisillon de ses hôtes, en est un exemple célèbre (→ *déclencheur interspécifique*). Les « myrmécophiles » qui vivent dans les fourmilières possèdent parfois aussi des attributs qui surpassent ceux de leurs hôtes par leur puissance de déclenchement (→ *mimicrie comportementale*).

L'adjectif « überoptimal » (supraoptimal), autrefois courant dans les publications allemandes, n'est pratiquement plus utilisé. Il est absurde linguistiquement, puisque « optimal » signifie déjà « le meilleur possible », et que par conséquent un stimulus optimal n'est plus susceptible d'amélioration.

KOEHLER et ZAGARUS (1937) ; TINBERGEN (1952a) ; BAERENDS et KRUIJT (1973) ; HOGAN et al. (1975) ; STADDON (1975).

STRATEGIE
Stratégie
Strategy

En sciences comportementales, le terme « stratégie » a subi une restriction de sens. A l'origine, il faut y voir un synonyme approximatif de « mœurs ». Ainsi, on parlait de stratégie de quête alimentaire, ou de stratégie de reproduction pour désigner l'ensemble des caractères spécifiques qui participent à la procréation (par exemple → *monogamie,* → *polygamie*, ou les différentes formes de participation aux soins parentaux, → *famille*).

En → *sociobiologie*, l'analogie avec la → *théorie* mathématique *des jeux* restreint cette acception. En général, on entend par stratégie un « plan comportemental » complet de résolution de conflits, qui prescrit une réaction pour toute situation où une décision s'impose, ou du moins indique les probabilités de choix entre plusieurs situations. La théorie évolutive des jeux se demande dans quelle mesure les stratégies sont adaptées aux conflits qui opposent deux individus ou davantage. Elle s'attache donc à l'« évaluation » des stratégies par le biais de la → *sélection* naturelle. Une analyse de cette nature est malaisée : en effet, une stratégie ne doit pas seulement être adaptée aux facteurs extraspécifiques (biotiques et abiotiques), mais doit également s'inspirer des stratégies appliquées par d'autres individus conspécifiques. Le concept de « stratégie évolutive stable » (SES) tient compte de cet aspect.

Dans le cas le plus simple, il s'agit d'une stratégie qui — si elle est « appliquée » par l'écrasante majorité d'une population — surpasse toutes les autres stratégies en vigueur dans cette population. Dans ce cas, aucune des stratégies de remplacement ne parviendra à se maintenir à long terme ou à supplanter la SES.

(Il convient néanmoins de remarquer que même en sociobiologie, l'acception du terme « stratégie » ne fait pas l'unanimité et que la polémique se poursuit à ce sujet).

MAYNARD SMITH et PARKER (1973, 1976) ; MAYNARD SMITH (1974) ; CROOK *et al.* (1976) ; STEARNS (1976) ; DAWKINS (1978) ; GOUDE (1982).

STRESS
Stress
Stress

Le terme « stress » s'utilise dans différents contextes et échappe souvent à une définition précise. Dans les publications d'éthologie et de biologie des populations, il désigne généralement l'ensemble des réactions d'un organisme à des sollicitations particulières de l'environnement, d'une ampleur inhabituelle. Ces agressions suscitent dans l'organisme une série de modifications physiologiques caractéristiques, régies aussi bien par le système nerveux que par diverses → *hormones*.

Il ressort de recherches récentes que ces réactions, auparavant considérées comme uniformes, sont imputables à deux systèmes distincts. Une adaptation rapide (souvent de quelques secondes) à des situations d'urgence appelle des « réactions d'alarme », commandées par les médullosurrénales. La sécrétion d'hormones médullosurrénales (régie quant à elle par le système nerveux sympathique) — adrénaline, noradrénaline — est responsable de modifications, parmi lesquelles l'accélération du rythme cardiaque, l'élévation de la glycémie, l'augmentation du flux sanguin dans la musculature, la contraction du tractus digestif, qui renforcent chez l'individu la motivation de défense et de fuite. On appelle ce type d'adaptation « Fight and Flight Syndrom » (syndrome d'attaque et de fuite).

Une autre forme d'adaptations découle de facteurs d'agression persistants. Elles sont régies par les hormones corticosurrénales, dont la sécrétion accrue inhibe la production des hormones de l'hypophyse et des → *gonades*, ce qui peut ralentir la croissance et freiner l'activité sexuelle (cf. infra). Ces modifications sont résumées dans l'appellation « Syndrome Général d'Adaptation » (SGA) ou « General Adaptation Syndrom » (GAS).

Stress

Fig. 106. Les tupaïas d'Asie (*Tupaiia belangeri*) se prêtent particulièrement bien à l'étude des phénomènes de stress. Ils présentent la particularité de hérisser les poils de la queue en cas d'excitation du système nerveux végétatif, et possèdent donc un attribut permettant à l'observateur de mesurer le stress. Sur le dessin de gauche, le tupaïa laisse pendre la queue, sur celui de droite, celle-ci est fortement ébouriffée (d'après une photographie in VON HOLST, 1969).

Elles peuvent déboucher sur des manifestations pathologiques (p. ex. ulcères de l'estomac). On appelle « stresseurs » les influences néfastes qui déclenchent les réactions de défense décrites ci-dessus. Il s'agit tant de facteurs extrinsèques (chaleur, froid, faim, soif, manque d'oxygène, infection, empoisonnement) que de stimuli émis par les congénères, p. ex. en cas de confrontation ou de densité de population excessive (stress social). L'application du terme « stress » aux deux formes d'adaptation varie. Au sens strict, le terme est réservé au syndrome général d'adaptation. Toutefois, nombreux sont les auteurs qui l'utilisent dans une acception plus large et y incluent le syndrome d'attaque et de fuite.

Inversement, certains auteurs limitent le terme aux nuisances sociales. Ils y voient donc un synonyme de « stress social ».

De récents travaux ont montré qu'au sein d'une même espèce, certains individus répondent davantage aux agressions par le Fight and Flight Syndrom (« mobilisation »), d'autres par le syndrome général d'adaptation (« dépression ») — probablement en fonction de leur constitution génétique et/ou de leurs expériences antérieures. (Evidemment, les deux syndromes peuvent aussi se manifester simultanément chez le même individu).

L'hypothèse jusqu'ici agréée selon laquelle le syndrome général d'adaptation consisterait, comme le terme le laisse supposer, en une réaction générale, c'est-à-dire non spécifique, est aujourd'hui contestée. Diverses constatations indiquent l'existence d'un certain degré de spécificité, étant donné que l'augmentation de la production hormonale des corticosurrénales sous l'in-

fluence de stimuli divers peut s'opérer par différents canaux (soit par le système nerveux soit par les hormones hypophysaires). Les conséquences du stress social — également valables pour l'homme — ont fait l'objet de recherches particulièrement poussées. Elles s'expriment aussi bien sur le plan physiologique (diminution de la puissance génératrice du mâle, de la fécondité de la femelle, accroissement de la mortalité infantile, retard de la maturité sexuelle) que comportemental (déficience ou absence du → *comportement parental*, cannibalisme envers la progéniture : → *infanticide*, régression du comportement de curiosité ou d'apprentissage etc.). Les phénomènes de stress chez les animaux surviennent essentiellement au contact de l'homme, en cas de mauvaises conditions de captivité (par exemple nombre excessif d'animaux par unité spatiale). En milieu naturel, les syndromes sévères de stress sont rares. Toutefois, un léger stress social peut constituer un important mécanisme d'autorégulation de la → *densité de population* d'une espèce et empêcher à temps une augmentation effrénée du nombre d'individus, qui entraînerait une pénurie alimentaire aiguë (fig. 106).
SELYE (1950, 1956, 1974); VESTER (1976); v. HOLST (1977); HENRY et STEPHENS (1977); ARCHER (1979).

STRUCTURE MODALE D'ACTION
Modaler Bewegungsablauf
Modal action pattern, MAP

Schème moteur spécifique. Néologisme qui désigne la plus petite unité comportementale définie par redondance, c'est-à-dire essentiellement les séquences comportementales jusqu'à présent appelées → *coordinations motrices héréditaires*. Comme les termes l'indiquent, ces séquences sont reconnaissables à leur structure type. Rien n'évoque en revanche une quelconque origine génétique pouvant suggérer à tort que ces séquences échappent totalement à l'emprise des facteurs environnementaux (→ *inné*).

« Un schème moteur spécifique est un patron comportemental spatio-temporel reconnaissable qui, en tant que tel, se prête à la dénomination et au traitement statistique. D'ordinaire, il ne se décompose plus en sous-unités complètement indépendantes les unes des autres, bien que certains de ses éléments puissent se retrouver dans d'autres structures modales d'action » (BARLOW).
BARLOW (1968, 1977, 1982).

STRUCTURE SOCIALE
Sozialstruktur
Social structure, social system, social organization

Système social, organisation sociale. Organisation de la distribution spatiale et de la vie communautaire des individus d'une espèce. Elle englobe la rencontre entre les sexes (→ *système de reproduction;* → *famille*), les relations sociales en dehors de l'entité familiale (→ *formation du groupe*), par exemple l'importance et la stabilité des groupes ou l'utilisation de → *territoires* et de → *domaines vitaux* (→ *aire vitale*), et enfin les relations entre plusieurs groupes.

La structure sociale d'une espèce est adaptée aux conditions que lui offre son milieu. Ainsi, les espèces qui occupent un biotope où les ressources alimentaires sont harmonieusement réparties dans le temps et l'espace (comme les forêts tropicales) ne forment souvent que de petites entités sociales (couples ou groupes restreints), tandis que les habitants de paysages dégagés aux sources de nourriture et points d'eau ponctuels tendent à s'assembler en groupes plus importants. Il s'agit cependant tout au plus d'une propension, attestée notamment chez les tisserins, les ongulés et les primates, et les adaptations de la structure sociale aux facteurs du milieu sont multiples. Même les structures sociales d'espèces étroitement apparentées peuvent présenter des différences accusées, pour autant que ces espèces vivent dans des conditions environnementales distinctes (c'est le cas chez les kangourous et chez les colobes guerezas qui appartiennent aux singes de l'Ancien Monde); il arrive même que la structure sociale varie au sein d'une même espèce (comme chez le gnou, le lion, divers primates et le conolophe, une espèce d'iguanes terrestres).

L'étude des rapports entre les facteurs écologiques et la structure sociale d'une espèce est le principal objet de la → *sociobiologie*.

CROOK (1965); EISENBERG (1966); ESTES (1969); VOGEL (1971); CROOK et GOSS-CUSTARD (1972); HENDRICHS (1973); CLUTTON-BROCK (1974); JARMAN (1974); CROOK et al. (1976); MC BRIDE (1976); EMLEN et ORING (1977).

Fig. 107. Chez les ongulés, nous avons connaissance de deux type de jeunes, qui se distinguent fondamentalement l'un de l'autre par leur activité locomotrice (→ *locomotion*) et la proximité spatiale qu'ils observent avec leur mère pendant les premiers jours et les premières semaines après la naissance: les coucheurs (→ *coucher à l'écart*) (fig. 41), qui restent couchés à l'abri la plupart du temps, et les suiteurs, illustrés dans le cas présent par un jeune chamois (*Rupicapra rupicapra*), qui ne quittent pratiquement pas le sillage de leur mère (in WALTHER, 1966).

SUITEUR
Nachfolger
Follower

Type de jeunes → *nidifuges* fréquent chez les ongulés. Dès la naissance, les suiteurs s'attachent aux pas de leur mère (dans des conditions artificielles, à d'autres objets en mouvement également) et, à l'inverse des coucheurs (→ *coucher à l'écart*), restent constamment dans son voisinage. Ils comprennent les gnous, les ovins, les chamois, les caprins et les bovins sauvages (fig. 107).
WALTHER (1979).

SURROGATE
Surrogat
Surrogate

Synonyme de → *leurre*, emprunté aux publications en anglais et surtout usité en primatologie (→ *primates*). Il s'applique essentiellement aux leurres utilisés pour élever des jeunes dans des conditions artificielles (mère surrogate) (fig. 89, p. 189).
HARLOW (1958).

SYMBIOSE
Symbiose
Symbiosis

Association réciproquement profitable entre deux organismes d'espèces différentes. Les symbioses se rencontrent entre deux espèces végétales (champignons et algues unicellulaires associés dans les lichens), entre végétaux et animaux (plantes à fleurs et insectes, oiseaux ou chauves-souris comme agents de pollinisation), et entre deux espèces animales (p. ex. crustacés et cnidaires). On peut voir dans les vols composites de quantité d'oiseaux une forme très simple de symbiose (→ *groupe plurispécifique*).

La symbiose requiert de multiples adaptations morphologiques, mais aussi comportementales. Ainsi, lorsque la coquille dans laquelle le bernard-l'ermite a élu domicile devient trop exiguë et que l'occupant est contraint de déménager, il incite l'anémone de mer symbiotique fixée à cette coquille à lâcher prise en heurtant l'habitacle de sa pince de façon répétée. Il peut alors saisir l'anémone pour la transporter jusqu'à une nouvelle coquille. La → *symbiose de nettoyage* est une forme d'association qui réclame des adaptations comportementales particulières.

FÜLLER (1958); MATTHES (1978).

SYMBIOSE DE NETTOYAGE*
Putzsymbiose
Cleaning symbiosis

Forme d'association entre deux espèces animales, le bénéfice mutuel résidant pour l'une dans l'élimination de ses ectoparasites, et pour l'autre dans la source substantielle, souvent unique, d'alimentation que ceux-ci représentent précisément. Dans les publications, le concept de symbiose de nettoyage s'applique surtout aux poissons et crevettes, chez lesquels cette association est particulièrement fréquente : plus de quarante espèces de « poissons nettoyeurs » et plusieurs espèces de crevettes débarrassent de leurs ectoparasites un nombre encore plus élevé de poissons (fig. 108). En règle générale, ces déparasiteurs arborent des couleurs vives, vraisemblablement pour être identifiés comme tels par leurs « clients », parmi lesquels figurent même des poissons carnassiers, qui s'en prennent par ailleurs à des espèces de même taille que les nettoyeurs. La coloration est donc un bon exemple de → *déclencheur interspécifique*. Ces nettoyeurs se sont également adaptés sur le plan comportemental : ils ont par exemple acquis des postures caractéristiques ou des allures natatoires par lesquelles ils se signalent. Pareilles adaptations comportementales peuvent également se retrouver chez leurs clients, comme l'écartement des opercules branchiaux, qui permet au nettoyeur de se glisser dans la fente des ouïes, généralement envahies par les parasites.

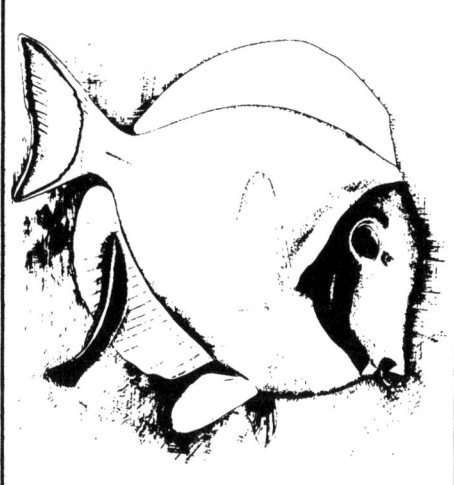

Fig. 108. Un poisson nettoyeur (*Labroïdes dimidiatus*) déparasite la nageoire anale de son «client», un poisson corallien (le chirurgien à poitrine blanche, *Acanthurus leucosteron*) (d'après une photographie in BURCKHARDT, SCHLEIDT et ALTNER, 1966).

L'existence de symbioses de nettoyage est en outre établie chez d'autres groupes d'animaux. Ainsi, bon nombre d'oiseaux débarrassent de leurs parasites cutanés des mammifères ou des reptiles (crocodiles, tortues, iguanes) de taille appréciable, et une relation similaire de nettoyage a été décrite entre, d'une part, un acarien et un coléoptère, d'autre part, un rotifère et une daphnie.

EIBL-EIBESFELDT (1955); BROCKMANN et HAILMAN (1976); MATTHES (1978).

SYMBOLE DE NIDIFICATION
Nistsymbol
Nesting symbol

Fragment ou ensemble de matériaux (brins d'herbe, de paille, feuilles, cailloux) que le mâle, chez de nombreuses espèces aviaires, offre à la femelle ou lui présente avec des mouvements de tête ou de bec avant ou au cours de la copulation. Ces conduites s'inscrivent dans la → *parade nuptiale* et permettent vrai-

---

* In HEYMER A. (1977), pp. 135-136.

Sympatrie

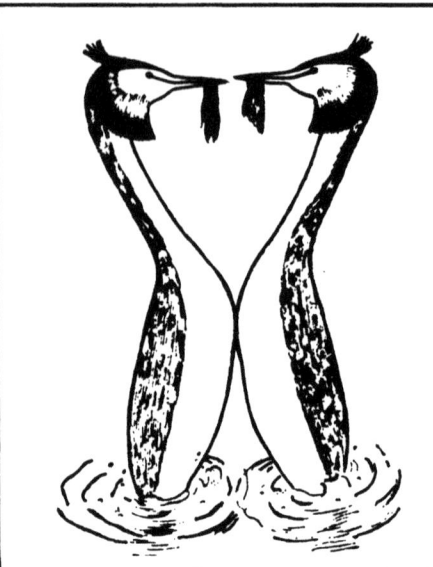

Fig. 109. Au cours de la → *parade nuptiale* du grèbe huppé (*Podiceps cristatus*), les deux partenaires tiennent dans le bec des matériaux de construction (d'après Huxley, 1914 in Manning, 1979). (Les observations précises de Huxley comptent parmi les premiers travaux de l'éthologie).

Fig. 110. Chez l'astrild ondulé (*Estrilda astrild*), le mâle fait sa cour avec dans le bec une plume qui sert de «symbole de nidification» (in Steiner, 1955).

semblablement de surmonter les tendances à l'attaque et à la fuite. Chez maintes espèces, comme le grèbe huppé, chacun des partenaires tient dans le bec un symbole de nidification au cours de la parade (fig. 109 et 110).
Nicolai (1956); Immelmann (1962).

SYMPATRIE
Sympatrie
Sympatry

Occupation d'une même région géographique par plusieurs espèces animales (elle s'oppose à l'→ *allopatrie*). Un échange de signaux s'établit souvent entre espèces sympatriques (→ *communication*, → *déclencheur interspécifique*). Une → *territorialité interspécifique* peut également s'installer en cas de → *compétition* dictée par des besoins physiologiques identiques (alimentation; possibilités de reproduction, par exemple chez les oiseaux qui nichent dans des cavités). Chez les espèces sympatriques étroitement apparentées et potentiellement capables de se croiser, des mécanismes se sont mis en place au cours de la phylogenèse (mécanismes d'isolement; → *évolution*), qui font obstacle à l'hybridation (→ *isolement sexuel*).
Mayr (1967); Müller (1980).

SYNAPSE
Synapse
Synapse, synapsis

Région de contact entre deux neurones, entre un neurone et une cellule sensorielle ou entre une cellule sensorielle et une cellule de l'→ *effecteur* correspondant (muscle, glande), qui transmet les impulsions (ou engendre une inhibition).
Florey (1970); Penzlin (1977).

SYNCHRONISATION
Synchronisation
Synchronization

Mise en concordance temporelle. Sur le plan comportemental, les processus de coordination temporelle interviennent principalement dans deux contextes : au cours de l'ajustement à des processus périodiques de l'environnement physique et au cours de l'harmonisation du comportement de congénères (exceptionnellement aussi d'individus d'espèces différentes).

Dans le premier cas, il s'agit le plus souvent de processus quotidiens ou saisonniers, qui influencent le comportement à de multiples égards (→ *rythme circadien,* → *rythme circannien*). La synchronisation est assurée par des → *synchroniseurs temporels* et des → *facteurs proximaux*. Sur le plan intraspécifique, la coordination temporelle s'opère par divers processus de → *communication*. Elle joue un rôle essentiel notamment au cours du rituel qui amorce la copulation et au sein des groupes fermés (→ *formation du groupe*). Ainsi, une des fonctions principales de la → *parade nuptiale* consiste en un parfait ajustement de l'état physiologique et du comportement des deux partenaires. Au sein d'un groupe, le → *panurgisme* peut participer de façon décisive à la coordination temporelle.

BASTOCK (1969); IMMELMANN (1971, 1973); BÜNNING (1977).

SYNCHRONISEUR TEMPOREL
Zeitgeber
Zeitgeber, time giver

Se dit d'un stimulus externe qui assure l'ajustement temporel de la → *périodicité* interne d'un animal (→ *endogène*) aux fluctuations périodiques de son environnement (→ *synchronisation*). Chez la plupart des espèces, le premier synchroniseur temporel du → *rythme circadien* est le nychtémère.

Pour le → *rythme circannien*, l'allongement de la durée d'éclairement est le synchroniseur qui déclenche le plus souvent le début des activités de reproduction. Dans la dichotomie entre facteur proximal et facteur ultime, la notion de synchroniseur temporel équivaut au facteur ultime et figure souvent comme synonyme dans les publications. Cependant, comme ces deux concepts ont subi ces derniers temps une extension de sens appréciable et s'appliquent également à des processus de régulation non temporels, pareille équation n'est plus recommandée (→ *facteur ultime*). De plus, comme certaines modifications, même sur le plan chronologique, obéissent uniquement aux influences du milieu, il convient, par souci de clarté, de réserver le terme « synchroniseur temporel » aux facteurs externes responsables de la synchronisation des processus soumis à une période endogène.

ASCHOFF (1954, 1958); HOFFMANN (1969); IMMELMANN (1972a).

SYNDROME
Syndrom
Syndrome

Ensemble de symptômes. En éthologie, on parle surtout de → *« syndrome d'isolement »*, qui recouvre toutes les perturbations résultant d'une → *privation d'expérience*. Il est par ailleurs question de « syndrome comportemental ». On entend par là des unités comportementales supérieures résultant du couplage de plusieurs sous-unités.

SYNDROME D'ISOLEMENT[*]
Deprivationssyndrom
Deprivation syndrome

Terme générique pour toutes les anomalies du comportement qui résultent d'un isolement social à un stade précoce de la vie du sujet (→ *privation d'expérien-*

---

[*] In CHAUVIN R. (1975), p. 141.

Fig. 111. Sévère syndrome d'isolement chez un singe rhésus âgé d'un an. On observe les symptômes suivants : l'animal est totalement apathique, il se pelotonne sur lui-même, se couvre les yeux, s'entoure le corps de ses bras et se tapit dans le coin le plus reculé de sa cage (d'après une photographie in HARLOW et HARLOW, 1956).

ce), par exemple apathie, agitation, conduites stéréotypées (→ *stéréotypie*), incapacité d'exprimer un comportement social normal (fig. 111) (→ *socialisation*). Le syndrome d'isolement est particulièrement prononcé chez les animaux qui ont grandi séparés de leur mère (→ *attachement mère-enfant*). A certaines époques de la vie de l'individu, la séparation d'avec la mère a des conséquences particulièrement graves et persistantes. La localisation de ces périodes de sensibilité maximale, qui rappellent les → *phases sensibles* de l'→ *empreinte*, varie toutefois d'une espèce à l'autre.

Les études consacrées à l'installation du syndrome d'isolement et à ses symptômes ont essentiellement porté sur certains animaux sociaux, surtout des primates. L'expression est également utilisée en psychologie humaine ; cependant, dans cette discipline on parle aussi d'hospitalisme, surtout dans les cas particulièrement sérieux.

SPITZ (1945) ; HARLOW (1958) ; HARLOW et HARLOW (1962) ; SCHMALOHR (1968) ; HASSENSTEIN (1973).

SYNERGIE
Synergismus
Synergism

La synergie s'oppose à l'→ *antagonisme*. Action coordonnée de plusieurs muscles, nerfs ou hormones qui concourent à une action, à un effet unique.

SYSTEME D'ACTION
Aktionssystem
Action system

Ces termes désignaient autrefois l'« éventail de tous les comportements » d'une espèce. De nos jours, on préfère parler de → *répertoire comportemental*.

JENNINGS (1906) ; LORENZ (1961).

SYSTEME DE REPRODUCTION
Fortpflanzungssystem
Mating system

Cette notion, surtout fréquente dans les publications en anglais, recouvre le mode de reproduction d'une espèce ou d'une → *population*. Elle englobe le nombre d'individus qui participent à la reproduction (→ *monogamie*, → *polygamie*), la nature de l'appariement (→ *formation du couple*), l'existence et la nature du → *lien conjugal* et la participation des parents aux soins à la progéniture (→ *comportement parental*).

Chez maintes espèces, le système de reproduction varie en fonction des conditions du milieu. Ainsi, les autruches d'Afrique sont tantôt monogames, tantôt polygames, d'après leur âge et leur expérience des couvées antérieures, et chez le caribou d'Amérique du Nord, les populations nomades des steppes sont monogames, alors que dans les populations sédentaires, les mâles défendent un → *harem*. Le concept de système de reproduction est inclus dans celui de système social (→ *structure sociale*), mais les publications ne respectent pas toujours la distinction.

LENT (1965) ; ORIANS (1969) ; SELANDER (1972) ; EMLEN et OHRING (1977) ; PERRONE et ZARET (1979).

SYSTEME NERVEUX CENTRAL
Zentralnervensystem
Central nervous system

Abrégé SNC. Région du système nerveux située à l'intérieur de l'organisme (central), qui comprend la majorité des corps cellulaires des neurones et les → *synapses* interneuronales. Le SNC est le centre des plus hautes performances de l'organisme. Il coordonne l'activité des différents organes, traite les messages captés par les organes des sens et régit le comportement de tout l'organisme. Il est par ailleurs le centre des capacités d'→ *apprentissage* et de la → *mémoire*. C'est chez les vertébrés (moëlle épinière et cerveau) et les arthropodes (chaîne ganglionnaire ventrale, ganglion cérébroïde, ganglion sous-œsophagien) que le SNC est le plus développé.

RAHMANN (1976); ROMER (1976).

T

TAXIE
Taxis
Taxis

Mouvement ou réaction d'→ *orientation* spatiale. A l'origine, on appelait « taxie » tout mouvement orienté. Toutefois, comme tous les mouvements d'un animal, à quelques exceptions prêts, présentent une composante d'orientation, cette notion a perdu de son à-propos et est désormais réservée aux pivotements orientés qui surviennent dans une séquence motrice. La plupart des auteurs incluent également dans cette notion l'ajustement angulaire du corps, c'est-à-dire la détermination de l'angle que forme l'axe du corps de l'animal au repos avec la source de stimulation. Cette position semble certes passive, mais est en réalité un état orienté « maintenu activement » (SCHÖNE). D'autres auteurs rejettent cette acception élargie. L'orientation spatiale intervient par le canal des sens les plus divers, qui se retrouvent dans la nomenclature, par exemple la vue (phototaxie), le sens chimique (chimiotaxie) ou la perception de la pesanteur (géotaxie). Si la réaction est orientée vers la source stimulante, on parle de taxie positive, dans le cas inverse de taxie négative. Ainsi, l'orientation d'un organisme évoluant vers une source lumineuse est appelée « phototaxie positive ».

Les mécanismes sous-jacents à l'orientation spatiale diffèrent eux aussi. La forme la plus simple est la télotaxie. Il s'agit d'un trajet rectiligne visant un but précis par la conservation d'une image fixe dans l'organe sensoriel. Le maintien de la trajectoire est déjà possible grâce à un seul organe sensoriel. Dans bien des cas, l'orientation résulte cependant de la comparaison simultanée des messages perçus par deux récepteurs disposés symétriquement. Si les stimulations parvenant à ces deux organes sensoriels sont d'intensités différentes, des pivotements orientés rectifient la trajectoire jusqu'à ce que l'équilibre soit rétabli. Ce phénomène est appelé « tropotaxie ». Une troisième possibilité est réalisée dans la clinotaxie, qui ne requiert qu'un seul organe sensoriel, pour autant qu'il soit capable d'oscillations latérales. Elle repose sur la comparaison successive des intensités des stimuli : les larves de mouches en quête de zones d'obscurité où s'accomplira la pupaison impriment au cours de leur progression un mouvement oscillatoire à la partie antérieure de leur corps, sensible à la lumière, et s'orientent systématiquement vers le côté le plus sombre (fig. 112). On appelle « ménotaxie » l'orientation transverse selon un angle défini par rapport à la source de stimulation.

Toutes les réactions orientées citées jusqu'ici surviennent dans un champ de stimulation et sont résumées par le générique « topotaxies ». On leur oppose la

Taxie

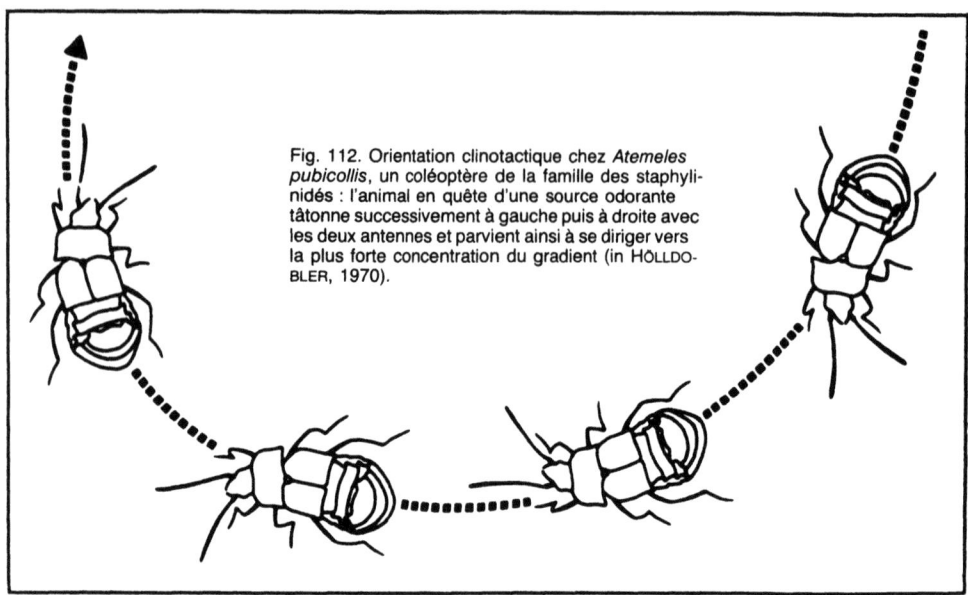

Fig. 112. Orientation clinotactique chez *Atemeles pubicollis*, un coléoptère de la famille des staphylinidés : l'animal en quête d'une source odorante tâtonne successivement à gauche puis à droite avec les deux antennes et parvient ainsi à se diriger vers la plus forte concentration du gradient (in HÖLLDOBLER, 1970).

phobotaxie, une réponse non orientée aux variations d'intensité du stimulus. L'animal procède par « essais et erreurs » et opère un changement (arbitraire) de direction chaque fois qu'il perçoit une intensité nociceptive (par exemple qui lui renseigne un certain degré d'humidité atmosphérique ou — en milieu aqueux — une concentration saline). Il parvient ainsi à se dégager des zones

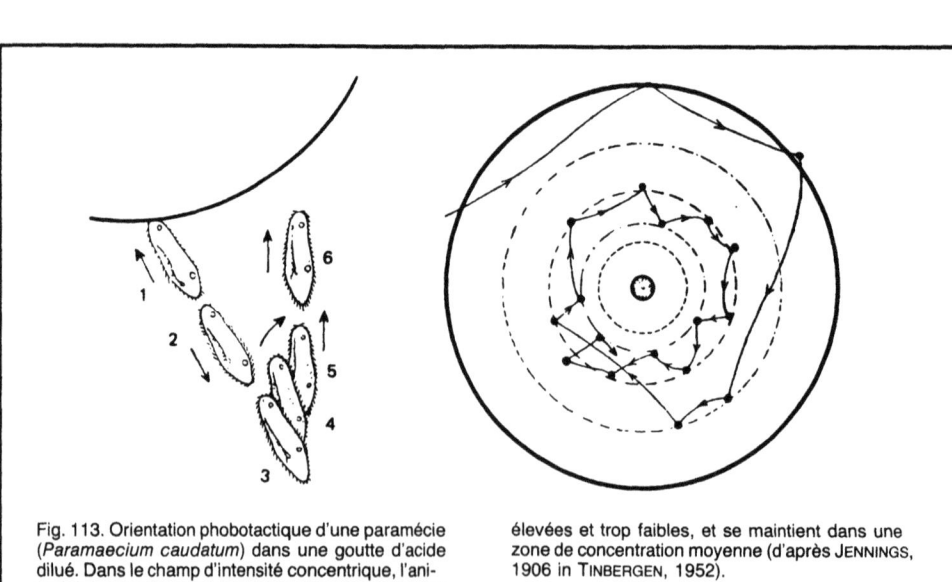

Fig. 113. Orientation phobotactique d'une paramécie (*Paramaecium caudatum*) dans une goutte d'acide dilué. Dans le champ d'intensité concentrique, l'animal évite systématiquement les concentrations trop élevées et trop faibles, et se maintient dans une zone de concentration moyenne (d'après JENNINGS, 1906 in TINBERGEN, 1952).

dangereuses. Cette forme d'orientation (indirecte) est attestée notamment chez les paramécies et les isopodes (fig. 113).

KÜHN (1919); KOEHLER (1950); TINBERGEN (1952a); FRÄNKEL et GUNN (1961); JANDER (1970); SCHÖNE (1973a, 1980); MERKEL (1980).

TELEONOMIE
Teleonomie
Teleonomy

Etude scientifique de la finalité programmée (OSCHE). Celle-ci n'existe que chez les organismes vivants et les machines créées par l'homme. Le caractère téléonomique des comportements est particulièrement manifeste. Les comportements obéissent à un → *programme* soit défini génétiquement (fermé) soit acquis (ouvert), qui les ajuste minutieusement aux conditions du milieu (→ *adaptation*), et dans ce sens sont pertinents. La téléonomie expérimentale a commencé par rechercher l'influence qu'exercent sur une propriété donnée les différents facteurs de → *sélection* et ainsi à établir le canal suivi par l'adaptation. La finalité manifeste du comportement animal inspire souvent une interprétation téléologique, c'est-à-dire qui rend compte d'une cause finale et présente le comportement comme orienté vers un but. Ce faisant, elle sous-entend l'existence d'une conscience et d'un discernement, sur laquelle il est impossible de se prononcer chez les animaux (→ *anthropomorphisme*). Cette interprétation est également sans fondement parce que le caractère téléonomique du comportement résulte de la sélection naturelle au même titre que n'importe quelle particularité d'un organisme. Cette sélection ne vise toutefois jamais un «objectif», mais constitue un processus *a posteriori*, qui «gratifie» les améliorations opérées par mutation en renforçant ultérieurement le succès reproducteur de l'individu qui en est porteur (→ *aptitude*).

A l'inverse des thèses téléologiques, les interprétations téléonomiques du comportement sont strictement causatives et mécanistes. Elles suggèrent simplement que chaque conduite poursuit un «but» pertinent du point de vue biologique compte tenu des facteurs du milieu, et que cet état adaptatif est l'aboutissement logique de la sélection naturelle.

PITTENDRIGH (1958); CURIO (1973); OSCHE (1973); MAYR (1974).

TEMPS DE LATENCE
Latenzzeit
Latency

Temps qui sépare le signal de la réponse, c'est-à-dire l'administration du stimulus et la réaction qu'il déclenche (par exemple un comportement ou une impulsion nerveuse).

PENZLIN (1977).

TERRITOIRE*
Revier
Territory

Aire défendue du domaine vital. Espace propre. On appelle territoire (allemand: Revier ou Territorium) une «portion du domaine vital défendue sélectivement», c'est-à-dire une aire sur laquelle la présence de l'occupant exclut la présence simultanée de congénères de même sexe (à l'exception des jeunes) ou — en cas de territoire individuel — de *tous* les congénères (éventuellement d'individus d'autres espèces, → *territorialité interspécifique*). Les deux termes allemands «Revier» et «Territorium» sont en soi équivalents (franç. «territoire»); toutefois, les publications mammalogiques donnent la préférence à «Territorium», tandis que la littérature ornithologique privilégie le mot «Revier».

---

* In CHAUVIN R. (1961), pp. 6-11; RUWET J.-Cl. (1969), pp. 198-204, 208-213; HEYMER A. (1977), pp. 145-147; CAMPAN R. (1980), pp. 109-110; GUYOMARC'H J.-Ch. (1980), pp. 31-32; LEROY Y. (1986), pp. 181-184, 191-198; DE LANNOY J.D. et FEYEREISEN P. (1987), p. 51.

Territoire collectif

Les territoires ont fait l'objet de descriptions chez toutes les classes de vertébrés et, dans certains cas isolés, chez les invertébrés (par exemple, les crustacés, les arachnides, les insectes). Ils sont occupés par un couple (territoire de couple), un seul individu (territoire individuel) ou un groupe d'animaux (→ *territoire collectif*). (La définition donnée ci-dessus ne s'applique pas à ce dernier type de territoire. Plusieurs congénères adultes de même sexe peuvent en effet l'occuper simultanément. Toutefois, cette tolérance réciproque se limite aux membres du groupe).

Les fonctions du territoire sont multiples. Il peut assurer à ses propriétaires (et à leur progéniture) des ressources alimentaires suffisantes, éviter les perturbations qui résulteraient de la présence de congénères, et par là préserver la quiétude indispensable à la reproduction; il peut aussi faciliter la quête alimentaire de ses occupants, grâce à leur connaissance intime des lieux, de même que l'accès aux refuges et chemins de fuite. Il arrive qu'un territoire remplisse seulement certaines de ces fonctions, qu'il est d'usage de préciser linguistiquement (par exemple : territoire alimentaire, territoire d'accouplement). Les territoires contribuent à réduire l'→ *agression* intraspécifique dans la mesure où c'est principalement au moment de leur établissement qu'ils doivent être défendus, mais où par la suite — du moins entre voisins « établis », ils sont dans une large mesure respectés sans confrontations. Des conduites particulières, des émissions sonores et des signaux chimiques peuvent intervenir dans la délimitation du territoire (→ *comportement de marquage*).

Etant donné que la frontière entre territoire et domaine vital, et entre défense active et évitement passif n'est pas toujours bien tracée, et que, même dans un périmètre bien circonscrit, l'acharnement à défendre un territoire présente des fluctuations saisonnières, le concept initial de «territoire» a dernièrement été de plus en plus battu en brèche. Les éthologistes préfèrent préciser le degré d'exclusivité avec lequel les occupants exploitent les disponibilités offertes par l'environnement sur une superficie donnée.

HEDIGER (1949); HINDE (1956); HOWARD (1964); JOHNSON (1964); JEWALL et LOIZOS (1966); BROWN (1969); BATES (1970); BRATTSTROM (1974); EWER (1976); CROOK et al. (1976); DYSON-HUDSON et SMITH (1978); MITAIN et RODMAN (1979); BAYLIS (1981).

TERRITOIRE COLLECTIF
Gruppenrevier
Group territory

Territoire occupé durablement par plusieurs adultes d'une espèce (par exemple par un → *harem*, un → *groupe multimâle* ou une → *famille* à long terme).

TERRITORIALITE INTERSPECIFIQUE
Interspezifische Territorialität
Interspecific territoriality

Manifestation du → *comportement territorial* entre individus d'espèces différentes. La principale fonction du → *territoire* consiste à maintenir les rivaux à distance. Les compétiteurs auxquels un individu se trouve confronté au premier chef sont ses propres congénères, puisqu'ils soumettent le milieu à des exigences quasi identiques (ressources alimentaires, sites d'incubation, etc.). C'est la raison pour laquelle le territoire n'est en général défendu que sur le plan intraspécifique, c'est-à-dire vis-à-vis des individus de même espèce. Si toutefois deux espèces vivant dans un même milieu (→ *sympatrie*) éprouvent des besoins physiologiques presque identiques et se font donc directement concurrence, il devient intéressant de défendre également l'accès du territoire aux individus de l'espèce rivale. Dans ce cas, la morphologie, les vocalisations ou certaines conduites des espèces concernées présentent souvent des correspondances, qui permettent une signalisation « compréhensible » pour les deux parties, et remplissent donc la fonction de → *déclencheurs interspécifiques*. La territorialité interspécifique a été décrite chez les anoures, les salamandres, les lézards, certains mammifères (rongeurs, musaraignes) et un grand nombre d'espèces d'oiseaux (notamment les pics, colibris, nectaridés, rousserolles, pies-grièches, roitelets, corneilles).

SIMMONS (1951); ORIANS et WILLSON (1964); MURRAY (1971); GRANT (1972); EMLEN et al. (1975); GORTON (1977); CATCHPOLE (1978).

TEST DU CHAMP OUVERT
Offenfeldtest
Open-field-test

Méthode fréquemment utilisée pour quantifier divers aspects comportementaux chez des animaux de laboratoire, surtout des rats et autres rongeurs, plus rarement des primates et des gallinacés. Le champ ouvert, une enceinte généralement étrangère au sujet d'expérience, plus vaste que la cage où il est détenu d'ordinaire, se compose d'un espace le plus souvent carré ou rectangulaire délimité par des cloisons et divisé par des lignes en carrés égaux. Le test du champ ouvert permet notamment de déterminer l'→ *activité* locomotrice d'un animal dictée par certaines influences du milieu et/ou certains antécédents (mesurée au nombre de carrés traversés par unité de temps) ou encore l'« émotionnalité générale » et l'effroi qu'éprouve l'animal (mesuré par exemple au nombre de défécations ou de mictions). L'interprétation d'expériences de ce type requiert toutefois la plus grande prudence : il s'est en effet avéré que les réactions observées dans pareil environnement artificiel ne correspondent pas toujours à celles qui s'expriment en milieu naturel.

HALL (1934); MARLOW (1958); DENENBERG (1969); ARCHER (1973); WALSH et CUMMINS (1976); GALLUP et SUAREZ (1980).

TESTOSTERONE
Testosteron
Testosterone

Importante hormone sexuelle mâle (→ *androgène*).

THEORIE DE LA PARENTELE
Verwandschaftstheorie
Kinship theory

Théorie avancée par la → *sociobiologie* pour tenter d'expliquer l'apparition de l'→ *altruisme* au cours de la phylogenèse (→ *évolution*). Il semble que l'existence de comportements gratuits contredise les lois de la → *sélection* naturelle, qui favorise les caractères utiles à l'individu, c'est-à-dire « intéressés ». Cette contradiction s'évanouit dès qu'on prend les facteurs suivants en considération : la sélection naturelle s'exerce sur le → *phénotype*, qui est la réalisation du bagage génétique (→ *génotype*). Plus les facteurs génétiques présents dans le génotype sous-jacent se retrouvent auprès des générations suivantes, plus le « succès » de ce génotype est grand. On parle de l'« aptitude darwinienne globale » d'un individu ou d'un génotype (→ *aptitude*).

Cette participation au réservoir génique de la → *population* (→ *pool génique*) dépend d'une part du nombre d'individus qui survivent et se reproduisent, et de l'autre de leur lien de parenté avec l'ascendant : les descendants de la première génération possèdent la moitié de son patrimoine génétique, les petits-enfants héritent chacun du quart, les arrière-petits-enfants du huitième. Pareillement, les patrimoines génétiques des frères et sœurs correspondent en moyenne à 50 % (dans le cas de jumeaux univitellins, ils sont même absolument identiques), ceux des demi-sœurs ou frères à 25 % et ceux des cousins et cousines à 12,5 %. Le comportement altruiste procède pour ainsi dire d'un « calcul de profitabilité »

Même en cas d'«autosacrifice» total, la part relative du patrimoine génétique d'un individu dans la génération suivante resterait identique pour autant que la survie de deux enfants, de quatre petits-enfants ou de huit arrière-petits-enfants soit assurée, et qu'ils se reproduisent à leur tour dans les mêmes proportions. Ce n'est donc certainement pas un hasard si le comportement altruiste intervient essentiellement entre individus apparentés, et surtout dans le cycle fonctionnel des soins parentaux, puisque c'est alors que le taux de succès dans le sens de la transmission et de la maximisation du patrimoine génétique est le plus élevé.

HAMILTON (1964); WILSON (1975); LIPON (1980).

THEORIE DES JEUX
Spieltheorie
Game theory

Discipline des mathématiques appliquées qui analyse des situations dans lesquelles le «gain» et la «perte» dépendent d'une stratégie (p. ex. du recours à une stratégie de jeu optimale et/ou du contrôle des variables) et d'une prise de risques. Dans ce contexte, on entend par «jeu» l'application de modèles stratégiques dont certains jeux fournissent les meilleurs exemples (p. ex. les échecs).

Les modèles de la théorie des jeux ont essentiellement amené la → *sociobiologie* à s'interroger sur les avantages sélectifs des différentes → *stratégies* (→ *sélection*).

TOILETTAGE SOCIAL
Soziale Körperpflege
Social grooming, allogrooming, allopreening, social preening

Soins de la peau ou des produits cutanés (poils, plumes) d'un congénère. Ils se concentrent de préférence (mais pas exclusivement) sur les zones corporelles inaccessibles au partenaire passif

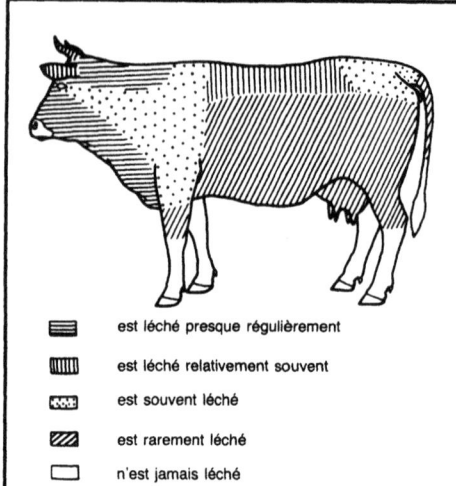

est léché presque régulièrement
est léché relativement souvent
est souvent léché
est rarement léché
n'est jamais léché

Fig. 114. Distribution des soins corporels sociaux sur différentes parties du pelage du bœuf domestique : les zones que l'animal ne peut atteindre lui-même sont léchées particulièrement souvent (in SAMBRAUS, 1978).

(fig. 114). A l'origine, ce comportement permet(tait) bien le nettoyage réciproque et l'élimination des parasites. Il peut au surplus remplir des fonctions sociales, et notamment renforcer le → *lien conjugal* et la → *cohésion sociale*, une fonction de loin plus importante que l'initiale. Les oiseaux qui se livrent au toilettage social se servent du bec (fourbissage du plumage) (fig. 115), les primates surtout des mains («épouillage» des singes → *service dermique*) (fig. 101), et beaucoup d'autres mammifères de la langue ou des dents (léchage ou mordillement du pelage). Le toilettage social peut être le fait d'un seul partenaire ou des deux à tour de rôle ou simultanément. De nombreuses espèces, par exemple quantité d'oiseaux et de primates, adoptent des «postures d'invite», c'est-à-dire des attitudes posturales qui mettent en évidence les parties du corps à nettoyer et éventuellement augmentent leur surface (par exemple par gonflement du plumage).

CULLEN (1953, 1963); HARRISON (1965); VOGEL (1971).

Fig. 115. Fourbissage mutuel des plumes chez le dendrocygne veuf (*Dendrocygna viduata*). Le toilettage social du plumage intervient fréquemment chez nombre d'espèces d'oiseaux, alors qu'il fait totalement défaut chez d'autres – souvent étroitement apparentées aux premières. Ainsi, le fourbissage des plumes est très caractéristique de toutes les espèces de canards siffleurs tandis qu'il ne se présente qu'isolément chez tous les autres anatidés et ansériformes.

TONUS SOCIAL
Sozialtonus
Social tonus

Etat de « légère tension » constaté dans les groupes de mammifères (qui cependant se retrouve certainement chez d'autres animaux). Le tonus social résulte des stimuli sociaux qui agissent constamment sur les individus au hasard des rencontres (→ *excitation*) et est le préalable à l'établissement des liens spatiaux et sociaux (→ *attachement*) qui président à la vie en groupe. Le tonus social ne s'établit que pour une → *densité de population* déterminée. En revanche, des variations de densité dans un sens ou dans l'autre peuvent être sources de perturbations (→ *stress*).
HENDRICHS (1978).

TRADITION[*]
Tradition
Tradition, cultural transmission

Transmission culturelle. Passation d'une information acquise (c'est-à-dire apprise) entre individus d'un groupe ou de génération en génération. Elle préside à toute forme de → *culture*. En éthologie, on distingue au total quatre formes de tradition, suivant deux critères différents : directe et indirecte d'une part, liée à un objet ou non d'autre part. Si la tradition est liée à un objet, le sujet expérimenté et le sujet naïf entrent nécessairement en contact simultanément ou successivement avec cet objet, par exemple l'aliment que l'animal inexpérimenté doit apprendre à identifier comme tel ou à « appréhender ». En revanche, la tradition non liée à un objet permet, même en l'absence de celui-ci, la transmission de l'information qui s'y rapporte, comme l'emplacement d'une source de nourriture. Ce processus suppose toutefois la caractérisation de l'objet par des symboles. La → *danse des abeilles* remplit cette condition. Le second critère de distinction est la relation existant entre les protagonistes : en cas de tradition « directe », le sujet naïf fait son apprentissage au contact de ses parents (par exemple par → *imitation*) et peut ainsi acquérir leurs capacités. En cas de tradition « indirecte », telle qu'elle intervient notamment chez les insectes parasites de végétaux, la transmission de l'information se déroule comme suit : la femelle ayant déposé ses œufs sur une plante nourricière déterminée, les larves

---

[*] In HEYMER A. (1977), pp. 174-175 ; DE LANNOY J.D. et FEYEREISEN (1987), p. 25.

Traitement hormonal

Fig. 116. Un macaque japonais (*Macaca fuscata*) occupé à laver une patate douce. D'une main, il plonge la patate dans l'eau, et de l'autre, il la frotte pour la nettoyer et la débarrasser du sable (d'après une photographie de M. KAWAÏ in KUMMER, 1975).

insulaire de macaques japonais est un exemple devenu célèbre ; cette pratique, « inventée » par une jeune femelle, représente une → *modification* comportementale qui s'est progressivement étendue à toute la population de l'île (fig. 116). La tradition joue également un rôle capital dans la transmission des → *dialectes* ou de la connaissance des voies de déplacement, par exemple des couloirs de passage chez les oiseaux migrateurs.

Les possibilités de transmission d'information par tradition sont particulièrement vastes là où — comme chez presque tous les primates non monogames (→ *monogamie*) — trois générations se côtoient dans un même groupe.

NICOLAI (1959a); THORPE (1961); KAWAI (1965a); SCHÜZ (1971); BUCHHOLTZ (1973); KUMMER (1975); GALEF (1976).

TRAITEMENT HORMONAL
Hormonbehandlung
Hormone treatment

Apport artificiel d'hormones. Il peut s'opérer diversement : par voie orale (c'est-à-dire par administration avec de l'eau ou des aliments), par injection dans la circulation sanguine (intraveineuse) ou dans la musculature (intramusculaire), ainsi que par implantation sous-cutanée ou cérébrale de cristaux d'hormones. Pour assurer l'apport continu d'hormones, ces substances peuvent se trouver dans des tubes en plastique que l'on implante sous la peau. L'avantage de cette méthode est de permettre l'administration de certaines substances à long terme. Son inconvénient est d'exclure les fluctuations périodiques de la sécrétion hormonale, susceptibles de participer à la régulation de certains registres comportementaux. A côté de l'ablation des glandes sécrétrices (par exemple → *castration*), le traitement hormonal constitue un précieux instrument pour étudier l'influence qu'exercent les hormones sur certaines conduites.

SMITH et al. (1977).

qui en éclosent sont à tel point fixées sur cette espèce végétale qu'elles y reviendront pour y pondre à leur tour. La préférence pour une espèce végétale se perpétue ainsi de génération en génération, sans que des individus de deux générations successives se rencontrent jamais. Le seul préalable à cette forme de tradition est un comportement de → *soins à la ponte*.

La tradition indirecte est toujours liée à un objet, alors que la tradition directe réalise les deux possibilités (liée à un objet ou non).

Contrairement à la transmission héréditaire d'information (→ *inné*), la tradition autorise la passation d'information à un nombre quelconque d'individus, aussi important soit-il (du moins au sein d'un même groupe). Elle peut par conséquent entraîner la propagation rapide d'une conduite. A cet égard, le « lavage des patates douces » dans une population

TRANSMISSION INDIRECTE DE SPERMATOPHORES
Indirekte Spermatophoren-Übertragung
Indirect spermatophore transmission

Certaines espèces terrestres ont mis au point de curieuses méthodes, communément appelées «transmission indirecte de spermatophores», propres à assurer l'→ *insémination*. Le mâle est dépourvu d'organe copulatoire. Il ne transmet pas ses spermatophores directement à la femelle, mais les dépose sur le sol. C'est là que la femelle les prélève. Ce mode de transmission s'est développé chez diverses espèces terrestres de lignées phylétiques différentes, qui vivent dans des substrats relativement humides, où le risque de déshydratation du spermatophore est minime. Parmi ces espèces, on compte, chez les vertébrés, certains tritons et chez les arthropodes, de nombreux myriapodes, scorpions, scorpions flagellés, pseudo-scorpions, arachnides flagellés, acariens et insectes aptères.

Le degré de complexité des comportements qui lui sont liés interdit de voir dans la transmission indirecte de spermatophores une conduite élémentaire ou primitive. Quantité d'espèces expriment des conduites très élaborées qui stimulent la femelle et synchronisent les deux partenaires. Parmi celles-ci figurent les «marches» ou «promenades nuptiales» auxquelles ils se livrent, parfois pendant des heures, chez les tritons, scorpions et pseudo-scorpions (→ *marche nuptiale*). Ces comportements garantissent le prélèvement des spermatophores à l'aide de l'orifice sexuel de la femelle directement après leur dépôt par le mâle. Même en l'absence de tout contact direct entre les deux partenaires sexuels au cours de la transmission des spermatophores, le mâle, comme chez certains myriapodes du genre Polyxenus, peut établir un système de «pistage odorant» extrêmement complexe, qui conduit la femelle jusqu'au spermato-

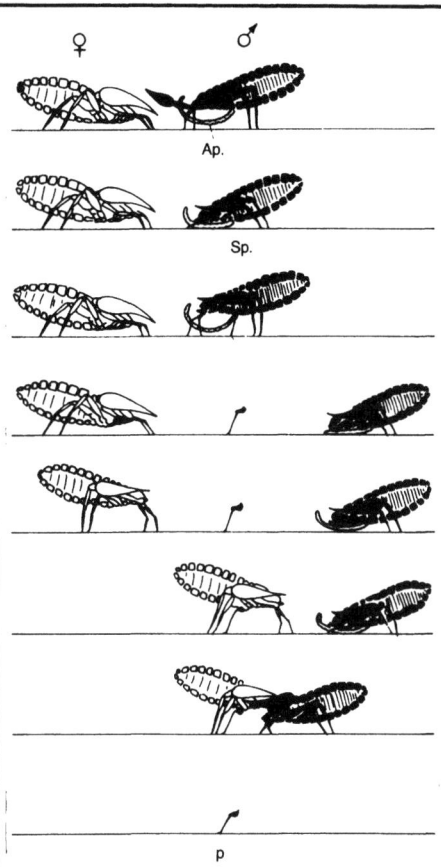

Fig. 117. Transmission indirecte de spermatophores chez le pseudo-scorpion *Chelifer cancroides*. Le mâle darde deux appendices recourbés et manœuvre d'avant en arrière devant la femelle. Celle-ci, manifestement stimulée par les sécrétions odorantes émises par ces appendices, ne tarde pas à suivre étroitement les évolutions du mâle (→ *marche nuptiale*). Son orifice sexuel arrive ainsi en contact avec le → *spermatophore* pédonculé déposé par le mâle et elle peut prélever les sacs spermatiques qu'il contient. Ap. = appendices recourbés; Sp. = spermatophore; p. = pédoncule du spermatophore, qui reste planté dans le sol après la marche nuptiale (d'après VACHON, 1938 in SCHALLER, 1962).

phore. Très rares sont les cas où le dépôt des spermatophores ne s'accompagne d'aucun comportement ou signal particulier, comme chez bien des acariens des mousses. C'est le cas des espèces vivant en forte concentration,

Transport des jeunes

Fig. 118. La «caravane», qui s'observe chez les musaraignes [dans le cas présent chez la crocidure leucode (*Crocidura leucodon*)] est une forme spectaculaire de transport des jeunes : l'un des petits s'agrippe des dents au pelage maternel, et chacun s'accroche de même à celui qui le précède. Ainsi se constitue une longue chaîne qui, en cas de danger, permet le transport en lieu sûr de plusieurs petits (à l'inverse du → *ramassage*) (d'après une photographie in ZIPPELIUS, 1972).

lorsque les chances que le spermatophore déposé soit découvert par la femelle même sans «secours» sont très élevées (fig. 117).
SCHALLER (1962, 1969).

TRANSPORT DES JEUNES
Jungentransport
Transport of young

Transport de la progéniture par la mère ou les deux parents. Le jeune peut être véhiculé à l'intérieur ou à l'extérieur du corps du géniteur. Nous trouvons des exemples de transport dans des «cavités corporelles» (gueule, poche, replis cutanés) chez les poissons → *incubateurs buccaux* et, parmi les mammifères, chez les marsupiaux. Le transport externe s'observe chez nombre d'arachnides et de scorpions, chez les palmipèdes (cygnes, grèbes huppés), le koala, les paresseux et les fourmiliers, et chez tous les primates. Chez ces derniers, ce comportement est particulièrement affirmé et implique un contact corporel étroit avec la mère (chez les ouistitis, avec le père) ; c'est pourquoi on qualifie les jeunes primates d'→ «*agrippeurs*» (fig. 118).

Le → *ramassage*, propre aux rongeurs et aux félidés, est un cas de transport occasionnel des jeunes par la mère.
SAUER (1967) ; KOEPCKE (1974) ; EWER (1976) ; NIETHAMMER (1979) ; WELLS (1980b).

TROPHALLAXIE
Trophallaxis
Trophallaxis

Transmission d'informations chimiques d'un individu à un autre. Elle peut s'accompagner d'un échange alimentaire, c'est-à-dire d'un nourrissage réciproque (→ *offrande alimentaire*) et, dans les → *sociétés* d'insectes, est une forme essentielle de communication (→ *phéromone*) (fig. 81, p. 171).
MARKL (1971) ; WILSON (1971) ; KLOFT (1978).

TROPISME
Tropismus
Tropism

Réaction d'orientation des organismes fixés, c'est-à-dire des végétaux et animaux sessiles. Comme les → *taxies* des animaux mobiles, les tropismes permettent → *l'orientation* spatiale et le position-

nement par rapport à une source stimulante. La nomenclature spécifique des différentes formes de tropismes correspond en gros à celle utilisée pour les taxies. Au-delà de cette acception stricte, le terme « tropisme » est parfois, surtout dans les publications en anglais, un générique pour toutes les réponses orientées et englobe également les taxies.
LOEB (1913); KÜHN 1919); TINBERGEN (1952a); SCHOENE (1980).

TROUPEAU
Herde
Herd

Forme de groupe social « ouvert » (→ *formation du groupe*) propre aux mammifères. Elle trouve son pendant dans les associations de divers animaux : les essaims des insectes, les vols des oiseaux et les bancs des poissons. En règle générale, le terme « troupeau » s'applique à des rassemblements assez importants, alors que « horde » ou « bande » sont réservés selon le cas à de plus petits groupes.
WALTHER (1979).

TUTELLE
Ammenaufzucht
Foster raising

Elevage de jeunes par des individus autres que les parents naturels. S'il s'agit d'individus appartenant à une autre espèce, on parle de tutelle hétérospécifique (angl. cross-fostering ou cross-species rearing) (fig. 119). L'élevage de jeunes par l'homme est appelé « élevage à la main ». La notion de tutelle est réservée à une situation artificielle imposée par l'homme. En cas d'élevage par des parents nourriciers dans des conditions naturelles, il est question d'→ *adoption*.

La tutelle permet au premier chef de maintenir en vie des jeunes dont les parents sont morts ou qui ont été abandonnés par eux. La méthode est par ailleurs utilisée à des fins bien précises,

Fig. 119. Un jeune diamant mandarin (*Taeniopygia guttata*) (à gauche) nourri par un moineau du Japon (*Lonchura striata*). En éthologie expérimentale, l'élevage par des tuteurs hétérospécifiques se pratique pour répondre à une multitude d'interrogations : elle permet notamment de déterminer l'importance relative des composantes → *innées* et des composantes acquises dans les vocalisations (→ *émissions sonores*) ou la nature des → *préférences* sociales et le moment de leur apparition, au cours des processus d'empreinte par exemple (→ *empreinte sexuelle*). Le moineau du Japon se prête particulièrement bien à l'élevage des jeunes d'autres espèces : en effet, il est élevé par l'homme depuis des siècles et son → *comportement parental* s'est hypertrophié (→ *hypertrophie*) au fil de la → *domestication*. De plus, il réagit moins sélectivement que les espèces non domestiquées aux dessins spécifiques qui marquent le gosier des oisillons (→ *caractère juvénile*, fig. 15 p. 43) et par conséquent accepte de bonne grâce des jeunes non conspécifiques. La moucheture de son plumage est également un caractère de domestication.

tout d'abord pour perpétuer les espèces qui, pour une raison quelconque, manifestent au contact de l'homme un → *comportement parental* défaillant, ensuite pour priver un sujet des stimuli sociaux que lui envoient les congénères et établir leur importance pour la → *communication* sociale (→ *privation d'expérience*). Le recours à la tutelle est particulièrement fréquent dans le cadre de l'étude des phénomènes d'empreinte, surtout de l'→ *empreinte sexuelle*. En général, les animaux domestiques s'y prêtent à merveille, parce qu'ils présentent une → *hypertrophie* des activités parentales consécutive à la → *domestication*.

La tutelle, surtout l'élevage à la main, peut être responsable de perturbations du comportement social (→ *syndrome d'isolement*). Chez les mammifères, elle s'opère également de nos jours par transplantation embryonnaire.
KLINGHAMMER (1973); HESS (1975).

U

UMWELT, MONDE SENSIBLE
Umwelt
Environment, umwelt

La biologie et la psychologie attribuent à ce terme des acceptions très différentes. Au sens large, on entend par « umwelt » l'environnement global d'un animal, son « monde extérieur », sans distinguer entre les facteurs pertinents pour l'animal et les autres. Il est pourtant plus fréquent d'établir une distinction. « Umwelt » ou « monde sensible » est alors réservé à l'ensemble des facteurs de l'environnement qui exercent effectivement une influence quelconque sur un organisme ou, inversement, sur lesquels l'organisme agit (p. ex. climat, ressources trophiques, ennemis, compétiteurs). Dans ce sens, le monde sensible peut varier très fort d'une espèce à l'autre, l'environnement restant objectivement constant. Des mécanismes de → *filtrage des stimuli* assurent la sélection des stimuli biologiquement importants auxquels l'individu est appelé à réagir.

v. UEXKÜLL (1909); v. UEXKÜLL et KRISZAT (1956).

UNION DURABLE
Dauerehe
Permanent pairbond

Forme particulière de → *monogamie* caractérisée par la durabilité du → *lien conjugal*, c'est-à-dire par sa persistance au-delà d'une seule période de reproduction. Chez les oiseaux qui s'accouplent à long terme, la → *formation du couple* précède souvent de beaucoup la maturité sexuelle. Il convient de réserver l'appelation « union à vie » aux seules espèces (comme certains corvidés et l'oie cendrée) pour lesquelles le maintien à vie du lien conjugal a pu être établi.

(Pour la controverse que suscite l'utilisation du terme → *mariage* en éthologie, voir cette entrée).

COOMBS (1960); LORENZ (1979).

USAGE D'INSTRUMENTS*
Werkzeuggebrauch
Tool use

Utilisation d'objets par un animal qui se toilette, cherche à s'approprier et à préparer de la nourriture, ou encore dans d'autres contextes. L'usage d'instruments a été décrit pour un nombre appréciable d'espèces animales et dans des registres comportementaux très divers : les bernard-l'ermite se glissent dans des coquilles vides de mollusques

Fig. 120. Un percnoptère d'Egypte (*Neophron percnopterus*) essaie de briser un œuf d'autruche à l'aide d'une pierre qu'il laisse choir sur la coquille.

pour protéger leur fragile abdomen quand ils se déplacent. Les vautours percnoptères fracassent les œufs d'autruche avec des pierres pour en atteindre le contenu (fig. 120). Les éléphants saisissent des branches dans leur trompe pour se gratter le dos, et les chimpanzés s'arment de bâtons pour assaillir des

---

* In CHAUVIN R. (1969), pp. 223, 269, 311, 377; HEYMER A. (1977), pp. 199-200; CAMPAN R. (1980), pp. 189, 191; GAUTIER J.-Y. (1982), pp. 243, 248.

Usage d'instruments

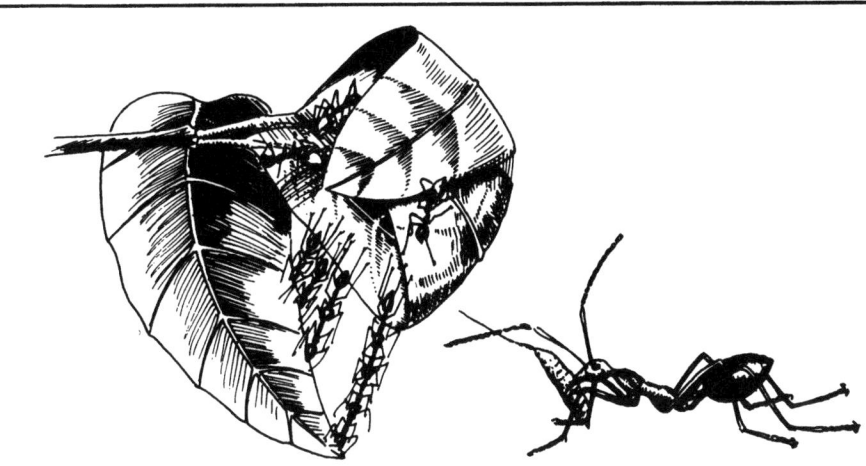

Fig. 121. Les fourmis tisseuses (*Oecophylla longinoda*) se servent de leurs larves comme d'« instruments » lors de la construction du nid : tandis que certaines ouvrières forment des passerelles vivantes pour enrouler sur elle-même la feuille qui enveloppera le nid, d'autres font circuler d'un bord à l'autre les larves qu'elles tiennent entre leurs mandibules (représentées en blanc) et fixent les lèvres de la feuille avec la soie secrétée par les larves. Le dessin de droite montre une ouvrière tenant entre les mandibules une larve qui fabrique un fil à tisser (d'après HÖLLDOBLER et WILSON, 1977 et HESSE-DOFLEIN, 1943).

léopards empaillés ou empilent des caisses afin d'atteindre des bananes suspendues hors de portée. On cite souvent les exemples du pinson-pic des Galapagos, qui se sert d'une épine d'oponce tenue dans le bec pour déloger des insectes, et de la loutre de mer de Californie qui, tout en nageant sur le dos, place un caillou sur sa poitrine, contre lequel elle brise des mollusques à l'aide de ses pattes antérieures. D'autres exemples d'utilisation d'instruments sont rapportés notamment chez la guêpe, le geai bleu, la loutre du Cap, et le babouin hamadryas.

Il arrive que même des congénères fassent office d'« instruments ». Les fourmis tisseuses maintiennent entre leurs mandibules leurs larves équipées de glandes fileuses et les font circuler comme des navettes de tisserand entre les bords d'une feuille de tabac enroulée sur elle-même. C'est ainsi qu'elles « cousent » les bords de la feuille pour consolider leur nid. Les adultes perdent cette capacité de filer la soie (fig. 121). Il est deux autres cas où on peut parler d'« usage d'instruments » dans un sens plus large, cette fois encore par le truchement d'un congénère : chez certains primates (macaques, babouins), des mâles adultes ont recours à des jeunes pour réduire entre eux les tendances agressives (→ *amortissement agonistique*) et chez maints geais, les → *aidants* se servent des oisillons dont ils ont la charge pour se faire admettre au sein d'un groupe bien établi.

Certains animaux sont capables de fabriquer ou de perfectionner eux-mêmes des instruments. Ainsi, les chimpanzés coupent des branches, les écorcent, les émondent et, alors seulement, s'en servent pour sonder les termitières. Le pinson-pic procède lui-même à l'affûtage de son bec.

EIBL-EIBESFELDT et SIELMANN (1962) ; HALL (1963) ; LAWICK-GOODALL (1970) ; ALCOCK (1972) ; RENSCH (1973) ; CURIO (1976) ; GUILMET (1977) ; HÖLLDOBLER et WILSON (1977) ; BECK (1978, 1980) ; LIGON (1980).

V

VARIATION DU SEUIL DE REPONSE *
Schwellenwertänderung
Threshold change

Modification de la déclenchabilité d'une conduite. Le déclenchement de la réaction peut être entravé (élévation du seuil de réponse), ou facilité (abaissement du seuil de réponse). Divers facteurs peuvent régir pareille modification, comme certains stimuli externes (→ *stimulus motivationnel*) ou l'intervalle écoulé depuis la dernière exécution de l'action considérée. Un intervalle important, par exemple, entraîne un abaissement du seuil de réponse. Cet abaissement est reconnaissable expérimentalement au fait que des stimuli spécifiques toujours plus faibles (p. ex. des leurres grossiers) suffisent à déclencher la conduite concernée. Si un comportement «se décharge» sur un objet aberrant, on parle de «décharge sur un → *objet de remplacement*». Un exemple auquel il est souvent fait référence est le → *secouement léthal* qu'exécutent occasionnellement les chiens domestiques avec des pantoufles, des chiffons et autres objets tenant lieu de proie. Un abaissement extrême du seuil de réponse peut déboucher sur des → *activités à vide*.

LORENZ (1937); TINBERGEN (1952a).

VESTIGE HISTORIQUE
Rudiment
Relict

Reste phylogénique. Résidu historique. Terme générique pour tous les organes ou conduites qui ont perdu leur fonction initiale au cours de la → *phylogenèse* (par exemple restes de ceinture pelvienne chez certains serpents). Souvent, les vestiges historiques n'apparaissent que passagèrement au cours du développement embryonnaire et juvénile (par exemple corbeille et arcs branchiaux chez divers vertébrés terrestres) (→ *récapitulation*). Ils peuvent indiquer les liens de parenté entre espèces et jouent donc un rôle essentiel en systématique biologique.

Des vestiges historiques de nature comportementale sont également attestés dans des cas isolés. Ainsi, quantité de singes (macaques) impriment des mouvements de balancier à leur moignon de queue, bien qu'il ne leur soit d'aucun secours pour conserver leur équilibre; nombre de pigeons et de rallidés nichant dans les arbres, incapables, en raison de l'emplacement de leur nid, d'y ramener un œuf qui en serait tombé, exécutent le mouvement de → *roulage* typique de leurs ancêtres qui nidifient au sol si on leur en donne l'occasion en approchant une plateforme des bords du nid.

Souvent, les vestiges phylogéniques surviennent au cours de la → *récapitulation*. L'éthologie naissante a vu dans le «grattage par-dessus l'aile» propre à bien des oiseaux un vestige historique, mais son interprétation est aujourd'hui matière à controverse (→ *grattage de la tête*).

RENSCH (1954); WICKLER (1967); SIEWING (1978).

VOL DE PARADE
Balzflug
Courtship flight, nuptial flight

On entend par là les évolutions auxquelles se livrent en vol maintes espèces aviaires tout en émettant leur chant. Ce sont surtout les oiseaux vivant dans des paysages dégagés, pauvres en végétation, où arbustes et arbres sont trop rares pour servir de postes de chant, qui produisent leurs vocalisations en vol (fig. 68, p. 154). En Europe centrale, l'exemple le plus célèbre est celui de l'alouette des champs. L'appellation «vol de parade» n'est cependant pas tout à

---

* In THINES G. (1966), p. 252.

Vol nuptial

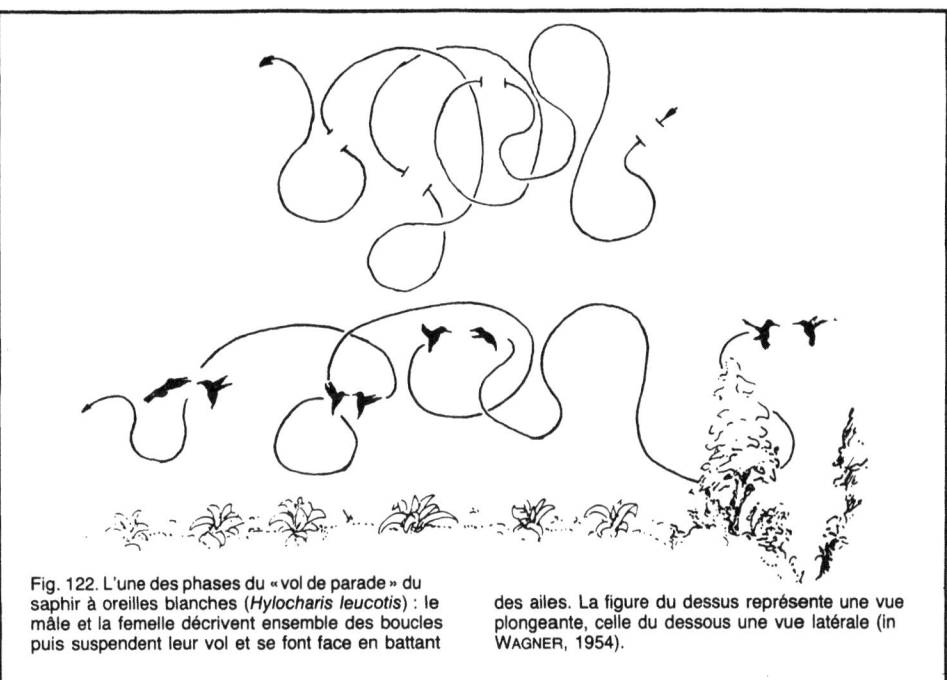

Fig. 122. L'une des phases du « vol de parade » du saphir à oreilles blanches (*Hylocharis leucotis*) : le mâle et la femelle décrivent ensemble des boucles puis suspendent leur vol et se font face en battant des ailes. La figure du dessus représente une vue plongeante, celle du dessous une vue latérale (in WAGNER, 1954).

fait appropriée dans la mesure où la plupart du temps, les vocalisations exécutées en vol ne font pas partie du rituel d'appariement, mais servent essentiellement au marquage territorial (→ *comportement de marquage*). Il serait par conséquent plus adéquat de parler de « vol de marquage territorial », de « vol de prestance » (→ *démonstration de prestance*) ou encore d'utiliser les expressions tout à fait neutres « vol de démonstration », « vol d'expression » ou « vol chanté ».

Il ne convient de retenir l'ancienne appellation « vol de parade » ou d'utiliser l'expression « vol d'appariement » que pour les rares espèces dont les vols favorisent essentiellement la synchronisation entre partenaires sexuels et remplissent donc exclusivement l'une des fonctions de la → *parade nuptiale*. C'est le cas des vols de divers hérons ou des vols que décrivent de concert mâle et femelle chez de nombreux colibris (fig. 122).

Il arrive qu'au cours de ces vols dotés d'une des deux fonctions des « vols chantés », l'oiseau émette également d'autres vocalisations, par exemple des appels chez bon nombre de limicoles (charadriiformes), des sons produits mécaniquement (→ *émissions sonores*) comme le claquement des ailes chez les pigeons, ou des sons engendrés par le passage d'un flux d'air entre les rectrices de la bécassine (fig. 123). Chez les insectes sociaux, on appelle → *vol nuptial* le vol qu'exécutent simultanément mâles et femelles lors du cérémonial d'appariement.

WAGNER (1954) ; DABELSTEEN (1978).

VOL NUPTIAL
Hochzeitsflug
Nuptial flight

Chez les insectes, vol que décrivent conjointement le mâle et la femelle aux fins de l'accouplement. Celui-ci s'accom-

Zoomorphisme

Fig. 123. « Vol d'expression » de la bécassine. Les schémas A et B représentent la trajectoire respectivement de côté et de haut; C, l'oiseau se préparant à piquer. Les dessins D et F sont issus de la phase de piqué au cours de laquelle les rectrices périphériques écartées, vibrant dans le flux d'air, produisent le son connu sous le nom de « bêlement » ou « chevrotement » (→ *émission sonore*). Le schéma G montre l'oiseau au cours du vol ascensionnel final. Le vol d'expression sert vraisemblablement à la délimitation du territoire (→ *comportement de marquage*), mais pourrait également remplir des fonctions propres au registre sexuel (p. ex. liées à la → *formation du couple*) (d'après REDDIG in GLUTZ VON BLOTZHEIM, 1977).

plit soit pendant le vol, soit après l'atterrissage. Les vols nuptiaux sont particulièrement affirmés chez les insectes sociaux (→ *sociétés*), chez lesquels des centaines, voire des milliers d'individus reproducteurs peuvent essaimer simultanément. On appelle → *vol de parade* les vols qui, chez maintes espèces d'oiseaux, amorcent eux aussi l'accouplement.

GOETSCH (1953); LARSON et LARSON (1971); DUMPERT (1978).

Z

ZOOMORPHISME
Zoomorphismus
Zoo morphism

Terme forgé sur le modèle d'→ « *anthropomorphisme* » pour désigner l'« animalisation » de l'homme, c'est-à-dire son intégration dans le → *comportement social* d'un animal. L'homme peut être assimilé à un congénère à la suite d'une → *empreinte aberrante* ou d'un → *apprivoisement*.

HEDIGER (1942, 1965, 1980).

Bibliographie

La bibliographie qui figure ci-après a été divisée en deux parties. La première regroupe des manuels, des ouvrages introductifs et des recueils de publications qui couvrent tout le champ d'investigation de l'éthologie et certaines disciplines de la psychologie humaine, ainsi que des dictionnaires de biologie et de psychologie. Ces ouvrages fournissent des explications et d'amples informations pour la plupart des termes repris dans le présent dictionnaire. Nous n'y renvoyons pas pour chacun de ces termes en particulier, parce que le nombre de renvois indispensables serait beaucoup trop important et que presque chaque entrée appellerait une référence — par exemple dans le cas d'autres dictionnaires de l'éthologie.

La seconde partie comprend des ouvrages de portée générale et des manuels relatifs à des disciplines bien précises de l'éthologie et à des disciplines voisines que le lecteur pourra consulter s'il veut s'informer davantage sur un certain nombre de notions choisies parmi celles que nous abordons, ainsi que des publications d'ensemble et des articles qui ont trait directement au terme figurant en entrée. Nous y faisons référence après chaque terme traité. Nous nous expliquons du choix de ces références dans l'introduction du présent ouvrage.

1re partie

ABERCROMBIE M., HICKMAN C.J. & M.L. JOHNSON, 1971 : Taschenlexikon der Biologie. Fischer, Stuttgart.

ALCOCK J., 1979 : Animal Behavior. An Evolutionary Approach. 2. Aufl. Sinauer, Sunderland, Mass.

APFELBACH R. & J. DÖHL, 1980 : Verhaltensforschung. Eine Einführung. 3. Aufl. Fischer, Stuttgart, New York.

ARNOLD W., EYSENCK H.J. & R. MELLI (éd.), 1971 : Lexikon der Psychologie. 3 Bände. Herder, Freiburg.

BARNETT S.A., 1981 : Modern Ethology. The Science of Animal Behaviour. Oxford University Press, New York, Oxford.

BÖSEL R., 1981 : Physiologische Psychologie. Einführung in die biologischen und physiologischen Grundlagen der Psychologie. de Gruyter, Berlin, New York.

BROOM D.M., 1981 : Biology of Behaviour. Cambridge University Press, Cambridge.

BURKHARDT D., 1971 : Wörterbuch der Neurophysiologie. 2. Aufl. Fischer, Jena.

DEWSBURY D.A., 1978 : Comparative Animal Behavior. McGraw Hill, New York.

DIETRICH G. & H. WALTER, 1970 : Grundbegriffe der psychologischen Fachsprache. Ehrenwirth, München.

DREWER J. & W.D. FRÖHLICH, 1975 : Wörterbuch zur Psychologie. Deutscher Taschenbuch-Verlag, München.

EIBL-EIBESFELDT I., 1978 : Grundriß der vergleichenden Verhaltensforschung. 5. Aufl. Piper, München.

FRANCK D., 1970 : Verhaltensbiologie. Einführung in die Ethologie. Thieme, Stuttgart.

HASSENSTEIN B., 1980 : Instinkt, Lernen, Spielen, Einsicht. Einführung in die Verhaltensbiologie. Piper, München.

HEHLMANN W., 1974 : Wörterbuch der Psychologie. 11. Aufl. Kröner, Stuttgart.

HENTSCHEL E. & G. WAGNER, 1976 : Tiernamen und zoologische Fachwörter — unter Berücksichtigung allgemeinbiologischer, anatomischer und physiologischer Termini. Fischer, Stuttgart, New York.

HEYMER A., 1977 : Ethologisches Wörterbuch. Parey, Berlin, Hamburg.

HINDE R.A., 1973 : Das Verhalten der Tiere. 2 Bände. Suhrkamp, Frankfurt.

IMMELMANN K. (éd.), 1974 : Verhaltensforschung. Kindler, München.

IMMELMANN K., 1979 : Einführung in die Verhaltensforschung. 2. Auflage Parey, Berlin, Hamburg.

JÜRGENS U. & D. PLOOG, 1974 : Von der Ethologie zur Psychologie. Die Grundbegriffe der Vergleichenden Verhaltensforschung anhand repräsentativer Beispiele. Kindler, München.

LAMPRECHT J., 1974 : Verhalten. 3. Aufl. Herder, Freiburg, Basel, Wien.

LORENZ K., 1978 : Vergleichende Verhaltensforschung. Grundlagen der Ethologie. Springer, Wien, New York.

MANNING A., 1979 : Verhaltensforschung. Eine Einführung. Springer, Berlin, Heidelberg, New York.

Bibliographie

MARLER P.R. & W.J. HAMILTON, 1972 : Tierisches Verhalten. BLV-Verlag, München.
MC FARLAND D. & A. HOUSTON, 1981 : Quantitative Ethology. Pitman Advanced Publishing Programme, Boston.
MC FARLAND D. (éd.), 1981 : The Oxford Companion to Animal Behaviour. Oxford University Press, Oxford.

PLOOG D. & P. GOTTWALD, 1974 : Verhaltensforschung. Instinkt — Lernen — Hirnfunktion. Urban & Schwarzenberg, München, Berlin, Wien.

SOSSINKA R., 1981 : Ethologie. Diesterweg, Frankfurt.

TEMBROCK G., 1964 : Verhaltensforschung. Eine Einführung in die Tier-Ethologie. 2. Aufl. Fischer, Jena.
TEMBROCK G., 1978 : Verhaltensbiologie — unter besonderer Berücksichtigung der Physiologie des Verhaltens. Wörterbücher der Biologie. Fischer, Stuttgart, New York.
TEMBROCK G., 1980 : Grundriß der Verhaltenswissenschaften. 3. Aufl. Fischer, Stuttgart, New York.
TISCHLER W., 1975 : Ökologie — mit besonderer Berücksichtigung der Parasitologie. Wörterbücher der Biologie. Fischer, Jena.

WERNER F.C., 1972 : Wortelemente lateinisch-griechischer Fachausdrücke in den biologischen Wissenschaften. Suhrkamp, Frankfurt.
WICKLER W., 1970 : Antworten der Verhaltensforschung. Kösel, München.
WICKLER W. & U. SEIBT (éd.), 1973 : Vergleichende Verhaltensforschung. Hoffmann & Campe, Hamburg.

ZEIER J., 1976 : Wörterbuch der Lerntheorien und der Verhaltenstherapie. Kindler, München.

2e partie

AINSWORTH M.D.S., 1969 : Object relations, dependency, and attachment : A theoretical review of the infant-mother relationship. Child Devpt. **40**, 969-1025.
AINSWORTH M.D.S., 1979 : Attachment as related to mother-infant interaction. Adv. Study Beh. **9**, 1-51.
ALCOCK J., 1969 : Observational learning in three species of birds. Ibis **111**, 308-321.
ALCOCK J., 1972 : The evolution of the use of tools by feeding animals. Evolution **26**, 464-473.
ALEXANDER R.D., 1974 : The evolution of social behavior. Ann. Rev. Ecol. Syst. **5**, 325-383.
ALEXANDER R.D. 1975 : Natural selection and specialized chorusing behavior in acoustical insects. In : PIMENTEL D. (éd.) Insects, Science and Society. Academic Press. New York, 35-77.

ALTMANN D., 1969 : Harnen und Koten bei Säugetieren. Ziemsen, Wittenberg-Lutherstadt.
ALTMANN J., 1974 : Observational study of behavior : Sampling methods. Behaviour **49**, 227-267.
ALTMANN S.A., 1956 : Avian mobbing behavior and predator recognition. Condor **58**, 241-253.
ALTMANN S.A., WAGNER S.S. & S. LENINGTON, 1977 : Two models for the evolution of polygyny. Behav. Ecol. Sociobiol. **2**, 397-410.
ANDERSON B.F., 1975 : Cognitive Psychology. The Study of Knowing, Learning and Thinking. Academic Press, New York, London.
ANDERSSON M., WIKLUND C.G. & H. RUNDGREN, 1980 : Parental defence of offspring : A model and an example. Anim. Behav. **28**, 536-542.
ANDREW R.J., 1956 : Some remarks on behaviour in conflict situations, with special reference to *Emberiza* ssp. Anim. Behav. **4**, 41-45.
ANDREW R.J., 1956 : Intention movements of flight in certain passerines and their use in systematics. Behaviour **10**, 179-204.
ANDREW R.J., 1963 : The origin and evolution of the calls and facial expressions of the primates. Behaviour **20**, 1-109.
ANDREW R.J., 1963 : Evolution of facial expression. Science **142**, 1034-1041.
ANGERMEIER W.F., 1972 : Kontrolle des Verhaltens. Das Lernen am Erfolg. Springer, Berlin, Heidelberg, New York.
ANGST W. : Das Ausdrucksverhalten des Javaneraffen *Macaca fascicularis* Raffles 1821. Dissertation Basel.
ANKEL F., 1970 : Einführung in die Primatenkunde. Fischer, Stuttgart.
ANTONIUS O., 1939 : Zum Domestikationsproblem. Z. Tierpsychol. **2**, 296-302.
ANTONIUS O., 1940 : Über Symbolhandlungen und Verwandtes bei Säugetieren. Z. Tierpsychol. **3**, 263-278.
ARCHER J., 1973 : Tests for emotionality in rats and mice : a review. Anim. Behav. **21**, 205-235.
ARCHER J., 1979 : Animals under Stress. The Institute of Biology's Studies in Biology No. 108. Arnold, London.
ARMSTRONG E.A., 1947 : Bird Display and Behaviour. Lindsay Drummond, London.
ARMSTRONG E.A. 1950 : The nature and function of displacement activities. Symp. Soc. exp. Biol. **4**, 361-387.
ARMSTRONG E.A. 1956 : Distraction display and the human predator. Ibis **98**, 641-654.
ARMSTRONG E.A., 1973 : A Study of Bird Song. Dover Publications, New York.
ASCHOFF J., 1954 : Zeitgeber der tierischen Tagesperiodik. Naturwiss. **41**, 49-56.
ASCHOFF J., 1955 : Jahresperiodik der Fortpflanzung bei Warmblütern. Stud. gen. **8**, 742-776.
ASCHOFF J., 1958 : Tierische Periodik umter dem Einfluß von Zeitgebern. Z. Tierpsychol. **15**, 1-30.
ASCHOFF J., 1961 : Biologische Uhren. In : CHRISTENSEN, B. Chr. & B. BUCHMANN (éd.) : Progress in Photobiology, Elsevier, Amsterdam, 50-62.

Bibliographie

ASCHOFF J., 1962 : Spontane lokomotorische Aktivität. Handbuch der Zoologie, 8. Band, 30. Lieferung, Walter de Gruyter, Berlin, 1-76.
ASCHOFF J., 1979 : Circadian rhythms : Influences of internal and external factors on the period measured in constant conditions. Z. Tierpsychol. **49**, 225-249.

BAERENDS G.P., 1956 : Aufbau tierischen Verhaltens. Handbuch der Zoologie, 8. Band, 7. Lieferung, 1-32, Walter de Gruyter, Berlin, New York.
BAERENDS G.P., 1958 : Comparative methods and the concept of homology in the study of behaviour. Arch. Neerl. Zool. **13**, 401-417.
BAERENDS G.P., 1975 : An evaluation of the conflict hypothesis as an explanatory principle for the evolution of displays. In : BAERENDS G., BEER C. & A. MANNING (éd.), Function and Evolution in Behaviour. Clarendon Press, Oxford, 187-227.
BAERENDS G.P., 1976 : The functional organization of behaviour. Anim. Behav. **24**, 726-738.
BAERENDS G.P., BEER C. & A. MANNING (éd.), 1975 : Function and Evolution in Behaviour. Clarendon Press, Oxford.
BAERENDS G.P., BRIL K.A. & P. BULT, 1965 : Versuche zur Analyse einer erlernten Reizsituation bei einem Schweinsaffen (*Macaca nemestrina*). Z. Tierpsychol. **22**, 394-411.
BAERENDS G.P. & J.P. KRUIJT, 1973 : Stimulus selection. In : HINDE R.A. & J.S. HINDE (éd.) : Constraints on Learning : Limitations and Predispositions. Academic Press, London.
BABBER K., 1979 : Verhalten, Konkurrenz und Ökologie. Verh. Dtsch. Zool. Ges. 1979, 90-101.
BAILEY K., 1978 : Flehmen in the Ring-tailed Lemur (*Lemur catta*). Behaviour **65**, 309-319.
BALDA R.P., 1980 : Recovery of cached seeds by a captive *Nucifraga caryocatactes*. Z. Tierpsychol. **52**, 331-346.
BALDA R.P. & J.H. BALDA, 1978 : The care of young Pinon Jays (*Gymnorhinus cyanocephalus*) and their integration into the flock. J. Orn. **119**, 146-171.
BALINT M., 1932 : Psychosexuelle Parallelen zum biogenetischen Grundgesetz. Imago, **18**, 14-41.
BALPH M.H., BALPH D.F. & H.C. ROMESBURG, 1979 : Social status signalling in winter flocking birds : An examination of a current hypothesis. Auk **96**, 78-93.
BANDURA A., 1969 : Principles of Behavior Modification. Holt, New York.
BANKS E.M., WOOD-GUSH D.G.M., HUGHES B.O. & N.J. MANKOVICH, 1979 : Social rank and priority of access to resources in Domestic Fowl. Behav. Proc. **4**, 197-209.
BAPTISTA L.F., 1974 : The effects of songs of wintering White-crowned Sparrows on song development in sedentary populations of the species. Z. Tierpsychol. **34**, 147-171.
BAPTISTA L.F., 1978 : Territorial courtship and duet songs of the Cuban Grassquit. J. Orn. **119**, 91-101.

BARASH D.P., 1980 : Soziobiologie und Verhalten. Parey, Berlin, Hamburg.
BARGMANN W., 1954 : Das Zwischenhirn-Hypophysensystem. Springer, Berlin, Göttingen, Heidelberg.
BARLOW G.W., 1968 : Ethological units of behavior. In : INGLE D. (éd.) : The Central Nervous System and Fish Behavior. Univ. of Chicago Press, Chicago, 217-232.
BARLOW G.W. 1977 : Modal action patterns. In : SEBEOK T.A. (éd.) : How Animals Communicate. Univ. of Indiana Press, Bloomington, 94-125.
BARLOW G.W. 1982 : Vererbung und Entwicklung des Verhaltens, dargestellt besonders am Beispiel motorischer Muster. In : IMMELMANN K., BARLOW G.W., PETRINOVICH L. & M. MAIN (éd.) : Verhaltensentwicklung bei Mensch und Tier. Das Bielefeld-Projekt. Parey, Berlin, Hamburg.
BARLOW G.W. & J. SILVERBERG (éd.), 1980 : Sociobiology : Beyond Nature/Nurture ? AAAS Selected Symposium 35, Westview Press, Boulder, Colorado.
BARNETT S.A., 1958 : Exploratory behaviour. Brit. J. Psychol. **49**, 289-310.
BASTOCK M., 1969 : Das Liebeswerben der Tiere. Fischer, Stuttgart.
BASTOCK M., MORRIS D. & M. MOYNIHAN, 1953 : Some comments on conflict and thwarting in animals. Behaviour **6**, 66-84.
BATES B.C., 1970 : Territorial behavior in primates : A review of recent field studies. Primates **11**, 271-284.
BATESON P.P.G., 1966 : The characteristics and context of imprinting. Biol. Rev. **41**, 177-220.
BATESON P., 1978 : Sexual imprinting and optimal outbreeding. Nature **273**, 659-660.
BATESON P.P.G., 1979 : How do sensitive periods arise and what are they for ? Anim. Behav. **27**, 470-486.
BATESON P., 1980 : Optimal outbreeding and the development of sexual preferences in Japanese Quail. Z. Tierpsychol. **53**, 231-244.
BATESON P., 1982 : Entwicklungskontinuität und Strukturänderung im Spiel von Katzen. In : IMMELMANN K., BARLOW G.W., PETRINOVICH L. & M. MAIN (éd.), 1982 : Verhaltensentwicklung bei Mensch und Tier. Das Bielefeld-Projekt. Parey, Berlin, Hamburg.
BAUMGART W., 1979 : Zur Signalfunktion von Gefiedermerkmalen bei Greifvögeln. Beitr. Vogelk. **25**, 209-246.
BAYLIS J.R., 1981 : The evolution of parental care in fishes, with reference to Darwin's rule of male sexual selection. Envir. Biol. Fishes. **6**.
BEACH F.A., 1950 : The Snark was a Boojum. Amer. Psychologist **5**, 115-124.
BEACH F.A., 1961 : Hormones and Behavior. Hoeber, New York.
BEACH F.A., 1967 : Cerebral and hormonal control of reflexive mechanisms involved in copulatory behavior. Physiol. Revs. **47**, 289-316.

Bibliographie

BECK B.B., 1978 : Ontogeny of tool use by nonhuman animals. In : G.M. BURGHARDT und M. BEKOFF (éd.) : The Development of Behavior, Garland STPM Press, New York u. London, 405-419.

BECKER P.H., 1977 : Verhalten auf Lautäußerungen der Zwillingsart, interspezifische Territorialität und Habitatansprüche von Winter- und Sommergoldhähnchen (*Regulus regulus, R. ignicapillus*) J. Orn. **118**, 233-260.

BECKER P.H., 1977 : Geographische Variation des Gesanges von Winter- und Sommergoldhähnchen (*Regulus regulus, R. ignicapillus*). Vogelwarte **29**, 1-37.

BECKER-CARUS Ch., BUCHHOLTZ Ch., ETIENNE A., FRANCK D., MEDIONI J., SCHÖNE H., SEVENSTER P., STAMM R.A. & B. TSCHANZ, 1972 : Motivation, Handlungsbereitschaft, Trieb. Z. Tierpsychol. **30**, 321-326.

BEDARD J. & J. MUNRO, 1977 : Brood and crèche stability in the Common Eider of the St. Lawrence estuary. Behaviour **60**, 221-236.

BEECHER M.D. & I.M. BEECHER, 1979 : Sociobiology of Bank Swallows : Reproductive strategy of the male. Science **205**, 1282-1285.

BEER C.G., 1970 : Individual recognition of voice in the social behaviour of birds. Adv. Study Beh. **3**, 27-74.

BEKOFF M., 1975 : The communication of play intention : Are play signals functional ? Semiotica **15**, 231-239.

BEKOFF M., 1977 : Mammalian dispersal and the ontogeny of individual behavioral phenotypes. Amer. Nat. **111**, 715-732.

BEKOFF M. & J.A. BYERS, 1982 : Kritische Neuanalyse der Ontogenese und Phylogenese des Spielverhaltens bei Säugern : ein ethologisches Wespennest. In : IMMELMANN K., BARLOW G.W., PETRINOVICH L. & M. MAIN (éd.), 1982 : Verhaltensentwicklung bei Mensch und Tier. Das Bielefeld-Projekt. Parey, Berlin, Hamburg.

BENTLEY D.R. & R.R. HOY, 1970 : Postembryonic development of adult motor patterns in crickets : A neural analysis. Science **170**, 1409-1411.

BENTLEY D.R. & M. KONISHI, 1978 : Neural control of behavior. Ann. Rev. Neurosci. **1**, 35-59.

BERG C.J., 1978 : Development and evolution of behavior in mollusks, with emphasis on changes in stereotypy. In : BURGHARDT, G.M. & M. BEKOFF (éd.) : The Development of Behavior : Comparative and evolutionary aspects. Garland STPM Press, New York, London, 3-17.

BERGER J., 1979 : Weaning conflict in desert and mountain Bighorn Sheep (*Ovis canadensis*) : An ethological interpretation. Z. Tierpsychol. **50**, 188-200.

BERGMANN H.-H., 1973 : Die Imitationsleistung einer Mischsänger-Grasmücke (*Sylvia communis*). Ein Beitrag zum Problem angeborener und erworbener Gesangsmerkmale. J. Orn. **114**, 317-338.

BERGMANN H.-H., 1979 : Lerndisposition — ein verhaltensbiologischer Begriff, erarbeitet am Beispiel des Gesangslernens der Vögel. MNU **32**, 237-244.

BERNDT R. & H. STERNBERG, 1969 : Über Begriffe, Ursachen und Auswirkungen der Dispersion bei Vögeln. Vogelwelt **90**, 41-53.

BERNDT R. & W. WINKEL, 1978 : Zur Definition der Begriffe Biotop, Zootop, Ornitop — Ökoschema, Monoplex, Habitat. Vogelwelt **99**, 141-146.

BERNSTEIN J.S., 1964 : Role of the dominant male rhesus monkey in response to external challenges to the group. J. Comp. Physiol. Psychol. **57**, 404-406.

BERNSTEIN J.S., 1976 : Dominance, aggression and reproduction in primate societies. J. Theoret. Biol. **60**, 459-472.

BERNSTEIN J.S., 1981 : Dominance : The baby and the bathwater. Beh. Brain Sci. **4**.

BERTHOLD P., 1971 : Physiologie des Vogelzuges. In : SCHÜZ E., Grundriß der Vogelzugskunde. Parey, Berlin, Hamburg, 257-299.

BERTHOLD P., 1974 : Endogene Jahresperiodik. Innere Jahreskalender als Grundlage der jahreszeitlichen Orientierung bei Tieren und Pflanzen. Konstanzer Universitätsreden No. 69, Universitätsverlag Konstanz.

BERTRAM B.C.R., 1975 : Social factors influencing reproduction in wild lions. J. Zool. **177**, 463-482.

BEZZEL E., 1977 : Ornithologie. Ulmer, Stuttgart.

BIRCH M.C. (éd.), 1974 : Pheromones. North Holland Publ. Co., Amsterdam.

BISCHOF H.J., 1979 : A model of imprinting evolved from neurophysiological concepts. J. Tierpsychol. **51**, 126-139.

BISCHOF N., 1972 : Inzuchtbarrieren in Säugetiersozietäten. Homo **23**, 330-351.

BISCHOF N., 1975 : A systems approach toward the functional connections of attachment and fear. Child Devpt. **46**, 801-817.

BLACK A.H. & N.F. PROKASY (éd.), 1972 : Classical Conditioning. Appleton-Century-Crofts, New York.

BLACK-CLEWORTH P., 1970 : The role of electrical discharges in the non-reproductive social behaviour of *Gymnotus carapo* (Gymnotidae, Pisces) Anim. Behav. Mon. **3**, 1-77.

BLAIR W.F., 1958 : Mating call in the speciation of anuran amphibians. Amer. Nat. **92**, 27-51.

BLAIR W.F. & R.R. CAPRANICA, 1972 : Evolutionary development of acoustic behavior in frogs. Neurosciences Research Program. Bull. **10**, 21-26.

BLEST A.D., 1961 : The concept of ritualization. In : THORPE W.H. & O.L. ZANGWILL (éd.) : Current Problems in Animal Behaviour. Cambridge University Press, Cambridge, 102-124.

BLUME D., 1973 : Ausdrucksformen unserer Vögel. 3. Auflage. Ziemsen, Wittenberg-Lutherstadt.

BLURTON-JONES N.G., 1972 : Ethological Studies of Child Behaviour, Cambridge University Press, Cambridge.

Bibliographie

BLURTON-JONES N.G., 1976 : Growing points in human ethology : Another link between ethology and the social sciences ? In : P.P.G. BATESON & R.A. HINDE (éd.) : Growing Points in Ethology. Cambridge University Press, Cambridge, 427-450.

BOLWIG N., 1964 : Facial expression in primates with remarks on a parallel development in certain carnivores. Behaviour 22, 167-193.

BONNER J.T., 1980 : The Evolution of Culture in Animals. Princeton University Press, Princeton.

BOORMAN S.A. & P.R. LEVITT, 1980 : The Genetics of Altruism. Academic Press, New York.

BORING E., 1953 : A history of introspection. Psychol. Bull. 50, 169-189.

BOSSEMA J., 1979 : Jays and oaks : an eco-ethological study of a symbiosis. Behaviour 70, 1-117.

BOWERS J.M. & B.K. ALEXANDER, 1967 : Mice : individual recognition by olfactory cues. Science 158, 1208-1210.

BOWLBY J., 1973 : Mütterliche Zuwendung und geistige Gesundheit. Kindler, München.

BOWLBY J., 1975 : Bindung. Eine Analyse der Mutter-Kind-Beziehung. Kindler, München.

BOWMAN R.J., 1979 : Adaptive morphology of song dialects in Darwin's Finches. J. Orn. 120, 353-389.

BRADBURY J.W., 1977 : Lek mating behavior in the Hammer-headed Bat. Z. Tierpsychol. 45, 225-255.

BRAESTRUP F.W., 1968 : Evolution der Wirbeltiere. Zool. Anz. 181, 1-22.

BRAIN P.F. & D. BENTON (éd.), 1981 : Multidisplinary Approaches to Aggression Research. Elsevier, North-Holland, Amsterdam, New York.

BRATTSTROM B.H., 1974 : The evolution of reptilian social behavior. Amer. Zool. 14, 35-49.

BREDER C.M. & D.E. ROSEN, 1966 : Modes of Reproduction in Fisches. Natural History Press, New York.

BROADHURST, P.L., 1979 : The experimental approach to behavioral evolution. In : ROYCE J.R. & L.P. MOS (éd.) : Theoretical Advances in Behavior Genetics. Sijthoff & Noordhoff, Alphen, 43-95.

BROCKMANN H.J. & J.P. HAILMAN, 1976 : Fish cleaning symbiosis : Notes on juvenile Angelfishes (Pomacanthus, Chaetodontidae) and comparisons with other species. Z. Tierpsychol. 42, 129-138.

BROCKWAY B.F., 1965 : Stimulation of ovarian development and egg laying by male courtship vocalization in Budgerigars (Melopsittacus undulatus). Anim. Behav. 13, 575-578.

BRONSON F.H., 1971 : Rodent pheromones. Biol. Reprod. 4, 344-357.

BROWN J.L., 1969 : Territorial behavior and population regulation in birds : a review and re-evaluation. Wilson Bull. 81, 293-329.

BROWN J.L., 1975 : The Evolution of Behavior. Norton, New York.

BROWN J.L., 1978 : Avian communal breeding systems. Ann. Rev. Ecol. Syst. 9, 123-155.

BROWN R.D., 1979 : Mammalian social odors : A critical review. Adv. Study Beh. 10, 103-162.

BRÜCKNER G.H., 1933 : Untersuchungen zur Tiersoziologie, insbesondere zur Auflösung der Familie. Z. Psychol. 128, 1-110.

BRUNNER F., 1969 : Die Anwendung von Ergebnissen der vergleichenden Verhaltensforschung in der Kleintierpraxis. Z. Tierpsychol. 26, 129-165.

BUCHHOLTZ Ch., 1973 : Das Lernen bei Tieren. Fischer, Stuttgart.

BUCHHOLTZ Ch., 1978 : Zur Formkonstanz des Labiumschlags der Larve von Aeschna cyanea. In : STOKES A.W. & K. IMMELMANN (éd.) : Praktikum der Verhaltensforschung. Fischer, Stuttgart, New York, 32-39.

BUECHNER H.K. & H.D. ROTH, 1974 : The lek system of Uganda kob antelope. Amer. Zool. 14, 145-162.

BUECHNER H.K. & R. SCHLOETH, 1965 : Ceremonial mating behavior in Uganda Kob (Adenota kob thomasi Neumann). Z. Tierpsychol. 22, 209-225.

BÜHLER Ch., 1962 : Psychologie im Leben unserer Zeit. Droemer, Knaur, München.

BULLOCK T.H., 1961 : The origins of patterned nervous discharge. Behaviour 17, 48-59.

BÜNNING E., 1977 : Die physiologische Uhr. Circadiane Rhythmik und Biochronometrie. 3. Aufl. Springer, Berlin, Heidelberg, New York.

BURCKHARDT D., 1958 : Kindliches Verhalten als Ausdrucksbewegung im Fortpflanzungszeremoniell einiger Wiederkäuer. Rev. suisse Zool. 65, 312-316.

BURGHARDT G.M., 1977 : The primacy effect of the first feeding experience in the snapping turtle. Psychonomic Sci. 7, 383-384.

BURGHARDT G.M. & M. BEKOFF, 1978 : The Development of Behavior : Comparative and Evolutionary Aspects. Garland STPM Press, New York & London.

BURGHARDT G.M. & E.H. HESS, 1966 : Food imprinting in the snapping turtle Chelydra serpentina. Science 151, 108-109.

BURTT E.H. & J.P. HAILMAN, 1978 : Head-scratching among North American Woodwarblers (Parulidae). Ibis 120, 153-170.

BUSH G.L., 1975 : Modes of animal speciation. Ann. Rev. Ecol. Syst. 6, 339-364.

BUSNEL R.G., 1963 : Acoustic Behaviour of Animals. Elsevier, Amsterdam, London, New York.

BUTLER C.G., 1974 : The World of the Honeybee. 3. Aufl. Collins, London.

CAIRNS R.B., 1966 : Attachment behavior of mammals. Psychol. Rev. 73, 409-426.

CALDWELL G.S., 1981 : Attraction to tropical mixed-species heron flocks : Proximate mechanism and consequences. Behav. Ecol. Sociobiol. 8, 99-103.

Bibliographie

CALDWELL R.L., 1979 : Cavity occupation and defensive behaviour in the stomatopod *Gonodactylus festai* : Evidence for chemically mediated individual recognition. Anim. Behav. **27**, 194-201.

CAMPANELLA P.J. & L.L. WOLF, 1974 : Temporal leks as a mating system in a temperate zone dragonfly (Odonata : Anisoptera). I : *Plathemis lydia* (Drury). Behaviour **51**, 49-87.

CAMPBELL B. (éd.), 1972 : Sexual Selection and the Descent of Man 1871-1971. Aldine, Chicago.

CANNON W.B., 1929 : Bodily Changes in Pain, Hunger, Fear and Rage : An Account of Recent Researches into the Function of Emotional Excitement. 2. Aufl. Appleton, New York.

CARMICHAEL L., 1933 : Origin and prenatal growth of behavior. In : C. Murchison (éd.) : A Handbook of Child Psychology. Clark Univ. Press, Worcester, Mass.

CARTER C.S. & J.M. MARR, 1970 : Olfactory imprinting and age variables in the guinea-pig, *Cavia porcellus*. Anim. Behav. **18**, 238-244.

CARYL P.G., 1979 : Communication by agonistic displays : What can games theory contribute to ethology. Behaviour **68**, 136-169.

CASSIDY J., 1979 : Half a century of the concepts of innateness and instinct : Survey, synthesis and philosophical implications. Z. Tierpsychol. **50**, 364-386.

CATCHPOLE C.K., 1978 : Interspecific territorialism and competition in *Acrocephalus* warblers as revealed by playback experiments in areas of sympatry and allopatry. Anim. Behav. **26**, 1072-1080.

CHANCE M.R.A., 1967 : Attention structure as the basis of primate rank orders. Man **2**, 503-518.

CHAPMAN M. & G. HAUSFATER, 1979 : The reproductive consequences of infanticide in langurs : A mathematical model. Behav. Ecol. Sociobiol. **5**, 227-240.

CHAPPUIS C., 1971 : Un exemple de l'influence du milieu sur les émissions vocales des oiseaux : l'évolution des chants en forêt équatoriale. Terre et la Vie **118**, 183-202.

CHARNOV E.L. & J.R. KREBS, 1975 : The evolution of alarm calls. Amer. Nat. **109**, 107-112.

CHATFIELD C. & R. LEMON, 1970 : Analysing sequences of behavioural events. J. theor. Biol. **29**, 427-445.

CHENEY D.L., 1977 : The acquisition of rank and the development of reciprocal alliances among free-ranging immature baboons. Behav. Ecol. Sociobiol. **2**, 303-318.

CHEVALIER-SKOLNIKOFF S., 1977 : A Piagetian model for describing and comparing socialization in monkey, ape, and human infants. In : S. CHEVALIER-SKOLNIKOFF & F.E. POIRIER (éd.) : Primate Biosocial Development : Biological, Social, and Ecological Determinants. Garland, New York, pp. 159-187.

CHISHOLM A.H., 1944 : The problem of «anting». Ibis **86**, 389-405.

CHOMSKY N., 1965 : Aspects of a Theory of Language. M.I.T. Press, Cambridge, Mass.

CLARK G.A., 1973 : Holding food with the feet in passerines. Bird-Banding **44**, 91-99.

CLUTTON-BROCK T.H., 1974 : Primate social organisation and ecology. Nature, Lond. **250**, 539-542.

CLUTTON-BROCK T.H., ALBORN S.D., GIBSON R.M. & F.E. GUINESS, 1979 : The logical stag : Adaptive aspects of fighting in Red Deer (*Cervus elaphus* L.). Anim. Behav. **27**, 211-255.

CODY M.L., 1974 : Competition and the Structure of Bird Communities. Princeton University Press, Princeton.

CODY M.L. & J. DIAMOND (éd.), 1974 : Ecology and the Evolution of Communities. Belknap Press of Harvard Press, Cambridge, Mass.

COLE J., 1957 : Laterality in the use of the hand, foot, and eye in monkeys. J. Comp. Phys. Psychol. **50**, 296-299.

COLLIAS N.E., 1960 : An ecological and functional classification of animal sounds. In : W. LANYON & W. TAVOLGA (éd.) : Animal Sounds and Communication. Amer. Inst. Biol. Sci. Publ., Nr. 7, Washington, 368-391.

COLWELL R.K. & E.R. FUENTES, 1975 : Experimental studies of the niche. Amer. Rev. Ecol. Syst. **6**, 281-310.

CONDER P.J., 1949 : Individual distance. Ibis **91**, 649-656.

CONRADS K., 1976 : Studien an Fremddialekt-Sängern und Dialekt-Mischsängern des Ortolans (*Emberiza hortulana*). J. Orn. **117**, 348-450.

CONRADS K., 1979 : Über den Subsong zweier ♂ des Zwergschnäppers (*Ficedula parva*). Ber. Naturw. Ver. Bielefeld **24**, 77-91.

CONRADS K. & W. CONRADS, 1971 : Regionaldialekte des Ortolans (*Emberiza hortulana*) in Deutschland. Vogelwelt **92**, 81-100.

COOKE F., 1978 : Early learning and its effect on population structure. Studies of a wild population of Snow Gese. Z. Tierpsychol. **46**, 344-358.

COOMBS C.J.F., 1960 : Observations on the Rook *Corvus frugilegus* in southwest Cornwall. Ibis **102**, 394-419.

CORCORAN D.W.J., 1971 : Pattern Recognition. Penguin Books, Harmondsworth.

COULSON J.C., 1966 : The influence of the pairbond and age on the breeding biology of the kittiwake gull *Rissa tridactyla*. J. Anim. Ecol. **35**, 269-279.

CRAIG W., 1918 : Appetites and aversions as constituents of instincts. Biol. Bull. mar. biol. Lab., Woods Hole **34**, 91-107.

CRANACH M. VON, FOPPA K., LEPENIES W. & D. PLOOG (éd.), 1979 : Human Ethology — Claims and Limits of a New Discipline. Cambridge University Press, Cambridge.

CRANDALL L.S., 1964 : The Management of Wild Animals in Captivity. The University of Chicago Press, Chicago, London.

CRIMES T.P. & J.C. HARPER (éd.), 1970 : Trace Fossils. Geological Journal, Spec. Issue **3**, 1-547.

Bibliographie

CROOK J.H., 1961 : The basis of flock organisation in birds. In : W.H. THORPE (éd.) : Current Problems in Animal Behaviour. Cambridge Univ. Press, Cambridge, 125-149.

CROOK J.H., 1965 : The adaptative significance of avian social organizations. Symp. Zool. Soc. London **14**, 181-218.

CROOK J.H. (éd.), 1970 : Social Behaviour in Birds and Mammals. Academic Press, London, New York.

CROOK J.H., 1972 : Sexual selection, dimorphism, and social organization in the primates. In : CAMPBELL B. (éd.) : Sexual Selection and the Descent of Man 1871-1971. Aldin, Chicago, 231-281.

CROOK J.H., 1980 : The Evolution of Human Consciousness. Clarendon Press, Oxford.

CROOK J.H., ELLIS J.E. & J.D. GOSS-CUSTARD, 1976 : Mammalian social systems : structure and function. Anim. Behav. **24**, 261-274.

CROOK J.H. & J.D. GOSS-CUSTARD, 1972 : Social ethology. Ann. Rev. Psychol. **23**, 277-312.

CROW J.F. & J. FELSENSTEIN, 1968 : The effect of assortative mating on the genetic composition of a population. Eugenics Quarterly **15**, 85-97.

CROZE H., 1970 : Searching Image in Carrion Crows. Beiheft 5 zur Zeitschrift für Tierpsychologie. Parey, Berlin, Hamburg.

CRUZE W.W., 1935 : Maturation and learning in chicks. J. comp. Psychol. **19**, 371-409.

CULLEN E., 1957 : Adaptations in the kittiwake to cliffnesting. Ibis **99**, 275-302.

CULLEN J.M., 1953 : Allo-, auto-, and heteropreening. Ibis **105**, 121.

CURIO E., 1969 : Funktionsweise und Stammesgeschichte des Flugfeinderkennens einiger Darwinfinken (Geospizinae). Z. Tierpsychol. **26**, 394-487.

CURIO E., 1973 : Towards a methodology of teleonomy, Experientia **29**, 1045-1058.

CURIO E., 1975 : Experimentelle Untersuchungen zur Öko-Ethologie von Räuber-Beute-Beziehungen. Verh. Dtsch. Zool. Ges., 1975, 81-89, Fischer, Stuttgart.

CURIO E., 1976 : The Ethology of Predation. Springer, Berlin, Heidelberg, New York.

CURIO E., 1978 a : Scheinpaarungen eines Paars von Rotstirnblattvögeln (*Tricholaema l. leucomelan*). J. Orn. **119**, 331-333.

CURIO E., 1978 b : The adaptive significance of avian mobbing. I. Teleonomic hypotheses and predictions. Z. Tierpsychol. **48**, 175-183.

CURIO E., BLAICH R. & N. RIEDER, 1969 : Der Funktionszusammenhang zwischen einer Handlung und der ihr zugrunde liegenden Erregung als Grundlage der Ethometrie von Schlüsselreizen. Z. vergl. Physiol. **62**, 301-317.

CURIO E., ERNST V. & W. VIETH, 1978 : Cultural transmission of enemy recognition : one function of mobbing. Science **202**, 899-901.

CURTIN R. & P. DOLKINOW, 1978 : Primate social behavior in a changing world. Amer. Scientist **66**, 468- 475.

DAANJE A., 1950 : On locomotory movements in birds and the intention movements derived from them. Behaviour **3**, 48-98.

DABELSTEEN T., 1978 : An analysis of the songflight of the Lapwing (*Vanellus vanellus* L.) with respect to causation, evolution and adaptations to signal function. Behaviour **66**, 136-178.

DARLING F.F., 1938 : Bird Flocks and the Breeding Cycle. Cambridge University Press, Cambridge.

DARWIN Ch., 1955 : The Expressions of the Emotions in Man and Animals. Philosophical Library, New York.

DARWIN C., 1859 : Die Entstehung der Arten. Neudruck Reclam, Stuttgart, 1974.

DATHE H., 1963 : Vom Harnspritzen des Ursons (*Erethizon dorsatus*). Z. Säugetierk **28**, 369-375.

DAWKINS M., 1971 : Perceptual changes in chicks : another look at the «search image» concept. Anim. Behav. **19**, 566-574.

DAWKINS R., 1976 : Hierarchical organisation : A candidate principle for ethology. In : P.P.G. BATESON & R.A. HINDE (éd.) : Growing Points in Ethology. Cambridge University Press, Cambridge, 7-54.

DAWKINS R., 1978 : Replicator selection and the extended phenotype. Z. Tierpsychol. **47**, 61-76.

DAWKINS R., 1978 : Das egoistische Gen. Springer, Berlin, Heidelberg, New York.

DAWKINS R. & T.R. CARLISLE, 1976 : Parental investment and mate desertion : a fallacy. Nature **262**, 131-133.

DAWKINS R. & M. DAWKINS, 1976 : Hierarchical organization and postural facilitation : Rules for grooming in flies. Anim. Behav. **24**, 739-755.

DEAG J.M., 1980 : Interactions between males and unweaned Barbary Macaques : Testing the agonistic buffering hypothesis. Behaviour **75**, 54-81.

DEAG J.M. & J.H. CROOK, 1971 : Social behaviour and «agonistic buffering» in the wild Barbary Macaque *Macaca sylvana* L., Folia primatol. **15**, 183-200.

DELIUS J.D., 1971 : Foraging behaviour patterns of Herring Gulls elicited by electrical forebrain stimulation. Experientia **27**, 1287-1289.

DELIUS J.D. & G. HABERS, 1978 : Symmetry : Can pigeons conceptualize? Behav. Biol. **22**, 336-342.

DENENBERG U.H., 1969 : Open field behavior in the rat : what does it mean? Ann. N.Y. Acad. Sci. **159**, 852-859.

DEPUTTE B.L., 1980 : Le comportement de «renserrement» (herding behaviour) dans un groupe captif de *Macaca fascicularis*. Behaviour **72**, 50-64.

DEWSBURY D.A., 1973 : Comparative psychologists and their quest for uniformity. Ann. New York Acad. Sci. **223**, 147-167.

Bibliographie

DICKEMAN M., 1975 : Demographic consequences of infanticide in man. Ann. Rev. Ecol. Syst. **6**, 107-137.

DIETRICH K., 1980 : Vorbildwahl in der Gesangsentwicklung beim Japanischen Mövchen (*Lonchura striata* var. domestica, Estrildidae). Z. Tierpsychol. **52**, 57-76.

DILGER W.C., 1962 : Behavior and genetics. In : E.L. BLISS (éd.) : Roots of Behavior. Harper & Bros., New York.

DILGER W.C. & P.A. JOHNSGARD, 1959 : Comments on « species recognition » with special reference to the Wood Duck and the Mandarin Duck. Wilson Bull. **71**, 46-53.

DITTRICH L., 1977 : Lebensraum Zoo. Tierparadies oder Gefängnis. Herder, Freiburg.

DOBKIN D.S., 1979 : Functional and evolutionary relationships of vocal copying phenomena in birds. Z. Tierpsychol. **50**, 348-363.

DOBZHANSKY T., 1937 : The genetic nature of species differences. Amer. Nat. **71**, 404-420.

DOSE K. & H. RAUCHFUSS, 1975 : Chemische Evolution und der Ursprung lebender Systeme. Wissenschaftl. Verlagsgesellsch., Stuttgart.

DREES O., 1952 : Untersuchungen über die angeborenen Verhaltensweisen bei Springspinnen (Salticidae). Z. Tierpsychol. **9**, 169-207.

DRENT R.H., 1975 : Incubation. In : FARNER D.S. & J.R. KING (éd.) : Avian Biology, Band 5. Academic Press, New York, 333-420.

DÜCKER G., HORTER M. & A. BRINKMANN, 1981 : Untersuchungen über die Dauer kontinuierlichen Eintrageverhaltens bei Mäusen. Behaviour **77**, 77-98.

DUMPERT K., 1978 : Das Sozialleben der Ameisen. Parey, Berlin, Hamburg.

DUNBAR R.I.M., 1976 : Some aspects of research design and their implications in the observational study of behaviour. Behaviour **58**, 78-98.

DUNN E.K., 1973 : Robbing behavior of Roseate Terns. Auk **90**, 641-651.

DUNN J., 1976 : How far do early differences in mother-child relations affect later development ? In : BATESON P.P.G. & R.A. HINDE (éd.) : Growing Points in Ethology. Cambridge University Press, Cambridge, 481-496.

DYSON-HUDSON R. & E.A. SMITH, 1978 : Human Territoriality : An ecological reassessment. Am. Anthropol. **80**, 21-41.

ECO M., 1972 : Einführung in die Semiotik. Fink, München.

EHRET G., 1980 : Development of sound communication in mammals. Adv. Study Beh. **11**, 179-225.

EIBL-EIBESFELDT I., 1955 : Der Kommentkampf der Meerechse (*Amblyrhynchus cristatus* Bell.) nebst einigen Notizen zur Biologie der Art. Z. Tierpsychol. **12**, 49-62.

EIBL-EIBESFELDT I., 1955 : Über Symbiosen, Parasitismus und andere besondere zwischenartliche Beziehungen tropischer Meeresfische. Z. Tierpsychol. **12**, 203-219.

EIBL-EIBESFELDT I., 1956 : Einige Bemerkungen über den Ursprung von Ausdrucksbewegungen bei Säugetieren. Z. Säugetierk. **21**, 29-43.

EIBL-EIBESFELDT I., 1957 : Die Ausdrucksformen der Säugetiere. Handbuch der Zoologie, 8. Band, 6. Lieferung, Walter de Gruyter, Berlin, New York, 1-26.

EIBL-EIBESFELDT I., 1958 : Das Verhalten der Nagetiere. Handbuch der Zoologie 8. Band, 12. Lieferung, Walter de Gruyter, Berlin, 1-88.

EIBL-EIBESFELDT I., 1963 : Angeborenes und Erworbenes im Verhalten einiger Säuger. Z. Tierpsychol. **20**, 705-754.

EIBL-EIBESFELDT I., 1975 : Stammesgeschichtliche und kulturelle Anpassungen im menschlichen Verhalten. In : KURTH G. & I. EIBL-EIBESFELDT (éd.) : Hominisation und Verhalten. Fischer, Stuttgart, 372-379.

EIBL-EIBESFELDT I., 1976 : Der vorprogrammierte Mensch. Deutscher Taschenbuch Verlag, München.

EIBL-EIBESFELDT I., 1979 a : Ritual and ritualization from a biological perspective. In : CRANACH M. v., FOPPA K., LEPENIES W. & D. PLOOG (éd.) : Human Ethology-Claims and Limits of a New Discipline. Cambridge University Press, Cambridge, 3-55.

EIBL-EIBESFELDT I., 1979 b : Human ethology : concepts and implications for the sciences of mam. Behav. & Brain Sci. **2**, 1-57.

EIBL-EIBESFELDT I. & H. SIELMANN, 1962 : Beobachtungen am Spechtfinken *Cactospiza pallida* (Slater and Salvin), J. Orn. **103**, 92-101.

EISENBERG J.F., 1966 : The social organization of mammals. Handbuch der Zoologie, 8. Band, 39. Lieferung. Walter der Gruyter, Berlin, 1-92.

EISENBERG J.F. & D.G. KLEIMAN, 1972 : Olfactory communication in mammals. Ann. Rev. Ecol. Syst. **3**, 1-32.

EISENBERG J.F. & D.G. KLEIMAN, 1977 : The usefulness of behaviour studies in developing captive breeding programmes for mammals. Int. Zoo Yearb. **17**, 81-89.

EISENBERG J.F. & P. LEYHAUSEN, 1972 : The phylogenesis of predatory behavior in mammals. Z. Tierpsychol. **30**, 59-93.

ELSNER N., 1982 : Neuroethologische Untersuchungen zur Entwicklung des Insektenverhaltens. In : IMMELMANN K., BARLOW G.W., PETRINOVICH L. & M. MAIN (éd.) : Verhaltensentwicklung bei Mensch und Tier. Das Bielefeld-Projekt. Parey, Berlin, Hamburg.

ELZEN P. VAN DEN & R. VAN DEN ELZEN, 1977 : Untersuchungen zur Chorstruktur südwestafrikanischer Anuren : Erste Ergebnisse. Bonn. zool. Beitr. **28**, 108-116.

Bibliographie

EMDE R.N. & T. GAENSBAUER, 1982 : Modelle über Gefühle beim Kind. In : IMMELMANN K., BARLOW G.W., PETRINOVICH L. & M. MAIN (éd.) : Verhaltensentwicklung bei Mensch und Tier. Das Bielefeld-Projekt. Parey, Berlin, Hamburg.

EMLEN J.M., 1973 : Ecology : An Evolutionary Approach. Addison-Wesley, Reading, Mass.

EMLEN S.T., 1967 : Migratory orientation in the Indigo Bunting, *Passerina cyanea*. Part II : Mechanisms of celestial orientation. Auk **84**, 463-489.

EMLEN S.T., 1972 a : The ontogenetic development of orientation capabilities. In : GALLER S.R., SCHMIDT-KOENIG K., JACOBS G.J. & R.E. BELLEVILLE (éd.) : Animal Orientation and Homing. U. S. Government Printing Office, Washington, 191-210.

EMLEN S.T., 1972 b : An experimental analysis of the parameters of bird song eliciting species recognition. Behaviour **41**, 130-171.

EMLEN S.T., 1976 : Lek organization and mating strategies in the Bullfrog. Behav. Ecol. Sociobiol. **1**, 283-313.

EMLEN S.T. & L.W. ORING, 1977 : Ecology, sexual selection, and the evolution of mating systems. Science **197**, 215-223.

EMLEN S.T., RISING J.D. & W.L. THOMPSON, 1975 : A behavioral and morphological study of sympatry in the Indigo and Lazuli Buntings of the Great Plains. Wilson Bull. **87**, 145-179.

ENGESSER U., 1977 : Sozialisation junger Wellensittiche (*Melopsittacus undulatus* Shaw). Z. Tierpsychol. **43**, 68-105.

EPPLE A. & M.H. STETSON, 1980 : Avian Endocrinology. Academic Press, New York.

EPPLE G., 1970 : Quantitative studies on scent marking in the marmoset (*Callithrix jacchus*). Folia primatol. **13**, 48-62.

EPPLE G., 1975 : Parental behavior in *Saguinus fuscicollis* ssp. (Callithrichidae). Folia primatol. 24.

EPPLE G., 1975 : The behavior of marmoset monkeys (Callithricidae). Primate Behavior **4**, 195-239.

EPPLE G. & R. LORENZ, 1967 : Vorkommen, Morphologie und Funktion der Sternaldrüse bei den Platyrrhini. Folia primatol. **7**, 98-126.

ESHKOL N. & A. WACHMANN, 1958 : Movement Notation. Weidenfeld und Nicholson, London.

ESTES R.D., 1969 : Territorial behavior of the Wildebeest (*Connochaetes taurinus* Burchell, 1823). Z. Tierpsychol. **26**, 284-370.

ESTES R.D., 1972 : The role of the vomeronasal organ in mammalian reproduction. Mammalia **36**, 315-341.

ESTRADA A., 1978 : Social relations in a free-ranging troop of *Macaca arctoides*. In : D.J. CHIVERS & J. HERBERT (éd.) : Recent Advances in Primatology. Vol. I : Behaviour. 55-58.

ETTLINGER G., 1961 : Lateral preferences in monkeys. Behaviour **17**, 275-287.

EVANS S.M., 1968 : Studies in Invertebrate Behaviour. Heinemann, London.

EWER R.F., 1976 : Ethologie der Säugetiere. Parey, Berlin, Hamburg.

EWERT J.P., 1976 : Neuro-Ethologie. Springer, Berlin, Heidelberg, New York.

EWERT J.P. & B. REHN, 1969 : Quantitative Analyse der Reiz-Reaktionsbeziehungen bei visuellem Auslösen des Fluchtverhaltens der Wechselkröte (*Bufo viridis* Laur) Behaviour **35**, 212-234.

EYSENCK H.J., 1979 : Genetic models, theory of personality and the unification of psychology. In : ROYCE J.R. & L.P. MOS (éd.) : Theoretical Advances in Behavior Genetics. Sijthoff & Noordhoff, Alphen, 517-540.

FABER H. V. & H. HAID, 1980 : Endokrinologie. Biochemie und Physiologie der Hormone. 3. Aufl. Ulmer, Stuttgart.

FABRICIUS E., 1964 : Crucial periods in the development of the following response in young nidifugous birds. Z. Tierpsychol. **21**, 326-337.

FAGEN R., 1981 : Animal Play Behavior. Oxford University Press, New York, Oxford.

FARNER D.S. & A. OKSCHE, 1962 : Neurosecretion in birds. Gen. Comp. Endocrinol. **2**, 113-147.

FARNER D.S. & J.C. WINGFIELD, 1978 : Environmental endocrinology and the control of annual reproductive cycles in passerine birds. In : ASSENMACHER J. & D.S. FARNER (éd.) : Environmental Endocrinology. Springer, Berlin, Heidelberg, New York, 44-51.

FEEKES F., 1977 : Colony-specific song in *Cacicus cela* (Icteridae, Aves) : the pass-word hypothesis. Ardea **65**, 197-202.

FENTRESS J.C. (éd.), 1976 : Simpler Networks and Behavior. Sinauer, Sunderland.

FENTRESS J.C., 1982 : Ordnung in der Ontogenese : Dynamik von Beziehungen. In : IMMELMANN K., BARLOW G.W., PETRINOVICH L. & M. MAIN (éd.) : Verhaltensentwicklung bei Mensch und Tier. Das Bielefeld-Projekt. Parey, Berlin, Hamburg.

FERSTER Ch. B. & B.F. SKINNER, 1957 : Schedules of Reinforcement. Appleton-Century-Crofts, New York.

FICKEN M.S., 1977 : Avian play. Auk **94**, 573-582.

FIEDLER W., 1957 : Beobachtungen zum Markierungsverhalten einiger Säugetiere. Z. Säugetierk. **22**, 57-76.

FISCHER H., 1965 : Das Triumphgeschrei der Graugans (*Anser anser*). Z. Tierpsychol. **22**, 247-304.

FISHER R.A., 1958 : The Genetical Theory of Natural Selection. Dover Publ. New York.

FLOREY E., 1970 : Lehrbuch der Tierphysiologie. Thieme, Stuttgart.

FOPPA K., 1970 : Lernen, Gedächtnis, Verhalten. 7. Aufl. Kiepenheuer & Witsch, Köln, Berlin.

FORD E.B., 1945 : Polymorphism. Biol. Rev. **20**, 73-88.

Bibliographie

FOSTER W.A., 1967 : Co-operation by male protection of ovipositing female in the diptera. Nature **214**, 1035-1036.

FOX L.R., 1975 : Cannibalism in natural populations. Ann. Rev. Ecol. Syst. **6**, 87-106.

FOX M.W., 1968 : Abnormal Behavior in Animals. Saunders, Philadelphia, London, Toronto.

FOX M.W., 1970 : A comparative study of the development of facial expressions in canids ; wolf, coyote and foxes. Behaviour **36**, 49-73.

FRÄDRICH H. & J. FRÄDRICH, 1973 : Zooführer Säugetiere. Fischer, Stuttgart.

FRAENKEL G. & D.L. GUNN, 1961 : The Orientation of Animals ; Kineses, Taxes and Compass Reactions. Dover Publications, New York.

FRANCK D., 1966 : Möglichkeiten zur vergleichenden Analyse auslösender und richtender Reize mit Hilfe des Attrappenversuchs, ein Vergleich der Successiv- und Simultanmethode. Behaviour **27**, 150-159.

FRANCK D., 1975 : Der Anteil des « Coolidge-Effektes » an der isolationsbedingten Zunahme sexueller Verhaltensweisen von *Poecilia sphenops*. Z. Tierpsychol. **38**, 472-481.

FREEDMANN D.G., KING J.A. & O. ELLIOT, 1961 : Critical period in the social development of dogs. Science **133**, 1016-1017.

FREY, H.-P., 1974 : Theorie der Sozialisation, Enke, Stuttgart.

FREY R.W. (éd.), 1975 : The Study of Trace Fossils. Springer, Berlin, Heidelberg, New York.

FRISCH K. V., 1965 : Tanzsprache und Orientierung der Bienen. Springer, Berlin und Heidelberg.

FRISCH O. V., 1962 : Zur Biologie des Zwergchamäleons. Z. Tierpsychol. **19**, 276-289.

FUCHS J.L. & G.M. BURGHARDT, 1971 : Effects of early feeding experience on the responses of garter snakes to food chemicals. Learn. Motiv. **2**, 271-279.

FÜLLER H., 1958 : Symbiose im Tierreich. Ziemsen, Wittenberg-Lutherstadt.

FULLER J.F. & W.R. THOMPSON, 1978 : Foundations of Behavior Genetics. Mosby Company, Saint Louis.

FURNESS R.W., 1978 : Kleptoparasitism by Great Skuas (*Catharacta skua* Brünn) and Arctic Skuas (*Stereorarius parasiticus* L.) at a Shetland seabird colony. Anim. Behav. **26**, 1167-1177.

GALEF B.G., 1976 : Social transmission of acquired behavior : a discussion of tradition and social learning in vertebrates. Adv. study Behav. **6**, 77-100.

GALLUP G.G. & S.D. SUAREZ, 1980 : An ethological analysis of open-field behaviour in chickens. Anim. Behav. **28**, 368-378.

GANSLOSSER U., 1980 : Schrifttumsübersicht über Daten zum Sozialverhalten bei Känguruhs (Macropodidae). Säugetierkundl. Mitt. **28**, 129-148.

GARDNER B.T. & R.A. GARDNER, 1980 : Two comparative psychologists look at language acquisition. In : NELSON K.E. (éd.) : Childrens Language. Halsted Press. New York, 331-369.

GARDNER B.T. & L. WALLACH, 1965 : Shapes of figures identified as a baby's head. Persept. Motor Skills **20**, 135-142.

GARDNER R.A. & B.T. GARDNER, 1968 : Teaching sign language to a chimpanzee. Science **165**, 664-672.

GERBER R., 1965 : Zum Forttragen noch flugunfähiger Vögel durch Altvögel. Beitr. Vogelk. **10**, 352-361.

GERSCH M., 1964 : Vergleichende Endokrinologie der wirbellosen Tiere. Akad. Verlagsges. Geest & Portig, Leipzig.

GIPPER H., 1977 : Die Sonderstellung der menschlichen Sprache gegenüber den Verständigungsmitteln der Tiere. Mitt. Berl. Ges. Anthropologie, Ethnologie, Urgeschichte **5**, 26-67.

GITTLEMANN J.L., 1981 : The phylogeny of parental care in fishes. Anim. Behav. **29**, 936-941.

GLASER E.M., 1968 : Die physiologischen Grundlagen der Gewöhnung. Thieme, Stuttgart.

GLASER R. (éd.), 1971 : The Nature of Reinforcement. Academic Press, New York, London.

GLICKMAN S.E. & R.W. SROGES, 1966 : Curiosity in zoo animals. Behaviour **26**, 151-188.

GÖRNER P., 1958 : Die optische und kinästhetische Orientierung der Trichterspinne *Agelena labyrinthica* (Cl.). Z. vergl. Physiol. **41**, 111-153.

GÖRNER P., 1973 : Beispiel einer Orientierung ohne richtende Außenreize. Fortschr. Zool. **21**, 20-45.

GOETSCH M., 1953 : Vergleichende Biologie der Insektenstaaten. Akad. Verlagsges. Geest & Portig, Leipzig.

GOLANI I., 1976 : Homeostatic motor processes in mammalian interactions : A choreography of display. In : BATESON P.P.G. & P.H. KLOPFER (éd.) : Perspectives in Ethology, Band 2, Plenum, New York, 69-134.

GOLANI I., 1982 : Auf der Suche nach Invarianten in der Motorik. In : IMMELMANN K., BARLOW G.W., PETRINOVICH L. & M. MAIN (éd.) : Verhaltensentwicklung bei Mensch und Tier. Das Bielefeld-Projekt. Parey, Berlin, Hamburg.

GOODALL J., 1979 : Life and death at Gombe. National Geographic **155**, 592-621.

GORMAN M.L. & H. MILNE, 1972 : Crèche behaviour in the Common Eider (*Somateria m. mollissima* L.). Ornis Scand. **3**, 21-25.

GORTON R.E., 1977 : Territorial interactions in sympatric Song Sparrow and Bewick's Wren populations. Auk **94**, 701-708.

GOSLIN D.A. (éd.), 1969 : Handbook of Socialization Theory and Research. Rand McNally, Chicago.

GOTTLIEB G., 1968 : Prenatal behavior of birds. Q. Rev. Biol. **43**, 148-174.

GOTTLIEB G., 1971 : Ontogenesis of sensory function in birds and mammals. In : TOBACH E., ARONSON L.R. & E. SHAW (éd.) : The Biopsycho-

Bibliographie

logy of Development. Academic Press, New York, 67-128.
GOTTLIEB G., 1971 : Development of Species Identification in Birds. University of Chicago Press, Chicago, London.
GOTTLIEB G., 1973 : Behavioral Embryology. Academic Press, New York.
GOTTLIEB G. (éd.), 1976 a : Neural and Behavioral Specificity. Academic Press, New York.
GOTTLIEB G., 1976 b : Conceptions of prenatal development : Behavioral embryology. Psychol. Rev. **83**, 215-234.
GOUDE G., 1982 : Über stammesgeschichtliche und ontogenetische Anpassung : Versuch eines psycho-biologischen Ansatzes. In : IMMELMANN K., BARLOW G.W., PETRINOVICH L. & M. MAIN (éd.) : Verhaltensentwicklung bei Mensch und Tier. Das Bielefeld-Projekt. Parey, Berlin, Hamburg.
GOULD J.L., 1976 : The dance-language controversy. Q. Rev. Biol. **51**, 211-244.
GOULD S.J., 1977 : Ontogeny and Phylogeny. Belknap Press of Harvard University Press, Cambridge, Mass.
GRAHAM D., 1972 : A behavioral analysis of the temporal organization of walking movements of the first instar and adult stick insect (*Carausius morosus*). J. comp. Physiol. **81**, 23-52.
GRAMZA A.F., 1972 : Avian vocal mimicry : The phenomenon and its analysis. Z. Tierpsychol. **30**, 259-265.
GRANT P.R., 1972 : Interspecific competition among rodents. Ann. Rev. Ecol. Syst. **3**, 79-106.
GREEN S., 1975 : Dialects in Japanese Monkeys : Vocal learning and cultural transmission of locale-specific vocal behavior ? Z. Tierpsychol. **38**, 304-314.
GREENBERG L., 1979 : Genetic component of bee odor in kin recognition. Science **206**, 1095-1097.
GREENEWALT C.H., 1968 : Bird song : Acoustics and Physiology. Smithsonian Institution Press, Washington.
GRIFFIN D.R., 1958 : Listening in the Dark. Yale University Press, New York.
GRIFFIN D.R., 1976 : The Question of Animal Awareness. Rockefeller Univ. Press, New York.
GROHMANN J., 1938 : Modifikation oder Funktionsreifung ? Ein Beitrag zur Klärung der wechselseitigen Beziehungen zwischen Instinkthandlungen und Erfahrung. Z. Tierpsychol. **2**, 132-144.
GROOS K., 1930 : Die Spiele der Tiere. Fischer, Jena.
GROSSMANN K., 1981 : Reifung und sensible Phasen. In : H. SCHIEFELE & A. KRAPP (éd.) : Handlexikon Pädagogische Psychologie. Ehrenwirth, München.
GUBERNICK D.J. & P.H. KLOPFER (éd.), 1981 : Parental Care in Mammals. Plenum, New York.
GUILMET G.M., 1977 : The evolution of tool-using and tool-making behaviour. Man **12**, 33-47.

GUTHRIE R.D., 1971 : A new theory of mammalian rump patch evolution. Behaviour **38**, 132-145.
GUTHRIE D.M., 1981 : Neuroethology : an Introduction. Blackwell, Oxford.
GWINNER E., 1966 : Über einige Bewegungsspiele des Kolkraben (*Corvus corax* L.). Z. Tierpsychol. **23**, 28-36.
GWINNER E., 1975 : Circadian and circannual rhythms in birds. In : FARNER D.S. & J.R. KING (éd.) : Avian Biology, Band V. Academic Press, New York, 221-285.

HAARTMAN L. VON, 1969 : Nest-site and evolution of polygamy in European passerine birds. Ornis Fennica **46**, 1-12.
HAASE E. & R.S. DONHAM, 1980 : Hormones and domestication. In : EPPLE A. & M.H. STETSON (éd.) : Avian Endocrinology. Academic Press, New York, 549-565.
HAECKER V., 1900 : Der Gesang der Vögel, seine anatomischen und biologischen Grundlagen. Fischer, Jena.
HAFER E.S.E. (éd.), 1975 : The Behaviour of Domestic Animals. Williams and Wilkins, Baltimore.
HAILMAN J.P., 1967 : The Ontogeny of an Instinct. Behaviour, Suppl. No. **15**, Brill, Leiden.
HAILMAN J.P., 1976 : Homology : logic, information, and efficiency. In : MASTERTON R.B. HODOS W. & H. JERISON (éd.) : Evolution, Brain and Behavior : Persistent Problems. Lawrence Erlbaum, Hillsdale N. J., 181-198.
HAILMAN J.P., 1981 : Ontogeny : toward a theoretical framework for ethology. In : BATESON P.P.G. & P.H. KLOPFER (éd.) : Perspectives in Ethology. Vol. 4, Plenum, New York.
HALL C.S., 1934 : Emotional behavior in the rat : defecation and urination as measures of individual differences in emotionality. J. comp. Psychol. **18**, 385-403.
HALL E.T., 1966 : The Hidden Dimension. Doubleday, New York.
HALL K.R.L., 1963 : Tool-using performances as indicators of behavioural adaptability. Current Anthropol. **4**, 479-494.
HAMBURGER V., 1963 : Some aspects of the embryology of behavior. Quart. Rev. Biol. **38**, 342-365.
HAMILTON W.D., 1964 : The genetical evolution of social behaviour. J. Theor. Biol. **7**, 1-52.
HAMILTON W.D., 1972 : Altruism and related phenomena, mainly in social insects. Ann. Rev. Ecol. Syst., 193-232.
HAMMERSTEIN P., 1981 : The role of asymmetries in animal contests. Anim. Behav. **29**, 193-205.
HANBY J.P., 1975 : Male-male mounting in Japanese Monkeys (*Macaca fuscata*). Anim. Behav. **22**, 836-849.
HARCUS J.L., 1977 : The functions of mimicry in the vocal behaviour of the Chorister Robin. Z Tierpsychol. **44**, 178-193.

Bibliographie

HARDYCK C. & L. PETRINOVICH, 1977 : Left-handedness. Psychol. Bull. **84**, 385-404.
HARLOW H.F., 1949 : The formation of learning sets. Psychol. Review **56**, 51-65.
HARLOW H.F., 1958 : The nature of love. Am. Psychologist **13**, 673-685.
HARLOW H.F. & M.K. HARLOW, 1962 : Social deprivation in monkeys. Sci. Amer. **207**, 136-146.
HARLOW H.F. & H.E. LAUERSDORF, 1974 : Sex differences in passion and play. Perspectives in Biology and Medicine **17**, 348-360.
HARVELL W. & R. HARRISON, 1938 : The rise and fall of behaviorism. J. Gen. Psychol. **18**, 367-471.
HARRISON C.J.O., 1965 : Allopreening as agonistic behaviour. Behaviour **24**, 161-208.
HASLER A.D., SCHOLZ A.T. & R.M. HORVALL, 1978 : Olfactory imprinting and homing in salmon. Amer. Scientist **66**, 347-355.
HASSENBERG L., 1965 : Ruhe und Schlaf bei Säugetieren. Neue Brehm-Bücherei, Band 338, Ziemsen, Wittenberg-Lutherstadt.
HASSENSTEIN B., 1972 : Bedingungen für Lernprozesse — teleonomisch gesehen. Nova acta Leopoldina, No. **206**, 289-320.
HASSENSTEIN B., 1973 : Verhaltensbiologie des Kindes. Piper, München.
HAUSFATER G., 1975 : Estrous females : Their effects on the social organization of the baboon group. In : KONDO S., KAWAI M., EHARA A. & S. KAWAMURA (éd.) : Proc. Symp. Fifth Congr. Internat. Primatol. Soc., Japan Scientific Press, Tokyo, 117-127.
HAZLETT B.A., 1975 : Ethological analysis of reproductive behaviour in marine Crustacea. Publ. Star. Zool. Napoli **39**, 667-695.
HAZLETT B.A., 1979 : Individual distance in crustacea. III. The Spider Crab *Microphrys bicornutus*. Z. Tierpsychol. **49**, 65-70.
HEBERER G. (éd.), 1967-1974 : Die Evolution der Organismen. Band. I, II und III. 3. Aufl. Fischer, Stuttgart.
HEDIGER H., 1934 : Zur Biologie und Psychologie der Flucht bei Tieren. Biol. Zbl. **54**, 21-40.
HEDIGER H., 1937 : Die Bedeutung der Flucht im Leben des Tieres und in der Beurteilung tierlichen Verhaltens im Experiment. Naturwiss. **25**, 185-188.
HEDIGER H., 1938 : Tierpsychologie und Haustierforschung. Z. Tierpsychol. **2**, 29-46.
HEDIGER H., 1941 : Biologische Gesetzmäßigkeiten im Verhalten von Wirbeltieren. Mitt. Naturf. Ges. Bern (1940).
HEDIGER H., 1942 : Wildtiere in Gefangenschaft. Ein Grundriß der Tiergartenbiologie. Benno Schwabe, Basel.
HEDIGER H., 1947 : Ist das tierliche Bewußtsein unerforschbar? Behaviour **1**, 130-137.
HEDIGER H., 1949 : Säugetierterritorien und ihre Markierung. Bijdr. Dierk. **28**, 172-184.
HEDIGER H., 1954 : Skizzen zu einer Tierpsychologie im Zoo und im Zirkus. Europa-Verlag, Stuttgart.
HEDIGER H., 1956 : Tiergartenbiologie und vergleichende Verhaltensforschung. Z. Säugetierk. **21**, 1-28.
HEDIGER H., 1959 : Wie Tiere schlafen. Med. Klinik **54**, 938-946 und 965-968.
HEDIGER H., 1963 : Tierpsychologie und Ethologie. Schweizer Archiv für Neurologie, Neurochirurgie und Psychiatrie **91**, 281-290.
HEDIGER H., 1965 : Mensch und Tier im Zoo : Tiergarten-Biologie. Albert Müller Verlag, Zürich.
HEDIGER H., 1966 : Jagdzoologie auch für Nichtjäger. 2. Aufl. Reinhardt, Basel.
HEDIGER H., 1973 : Tiere sorgen vor. Manesse Verlag, Zürich.
HEDIGER H., 1980 : Tiere verstehen. Erkenntnisse eines Tierpsychologen. Kindler, München.
HEILIGENBERG W., 1964 : Ein Versuch zur ganzheitsbezogenen Analyse des Instinktverhaltens eines Fisches (*Pelmatochromis subocellatus kribensis* Boul.). Z. Tierpsychol. **21**, 1-52.
HEINROTH K., 1978 : Oskar Heinroth, Karl von Frisch, Otto Koehler, Konrad Lorenz und Nikolaas Tinbergen. Die Vergleichende Verhaltensforschung. Die Großen der Weltgeschichte, Band XI, Kindler, Zürich, 423-445.
HEINROTH O., 1911 : Beiträge zur Biologie, namentlich Ethologie und Psychologie der Anatiden. Verh. 5. Int. Orn. Kongr., Berlin 1910, 589-702.
HEINROTH O., 1930 : Über bestimmte Bewegungsweisen der Wirbeltiere. Sitz. Ber. Ges. Naturf. Freunde Berlin, 333-342.
HEINROTH O., 1938 : Das Baden der Vögel. Orn. Monatsb. **53**, 92-94.
HEINROTH O., 1977 : Aus dem Leben der Vögel. 3. Aufl. Springer, Berlin, Heidelberg, New York.
HELVERSEN D. VON, 1981 : Structure and function of antiphonal duets. Acta XVII. Congr. Int. Ornithol., Berlin 1978, 682-688.
HENDRICHS H. & U. HENDRICHS, 1971 : Dikdik und Elefanten, Piper, München.
HENDRICHS H., 1973 : Modell und Erfahrung. Ein Beitrag zur Überwindung der Sprachbarriere zwischen Naturwissenschaft und Philosophie. Karl Alber, Freiburg, München.
HENDRICHS H., 1978 : Die soziale Organisation von Säugetierpopulationen. Säugetierkundl. Mitt. **26**, 81-116.
HENRY J.P. & P.M. STEPHENS, 1977 : Stress, Health, and the Social Environment. Springer, New York, Heidelberg, Berlin.
HERRE W. & M. RÖHRS, 1973 : Haustiere — zoologisch gesehen. Fischer, Stuttgart.
HERRE W., 1979 : Bemerkungen zur Evolution von «Sprachen» bei Säugetieren. Zeitschr. Zool. Syst. u. Evolutionsforschung **17**, 151-173.
HERRE W., 1980 : Grundlagen zoologischer Domestikationsforschung. Nova acta Leopoldina **52**, No. 241, 3-16.
HESS E.M., 1975 : Prägung. Die frühkindliche Entwicklung von Verhaltensmustern bei Tier und Mensch. Kindler, München.

Bibliographie

HESS W.R., 1954 : Das Zwischenhirn. Syndrome, Lokalisation, Funktionen. Schwabe, Basel.

HEYMER A., 1973 : Verhaltensstudien an Prachtlibellen. Fortschritte der Verhaltensforschung, Nr. 11. Parey, Berlin, Hamburg.

HILDEN O., 1965 : Habitat selection in birds. Ann. Zool. Fenn. **2**, 53-75.

HINDE R.A., 1953 : The conflict between drives in the courtship and copulation of the Chaffinch. Behaviour **5**, 1-31.

HINDE R.A., 1953 : Appetitive behaviour, consummatory act, and the hierarchical organization of behaviour — with special reference to the Great Tit (Parus major). Behaviour **5**, 189-224.

HINDE R.A., 1954 : Factors governing the changes in strength of a partially inborn response, as shown by the mobbing behaviour of the Chaffinch Fringilla coelbs. Proc. Roy. Soc. London, Series B, **142**, 306-358.

HINDE R.A., 1956 : The biological significance of the territories of birds. Ibis **98**, 340-369.

HINDE R.A., 1960 : Energy models of motivation. Symp. Soc. Exp. Biol. No. XIV. Models and Analogues in Biology, 119-213.

HINDE R.A. (éd.), 1969 : Bird Vocalizations. Cambridge University Press, Cambridge.

HINDE R.A., 1972 : Non-verbal Communication. Cambridge University Press, Cambridge.

HINDE R.A., 1974 : Biological Bases of Human Social Behaviour. McGraw-Hill, New York.

HINDE R.A., 1975 : The concept of function. In : BAERENDS G., BEER C. & A. MANNING (éd.) : Function and Evolution of Behaviour. Clarendon Press, Oxford, 3-15.

HINDE R.A., 1976 a : Interactions, relationships and social structure. Man **11**, 1-17.

HINDE R.A., 1976 b : On describing relationships. J. Child Psychol. Psychiatr. **17**, 1-19.

HINDE R.A., 1978 : Dominance and role : Two concepts with dual meanings. J. of Social & Biological Structures **1**, 27-38.

HINDE R.A., 1979 : Towards Understanding Relationships. Academic Press, London.

HINDE R.A. & J.G. SEVENSON, 1962 : Sequences of behavior. Adv. Study Beh. **2**, 267-296.

HINDE R.A. & J. STEVENSON-HINDE (éd.), 1973 : Constraints on Learning. Academic Press, London, New York.

HINDE R.A. & N. TINBERGEN, 1958 : The comparative study of species-specific behavior. In : ROE A. & G.G. SIMPSON (éd.) : Behavior and Evolution. Yale Univ. Press, New Haven, London, 251-268.

HODOS W. & C.B.G. CAMPBELL, 1969 : Why there is no theory in comparative psychology. Psychol. Rev. **76**, 337-350.

HOFFMANN K., 1969 : Die relative Wirksamkeit von Zeitgebern. Oecologia **3**, 184-206.

HOGAN-WARBURG A.J., 1966 : Social behavior of the Ruff, Philomachus pugnax (L.). Ardea **54**, 109-229.

HOGAN J.A., KRUIJT J.P. & J.H. FRIJLINK, 1975 : « Supernormality » in a learning situation. Z. Tierpsychol. **38**, 212-218.

HOKANSON J.E., 1969 : The Physiological Bases of Motivation. John Wiley & Sons, New York and London.

HÖLLDOBLER B., 1978 : Ethological aspects of chemical communication in ants. Adv. Study Behav. **8**, 75-115.

HÖLLDOBLER B.K. & E.O. WILSON, 1977 : Weaver ants. Scientific American **237**, 146-154.

HOLST D. VON, 1977 : Social stress in tree-shrews : problems, results, and goals. J. Comp. Phys. **120**, 71-86.

HOLST E. VON, 1939 : Die relative Koordination als Phänomen und als Methode zentralnervöser Funktionsanalyse. Erg. Physiol. **42**, 228-306.

HOLST E. VON & H. MITTELSTAEDT, 1950 : Das Reafferenz-Prinzip. Naturwiss. **37**, 464-476.

HOLST E. VON & U. VON ST. PAUL, 1960 : Vom Wirkungsgefüge der Triebe. Naturwiss. **18**, 409-422.

HOLZAPFEL M., 1938 : Über Bewegungsstereotypien bei gehaltenen Säugern. Z. Tierpsychol. **2**, 46-72.

HOPKINS C.D., 1980 : Evolution of electric communication channels of mormyrids. Behav. Ecol. Sociobiol. **7**, 1-13.

HORN G., 1965 : Physiological aspects of selective perception. Adv. Study Beh. **1**, 155-215.

HORN H., 1968 : The adaptive significance of colonial nesting in the Brewers Blackbird (Euphagus cyanocephalus). Ecology **49**, 682-694.

HOROWITZ M.J., 1968 : Spatial behaviour and psychopathology. J. Nerv. & Ment. Disease **146**, 24-35.

HOWARD D.F. & W.R. TSCHINKEL, 1976 : Aspects of necrophoric behaviour in the red imported Fire Ant, Solenopsis invicta. Behaviour **56**, 157-180.

HOWARD E., 1964 : Territory in Bird Life. Collins, London.

HOYLE G. (éd.), 1978 : Identified Neurons and Behavior of Arthropods. Plenum, New York.

HRDY S.B., 1976 : Care and exploitation of nonhuman primate infants by conspecifics other than the mother. Adv. Study Beh. **6**, 101-158.

HRDY S.B., 1977 : Infanticide as a primate reproductive strategy. Amer. Scientist **65**, 40-49.

HUBER F., 1955 : Sitz und Bedeutung nervöser Zentren für Instinkthandlungen beim Männchen von Gryllus campestris. Z. Tierpsychol. **12**, 12-48.

HUBER F., 1965 : Aktuelle Probleme in der Physiologie des Nervensystems der Insekten. Naturw. Rdsch. **18**, 143-156.

HUBER F., 1978 : The insect nervous system and insect behaviour. Anim. Behav. **26**, 969-981.

HÜCKSTEDT B., 1965 : Experimentelle Untersuchungen zum « Kindchenschema ». Z. exp. angew. Psychol. **12**, 421-450.

Bibliographie

HUMPHRIES D.A. & P.M. DRIVER, 1967 : Erratic displays as a device against predators. Science **156**, 1767-1768.

HUNT J. Mc. V., 1960 : Experience and the development of motivation : some reinterpretations. Child Devpt. **31**, 489-504.

HUTCHINSON J.B. (éd.), 1978 : Biological Determinants of Sexual Behaviour. John Wiley, London.

HUTCHINSON J.B. & J.C. POYNTON, 1963 : A neurological study of the clasp reflex in *Xenopus laevis* (Daudin). Behaviour **22**, 41-63.

HUTT C. & S.J. HUTT, 1970 : Stereotypies and their relation to arousal : A study of autistic children. In : HUTT S.J. & C. HUTT (éd.) : Behavior Studies in Psychiatry. Pergamon, New York.

HUXLEY J.S., 1923 : Courtship activities in the Red-throated Diver (*Colymbus stellatus* Pontopp) ; together with a discussion on the evolution of courtship in birds. J. Linn. Soc. London **25**, 253-292.

HUXLEY J., 1955 : Morphism in birds. Acta XI Congr. Int. Orn., Basel 1954, 309-328.

HUXLEY J.S., 1966 : A discussion of ritualization of behaviour in animals and man. Phil. Trans. Roy. Soc. London **251**, 247-256.

IMMELMANN K., 1959 : Gesetzmäßigkeiten im sozialen Verhalten der Wirbeltiere. Umschau **59**, 393-395.

IMMELMANN K., 1961 : Beiträge zur Biologie australischer Honigfresser (Meliphagidae) : J. Orn. **102**, 164-207.

IMMELMANN K., 1962 a : Beobachtungen über Schlafrhythmus und Schlafverhalten an drei afrikanischen Straußen. Zool. Garten **26**, 215-228.

IMMELMANN K., 1962 b : Vergleichende Beobachtungen über das Verhalten domestizierter Zebrafinken in Europa und ihrer wilden Stammform in Australien. Z. Tierzüchtung Züchtungsbiol. **77**, 198-216.

IMMELMANN K., 1962 c : Beiträge zu einer vergleichenden Biologie australischer Prachtfinken (Spermestidae) Zool. Jb. Syst. **90**, 1-196.

IMMELMANN K., 1966 : Beobachtungen an Schwalbenstaren J. Orn. **107**, 37-69.

IMMELMANN K., 1967 : Periodische Vorgänge in der Fortpfanzung tierischer Organismen. Stud. gen. **20**, 15-33.

IMMELMANN K., 1968 : Zur biologischen Bedeutung des Estrildidengesanges, J. Orn. **109**, 284-299.

IMMELMANN K., 1971 : Ecological aspects of periodic reproduction. In : FARNER D.S. & J.R. KING (éd.) : Avian Biology Band I. Academic Press, New York, 341-389.

IMMELMANN K., 1972 a : Erörterungen zur Definition und Anwendbarkeit der Begriffe « Ultimate Factor », « Proximate Factor » und « Zeitgeber ». Oecologia **9**, 259-264.

IMMELMANN K., 1972 b : Sexual and other longterm aspects of imprinting in birds and other species. Adv. Study Behav. **4**, 147-174.

IMMELMANN K., 1973 : Role of the environment in reproduction as source of « predictive » information. In : FARNER D.S. (éd.) : Breeding Biology of Birds. Nat. Acad. Sci., Washington, 121-147.

IMMELMANN K., 1975 : Ecological significance of imprinting and early learning. Ann. Rev. Ecol. Syste. **6**, 15-37.

IMMELMANN K., BARLOW G.W., PETRINOVICH L. & M. MAIN (éd.), 1982 : Verhaltensentwicklung bei Mensch und Tier. Das Bielefeld-Projekt. Parey, Berlin, Hamburg.

IMMELMANN K. & H. GEBBING, 1962 : Schlaf bei Giraffiden. Z. Tierpsychol. **19**, 84-92.

IMMELMANN K. & S.J. SUOMI, 1982 : Sensible Phasen der Verhaltensentwicklung. In : IMMELMANN K., BARLOW G.W., PETRINOVICH L. & M. MAIN (éd.) : Verhaltensentwicklung bei Mensch und Tier. Das Bielefeld-Projekt. Parey, Berlin, Hamburg.

IMPEKOVEN M., 1976 : Prenatal parent-young interactions in birds and their long-term effects. Adv. Study Beh. **7**, 201-253.

INGRAM C., 1959 : The importance of juvenile cannibalism in the breeding biology of certain birds of prey. Auk **76**, 218-226.

INGRAM J.C., 1977 : Interactions between parents and infants, and the development of independence in the Common Marmoset (*Callithrix jacchus*). Anim. Behav. **25**, 811-827.

INHELDER E., 1955 : Zur Psychology einiger Verhaltensweisen — besonders des Spiels — von Zootieren. Z. Tierpsychol. **12**, 88-144.

ITANI J., 1959 : Paternal care in the wild Japanese Monkey, *Macaca fuscata fuscata*. Primates **2**, 61-93.

JACOBS C.H., 1980 : Song development in the Village Weaverbird. Dissertation, University of California at Los Angeles.

JACOBSON M., 1972 : Insect. Sex Pheromones. Academic Press, New York.

JANDER R., 1968 : Über die Ethometrie von Schlüsselreizen, die Theorie der telotaktischen Wahlhandlung und das Potenzprinzip der terminalen Cumulation bei Arthropoden. Z. vergl. Physiol. **59**, 319-356.

JANDER R., 1970 : Ein Ansatz zur modernen Elementarbeschreibung der Orientierungshandlung. Z. Tierpsychol. **27**, 771-778.

JARMAN P.J., 1974 : The social organisation of antelope in relation to their ecology. Behaviour **48**, 215-267.

JAY P., 1965 : Field Studies. In : SCHRIER A.M., HARLOW H.F. & F. STOLLNITZ (éd.) : Behavior of Nonhuman Primates. Vol. II, Academic Press, New York, 525-591.

JAYNES J., 1969 : The historical origins of « ethology » and « comparative psychology » Anim. Behav. **17**, 601-606.

JENNI D.A., 1974 : Evolution of polyandry in birds. Amer. Zool. **14**, 129-144.

Bibliographie

JENNINGS H.S., 1906 : The Behavior of the Lower Organisms. Columbia University Press, New York.
JENNINGS H.S., 1910 : Das Verhalten der niederen Organismen unter natürlichen und experimentellen Bedingungen. Teubner, Leipzig und Berlin.
JEWELL P.A. & C. LOIZOS, 1966 : Play, Exploration and Territory in Mammals. Academic Press, London & New York.
JILKA A. & B. LEISLER, 1974 : Die Einpassung dreier Rohrsängerarten in ihre Lebensräume. J. Orn. 115, 192-212.
JOHNSON C., 1964 : The evolution of territoriality in the Odonata. Evolution 18, 89-92.

JOHNSON R.N. 1972 : Aggression in Man and Animals. Saunders, Philadelphia.
JOHNSON R.P., 1973 : Scent marking in mammals. Anim. Behav. 21, 521-535.
JOLLY A., 1972 : The Evolution of Primate Behavior. Macmillan, New York, London.

KAINZ F., 1961 : Die « Sprache » der Tiere. Tatsachen — Problemschau — Theorie. Enke, Stuttgart.
KALAS S., 1977 : Ontogenie und Funktion der Rangordnung innerhalb einer Geschwisterschar von Graugänsen (*Anser anser* L.). Z. Tierpsychol. 45, 174-198.
KANDEL E.R., 1976 : Cellular Basis of Behavior. Freeman, San Francisco.
KAPUNE Th., 1966 : Untersuchungen zur Bildung eines «Wertbegriffes» bei niederen Primaten. Z. Tierpsychol. 23, 324-363.
KARPLUS J., 1979 : The tactile communication between *Cryptocentrus steinitzi* and *Alpheus purpurilenticularis*. Z. Tierpsychol. 49, 173-196.
KAUFMAN J.C. & L.A. ROSENBLUM, 1969 : The waning of the mother-infant bond in two species of macaque. In : FOSS B.M. (éd.) : Determinants of Infant Behaviour, Vol. IV, Methuen, London, 41-59.
KAWAI M., 1958 : On the rank system in a natural group of Japanese Monkeys. Primates 1, 84-98.
KAWAI M., 1965 a : Newly acquired pre-cultural behavior of the natural troop of Japanese Monkeys on Koshima island. Primates 6, 1-30.
KAWAI M., 1965 b : On the system of social ranks in a natural troop of Japanese Monkeys I : Basic rank and dependent rank. In : ALTMANN J. (éd.) : Japanese Monkeys, Atlanta, 66-86.
KAWAI M., 1975 : Precultural behavior of the Japanese Monkey. In : KURTH F. & I. EIBL-EIBESFELDT (éd.) : Hominisation und Verhalten. Fischer, Stuttgart, 32-55.
KEENLEYSIDE M.H.A., 1955 : Some aspects of the schooling behaviour of fish. Behaviour 8, 183-249.
KEENLEYSIDE M.H.A., 1978 : Parental care behavior in fishes and birds. In : REESE E.S. & F.J. LIGHTER (éd.) : Contrasts in Behavior. John Wiley, New York, 3-29.

KELLER R. & Ch. R. SCHMIDT (éd.), 1978 : Das Buch vom Zoo. Bucher, Luzern, Frankfurt.
KENDEIGH S.C., 1952 : Parental care and its evolution in birds. Illinois Biological Monographs 22, 1-356.
KENNEDY J.S., 1954 : Is modern ethology objective? Anim. Behav. 2, 12-19.
KING J.A., 1973 : The ecology of aggressive behavior. Ann. Rev. Ecol. Syst. 4, 117-138.
KIRCHSHOFER R., 1960 : Über das «Harnspritzen» des großen Mara (*Dolichotis patagonum*). Z. Säugetierk. 25, 112-127.
KLEIMAN D., 1971 : The courtship and copulatory behaviour of the Green Accouchi. Z. Tierpsychol. 29, 259-278.
KLEIMAN D.G., 1977 : Monogamy in mammals. Q. Rev. Bio. 52, 39-69.
KLIMA E.S. & U. BELLUGI, 1972 : The signs of language in child and chimpanzee. In : ALLOWAY T., L. KRAMES & P. PLINER (éd.) : Communication and Affect. Academic Press, New York, 67-96.
KLINGEL, H., 1967 : Soziale Organisation und Verhalten freilebender Steppenzebras. Z. Tierpsychol. 24, 580-624.
KLINGEL H., 1975 : Die soziale Organisation der Equiden. Verh. Dtsch. Zool. Ges. 1975, 71-80. Fischer, Stuttgart.
KLINGHAMMER E., 1973 : The effects of handraising animals on their behavior towards conspecifics and other species. Proc. Am. Ass. Zool. Parks and Aquariums, Houston.
KLINGHAMMER E. & M.W. FOX, 1971 : Ethology and its place in animal science. J. Anim. Sci. 32, 1278-1283.
KLOFT W.J., 1978 : Ökologie der Tiere. Ulmer, Stuttgart.
KLOPFER P.H., 1968 : Ökologie und Verhalten. Gustav Fischer, Stuttgart.
KLOPFER P.H., 1974 : An Introduction to Animal Behavior —, Ethology's First Century. 2. Aufl. Prentice-Hall Inc., Englewood Cliffs, N.J.
KLOPFER P.H. & J.P. HAILMAN, 1965 : Habitat selection in birds. Adv. Study Behav. 1, 279-303.
KNAPPE H., 1964 : Zur Funktion des Jacobsonschen Organs. Zool. Garten 28, 188-194.
KOEHLER O., 1943 : Zählversuche an einem Kolkraben und Vergleichsversuche am Menschen. Z. Tierpsychol. 5, 575-712.
KOEHLER O., 1950 : Die Analyse der Taxisanteile instinktartigen Verhaltens. Symp. Soc. Exp. Biol. 4, 269-304.
KOEHLER O., 1951 a : Vögel erlernen unbenannte Anzahlen. Proc. Xth. Int. Orn. Congr., Uppsala, 1950 : 383-392.
KOEHLER O., 1951 b : Der Vogelgesang als Vorstufe von Musik und Sprache. J. Orn. 93, 3-20.
KOEHLER O., 1954 : Vorbedingungen und Vorstufen unserer Sprache bei Tieren. Verh. Dtsch. Zool. Ges. 1954, 327-341.
KOEHLER O. & A. ZAGARUS, 1937 : Beiträge zum Brutverhalten des Halsbandregenpfeifers (*Cha-*

Bibliographie

radrius h. hiaticula L.) Beitr. Fortpfl. biol. Vögel **13**, 1-9.
KÖHLER W., 1971 : Die Aufgabe der Gestaltpsychologie. Walter de Gruyter, Berlin.
KÖHLER W., 1973 : Intelligenzprüfungen an Menschenaffen. Springer, Berlin, Heidelberg, New York.
KOENIG O., 1970 : Kultur und Verhaltensforschung. Deutscher Taschenbuch-Verlag, München.
KOEPCKE H.W., 1974 : Die Lebensformen. Band 2, GOECKE & EVERS, Krefeld.
KOFORD C.B., 1963 : Rank of mothers and sons in bands of Rhesus Monkeys. Science **141**, 356-357.
KONISHI M., 1963 : The role of auditory feedback in the vocal behavior of the Domestic Fowl. Z. Tierpsychol. **20**, 349-367.
KONISHI M., 1964 : Effects of deafening on song development in two species of juncos. Condor **66**, 85-102.
KONISHI M., 1965 : The role of auditory feedback in the control of vocalization in the White-crowned Sparrow. Z. Tierpsychol. **22**, 770-783.
KONISHI M., 1966 : The attributes of instinct. Behaviour **27**, 316-328.
KONISHI M., 1978 : Ethological aspects of auditory pattern recognition. In : Handbook of Sensory Physiology, Band VIII, Springer, Berlin, Heidelberg, New York.
KONISHI M. & E.J. KNUDSEN, 1979 : The oilbird : Hearing and echolocation. Science **204**, 425-427.
KORTLANDT A., 1940 a : Wechselwirkung zwischen Instinkten. Arch. Neerl. Zool. **4**, 442-520.
KORTLANDT A., 1940 b : Eine Übersicht der angeborenen Verhaltensweisen des mitteleuropäischen Kormorans (*Phalacrocorax carbo sinensis*), ihre Funktion, ontogenetische Entwicklung und phylogenetische Herkunft. Arch. néerl. Zoöl. **4**, 401-442.
KOSKIMIES J., 1955 : Ultimate causes of cyclic fluctuations in numbers in animal populations. Papers on Game Research, Helsinki, **15**, 1-29.
KRAMER B. & R. BAUER, 1976 : Agonistic behaviour and electric signalling in a mormyrid fish, *Guathonemus petersii*. Behav. Ecol. Sociobiol. **1**, 45-61.
KRAMER P., 1970 : Das Erkundungsverhalten und seine Beeinflußbarkeit durch Vorerfahrung bei der weißen Ratte. Behaviour **37**, 170-204.
KREBS J.R., 1973 a : Behavioral aspects of predation. In : BATESON P.P.G. & P.H. KLOPFER (éd.) : Perspectives in Ethology, Plenum Press, New York, 73-111.
KREBS J.R., 1973 b : Social learning and the significance of mixed-species flocks of chickadees (*Parus ssp.*). Can. J. Zool. **51**, 1275-1288.
KREBS J.R., 1974 : Colonial nesting and social feeding as strategies for exploiting food resources in the Great Blue Heron (*Ardea herodias*). Behaviour **51**, 99-134.

KREBS J.R., 1977 : The significance of song repertoires : The Beau Geste hypothesis. Anim. Behav. **25**, 475-478.
KREBS J.R. & N.B. DAVIES (éd.), 1981 a : Öko-Ethologie. Parey, Berlin, Hamburg.
KREBS J.R. & N.B. DAVIES, 1981 b : An Introduction to Behavioural Ecology. Blackwell, Oxford.
KREBS J.R. & D.E. KROODSMA, 1980 : Repertoires and geographical variation in bird song. Adv. Study Beh. **11**, 143-177.
KREBS J.R., MACROBERTS M.H. & J.M. CULLEN, 1972 : Flocking and feeding in the Great Tit *Parus major* : an experimental study. Ibis **114**, 507-530.
KREBS J.R. & R.M. MAY, 1976 : Social insects and the evolution of altruism. Nature **260**, 9-10.
KREVELD D. VAN, 1970 : A selective review of dominance-subordination relations in animals. Genet. Psychol. Monogr. **81**, 143-173.
KROODSMA D.E., 1975 : Song patterning in the rock wren. Condor **77**, 294-303.
KROODSMA D.E., 1980 : Aspects of learning in the ontogeny of bird song : where, from whom, when, how many, which, and how accurately. In : BURGHARDT G.M. & M. BEKOFF (éd.) : The Development of Behavior : Comparative and Evolutionary Aspects. Garland STPM Press, New York, London.
KROODSMA D.E., 1982 : Die Ontogenese des Vogelgesangs. In : IMMELMANN K., BARLOW G.W., PETRINOVICH L. & M. MAIN (éd.) : Verhaltensentwicklung bei Mensch und Tier. Das Bielefeld-Projekt. Parey, Berlin, Hamburg.
KROODSMA D.E. & L.D. PARKER, 1977 : Vocal virtuosity in the Brown Thrasher. Auk **94**, 783-785.
KUENZER P., 1968 : Die Auslösung der Nachfolgereaktion bei erfahrungslosen Jungfischen von *Nannacara anomala* (Cichlidae). Z. Tierpsychol. **25**, 257-314.
KUFFLER S.W. & J.G. NICHOLLS, 1976 : From Neuron to Brain. Sinauer, Sunderland, Mass.
KÜHNELT W., 1965 : Grundriß der Ökologie. Fischer, Jena.
KUHN H., 1919 : Die Orientierung der Tiere im Raum. Fischer, Jena.
KULLMANN E., 1968 : Soziale Phänomene bei Spinnen. Insectes Sociaux **15**, 289-297.
KUMMER H., 1968 : Social Organization of Hamadryas Baboons. Kerger, Basel, New York.
KUMMER H., 1975 : Sozialverhalten der Primaten. Springer, Berlin, Heidelberg, New York.
KUNKEL P., 1962 : Zur Verbreitung des Hüpfens und Laufens unter den Sperlingsvögeln (Passeres). Z. Tierpsychol. **19**, 417-439.
KUNKEL P. & J. KUNKEL, 1964 : Beiträge zur Ethologie des Hausmeerschweinchens *Cavia aperea* f. *porcellus* (L.). Z. Tierpsychol. **21**, 602-641.

LACK D., 1940 a : Pair-formation in birds. Condor **42**, 269-286.

Bibliographie

LACK D., 1940 b : Courtship feeding in birds. Auk **57**, 169-178.
LACK D., 1947 : Darwin's Finches. Cambridge University Press, Cambridge.
LACK D., 1954 : The Natural Regulation of Animal Numbers. Oxford University Press, Oxford.
LACK D., 1966 : Population Studies of Birds. Oxford University Press, London.
LACK D., 1968 : Ecological Adaptations for Breeding in Birds. Methuen, London.
LAMPRECHT J., 1970 : Duettgesang beim Siamang *Symphalangus syndactylus* (Hominoidea, Hylobatinae) Z. Tierpsychol. **27**, 186-204.
LAMPRECHT J., 1973 : Mechanismen des Paarzusammenhalts beim Cichliden *Tilapia mariae*. Z. Tierpsychol. **32**, 10-61.
LANGE R., 1967 : Die Nahrungsverteilung unter den Arbeiterinnen des Waldameisenstaates. Z. Tierpsychol. **24**, 513-545.
LANYON W.E. & W.N. TAVOLGA (éd.), 1960 : Animal Sounds and Communication. Publ. No. 7, Am. Inst. Biol. Sci., Washington.
LARSON P.G. & M.W. LARSON, 1971 : Insektenstaaten. Aus dem Leben der Wespen, Bienen, Ameisen und Termiten. Parey, Berlin, Hamburg.
LAUDIEN H., 1977 : Physiologie des Gedächtnisses. Quelle & Meyer, Heidelberg.
LAUER J. & M. LINDAUER, 1971 : Genetisch fixierte Lerndispositionen bei der Honigbiene. Abh. Akad. Wiss. Lit. Mainz, Inf. Org. **1**, 1-87.
LAUER J. & M. LINDAUER, 1973 : Die Beteiligung von Lernprozessen bei der Orientierung. Fortschr. Zool. **21**, 349-370.
LAWICK-GOODALL J., 1970 : Tool-using in primates and other vertebrates. Adv. Study Beh. **3**, 195-249.
LAZARUS J., 1979 : Flock size and behaviour in captive Red-billed Weaverbirds (*Quelea quelea*) : Implications for social facilitation and the functions of flocking. Behaviour **71**, 127-145.
LE BOEF B.J., 1974 : Male-male competition and reproductive success in Elephant Seals. Amer. Zool. **14**, 163-176.
LEES A.D., 1966 : The control of polymorphism in aphids. Adv. Insect Physiol. **2**, 207-277.
LEHRMAN D.S., 1953 : A critique of Konrad Lorenz's theory of instinctive behavior. Quart. Rev. Biol. **28**, 337-363.
LEHRMAN D.S., 1961 : Hormonal control of parental behavior in birds and infrahuman mammals. In : YOUNG W.C. (éd.) : Sex and Internal Secretion, 3. Aufl. Williams & Wilkins, Baltimore, 1268-1382.
LEHRMAN D.S., 1970 : Semantic and conceptual issues in the nature-nurture problem. In : ARONSON L.R. (éd.) : Development and Evolution of Behavior. Freeman, San Francisco, 17-52.
LEIDERMAN P.H., TULKIN S.R. & A. ROSENFELD (éd.), 1977 : Culture and Infancy. Variations in the Human Experience. Academic Press, New York.

LEIN M.R., 1978 : Song variation in a population of Chestnut-sided Warblers (*Dendroica pensylvanica*) : Its nature and suggested significance. Can. J. Zool. **56**, 1266-1283.
LEISLER B., 1977 : Ökomorphologische Aspekte von Speziation und adaptiver Radiation bei Vögeln. Vogelwarte **29**, Sonderheft, 136-153.
LEMON R.E., 1968 : The relation between organization and function of song in Cardinals. Behaviour **32**, 158-178.
LEMON R.E., 1975 : How birds develop song dialects. Condor **77**, 385-406.
LENGERKEN H. VON, 1954 : Die Brutfürsorge- und Brutpflegeinstinkte der Käfer. 2. Aufl. Akadem. Verlagsgesellschaft Leipzig.
LENNEBERG E.H., 1973 : Biologische Grundlagen der Sprache. Suhrkamp, Frankfurt.
LENT P.C., 1965 : Rutting behaviour in a Barren-Ground Caribou population. Anim. Behav. **13**, 259-264.
LEONG C.Y., 1969 : The quantitative effect of releasers on the attack readiness of the fish *Haplochromis burtoni* (Cichlidae). Z. vergl. Physiol. **65**, 29-50.
LETHMATE J., 1977 : Instrumentelles Verhalten zoolebender Orang-Utans. Z. Morph. Anthrop. **68**, 57-87.
LEYHAUSEN P., 1965 : Über die Funktion der relativen Stimmungshierarchie, dargestellt am Beispiel der phylogenetischen und ontogenetischen Entwicklung des Beutefangs von Raubtieren. Z. Tierpsychol. **22**, 412-494.
LEYHAUSEN P., 1979 : Katzen — eine Verhaltenskunde. 5. Aufl., Parey, Berlin, Hamburg.
LIGON J.D., 1980 : Communal breeding in birds : An assessment of kinship theory. Acta XVII Int. Congr. Ornithol. Berlin 1978, 857-861.
LILL A., 1976 : Lek behavior in the Golden-headed Manakin, *Pipra erythrocephala* in Trinidad (West Indies). Fortschr. Z. Verhaltensforschung 18, Parey, Berlin, Hamburg.
LIND H., 1959 : The activation of an instinct caused by a «transitional action». Behaviour **14**, 123-135.
LINDAUER M., 1952 : Ein Beitrag zur Frage der Arbeitsteilung im Bienenstaat. Z. vergl. Physiol. **34**, 299-345.
LINDAUER M., 1964 : Orientierung im Raum. Fortschr. Zool. **16**, 58-140.
LINDAUER M., 1975 : Verständigung im Bienenstaat. Fischer, Stuttgart.
LINDZEY G., 1967 : Some remarks concerning incest, the incest taboo, and psychoanalytic theory. Amer. Psychologist **22**, 1051-1059.
LINDZEY G., LOEHLIN J., MANOSEVITZ M. & D. THIESSEN, 1971 : Behavioral genetics. Ann. Rev. Psychol. **22**, 39-94.
LINSENMAIR K.E., 1972 : Die Bedeutung familienspezifischer «Abzeichen» für den Familienzusammenhalt bei der sozialen Wüstenassel *Hemilepistus reaumuri* Audouin u. Savigny (Crusta-

Bibliographie

cea, Isopoda, Oniscoidea). Z. Tierpsychol. **31**, 131-162.
LINSENMAIR K.E., 1979 : Untersuchungen zur Soziobiologie der Wüstenassel *Hemilepistus reaumuri* und verwandter Isopodenarten (Isopoda, Oniscoidea) : Paarbindung und Evolution der Isogamie. Verh. Dtsch. Zool. Ges. 1979, 60-72.
LINSENMAIR K.E. & C. LINSENMAIR, 1971 : Paarbildung und Paarzusammenhalt bei der monogamen Wüstenassel *Hemilepistus reaumuri* (Crustacea, Isopoda, Oniscoidea). Z. Tierpsychol. **29**, 134-155.
LISSMANN H.W., 1958 : On the function and evolution of electric organs in fish. J. exp. Biol. **35**, 156-191.
LISTER M.D., 1953 : Secondary song : a tentative classification. Brit. Birds **46**, 139-143.
LOCKARD R.B., 1971 : Reflections on the fall of comparative psychology : Is there a message for us all ? Amer. Psychologist **26**, 168-179.
LOEB J., 1913 : Die Tropismen. In : WINTERSTEIN H. (éd.) : Handbuch der vergleichenden Physiologie, Band 4, Fischer, Jena, 451-511.
LÖHRL H., 1955 : Schlafgewohnheiten der Baumläufer (*Certhia brachydactyla, C. familiaris*) und anderer Kleinvögel in kalten Winternächten. Vogelwarte **18**, 71-77.
LÖHRL H., 1968 : Das Nesthäkchen als biologisches Problems. J. Orn. **109**, 383-395.
LOISELLE P.U. & G.W. BARLOW, 1978 : Do fishes lek like birds ? In : REESE E.S. & F.J. LIGHTER (éd.) : Contrasts in Behavior. John Wiley, New York, 31-75.
LORENZ K., 1931 : Beiträge zur Ethologie sozialer Corviden. J. Orn. **79**, 67-127.
LORENZ K., 1932 : Betrachtungen über das Erkennen der arteigenen Triebhandlungen der Vögel, J. Orn. **80**, 50-98.
LORENZ K., 1935 : Der Kumpan in der Umwelt des Vogels. J. Orn. **83**, 137-213 und 289-413.
LORENZ J., 1937 a : Über den Begriff der Instinkthandlung. Folia biotheor. **2**, 17-50.
LORENZ K., 1937 b : Über die Bildung des Instinktbegriffs. Naturwiss. **25**, 289-300, 307-318 und 324-331.
LORENZ K., 1940 : Durch Domestikation verursachte Störungen arteigenen Verhaltens. Z. angew. Psychol. Charakterk. **59**, 2-81.
LORENZ K., 1941 : Vergleichende Bewegungsstudien an Anatinen. J. Orn. **89**, Ergänzungsband, 194-293.
LORENZ K., 1943 : Die angeborenen Formen möglicher Erfahrung. Z. Tierpsychol. **5**, 235-409.
LORENZ K., 1950 : The comparative method in studying innate behaviour patterns. Symp. Soc. Exp. Biol. **IV**, 221-268.
LORENZ K., 1951 a : Über die Entstehung auslösender « Zeremonien ». Vogelwarte **16**, 9-13.
LORENZ K., 1951 b : Ausdrucksbewegungen höherer Tiere. Naturwiss. **38**, 113-116.
LORENZ K., 1954 : Psychologie und Stammesgeschichte. In : HEBERER G. (éd.) : Psychologie und Stammesgeschichte. 2. Aufl. Jena.
LORENZ K., 1957 : Über das Töten von Artgenossen. In : DENNERT E. (éd.) : Die Natur, das Wunder Gottes. 6. Aufl., Athenäum, Bonn, 262-281.
LORENZ K., 1959 : Gestaltwahrnehmung als Quelle wissenschaftlicher Erkenntnis. Z. exp. angew. Psychologie **4**, 118-165.
LORENZ K., 1961 : Phylogenetische Anpassung und adaptative Modifikation des Verhaltens. Z. Tierpsychol. **18**, 139-187.
LORENZ K., 1963 : Das sogenanne Böse. Borotha-Schoeler, Wien.
LORENZ K., 1965 : The triumph ceremony of the greylag goose, *Anser anser* L. Phil. Trans. Roy. Soc. Lond. **251**, 477-478.
LORENZ K., 1966 : Stammes- und kulturgeschichtliche Ritenbildung. Naturwiss. Rdsch. **19**, 361-370.
LORENZ K., 1974 : Analogy as a source of knowledge. Science **185**, 229-234.
LORENZ K., 1978 : Vergleichende Verhaltensforschung. Grundlagen der Ethologie. Springer, Wien, New York.
LORENZ K., 1979 : Das Jahr der Graugans. Piper, München.
LORENZ K. & N. TINBERGEN, 1938 : Taxis und Instinkthandlung in der Eirollbewegung der Graugans. Z. Tierpsychol. **2**, 1-29.
LUCE R.D. & H. RAIFFA, 1957 : Games and Decisions Wiley, New York.
LUDWIG W., 1932 : Das Rechts-Links-Problem im Tierreich und beim Menschen. Springer, Berlin.
MAC ARTHUR R.H., 1972 : Geographical Ecology. Harper and Row, New York.
MAC ARTHUR R.H. & J.H. CONNELL, 1966 : The Biology of Populations. John Wiley, New York.
MAC ROBERTS M.H. & B.R. MAC ROBERTS, 1980 : Animal communication theory : Mentalism versus naturalism. Bird Behaviour **2**, 57-86.
MAKATSCH W., 1955 : Der Brutparasitismus in der Vogelwelt. Neumann, Radebeul, Berlin.
MACKENZIE B.D., 1977 : Behaviorism and the Limits of Scientific Method. Routledge and Kegan Paul, London.
MACKINTOSH N.J., 1974 : The Psychology of Animal Learning. Academic Press, London, New York.
MANNING A., 1966 : Sexual Behaviour. Symp. Roy. ent. Soc. Lond. **3**, 59-68.
MANNING A., 1976 : The place of genetics in the study of behaviour. In : BATESON P.P.G. & R.A. HINDE (éd.) : Growing Points in Ethology. Cambridge University Press, Cambridge, 327-343.
MARKL H., 1971 : Vom Eigennutz des Uneigennützigen. Naturwiss. Rdsch. **24**, 281-289.
MARKL H., 1972 : Neue Entwicklungen in der Bioakustik der wirbellosen Tiere. J. Orn. **113**, 91-104.
MARKL H., 1976 : Aggression und Altruismus. Universitätsverlag Konstanz.

Bibliographie

MARLER P., 1956 : Über die Eigenschaften einiger tierlicher Rufe. J. Orn. **97**, 220-227.
MARLER P., 1961 : The filtering of external stimuli during instinctive behaviour. In : THORPE W.H. & O.L. ZANGWILL (éd.) : Current Problems in Animal Behaviour. Cambridge University Press, Cambridge.
MARLER P., 1963 : Inheritance and learning in the development of animal vocalizations. In : BUSNEL R.-G. (éd.) : Acoustic Behaviour of Animals. Elsevier, Amsterdam, 228-243.
MARLER P., 1975 : On strategies of behavioural development. In : BAERENDS G., C. BEER & A. MANNING (éd.) : Function and Evolution of Behaviour. Clarendon Press, Oxford, 254-275.
MARLER P., 1976 : Sensory templates in specific behaviour. In : FENTRESS J. (éd.) : Simpler Networks and Behavior. Sinauer, Sunderland, Mass.
MARLER P., 1979 : Development of auditory perception in relation to vocal behavior. In : CRANACH M. VON FOPPA K., LEPENIES W. & D. PLOOG (éd.) : Human Ethology — Claims and Limits of a New Discipline. Cambridge University Press, Cambridge.
MARTEN K. & P. MARLER, 1977 : Sound transmission and its significance for animal vocalization. Behav. Ecol. Sociobiol. **2**, 271-290 et 291-302.
MARTIN D.J., 1973 : A spectrographic analysis of Burrowing Owl vocalizations. Auk **90**, 564-578.
MASCHWITZ U., 1964 : Gefahrenalarmstoffe und Gefahrenalarmierung bei sozialen Hymenopteren. Z. vergl. Physiol. **47**, 596-655.
MASON W.A., 1978 : Social experience and primate cognitive development. In : BURGHARDT G.M. & M. BEKOFF (éd.) : The Development of Behavior : Comparative and Evolutionary Aspects. Garland STPM Press, New York, London, 233-251.
MASON W., 1979 : Social ontogeny. In : VANDENBERG J.G. & P. MARLER (éd.) : Social Behavior and Communication. Plenum, New York, 1-28.
MASON W.A. & D.F. LOTT, 1976 : Ethology and comparative psychology. Ann. Rev. Psychol. **27**, 129-154.
MATTHES D., 1978 : Tiersymbiosen und ähnliche Formen der Vergesellschaftung. Fischer, Stuttgart, New York.
MAUERSBERGER G., 1978 : Über das ökologische Wirkungsgefüge der Art und die Begriffe Nische und Ökon. Mitt. Zool. Mus. Berlin **54**, Suppl. 57-104.
MAY R.M., 1979 : When to be incestuous. Nature **279**, 192-194.
MAYNARD SMITH J., 1974 : The theory of games and the evolution of animal conflicts. J. theor. Biol. **47**, 209-211.
MAYNARD SMITH J., 1977 : Parental investment : A prospective analysis. Anim. Behav. **25**, 1-9.
MAYNARD SMITH J., 1979 : Game-theory and the evolution of behaviour. Proc. R. Soc. Lond. B, **205**, 475-488.

MAYNARD SMITH J. & G.A. PARKER, 1976 : The logic of asymmetric contests. Anim. Behav. **24**, 159-175.
MAYNARD SMITH J. & G.R. PRICE, 1973 : The logic of animal conflict. Nature **246**, 15-18.
MAYR E., 1958 : Behavior and systematics. In : ROE A. & G.G. SIMPSON (éd.) : Behavior and Evolution. Yale Univ. Press, New Haven, London, 341-362.
MAYR E., 1961 : Cause and effect in biology. Science **134**, 1501-1506.
MAYR E., 1967 : Artbegriff und Evolution. Parey, Berlin, Hamburg.
MAYR E., 1972 : Sexual selection and natural selection. In : CAMPBELL B. (éd.) : Sexual Selection and the Descent of Man, 1871-1971. Aldine, Chicago, 87-104.
MAYR E., 1974 a : Teleological and teleonomic, a new analysis. Boston Studies in the Philosophy of Science XIV, 91-117.
MAYR E., 1974 b : Behavior programs and evolutionary strategies. Amer. Scientist **62**, 650-659.
MAYR E., 1975 : Grundlagen der zoologischen Systematik. Parey, Berlin, Hamburg.
MC BRIDE G., 1976 : The study of social organizations. Behaviour **59**, 96-115.
MC BRIDE G., PARER I.P. & F. FOENANDER, 1959 : The social organisation and behaviour of the feral domestic fowl. Anim. Beh. Monogr. **2**, 127-181.
MC FARLAND D.J., 1966 : On the causal and functional significance of displacement activities. Z. Tierpsychol. **23**, 217-235.
MC KINNEY F., 1965 : The comfort movements of Anatidae. Behaviour **25**, 120-211.
MC NEIL R., RODRIGUEZ S.J.R. & D.M.B. FIGUERA, 1971 : Handedness in the Brown-throated Parakeet (*Aratinga pertinax*) in relation with skeletal asymmetry. Ibis **113**, 494-499.
MEARS C.E. & H.F. HARLOW, 1975 : Play : Early and eternal. Proc. Nat. Acad. Sci. **72**, 1878-1882.
MEISENHEIMER J., 1921 : Geschlecht und Geschlechter im Tierreich. I Die natürlichen Beziehungen. Gustav Fischer, Jena.
MEISSNER K., 1976 : Homologieforschung in der Ethologie. Fischer, Jena.
MERKEL F.W., 1980 : Orientierung im Tierreich. Fischer, Stuttgart, New York.
MERZ F., 1979 : Geschlechterunterschiede und ihre Entwicklung. Lehrbuch der differentiellen Psychologie, Band 3. Verlag für Psychologie, Dr. C.J. Hogrefe, Göttingen, Toronto, Zürich.
MEYER-HOLZAPFEL M., 1956 : Das Spiel bei Säugetieren. Handbuch der Zoologie. 8. Band, 10. Lieferung, 1-36. Walter de Gruyter, Berlin, New York.
MILINSKI M., 1977 ; Do all members of a swarm suffer the same predation ? Z. Tierpsychol. **45**, 373-398.
MILLER D.B., 1977 a : Roles of naturalistic observation in comparative psychology. Amer. Psychologist **32**, 211-219.

Bibliographie

MILLER D.B., 1977 b : Social displays of mallard ducks (*Anas platyrhynchos*). Effects of domestication. J. Comp. Physiol. Psychol. **91**, 221-232.

MILLER R.J., 1978 : Agonistic behavior in fishes and terrestrial vertebrates. In : REESE E.S. & F.J. LIGHTER (éd.) : Contrasts in Behavior. John Wiley, New York, 281-311.

MILLER D.B., 1982 : Strategien in der Verhaltensentwicklung : Normale Entwicklung und Plastizität. In : IMMELMANN K., BARLOW G.W., PETRINOVICH L. — M. MAIN (éd.) : Verhaltensentwicklung bei Mensch und Tier. Das Bielefeld-Projekt. Parey, Berlin, Hamburg.

MILLS J.A. 1973 : The influence of age and pairbond on the breeding biology of the Red-billed Gull. J. anim. Ecol. **42**, 147-162.

MITANI J.C. & P.S. RODMAN, 1979 : Territoriality : The relation of ranging pattern and home range size to defendability, with an analysis of territoriality among primate species. Behav. Ecol. Sociobiol. **5**, 241-251.

MITTELSTAEDT H., 1971 : Reafferenzprinzip — Apologie und Kritik. In : KEIDEL W.P. & K.H. PLATTIG (éd.) : Vorträge Erlanger Physiologentagung 1970. Springer, Berlin, Heidelberg, New York.

MOLLER P. & R. BAUER, 1973 : «Communication» in weakly electric fish, *Gnathonemus petersii* (Mormyridae). II. Interaction of electric organ discharge activities of two fish. Anim. Behav. **21**, 501-512.

MORENO J.L., 1954 : Die Grundlagen der Soziometrie. Westdeutscher Verlag, Wiesbaden.

MORRIS D., 1952 : Homosexuality in the Ten-spined Stickleback (*Pygosteus pungitius* L.). Behaviour **4**, 233-261.

MORRIS D., 1956 : The feather postures of birds and the problem of the origin of social signals. Behaviour **9**, 75-113.

MORRIS D., 1957 : «Typical intensity» and its relation to the problem of ritualization. Behaviour **11**, 1-12.

MORRIS D., 1970 : The function and causation of courtship ceremonies. In : MORRIS D. (éd.) : Patterns of Reproductive Behaviour, MacGraw-Hill, New York, 128-152.

MORSE D.H., 1970 : Ecological aspects of some mixed-species foraging flocks of birds. Ecol. Monogr. **40**, 119-168.

MORTON E.S., 1975 : Ecological sources of selection on avian sounds. Amer. Nat. **109**, 17-34.

MOYNIHAN M., 1962 : The organization and probable evolution of some mixed species flocks of neotropical birds. Smithsonian Misc. Coll. **143**, No. 7.

MUELLER H.C., 1972 : Sunbathing in birds. Z. Tierpsychol. **30**, 253-258.

MÜLLER P., 1980 : Biogeographie, Ulmer, Stuttgart.

MUGFORD R.A. & N.W. NOWELL, 1972 : Paternal stimulation during infancy: Effects upon aggression and open-field performance of mice. J. Comp. Physiol. Psychol. **79**, 30-36.

MUNGER J.C. & J.H. BROWN, 1981 : Competition in desert rodents : an experiment with semipermeable exclosures. Science **211**, 510-512.

MUNN N.L., 1950 : Handbook of Psychological Research on the Rat. Houghton-Mifflin, Chicago.

MURRAY B.G., 1971 : The ecological consequences of interspecific territorial behavior in birds. Ecology **52**, 414-423.

MYRBERG A.A., 1980 : Fish bio-acoustic : its relevance to the «not so silent world», Env. Biol. Fish **5**, 297-304.

MYRBERG A.A., KRAMER, E. & P. HEINECKE, 1965 : Sound production by chichlid fishes. Science **149**, 555-558.

NACHTSHEIM H. & H. STENGEL, 1977 : Vom Wildtier zum Haustier. 3. Aufl., Parey, Berlin, Hamburg.

NARAYANAN C.H., FOX M.W. & V. HAMBURGER, 1971 : Prenatal development of spontaneous and evoked activity in the rat (*Rattus norvegicus albinus*). Behaviour **40**, 100-134.

NARINS P.M. & R.R. CAPRANICA, 1978 : Communicative significance of the two-note call of the treefrog *Eleutherodactylus coqui*. J. Comp. Physiol. **127**, 1-9.

NEISSER U., 1967 : Cognitive Psychology. Freeman, San Francisco.

NEUMANN J. von & O. MORGENSTERN, 1944 : Theory of Games and Economic Behavior. Princeton University Press, Princeton.

NEUMANN F. & H. STEINBECK, 1971 a : Antiandrogene. Tierexperimentelle Grundlagen und klinische Anwendungsmöglichkeiten. Internist **12**, 198-205.

NEUMANN F. & H. STEINBECK, 1971 b : Hormonale Beeinflussung des Verhaltens. Klin. Wochenschr. **49**, 790-806.

NEUWEILER G., 1978 : Die Echoortung der Fledermäuse. Rhein.-Westf. Akad. Wiss., N.272, Westdeutscher Verlag, Düsseldorf.

NICE M.M., 1962 : Development of behavior in precocial birds. Trans. Linn. Soc. N. Y. **8**, 1-211.

NICOLAI J., 1956 : Zur Biologie und Ethologie des Gimpels (*Pyrrhula pyrrhula* L.). Z. Tierpsychol. **13**, 93-132.

NICOLAI J., 1959 a : Familientradition in der Gesangsentwicklung des Gimpels (*Pyrrhula pyrrhula* L.). J. Orn. **100**, 39-46.

NICOLAI J., 1959 b : Verhaltensstudien an einigen afrikanischen und paläarktischen Girlitzen. Zool. Jb. Syt. **87**, 317-362.

NICOLAI J., 1964 : Der Brutparasitismus der Viduinae als ethologisches Problem. Z. Tierpsychol. **21**, 129-204.

NICOLAI J., 1976 : Evolutive Neuerungen in der Balz von Haustaubenrassen (*Columba livia* var. *domestica*) als Ergebnis menschlicher Zuchtwahl. Z. Tierpsychol. **40**, 225-243.

NIETHAMMER J., 1979 : Säugetiere. Biologie und Ökologie. Ulmer, Stuttgart.

Bibliographie

NIXON H.L. & C.R. RIBBAUDS, 1952 : Food transmission in the honeybee community. Proc. Roy. Soc. B **140**, 43-50.
NORMAN D.O., 1977 : A role for plumage color in Mute Swan (*Cygnys olor*) parent-offspring interactions. Behaviour **62**, 314-321.
NOTTEBOHM F., 1970 : Ontogeny of bird song. Science **167**, 950-956.
NOTTEBOHM F., 1972 : The origins of vocal learning. Amer. Nat. **106**, 116-140.
NOTTEBOHM F., 1975 : Continental patterns of song variability in *Zonotrichia capensis*. Some possible ecological correlates. Amer. Natur. **109**, 605-624.
NOTTEBOHM F. & A.P. ARNOLD, 1976 : Sexual dimorphism in vocal control areas of the songbird brain. Science **194**, 211-213.
NOTTEBOHM F. & R.K. SELANDER, 1972 : Vocal dialects and gene frequencies in the Chingolo Sparrow (*Zonotrichia capensis*). Condor **74**, 137-143.

O'CONNOR R.J., 1978 : Brood reduction in birds : selection for fratricide, infanticide and suicide? Anim. Behav. **26**, 79-96.
OEHLERT B., 1958 : Kampf und Paarbildung einiger Cichliden. Z. Tierpsychol. **15**, 141-174.
OPPENHEIM R.W., 1973 : Prehatching and hatching behavior : a comparative and physiological consideration. Behav. Embryology **1**, 163-244.
OPPENHEIM R.W., 1974 : The ontogeny of behavior in the chick embryo. Adv. Study Behav. **5**, 133-172.
OPPENHEIM R.W., 1975 : Progress and challenges in neuroembryology. BioScience **25**, 28-36.
OPPENHEIM R.W., 1982 a : Präformation und Epigenese in der Entwicklung des Nervensystems und des Verhaltens. In : IMMELMANN K., BARLOW G.W., PETRINOVICH L. & M. MAIN (éd.) : Verhaltensentwicklung bei Mensch und Tier. Das Bielefeld-Projekt. Parey, Berlin, Hamburg.
OPPENHEIM R.W., 1982 b : Die Neuroembryologie des Verhaltens : Fortschritte, Probleme und Perspektiven. In : IMMELMANN K., BARLOW G.W., PETRINOVICH L. & M. MAIN (éd.) : Verhaltensentwicklung bei Mensch und Tier. Das Bielefeld-Projekt. Parey, Berlin, Hamburg.
OPPENHEIMER J.R., 1970 : Mouthbreeding in fishes. Anim. Behav. **18**, 493-503.
ORIANS G.H., 1969 : On the evolution of mating systems in birds and mammals. Amer. Nat. **103**, 589-603.
ORIANS G.H. & M.F. WILLSON, 1964 : Interspecific territories of birds. Ecology **45**, 736-745.
OSCHE G., 1972 : Evolution. Grundlagen-Erkenntnisse. Entwicklungen der Abstammungslehre. Herder, Freiburg, Basel, Wien.
OSCHE G., 1973 a : Biologische und kulturelle Evolution — die zweifache Gesellschaft des Menschen und seine Sonderstellung. Verh. Ges. Dtsch. Naturf. und Ärzte, München 1972, 62-73.

OSCHE G., 1973 b : Ökologie. Grundlagen-Erkenntnisse, Entwicklungen der Umweltforschung. Herder, Freiburg, Basel, Wien.
OSTER G.F. & E.O. WILSON, 1978 : Caste and Ecology in the Social Insects. Princeton University Press, Princeton.
OTTE D., 1972 : Simple versus elaborate behavior in grasshoppers : an analysis of communication in the genus *Serbula*. Behaviour **42**, 291-322.
OTTE D., 1974 : Effects and functions on the evolution of signaling systems. Ann. Rev. Ecol. Syst. **5**, 385-417.
OWENS N.W., 1976 : The development of sociosexual behavior in free-living baboons, *Papio anubis*. Behavior **57**, 241-259.
OWINGS D.H. & R.G. COSS, 1977 : Snake mobbing by California Ground Squirrels : adaptive variation and ontogeny. Behaviour **62**, 50-69.
OYAMA S., 1979 : The concept of the sensitive period in developmental studies. Merill-Palmer Quarterly **25**, 83-104.

PAPOUŠEK H. & M. PAPOUŠEK, 1977 : Die Entwicklung kognitiver Funktionen im Säuglingsalter. Der Kinderarzt **8**, 1071-1089.
PARKE R.D. & S.J. SUOMI, 1982 : Die Beziehung zwischen männlichen Erwachsenen und Kindern : Beobachtungen an menschlichen und nichtmenschlichen Primaten. In : IMMELMANN K., BARLOW G.W., PETRINOVICH L. & M. MAIN (éd.) : Verhaltensentwicklung bei Mensch und Tier. Das Bielefeld-Projekt. Parey, Berlin, Hamburg.
PARKER G.A., 1970 : Sperm competition and its evolutionary consequences in the insects. Biol. Rev. **45**, 528-568.
PARKER G.A., 1974 : Courtship persistence and female guarding as male time investment strategies. Behaviour **48**, 157-184.
PARKES C.M. & J. STEVENSON-HINDE (éd.), 1981 : The Place of Attachment in Human Behaviour. Festschrift for John Bowlby. Tavistock, London.
PAWLOW J.P., 1972 : Die bedingten Reflexe. Kinkler, München.
PENZLIN H., 1977 : Lehrbuch der Tierphysiologie. 2. Aufl., Fischer, Stuttgart, New York.
PERRIL S.A., GERHARDT H.C. & R. DANIEL, 1978 : Sexual parasitism in the Green Tree Frog (*Hyla cinera*) Science **200**, 1179-1180.
PERRONE M. & Th. M. ZARET, 1979 : Parental care patterns of fishes. Amer. Nat. **113**, 351-361.
PETERS H.M., 1948 : Grundfragen der Tierpsychologie : Ordnungs- und Gestaltprobleme. Enke, Stuttgart.
PFAFF D.W., 1980 : Estrogens and Brain Function. Neural Analysis of a Hormone-Controlled Mammalian Reproductive Behavior. Springer, New York, Heidelberg, Berlin.
PIAGET J. & B. INHELDER, 1974 : Gedächtnis und Intelligenz, Walter, Olten, Freiburg.
PIANKA E.R., 1970 : On r- and K-selection. Amer. Nat. **104**, 592-597.

Bibliographie

PIMENTEL D., SMITH G.J.C. & J. SOANS, 1967 : A population model of sympatric speciation. Amer. Nat. **101**, 493-504.

PITTENDRIGH C.S., 1958 : Adaptation, natural selection and behavior. In : ROE A. & G.G. SIMPSON (éd.) : Behavior and Evolution. Yale University Press. New Haven, 390-416.

PLOMIN R., 1982 : Ethologische Verhaltensgenetik und Entwicklung. In : IMMELMANN K., BARLOW G.W., PETRINOVICH L. & M. MAIN (éd.) : Verhaltensentwicklung bei Mensch und Tier. Das Bielefeld-Projekt. Parey, Berlin, Hamburg.

PLOOG D., 1974 : Die Sprache der Affen. Kindler, München.

PLOOG D., KUPFER K., JÜRGENS U. & D. NEWMAN, 1975 : Neuroethologic studies of vocalization in Squirrel Monkeys with special reference to genetic differences of calling in two subspecies. In : BRAZIER M.A.B. (éd.) : Growth and Development of the Brain. Raven Press, New York.

PODUSCHKA W. & W. FIRBAS, 1968 : Das Selbstbespeicheln des Igels, *Erinaceus europaeus* Linné, 1758, steht in Beziehung zur Funktion des Jacobsonschen Organs. Z. Säugetierk. **33**, 160-172.

POIRIER F.E. (éd.), 1972 : Primate Socialization. Random House, New York.

PRECHTL H.F.R., 1953 a : Zur Physiologie der angeborenen auslösenden Mechanismen. Behaviour **5**, 32-50.

PRECHTL H.F.R., 1953 b : Stammesgeschichtliche Reste im Verhalten des Säuglings. Umschau **53**, 656-658.

PRECHTL H.F.R., 1956 : Neurophysiologische Mechanismen des formstarren Verhaltens. Behaviour **9**, 243-319.

PRÖVE E., 1978 : Quantitative Untersuchungen zu Wechselbeziehungen zwischen Balzaktivität und Testosterontitern bei männlichen Zebrafinken (*Taeniopygia guttata castanotis* Gould). Z. Tierpsychol. **48**, 47-67.

PULLIAM H.R. & C. DUNFORD, 1980 : Programmed to Learn. An Essay on the Evolution of Culture. Columbia University Press, New York.

PUSEY A.E., 1980 : Inbreeding avoidance in Chimpanzees. Anim. Behav. **28**, 543-553.

QUERENGÄSSER A., 1973 : Über das Einemsen von Singvögeln und die Reifung dieses Verhaltens. J. Orn. **114**, 96-117.

RACHMAN S., 1972 : Verhaltenstherapie bei Phobien. Urban & Schwarzenberg, München, Berlin, Wien.

RAHMAN H., 1976 : Neurobiologie. Ulmer, Stuttgart.

RADAKOV D.V., 1973 : Schooling in the Ecology of Fish. Wiley & Sons, New York.

RADESÄTER T., 1974 : On the ontogeny of orienting movements in the triumph ceremony in two species of geese (*Anser anser* L. und *Branta canadensis* L.). Behaviour **50**, 1-15.

RALLS K., 1971 : Mammalian scent marking. Science **171**, 443-449.

RASA O.A.E., 1971 : Appetence for aggression in juvenile Damselfish. Z. Tierpsychol., Beiheft 7, Paul Parey, Berlin und Hamburg.

RASA O.A.E., 1973 a : Marking behaviour and its social significance in the African Dwarf Mongoose, *Helogale undulata rufula*. Z. Tierpsychol. **32**, 293-318.

RASZ O.A.E., 1973 b : Prey capture, feeding techniques, and their ontogeny in the African Dwarf Mongoose, *Helogale undulata rufula*. Z. Tierpsychol. **32**, 449-488.

RASA O.A.E., 1977 : The ethology and sociology of the Dwarf Mongoose (Heologale undulata rufula). Z. Tierpsychol. **43**, 337-406.

RECHTEN C., 1978 : Interspecific mimicry in bird song : Does the Beau Geste hypothesis apply ? Anim. Behav. **26**, 305-306.

RECHTEN C., 1980 : Brood relief behaviour of the cichlid fish *Etroplus maculatus*. Z. Tierpsychol. **52**, 77-102.

REESE E.S., 1962 : Submissive posture as an adaptation to aggressive behavior in hermit crabs. Z. Tierpsychol. **19**, 645-651.

REITER J., STINSON N.L. & B.J. LE BŒUF, 1978 : Northern Elephant Seal development : The transition from weaning to nutritional independence. Behav. Ecol. Sociobiol. **3**, 337-367.

REMANE A., 1971 : Die Grundlagen des Natürlichen Systems, der vergleichenden Anatomie und der Phylogenetik. Koeltz, Königstein.

REMANE A., 1976 : Sozialleben der Tiere. 3. Aufl. Fischer, Stuttgart.

REMANE A., STORCK V. & U. WELSCH, 1976 : Systematische Zoologie. Stämme des Tierreichs. Fischer, Stuttgart.

REMMERT H., 1980 : Ökologie. 2. Aufl. Springer, Berlin, Heidelberg, New York.

RENSCH B., 1954 : Neuere Probleme der Abbstammungslehre. Enke, Stuttgart.

RENSCH B., 1973 : Gedächtnis, Begriffsbildung und Planhandlungen bei Tieren. Parey, Berlin, Hamburg.

RENSING L., 1973 : Biologische Rhythmen und Regulation. Fischer, Stuttgart.

REYER H.U., 1975 : Ursachen und Konsequenzen von Aggressivität bei *Etroplus maculatus* (Cichlidae, Pisces). Ein Beitrag zum Triebproblem. Z. Tierpsychol. **39**, 415-454.

REYER H.U., 1980 : Flexible helper structure as an ecological adaptation in the Pied Kingfisher (*Ceryle rudis rudis* L.). Behav. Ecol. Sociobiol. **6**, 219-227.

RHEINGOLD H.L., 1963 : Maternal Behavior in Mammals. John Wiley & Sons, New York.

RHIJN J.G. VAN, 1973 : Behavioural dimorphism in male Ruffs (*Philomachus pugnax* L.). Behaviour **47**, 153-229.

RHINE R.J. & A.K. LINVILLE, 1980 : Properties of one-zero scores in observational studies of primate social behavior : The effect of assump-

Bibliographie

tions on empirical analyses. Primates **21**, 111-122.
RIBBANDS C.R., 1965 : The role of recognition of comrades in the defence of social insect communities. Symp. Zool. Soc. Lond. **14**, 159-168.
RICHARD G., 1979 : Ontogenesis and phylogenesis : mutual constraints. Adv. Study Beh. **9**, 229-278.
RICHARDS S.M., 1974 : The concept of dominance and methods of assessment. Anim. Behav. **22**, 914-930.
RIDLEY M., 1978 : Paternal care. Anim. Behav. **26**, 904-932.
RINGO J.M., 1976 : A communal display in Hawaiian *Drosophila*. Ann. Entomol. Soc., Am. **69**, 209-214.
ROBERTS R.C., 1979 : The evolution of avian food-storing behavior. Amer. Nat. **114**, 418-438.
ROBINSON F.N., 1975 : Vocal mimicry and the evolution of bird song. Emu **75**, 23-27.
ROE A. & G.G. SIMPSON (éd.) : Evolution und Verhalten. Suhrkamp, Frankfurt/M.
ROEDER K.D., 1963 : Ethology and neurophysiology. Z. Tierpsychol. **20**, 434-440.
ROEDER K.D., 1968 : Neurale Grundlagen des Verhaltens. Huber, Bern, Stuttgart.
ROEDER K.D., 1975 : Feedback, spontaneous activity, and behaviour. In : BAERENDS G., C. BEER & A. MANNING (éd.) : Function and Evolution of Behaviour. Clarendon Press, Oxford 55-70.
ROHWER S. & D.M. NILES, 1979 : The subadult plumage of male Purple Martins : Variability, female mimicry and recent evolution. Z. Tierpsychol. **51**, 282-300.
ROMER A.S., 1976 : Vergleichende Anatomie der Wirbeltiere. 4. Aufl. Parey, Hamburg, Berlin.
ROWELL T.E., 1972 : Female reproductive cycles and social behavior in primates. Adv. Study Behav. **4**, 69-105.
ROWELL T.E., 1974 : The concept of social dominance. Behav. Biol. **11**, 131-154.
ROWELL T.E., HINDE R.A. & Y. SPENCER-BOOTH, 1964 : « Aunt »-infant interaction in captive Rhesus Monkeys. Anim. Behav. **12**, 219-226.
ROYCE J.R. & L.P. MOS, 1979 : Theoretical Advances in Behavior Genetics. Sijthoff and Noordhoff, Alphen aan den Rijn.
RUSSEL E.S., 1943 : Perceptual and sensory signs in instinctive behaviour. Proc. Linn. Soc. London **154**, 195-216.

SACKETT G.P., PORTER M. & H. HOLMES, 1965 : Choice behavior in Rhesus Monkeys : Effect of stimulation during the first month of life. Science **147**, 304-306.
SACKETT G.P., SAMEROFF A.J., CAIRNS R.B. & S.J. SUOMI, 1982 : Kontinuität in der Verhaltensentwicklung : theoretische und empirische Sachverhalte. In : IMMELMANN K., BARLOW G.W.,

PETRINOVICH L. & M. MAIN (éd.) : Verhaltensentwicklung bei Mensch und Tier. Das Bielefeld-Projekt. Parey, Berlin, Hamburg.
SADE D.S., 1965 : Some aspects of parent-offspring and sibling relations in a group of Rhesus Monkeys with a discussion of grooming. J. phys. Anthrop. **23**, 1-18.
SAMBRAUS H.H. (éd.), 1978 : Nutztierethologie. Parey, Berlin, Hamburg.
SAUER F., 1957 : Ein Beitrag zur Frage des « Einemsens » von Vögeln. J. Orn. **89**, 313-317.
SAUER E.G.F., 1966 : Zwischenartliches Verhalten und das Problem der Domestikation. Journ. S.W.A. Wissensch. Gesellsch. **20**, 5-22.
SAUER E.G.F., 1967 : Mother-infant relationship in Galagos and the oral child-transport among primates. Folia primat. **7**, 127-149.
SCHAFFER H.R. (éd.), 1977 : Studies on Mother-Infant-Interaction. Academic Press, London.
SCHALLER F., 1960 : Das Phoresie-Phänomen vergleichend-ethologisch gesehen. Forschungen u. Fortschritte **34**, 1-7.
SCHALLER F., 1962 : Die Unterwelt des Tierreichs. Springer, Berlin, Göttingen, Heidelberg.
SCHALLER F., 1979 : Significance of sperm transfer and formation of spermatophores in arthropod phylogeny. In : GUPTA A.P. (éd.) : Arthropod Phylogeny. Van Nostrand Reinhold, New York.
SCHALLER G., 1961 : The Orang-utan in Sarawak. Zoologica **46**, 73-82.
SCHALLER G., 1963 : The Mountain Gorilla : Ecology and Behavior. University of Chicago Press, Chicago.
SCHEIN M.W., 1963 : On the irreversibility of imprinting. Z. Tierpsychol. **20**, 462-467.
SCHENKEL R., 1948 : Ausdrucksstudien an Wölfen. Behaviour **1**, 81-130.
SCHENKEL R., 1956 : Zur Deutung der Balzleistungen einiger Phasianiden und Tetraoniden. Orn. Beob. **53**, 182-201.
SCHENKEL R., 1966 : Zum Problem der Territorialität und des Markierens bei Säugern — am Beispiel des Schwarzen Nashorns und des Löwen. Z. Tierpsychol. **23**, 593-626.
SCHENKEL R., 1967 : Submission : Its features and function in the wolf and dog. Amer. Zool. **7**, 319-329.
SCHIØTZ A., 1973 : Evolution of anuran mating calls. Ecological aspects. In : VIAL J.L. (éd.) : Evolutionary Biology of the Anurans ; Contemporary Research on Major Problems. Univ. of Missouri Press, Columbia, 311-319.
SCHJELDERUP-EBBE T., 1922 : Beiträge zur Sozialpsychologie des Haushuhns. Z. Psychol. **88**, 225-252.
SCHLEIDT W.M., 1961 : Über die Auslösung der Flucht vor Raubvögeln bei Truthühnern. Naturwiss. **48**, 141-142.
SCHLEIDT W.M., 1962 : Die historische Entwicklung der Begriffe « Angeborenes auslösendes Schema » und « Angeborener Auslösemechanismus ». Z. Tierpsychol. **19**, 697-722.

Bibliographie

SCHLEIDT W.M.,1964 a : Wirkungen äußerer Faktoren auf das Verhalten. Fortschr. Zool. **16**, 469-499.
SCHLEIDT W.M., 1964 b : Über die Spontaneität von Erbkoordinationen. Z. Tierpsychol. **21**, 235-256.
SCHLEIDT W.M., 1974 : How «fixed» is the fixed action pattern? Z. Tierpsychol. **36**, 184-211.
SCHMALOHR E., 1975 : Frühe Mutterentbehrung bei Mensch und Tier. Kindler, München.
SCHMIDT G.H. (éd.), 1974 : Sozialpolymorphismus bei Insekten. Probleme der Kastenbildung im Tierreich. Wiss. Verlagsgesellsch., Stuttgart.
SCHMIDT R.F., 1974 : Grundriß der Neurophysiologie. Springer, Berlin, Heidelberg, New York.
SCHMIDT-KOENIG K., 1979 : Avian Orientation and Navigation. Academic Press, London, New York, San Francisco.
SCHMIDT-KOENIG K., 1980 : Das Rätsel des Vogelzuges. Hoffmann und Campe, Hamburg.
SCHNEIDER H., 1966 : Bio-Akustik der Froschlurche. Ein Bericht über den gegenwärtigen Stand der Forschung. Stuttgarter Beiträge zur Naturkunde, Nr. 152.
SCHNEIDER K.M., 1930 : Das Flehmen. Zool. Garten NF **3**, 183-198; **4**, 349-364; **5**, 200-226 et 287-298.
SCHNITZLER H.U., 1973 : Die Echoortung der Fledermäuse und ihre hörphysiologischen Grundlagen. Fortschr. Zool. **21**, 136-189.
SCHÖNE H., 1973 a : Raumorientierung, Begriffe und Mechanismen. Fortschr. Zool. **21**, 1-19.
SCHÖNE H., 1973 b : Verhalten und Orientierung. Z. Tierpsychol. **33**, 287-294.
SCHÖNE H., 1980 : Orientierung im Raum. Wiss. Verlagsges. Stuttgart.
SCHREMMER F., 1962 : Morphologische Anpassungen von Tieren — insbesondere Insekten — an die Gewinnung von Blumennahrung. Verh. Dtsch. Zool. Ges., Saarbrücken 1961, Zool. Anz. Suppl. **25**, 375-401.
SCHÜZ E., 1957 : Das Verschlingen eigener Junger («Kronimus») bei Vögeln und seine Bedeutung. Vogelwarte **19**, 1-15.
SCHÜZ E., 1971 : Grundriß der Vogelzugskunde. Parey, Berlin, Hamburg.
SCHULER W., 1974 : Die Schutzwirkung künstlicher Batesscher Mimikry abhängig von Modellähnlichkeit und Beuteangebot. Z. Tierpsychol. **36**, 71-127.
SCHULTZE-WESTRUM Th., 1965 : Innerartliche Verständigung durch Düfte beim Flugbeutler *Petaurus breviceps papuanus* Thomas (Marsupialia, Phalangeridae). Z. vergl. Physiol. **50**, 151-220.
SCHUTZ F., 1965 a : Homosexualität und Prägung. Psychol. Forschung **28**, 439-463.
SCHUTZ F., 1965 b : Vergleichende Untersuchungen über die Schreckreaktion bei Fischen und deren Verbreitung. Z. vergl. Physiol. **38**, 84-135.
SCHUTZ F., 1966 : Homosexualität bei Tieren. Studium Generale **19**, 273-285.

SCHWARTZKOPFF J., 1949 : Über Sitz und Leistung von Gehör und Vibrationssinn bei Vögeln. Z. vergl. Physiol. **31**, 527-608.
SCHWARTZKOPFF J., 1963 : Vergleichende Physiologie des Gehörs und der Lautäußerungen. Fortschr. Zool. **15**, 214-336.
SCOTT J.P. & E. FREDERICSON, 1951 : The causes of fighting in mice and rats. Physiol. Zool. **24**, 273-309.
SCOTT J.P., STEWART J.M. & J. DE GHETT, 1974 : Critical periods in the organization of systems. Developmental Psychobiol. **7**, 489-513.
SCUDO F.M., 1967 : The adaptive value of sexual dimorphism. Evolution **21**, 285-291.
SCUDO F.M., 1976 : «Imprinting», speciation and avoidance of inbreeding. In : NOVAH V.J.A. & B. PACLTOVA (éd.) : Evolutionary Biology. Czechoslovak Biological Society, Prag, 375-392.
SEBEOK T.A., 1972 : Perspectives in Zoosemiotics. Mouton, Den Haag.
SEBEOK T.A. (éd.), 1977 a : How Animals Communicale. Indiana University Press, Bloomington, London.
SEBEOK T.A., 1977 b : Zoosemiotic components of human communication. In : SEBEOK T.A. (éd.) : How Animals Communicate. Indiana University Press, Bloomington, 1055-1077.
SEBEOK T.A. & D.J. UMIKER-SEBEOK (éd.), 1980 : Speaking of Apes. A Critical Anthology of Two-Way Communication with Man. Plenum, New York.
SEIBT U., 1975 : Instrumentaldialekte der Klapperlerche *Mirafra rufocinnamomea* (Salvadori). J. Orn. **116**, 103-107.
SEIBT U., 1980 : Soziometrische Analyse von Gruppen der Garnele *Hymenocera picta* Dana. Z. Tierpsychol. **52**, 321-330.
SEIBT U. & W. WICKLER, 1977 : Duettieren als Revier-Anzeige bei Vögeln. Z. Tierpsychol. **43**, 180-187.
SEIBT U. & W. WICKLER, 1979 : The biological significance of the pair bond in the shrimp *Hymenocera picta*. Z. Tierpsychol. **50**, 166-179.
SEILACHER A., 1967 : Fossil behavior. Sci. Amer. **217**, 72-80.
SEILER R., 1973 : On the function of facial muscles in different behavioral situations. A study based on muscle morphology and electromyography. Am. J. Phys. Anthrop. **38**, 567-572.
SEITZ A., 1940 : Die Paarbildung bei einigen Cichliden. I. Die Paarbildung bei *Astatotilapia strigigena* Pfeffer. Z. Tierpsychol. **4**, 40-84.
SEITZ E., 1969 : Die Bedeutung geruchlicher Orientierung beim Plumplori *Nycticebus coucang* Boddaert 1785 (Prosimii Lorisidae). Z. Tierpsychol. **26**, 73-103.
SELANDER R.K., 1972 : Sexual selection and dimorphism in birds. In : CAMPBELL B. (éd.) : Sexual Selection and the Descent of Man 1871-1971. Aldine, Chicago, 180-230.
SELIGMAN M.E.P., 1971 : Phobias and preparedness. Behavior Therapy **2**, 303-320.

Bibliographie

SELIGMAN M.E.P. & J.L. HAGER, 1972 : Biological Boundaries of Learning. Appleton-Century-Crofts, New York.
SELYE H., 1950 : The Physiology and Pathology of Exposure to Stress. Acta. Inc., Montreal.
SELYE H., 1956 : The Stress of Life. Mc Graw-Hill, New York.
SELYE H., 1974 : Streß. Bewältigung und Lebensgewinn. Piper, München.
SERPELL J., 1981 : Duets, greetings and triumph ceremonies. Analogous displays in the parrot genus *Trichoglossus*. Z. Tierpsychol. **55**, 268-283.
SEVENSTER P., 1961 : A causal analysis of a displacement activity (fanning in *Gasterosteus aculeatus* L.) Behaviour Suppl. **9**, 1-170.
SHAW E., 1970 : Schooling in fishes : Critique and review. In : ARONSON L.R., TOBACH E., LEHRMAN D.S. & J.S. ROSENBLATT (éd.) : Development and Evolution of Behavior. Freeman, San Francisco, 452-480.
SHAW E., 1978 : Schooling fishes. Amer. Sci. **66**, 166-175.
SHERMAN P.W., 1977 : Nepotism and the evolution of alarm calls. Science **197**, 1246-1253.
SHOREY H.H., 1976 : Animal Communication by Pheromones. Academic Press, New York.
SIBLEY Ch. G., 1957 : The evolutionary and taxonomic significance of sexual dimorphism and hybridization in birds. Condor **59**, 166-191.
SICK H., 1967 : Courtship behavior in the manakins (Pipridae) : A review. Living Bird **6**, 5-22.
SIEWING R. (éd.), 1978 : Evolution. Fischer, Stuttgart, New York.
SIMMONS K.E.L., 1951 : Interspecific territorialism. Ibis **93**, 407-413.
SIMMONS K.E.L., 1955 : The nature of the predator-reactions of waders towards humans ; with special reference to the role of the aggressive-, escape- and brooding-drives. Behaviour **8**, 130-173.
SIMONS D., 1976 : Zähl»-Versuche mit Kolkraben anhand der Methodik der Musterwahl — ein Beitrag zum Verständnis von Problem-Lösungs-Verhalten. Z. Tierpsychol. **41**, 1-33.
SINZ R., 1979 : Neurobiologie und Gedächtnis. Fischer, Stuttgart, New York.
SINZ R., 1981 : Lernen und Gedächtnis. 3. Aufl. Fischer, Stuttgart, New York.
SINZ R., 1982 : Gehirn und Gedächtnis. 2. Aufl. Fischer, Stuttgart, New York.
SKINNER B.F., 1938 : The Behavior of Organisms. Appleton-Century-Crofts, New York.
SKINNER B.F., 1963 : Operant behavior. Amer. Psychol. **18**, 503-515.
SKINNER B.F., 1974 a : About Behaviorism. Random House, New York.
SKINNER B.F., 1974 b : Die Funktion der Verstärkung in der Verhaltenswissenschaft. Kindler, München.
SKUTCH A.F., 1961 : Helpers among birds. Condor **63**, 198-226.
SKUTCH A.F., 1976 : Parent Birds and Their Young. University of Texas Press, Austin und London.
SLATER P.J.B., 1978 : Sex Hormones and Behaviour. The Institute of Biology's Studies in Biology No. 103, Arnold, London.
SLOBODCHIKOFF C.N. & R. COAST, 1980 : Dialects in the alarm calls of Prairie Dogs. Behav. Ecol. Sociobiol. **7**, 49-53.
SLUCKIN W., 1973 : Imprinting and Early Learning. 2. Aufl. Aldine Publishing Comp., Chicago.
SMITH E.R., DAMASSA D.D. & J.M. DAVIDSON, 1977 : Hormone administration : peripheral and intracranial implants. Methods in Psychobiol. **3**, 259-279.
SMITH S.M., 1980 : Henpecked males : The general pattern in monogamy ? J. Field Ornithol. **51**, 55-64.
SMITH W.J., 1977 : The Behavior of Communicating. Harvard Univ. Press, Cambridge, Mass.
SNOW D.W., 1968 : The singing assemblies of Little Hermits. Living Bird **7**, 47-55.
SNOWDON Ch. T. & S.J. SUOMI, 1982 : Paternal behavior in primates. In : FITZGERALD H.E., MULLINS J.A. & P. GAGE (éd.) : Child Nurturance, Vol. 4 : Primate Behavior and Child Nurturance. Plenum, New York.
SOMERS P., 1973 : Dialects in southern Rocky Mountain Pikes, *Ochotona princeps* (Lagomorpha). Anim. Behav. **21**, 124-137.
SOSSINKA R., 1970 : Domestikationserscheinungen beim Zebrafinken *Taeniopygia guttata castanotis* (Gould). Zool. Jb. Syst. **97**, 455-521.
SOSSINKA R., PRÖVE E. & K. IMMELMANN, 1980 : Hormonal mechanisms in avian behavior. In : EPPLE A. & M.H. STETSON (éd.) : Avian Endocrinology. Academic Press, New York, 533-547.
SPARKS J.H., 1967 : Allogrooming in primates : A review. In : MORRIS D. (éd.) : Primate Ethology : Essays on the Socio-sexual Behavior of Apes and Monkeys. Weidenfeld & Nicolson, London, 148-175.
SPITZ R.A., 1945 : Hospitalism : An inquiry into the genesis of psychiatric conditions in early childhood. Psychoanal. Study Child **1**, 53-74.
SPUHLER J.N., 1979 : Genes, molecules, organisms, and behavior. In : ROYCE J.R. & L.P. MOS (éd.) : Theoretical Advances in Behavior Genetics. Sijthoff & Noordhoff, Alphen, 9-40.
STADLER R., 1926 : Stimmenbiotop und Melozönosen. Ber. Ver. Schles. Orn. **12**, 95-96.
STADDON J.E.R., 1975 : A note on the evolutionary significance of «supernormal» stimuli. Amer. Nat. **109**, 541-545.
STAMPS J.A., METCALF R.A. & V.V. KRISHNAN, 1978 : A genetic analysis of parent-offspring conflict. Behav. Ecol. Sociobiol. **3**, 369-392.
STEARNS S.C., 1976 : Life-history tactics : A review of the ideas. Quart. Rev. Biol. **51**, 3-47.
STEINBACHER G., 1939 : Zum Problem der Haustierwerdung. Z. Tierpsychol. **2**, 302-313.
STEINER H., 1966 : Atavismen bei Artbastarden und ihre Bedeutung zur Feststellung von

Bibliographie

Verwandtschaftsbeziehungen. Kreuzungsergebnisse innerhalb der Singvogelfamilie der Spermestidae. Rev. Suisse Zool. **73**, 321-337.

STORCK O., 1949 : Erbmotorik und Erwerbsmotorik. Anz. Math. Nat. Kl., Öst. Akad. Wiss. **1**, 1-23.

STRUHSACKER T.T., 1977 : Infanticide and social organization in the Redtail Monkey *Cercopithecus ascanius schmidti* in the Kibale Forest, Uganda. Z. Tierpsychol. **45**, 75-84.

STUDER-THIERSCH A., 1974 : Die Balz der Flamingogattung *Phoenicopterus*, unter besonderer Berücksichtigung von *Ph. ruber roseus*. Z. Tierpsychol. **36**, 212-266.

SUDHAUS W., 1974 : Rekapitulationen in der Ethologie der Wasseramsel (*Cinclus cinclus*). Beitr. Vogelkd. **20**, 461-466.

SUOMI S.J., COLLINS M.L. & H.F. HARLOW, 1973 : Effects of permanent separation from mother on infant monkeys. Dvpl. Psychol. **9**, 376-384.

SYME G.J., 1974 : Competitive orders as measures of social dominance. Anim. Behav. **22**, 931-940.

SZABO T., 1973 : Orientierungsmechanismen bei elektrischen Fischen. Fortschr. Zool. **21**, 190-210.

TABBERT M., 1963 : Untersuchungen zur Mimik des Rhesusaffen unter Berücksichtigung der Muskelanatomie. Z. Säugetierk. **28**, 228-241.

TABORSKY M. & D. LIMBERGER, 1981 : Helpers in fish. Behav. Ecol. Sociobiol. **8**, 143-145.

TAUB D.M., 1980 : Testing the «agonistic buffering» hypothesis. I. The dynamics of participation in the triadic interaction. Behav. Ecol. Sociobiol. **6**, 178-197.

TEMBROCK G., 1959 : Tierstimmen. Eine Einführung in die Bioakustik. Ziemsen, Wittenberg-Lutherstadt.

TEMBROCK G., 1980 : Grundriß der Verhaltenswissenschaften. 3. Aufl., Fischer, Jena.

TENAZA R.R., 1976 : Songs, chorusses and countersinging of Kloss' Gibbons (*Hylobates klossi*) in Siberut Island, Indonesia. Z. Tierpsychol. **40**, 37-52.

THALER E. & H. PECHLANER, 1980 : Cainism in the Lammergeier or Bearded vulture *Gypaetus barbatus aureus* at Innsbruck Alpenzoo. In. Zoo. Yearb. **20**, 278-281.

THIELCKE G., 1970 : Vogelstimmen. Springer, Berlin, Heidelberg, New York.

THIELCKE G., 1974 : Stabilität erlernter Singvogel-Gesänge trotz vollständiger geographischer Isolation. Vogelwarte **27**, 209-215.

THIESSEN D.D., 1977 : Thermoenergetics and the evolution of pheromone communication. Progr. Psychobiol. Physiol. Psychol. **7**, 91-191.

THIESSEN D.D. & B. GREGG, 1980 : Human assortative mating : an evolutionary perspective. Ethol. Sociobiol. **1**, 111-140.

THIESSEN D.D. & M. RICE, 1976 : Mammalian scent gland marking and social behavior. Psychol. Bull. **83**, 509-539.

THOMPSON R.F. & W.A. SPENCER, 1966 : Habituation : A model phenomenon for the study of neuronal substrates of behavior. Psychol. Rev. **73**, 16-43.

THORPE W.H., 1961 : Bird-song. Cambridge University Press, Cambridge.

THORPE W.H., 1963 : Learning and Instinct in Animals. 2. Aufl., Methuen & Co., London.

THORPE W.H., 1972 : Duetting and antiphonal song in birds. Its extent and significance. Behaviour, Suppl. XVIII, pp. 1-197.

THORPE W.H., 1974 : Animal Nature and Human Nature. Methuen, London.

THORPE W.H. & J. HALL-CRAGGS, 1976 : Sound production and perception in birds as related to the general principle of pattern perception. In : BATESON P.P.G. & R.A. HINDE (éd.) : Growing Points in Ethology. Cambridge University Press, Cambridge, pp. 171-189.

THORPE W.H. & P.M. PILCHER, 1958 : The nature and characteristics of subsong. British Birds **51**, 509-514.

TINBERGEN E.A. & N. TINBERGEN, 1972 : Early Childhood Autism. An Ethological Approach. Z. Tierpsychol., Beiheft 10. Parey, Berlin und Hamburg.

TINBERGEN L., 1960 : The dynamics of insect and bird populations in pine woods. Arch. Neerl. Zool. **13**, 259-473.

TINBERGEN N., 1940 : Die Übersprungbewegung. Z. Tierpsychol. **4**, 1-40.

TINBERGEN N., 1942 : An objectivistic study of the innate behaviour of animals. Bibl. biotheor. **1**, 39-98.

TINBERGEN N., 1950 : The hierarchical organization of nervous mechanisms underlying instinctive behaviour. Symp. Soc. Exp. Biol. **4**, 305-312.

TINBERGEN N., 1952 a : Instinktlehre. Parey, Berlin, Hamburg.

TINBERGEN N., 1952 b : «Derived» activities, their causation, biological significance and emancipation during evolution. Quart. Rev. Biol. **27**, 1-32.

TINBERGEN N., 1954 : The origin and evolution of courtship and threat display. In : HARDY A.C., HUXLEY J.S. & E.B. FORD (éd.) : Evolution as a Process. Allen & Unwin, London, 233-251.

TINBERGEN N., 1959 : Einige Gedanken über «Beschwichtigungsgebärden». Z. Tierpsychol. **16**, 651-665.

TINBERGEN N., 1963 : On the aims and methods of ethology. Z. Tierpsychol. **20**, 410-433.

TINBERGEN N., 1968 : On war and peace in animals and man. Science **160**, 1411-1418.

TINBERGEN N., BROEKHUYSEN G.J., FEEKES F., HOUGHTON J.C.W., KRUUK H. & E. SZULC, 1962 : Egg shell removal by the black-headed gull *Larus ridibundus*, L. ; a behaviour component of camouflage. Behaviour **19**, 74-117.

TINBERGEN N. & D.J. KUENEN, 1939 : Über die auslösenden und richtunggebenden Reizsituationen der Sperrbewegung von jungen Drosseln

Bibliographie

(*Turdus merula* und *T. ericetorum*). Z. Tierpsychol. **3**, 37-60.
TODD J.H., 1971 : The chemical languages of fishes. Scient. Am. **224**, 99-108.
TODT D., 1970 : Die antiphonen Paargesänge des ostafrikanischen Grassängers *Cisticola hunteri primoides* Neumann, J. Orn. **111**, 332-356.
TOPOFF H. & J. MIRANDA, 1978 : Precocial behaviour of callow workers of the army ant *Neivamyrmex nigrescens* : importance of stimulation by adults during mass recruitment. Anim. Behav. **26**, 698-706.
TREISMAN M., 1975 : Predation and the evolution of gregariousness. I Models for concealment and evasion. Anim. Behav. **23**, 779-800. II an economic model for predator-prey interaction. Anim. Behav. **23**, 801-825.
TRETZEL E., 1965 : Über das Spotten der Singvögel, insbesondere ihre Fähigkeit zu spontaner Nachahmung. Verh. D. Zool. Ges. 1964, Zool. Anz. Suppl. **28**, 556-565.
TRILLMICH F., 1976 a : Spatial proximity and mate-specific behaviour in a flock of Budgerigars (*Melopsittacus undulatus* ; Aves, Psittacidae). Z. Tierpsychol. **41**, 307-331.
TRILLMICH F., 1976 b : Learning experiments on individual recognition in Budgerigars (*Melopsittacus undulatus*). Z. Tierpsychol. **41**, 372-395.
TRIVERS R.L., 1971 : The evolution of reciprocal altruism. Quart. Rev. Biol. **46**, 35-57.
TRIVERS R.L., 1972 : Parental investment and sexual selection. In : CAMPBELL B. (éd.) : Sexual Selection and the Descent of Man, 1871-1971. Aldine, Chicago, 136-179.
TRIVERS R.L., 1974 : Parent-offspring conflict. Amer. Zool. **14**, 249-264.
TSCHANZ B., 1958 : Trottellummen. Z. Tierpsychol., Beiheft 4. Parey, Berlin, Hamburg.
TURCEK F.J. & L. KELSO, 1968 : Ecological aspects of food transportation and storage in the Corvidae. Commun. Behav. Biol. **A 1**, 277-297.
TUTIN C.E.G., 1979 : Mating patterns and reproductive strategies in a community of wild Chimpanzees (*Pan troglodytes schweinfurthii*). Behav. Ecol. Sociobiol. **6**, 29-38.

UEXKÜLL J. V., 1909 : Umwelt und Innenwelt der Tiere. Springer-Verlag, Berlin.
UEXKÜLL J. V. & G. KRISZAT, 1956 : Streifzüge durch die Umwelten von Tieren und Menschen — Bedeutungslehre. Rowohlt, Hamburg.

VANDERMEER J.H., 1972 : Niche theory. Ann. Rev. Ecol. Syst. **3**, 107-132.
VERBERNE G., 1970 : Beobachtungen und Versuche über das Flehmen katzenartiger Raubtiere. Z. Tierpsychol. **27**, 807-827.
VESTER F., 1976 : Phänomen Stress. Deutsche Verlagsanstalt Stuttgart.
VOGEL Ch., 1971 : Behavioral differences of *Presbytis entellus* in two different habitats. In : KUM-MER H. (éd.) : Proc. 3. Int. Congr. Primatol., Karger, Basel, 41-47.
VOGEL Ch., 1971 : Zur Erläuterung einiger Fachausdrücke. In : LAWICK-GOODALL J. van : Wilde Schimpansen. Rowohlt, Hamburg, 240-243.
VOGEL Ch., 1979 : Der Hanuman-Langur (*Presbytis entellus*), ein Parade-Exempel für die theoretischen Konzepte der «Soziobiologie»? Verh. Dtsch. Zool. Ges., 1979, 73-89.
VOS G.J. DE, 1979 : Adaptedness of arena behaviour in Black Grouse (*Tetrao tetrix*) and other grouse species (Tetraoninae). Behaviour **68**, 277-314.

WADDINGTON C.H., 1975 : The Evolution of an Evolutionist. Cornell University Press, Ithaca, New York.
WAGNER H.O., 1954 : Versuch einer Analyse der Kolibribalz. Z. Tierpsychol. **11**, 182-212.
WALSH R.N. & R.A. CUMMINS, 1976 : The open field test : A critical review. Psychol. Bull. **83**, 482-504.
WALTHER F.R., 1958 : Zum Kampf- und Paarungsverhalten einiger Antilopen. Z. Tierpsychol. **15**, 340-380.
WALTHER F.R., 1967 : Huftierterritorien und ihre Markierung. In : HEDIGER H. (éd.) : Die Straßen der Tiere. Vieweg, Braunschweig, 26-45.
WALTHER F.R., 1979 : Das Verhalten der Hornträger (Bovidae). Handbuch der Zoologie, 8. Band, 54. Lieferung, Walter de Gruyter, Berlin, New York, 1-184.
WALTHER F.R., 1980 : Aggressive behaviour of Oryx Antelope at water-holes in the Etosha National Park. Madoqua **11**, 271-302.
WANDREY D. & V. LEUTNER, 1965 : Neuro-Psychopharmaka. Schattauer, Stuttgart.
WARD P. & A. ZAHAVI, 1973 : The importance of certain assemblages of birds as «information-centres» for food-finding. Ibis **115**, 517-534.
WARREN J.M., 1958 : The development of paw preferences in cats and monkeys. J. Genet. Psychol. **93**, 229-236.
WASER P.M., 1977 : Individual recognition, intragroup cohesion and intergroup spacing : Evidence from sound playback to forest monkeys. Behaviour **60**, 28-74.
WATERS E., 1982 : Persönlichkeitsmerkmale, Verhaltenssysteme und Beziehungen : Drei Modelle von Bindung zwischen Kind und Erwachsenen. In : IMMELMANN K., BARLOW G.W., PETRINOVICH L. & M. MAIN (éd.) : Verhaltensentwicklung bei Mensch und Tier. Das Bielefeld-Projekt. Parey, Berlin, Hamburg.
WATERS R.H., RETHLINGSHAFER D.A. & W.E. CALDWELL (éd.), 1960 : Principles of Comparative Psychology. McGraw-Hill, New York.
WATSON J.B., 1924 : Behaviorism. University of Chicago Press, Chicago.
WATSON J.S., 1977 : Perception of contingency as a determinant of social responsiveness. In : THOMAN E.B. (éd.) : The Origins of the Infant's

Bibliographie

Social Responsiveness. Lawrence Erlbaum, Hillsdale, New Jersey.
WATSON J.S., 1982 : Kontingenzerfahrung in der Verhaltensentwicklung. In : IMMELMANN K., BARLOW G.W., PETRINOVICH L. & M. MAIN (éd.) : Verhaltensentwicklung bei Mensch und Tier. Das Bielefeld-Projekt. Parey, Berlin, Hamburg.
WATSON J.S. & C.T. RAMEY, 1972 : Reactions to responsecontingent stimulation in early infancy. Merril-Palmer Q. Behav. Dev. **18**, 219-227.
WECKER S.C., 1964 : Habitat selection. Sci. Amer. **211**, 109-116.
WEIDMANN U., 1958 : Verhaltensstudien an der Stockente (*Anas platyrhynchos* L.). II. Versuche zur Auslösung und Prägung der Nachfolge- und Anschlußreaktion. Z. Tierpsychol. **15**, 277-300.
WEIH A.S., 1951 : Untersuchungen über das Wechselsingen (Anaphonie) und über das angeborene Lautschema einiger Feldheuschrecken. Z. Tierpsychol. **8**, 1-41.
WELLS K.D., 1977 a : The social behaviour of anuran amphibians. Anim. Behav. **25**, 666-693.
WELLS K.D., 1977 b : The courtship of frogs. In : TAYLOR D.H. & S.J. GUTTMAN (éd.) : The Reproductive Biology of Amphibians. Plenum, New York, 233-262.
WELLS K.D., 1980 a : Parental Behavior of male and female frogs. In : ALEXANDER R.D. & D.W. TINKLE (éd.) : Natural Selection and Social Behavior : Recent Research and New Theory. Chiron Press, Newton, Mass.
WELLS K.D., 1980 b : Evidence for growth of tadpoles during parental transport in *Colostethus iguinalis*. J. Herpetol. **14**, 428-430.
WENDLAND V., 1958 : Zum Problem des vorzeitigen Sterbens von jungen Greifvögeln und Eulen. Vogelwarte **19**, 186-191.
WEST M.J., 1967 : Foundress associations in polistine wasps : Dominance hierarchies and the evolution of social behavior. Science **157**, 1584-1585.
WEYGOLDT P., 1980 : Complex brood care and reproductive behavior in captive Poison-Arrow Frogs, *Dendrobates pumilio* O. Schmidt. Behav. Ecol. Sociobiol. **7**, 329-332.
WICKLER W., 1959 : Die ökologische Anpassung als ethologisches Problem. Naturwiss. **46**, 505-509.
WICKLER W., 1961 a : Ökologie und Stammesgeschichte von Verhaltensweisen. Fortschr. Zool. **13**, 303-365.
WICKLER W., 1961 b : Über die Stammesgeschichte und den taxonomischen Wert einiger Verhaltensweisen der Vögel. Z. Tierpsychol. **18**, 320-342.
WICKLER W., 1962 : Ei-Attrappen und Maulbrüter bei afrikanischen Cichliden. Z. Tierpsychol. **19**, 129-164.
WICKLER W.,, 1965 a : Über den taxonomischen Wert homologer Verhaltensmerkmale. Naturwiss. **52**, 269-270.

WICKLER W., 1965 b : Die Evolution von Mustern der Zeichnung und des Verhaltens. Naturwiss. **52**, 335-341.
WICKLER W., 1966 a : Ursprung und biologische Deutung des Genitalpräsentierens männlicher Primaten. Z. Tierpsychol. **23**, 422-437.
WICKLER W., 1966 b : Sexualdimorphismus, Paarbildung und Versteckbrüten bei Cichliden (Pisces : Perciformes). Zool. Jb. Syst. **93**, 127-138.
WICKLER W., 1967 : Vergleichende Verhaltensforschung und Phylogenetik. In : HEBERER G. (éd.) : Die Evolution der Organismen. 3. Aufl., Band I, Fischer, Stuttgart.
WICKLER W., 1968 : Mimikry. Nachahmung und Täuschung in der Natur. Kindler, München.
WICKLER W., 1970 : Soziales Verhalten als ökologische Anpassung. Verh. Dtsch. Zool. Ges., 64, Tagung, 291-304.
WICKLER W., 1972 : Sind wir Sünder ? Droemer, Knaur, München, Zürich.
WICKLER W., 1973 a : Ethological analysis of convergent adaptation. Ann. N. Y. Ac. Sci. **223**, 65-69.
WICKLER W., 1973 b : Über Koloniegründung und soziale Bindung von *Stegodyphus mimosarum* Pavesi und anderen sozialen Spinnen. Z. Tierpsychol. **32**, 522-531.
WICKLER W., 1976 : The ethological analysis of attachment. Sociometric, motivational and sociophysiological aspects. Z. Tierpsychol. **42**, 12-28.
WICKLER W., 1980 : Vocal duetting and the pair bond. I. Coyness and partner commitment, a hypothesis. Z. Tierpsychol. **52**, 201-209.
WICKLER W. & U. SEIBT, 1972 : Über den Zusammenhang des Paarsitzens mit anderen Verhaltensweisen bei *Hymenocera picta* Dana. Z. Tierpsychol. **31**, 163-170.
WICKLER W. & U. SEIBT, 1974 : Rufen und Antworten bei *Kassina senegalensis*, *Bufo regularis* und anderen Anuren. Z. Tierpsychol. **34**, 524-537.
WICKLER W. & U. SEIBT, 1977 : Das Prinzip Eigennutz. Hoffmann & Campe, Hamburg.
WILSON E.O., 1965 : Chemical communication in the social insects. Science 149, 1064-1071.
WIENS J.A., 1972 : Anuran habitat selection : Early experience and substrate selection in *Rana cascadae* tadpoles. Anim. Behav. **20**, 218-220.
WILEY R.H. & D. RICHARDS, 1978 : Physical constraints on acoustic communication in the atmosphere : Implications for the evolution of animal vocalizations. Behav. Ecol. Sociobiol. **3**, 69-94.
WILLIAMS G.C., 1966 : Adaptation and Natural Selection. Princeton University Press, Princeton.
WILLIAMS G.C., 1974 : Creching behaviour of the Shelduck *Tadorna tadorna* L. Ornis Scand. **5**, 131-143.
WILLIAMS G.C., 1975 : Sex and Evolution. Princeton University Press, Princeton.
WILSON E.O., 1953 : The origin and evolution of polymorphism in ants. Quart. Rev. Biol. **28**, 136-156.

Bibliographie

WILSON E.O., 1968 : The ergonomics of caste in the social insects. Amer. Nat. **102**, 41-66.

WILSON E.O., 1971 : The Insect Societies. Belknap Press of Harvard University Press, Cambridge, Mass.

WILSON E.O., 1975 : Sociobiology. The New Synthesis. Belknap Press, Cambridge, Mass.

WILSON E.O. & W.H. BOSSERT, 1973 : Einführung in die Populationsbiologie. Springer, Berlin, Heidelberg, New York.

WILSON J.R., KUEHN R.E. & F.A. BEACH, 1963 : Modification in the sexual behavior of male rats produced by changing the stimulus female. J. compl. physiol. Psychol. **56**, 636-644.

WINKEL W., 1965 : Über das « Einrollen » von Eiattrappen bei Zwergwachteln (*Excalfactoria chinensis*). J. Orn. **110**, 209-218.

WINKELSTRÄTER K.H., 1960 : Das Betteln der Zoo-Tiere. Hans Huber, Bern, Stuttgart.

WINN H.E., 1964 : The biological significance of fish sounds. In : TAVOLGA W.N. (éd.) : Marine Bio-acoustics. Oxford University Press, New York, 213-231.

WITTENBERGER J.F., 1979 : The evolution of mating system in birds and mammals. In : VANDENBERG J.G. & P. MARLER (éd.) : Social Behavior and Communication. Plenum, New York, 271-349.

WITTENBERGER J.F., 1980 : Group size and polygamy in social mammals. Amer. Nat. **115**, 197-222.

WITTENBERGER J.F. & R.L. TILSON, 1980 : The evolution of monogamy : hypotheses and evidence. Ann. Rev. Ecol. Syst. **11**, 197-232.

WIRTZ P., 1981 : Territorial defence and territory take-over by sattelite males in the Waterbuck *Kobus ellipsiprymnus* (Bovidae). Behav. Ecol. Sociobiol. **8**, 161-162.

WOLF L.L., 1978 : Aggressive social organization in nectarivorous birds. Am. Zool. **18**, 765-778.

WOOD-GUSH D.G.M., 1971 : The Behaviour of the Domestic Fowl. Heinemann, London.

WRIGHT P., CARYL P.G. & D.M. VOWLES, 1975 : Neural and Endocrine Aspects of Behaviour in Birds. Elsevier, Amsterdam, Oxford, New York.

WU H.M.H., HOLMES W.G., MEDINA S.R. & G.P. SACKETT, 1980 : Kin preference in infant *Macaca nemestrina*. Nature **285**, 225-227.

WÜNSCHMANN A., 1963 : Quantitative Untersuchungen zum Neugierverhalten von Wirbeltieren. Z. Tierpsychol. **20**, 80-109.

YASUKAWA K., BLANK, J.L. & C.B. PATTERSON, 1980 : Song repertoires and sexual selection in the Red-Winged Blackbird. Behav. Ecol. Sociobiol. **7**, 233-238.

YOUNG W.C., 1961 : The hormones and mating behavior. In : YOUNG W.C. (éd.) : Sex and Internal Secretion, Band II, Williams & Wilkens, Baltimore, 1173-1239.

YOUNG W.C., GOY R.W. & Ch. H. PHOENIX, 1964 : Hormones and sexual behavior. Science **143**, 212-218.

ZANKL H., 1980 : Humanbiologie, Fischer, Stuttgart, New York.

ZEIER H., 1966 : Über sequentielles Lernen bei Tauben mit spezieller Berücksichtigung des « Zähl »-Verhaltens. Z. Tierpsychol. **23**, 161-189.

ZIPPELIUS H.M., 1949 : Die Paarungsbiologie einiger Orthopteren-Arten. Z. Tierpsychol. **6**, 372-390.

Bibliographie
de l'édition française

I. DOCUMENTATION GENERALE

Encyclopaedia Universalis en 20 volumes, Paris, Encyclopaedia Universalis, France, 1971-1975.
Encyclopaedia Universalis en 18 volumes, 2ᵉ édition, Paris, S.A. Corpus, 1984-1985, 18 volumes.
GDEL, *Grand dictionnaire encyclopédique Larousse en 16 volumes*, Paris, Librairie Larousse, 1982-1985.
HANSE Joseph, *Nouveau dictionnaire des difficultés du français moderne*, Paris-Gembloux, Duculot, 1983, 1.014 pages.
LEXIS, *Dictionnaire de la langue française*, Paris, Librairie Larousse, 1975, 1.950 pages.
ROBERT Paul, *Le petit Robert, Dictionnaire alphabétique et analogique de la langue française*, Paris, Société du nouveau Littré, Le Robert, 1983, 2.174 pages.
ROBERT Paul, *Le grand Robert de la langue française — Dictionnaire alphabétique et analogique de la langue française*, 2ᵉ édition entièrement revue et augmentée par Alain Rey, Paris, Edition Le Robert, 1985, 9 volumes.

II. LITTERATURE SPECIALISEE
A. Dictionnaires et lexiques

Conseil international de la langue française, *Vocabulaire de l'Environnement*, Paris, Hachette, 1976, 144 pages.
DUIJKER Hubert C.J. et Maria J. VAN RIJSWIJK, *Dreisprachiges psychologisches Wörterbuch. Band 3 : Deutsch / Englisch / Französisch*, zweite Auflage, Bern, Hans Huber Verlag, 1975, 400 pages.
HEYMER Armin, *Dictionnaire de l'Ethologie, Deutsch, English, Français*, Berlin et Hambourg, Verlag Paul Parey, 1977, 240 pages.
HUSSON R., *Glossaire de biologie animale*, 2ᵉ édition revue et augmentée, Gauthier-Villars éditeur, quai des Grands-Augustins 55, Paris VIᵉ, 1970.
L'HÉRITIER Philippe, *Dictionnaire de génétique*, Paris, Masson, 1979, 261 pages.
MANUILA A., MANUILA L., NICOLE M., LAMBERT H., *Dictionnaire français de médecine et de biologie en 4 volumes*, Paris VIᵉ, Masson & Cie, 1972.
MOOR L., *Lexique Français-Anglais-Allemand des termes usuels en psychiatrie, neuropsychiatrie infantile et psychologie pathologique*, Paris VIᵉ, Expansion scientifique française, 1965, 199 pages.
PETERS Uwe Henrik, *Wörterbuch der Psychiatrie und medizinischen Psychologie. Mit einem englischen und einem französischen Glossar.* Zweite neubearbeitete erweiterte Auflage München, Urban und Schwarzenberg, 1977, 650 pages.
PIERON Henri, *Vocabulaire de la Psychologie*, 3ᵉ éd., Paris, Presses Universitaires de France, 1963, 525 pages.
SILLAMY Norbert, *Dictionnaire encyclopédique de Psychologie.* Editions Bordas, Paris, 1980. Vol. 1 : A-K, pp. 1-656 ; vol. 2 : L-Z, pp. 657-1287.
THINES Georges et Agnès LEMPEREUR, *Dictionnaire général des Sciences humaines*, Paris, Editions Universitaires, 1975, 1.034 pages.
Univers de la Psychologie, vocabulaire de psychologie, Paris, Editions Lidis, 1977, 101 pages.

B. Ouvrages

ARMSTRONG Edward A., *La vie amoureuse des oiseaux.* Traduction française par J. Fillion, Paris, Albin Michel, 1952, 443 pages.
BARRUEL Paul, *Vie et Mœurs des oiseaux.* Nouvelle Edition, Paris, Horizons de France, 1953, 205 pages.
BONNAFONT et al., *Les dix grands de la Psychologie.* Centre d'Etudes et de Promotion de la Lecture, CEPL, Paris, Ed. Denoël, 1972, 254 pages.
BOURLIÈRE François, *Les Mammifères.* In Encyclopédie la Pléiade, pp. 723-1169, Zoologie 4, Paris, Ed. Gallimard, 1974.
CAMPAN Raymond, *L'animal et son univers : étude dynamique du comportement.* Collection Bios, Université Paul Sabatier, Toulouse, Ed. Privat, 1980, 258 pages.
CHAUVIN Rémy, *Le comportement social chez les animaux.* In coll. « Le Psychologue », nᵒ II, Paris, Presses Universitaires de France, P.U.F., 1961, 172 pages.
CHAUVIN Rémy, *Psycho-Physiologie. II. Le comportement animal.* In coll. « Précis de sciences biologiques »*, Paris, Masson et Cⁱᵉ, 1969, 418 pages.
CHAUVIN Rémy, *Modèles animaux du comportement humain.* Collection des *Colloques internationaux du Centre National de la Recherche scientifique*, Paris, Editions du C.N.R.S., 1972, 380 pages.

Bibliographie de l'édition française

CHAUVIN Rémy, *L'Ethologie : étude biologique du comportement animal*. Coll. SUP Le Biologiste, n° 10, Paris, Presses Universitaires de France, 1975, 238 pages.

DELACOUR J., *Conditionnement et biologie. Une introduction à la neurobiologie de l'apprentissage*, Paris, Masson, 1980, 190 pages.

DELMAS A., *Voies et centres nerveux. Introduction à la neurologie*, 10ᵉ éd., Paris, Masson, 1981, 283 pages.

DEMARET Albert, *Ethologie et psychiatrie. Valeur de survie et phylogenèse des maladies mentales*. In coll. «*Psychologie et Sciences humaines*», Bruxelles, Pierre Mardaga, 1979, 179 pages.

DESPORTES Jean-Pierre et Assumption VLOEBERGH (coordinateurs), *La Recherche en éthologie. Les comportements animaux et humains*, Paris, Le Seuil, Société d'Editions scientifiques, 1979, 320 pages.

DORE François Y., *L'apprentissage. Une approche psycho-éthologique*. Chenelière et Stanké, Editions universitaires internationales, Montréal, 1983, 344 pages.

DORST Jean et Pierre DANDELOT, *A Field Guide to the Larger Mammals of Africa*, London, Collins, 1970, 287 pages.

FEYEREISEN Pierre et Jacques-Dominique de LANNOY, *Psychologie du geste*. In coll. »*Psychologie et Sciences humaines*», n° 141, 1985, 368 pages.

FISHER James et Roger Tory PETERSON, *Les Oiseaux : Introduction à l'ornithologie générale*. Traduit de l'anglais par Robert Latour, Paris, Stock, 1972, 192 pages.

GAUTIER Jean-Yves, LEFEUVRE Jean-Claude, RICHARD Gaston, TREHEN Pierre, *Ecoéthologie*. In «*Collection d'Ecologie*», n° 11, Paris, Masson, 1978, 166 pages.

GAUTIER Jean-Yves, *Socioécologie : l'animal social et son univers*. In coll. Bios, Université Paul Sabatier, Toulouse, Ed. Privat, 1982, 267 pages.

GEROUDET Paul, *Les Palmipèdes*. Collection «*Les Beautés de la Nature*», Neuchâtel, Delachaux et Niestlé, 1946, 292 pages.

GEROUDET Paul, *La vie des oiseaux : Les passereaux et ordres apparentés : du coucou aux corvidés*. In coll.«*Les Beautés de la Nature*», Neuchâtel, Paris, Delachaux et Niestlé S.A., 1951, 232 pages.

GILLIARD E. Thomas, *Les oiseaux vivants du Monde*. Texte français de Nathalie Gara sous la direction de Jean Dorst. Paris, Hachette, 1962, 400 pages.

GODFREY Earl W., *Les oiseaux du Canada*, Bulletin n° 203, n° 73 de la Série biologique, Ottawa, Musée national du Canada, 1967, 506 pages.

GUYOMARC'H Jean-Charles, *Abrégé d'Ethologie : Déterminisme, fonction, ontogenèse, évolution des comportements*, Paris, Masson, 1980, 180 pages.

HAINARD Robert, *Les mammifères sauvages d'Europe*. Collection «*Les Beautés de la Nature*», Neuchâtel-Paris, Delachaux et Niestlé. Vol. I : Généralités, insectívores, chiroptères, carnivores, 1948, 271 pages; vol. II : Primipèdes, rongeurs, ongulés, cétacés, 1949, 275 pages.

HARO A. de et X. ESPALADER (éd.), *Processus d'acquisition précoce : Les communications*, Barcelone, Bellaterra, Société française pour l'Etude du Comportement animal, Colloque International d'Ethologie, Barcelone, 26-28 avril 1984, 497 pages.

HOURDRY Jacques et André BEAUMONT, *Les métamorphoses des Amphibiens*, Paris, Masson, 1985, 273 pages.

JEUNIAUX Charles, *Principes fondamentaux en systématique animale*, Presses universitaires de Liège, 2ᵉ édition revue et complétée, Liège, P.U.Lg., 1979, 128 pages.

LANNOY Jacques-D. de et Pierre FEYEREISEN, *L'éthologie humaine*. In coll. «*Que sais-je ?*, Paris, Presses Universitaires de France, P.U.F., 1987, 125 pages.

LEROY Yveline, *L'univers sonore animal : rôles et évolution de la communication acoustique*. In coll. *Ecologie fondamentale et appliquée*, Paris, Gauthier-Villars, 1979, 350 pages.

LEROY Yveline, *L'univers odorant de l'animal : les stimulations chimiques dans les communications et les comportements des animaux*, Paris, Société Nouvelle des Editions Boubée, 1987, 375 pages.

MAC FARLAND David, *The Oxford Companion to Animal Behaviour*. Oxford, Oxford University Press, 1981, 657 pages.

MATTHEWS Harrison et Michel CUISIN, *Le monde étrange et fascinant des animaux*, 2ᵉ édition, Paris, Ed. Sélection du Reader's Digest, 1972, 428 pages.

PAULUS Jean, *Les fondements théoriques et méthodologiques de la psychologie*. In coll. «*Manuels et Traités de Psychologie et de Sciences humaines*», Bruxelles, Charles Dessart, 1965, 181 pages.

PERROT Jean-Louis, *Partie générale*. In Robert HAINARD : *Les mammifères sauvages d'Europe*, pp. 9-64. Collection «*Les Beautés de la Nature*», Neuchâtel, Paris, Delachaux et Niestlé, 1948, vol. I, 271 pages.

PETERSON Roger, Guy MOUNFORT et P.A.D. HOLLOM, *Guide des Oiseaux d'Europe*. Adaptation française par Paul Geroudet. Neuchâtel, Paris, Delachaux et Niestlé S.A., 1954, 356 pages.

RICHARD Gaston, *Les comportements instinctifs*. In coll. «*SUP. Le Psychologue*», n° 59, Paris, Presses Universitaires de France, 1975, 256 pages.

RICHELLE Marc, *Le conditionnement operant*. In coll. «*Actualités pédagogiques et psychologiques*», Neuchâtel, Delachaux et Niestlé, 1966, 222 pages.

Bibliographie de l'édition française

RICHELLE Marc et Rémy DROZ, *Manuel de Psychologie — Introduction à la psychologie scientifique*, Bruxelles-Liège, Dessart et Mardaga, 1976, 522 pages.
ROSSIGNOL J.L., *Abrégé de Génétique*, 2e éd. révisée, Paris, Masson, 1978, 252 pages.
RUWET Jean-Claude, *L'Ethologie : Biologie du comportement*. Coll. «*Psychologie et Sciences humaines*», n° 29, Bruxelles, Dessart et Mardaga, 1969, 238 pages.
THINES Georges, *Psychologie des animaux*. In coll. «*Manuels et Traités de Psychologie et de Sciences humaines*», Bruxelles, Charles Dessart, 1966, 352 pages.
TINBERGEN Niko, *La vie sociale des animaux. Introduction à la sociologie animale*. Traduit de l'anglais par L. Jospin. In coll. «*La petite bibliothèque Payot*», n° 103, Paris, Payot, 1967, 186 pages.
TINBERGEN Niko, *L'étude de l'instinct*. Traduit de l'anglais par B. De Zelicourt et F. Bourlière, Paris, Payot, Bibliothèque scientifique, 1971, 312 pages.
Union Internationale pour la Conservation de la Nature et de ses ressources. *Derniers refuges. Atlas commenté des Réserves Naturelles dans le monde*, Amsterdam, Elsevier, 1956, 214 pages.
ZAYAN René, *Recherches d'éthologie appliquée sur la poule domestique*, Louvain-la-Neuve, I.R.S.I.A., 1984, 280 pages.

C. Articles de revues

BAERENDS Gérard P., *Les fonctions de communication chez les animaux*. Texte d'une conférence prononcée à la Faculté des Sciences de l'Université de Rennes le 9 novembre 1962. In *Bulletin de la Société scientifique de Bretagne*, tome XXXVIII, fasc. 1 et 2, Rennes, fac. des Sciences, 1963, pp. 79-98. T-à-p. UDZ Liège, n° 30.170.
BOURLIERE François, *Réflexions sur la biologie sociale des primates*. In *Centre International de Synthèse*, Paris, Editions Aubier-Montaigne, 1965, pp. 1-19.
BOURLIERE François, *Des éthologistes récompensés : un signe des temps*, pp. 17-24. In DESPORTES Jean-Pierre et Assumption VLOEBERGH, *La recherche en éthologie. Les comportements animaux et humains*, Paris, Le Seuil, Société d'Editions scientifiques, 1979, 320 pages.
CASSIDY John, *Half a Century on the Concepts of Innateness and Instinct : Survey, Synthesis and Philosophical Implications*. In *Zeitschrift für Tierpsychologie (Journal of Comparative Ethology)*, Band 50, Heft 4, Berlin und Hamburg, Verlag Paul Parey, 1979, pp. 364-386.
CHAUVIN Rémy, *Théorie nouvelles relatives (sic) au comportement inné*, 2e éd., Paris, Groupe d'Etudes de Psychologie de l'Université de Paris, 1958, 40 pages. T-à-p UDZ Liège, n° 30-147.

DESPORTES Jean-Pierre, *Les singes psychothérapeutes*. In *La Recherche*, n° 57, Paris, juin 1973, pp. 582-583.
DEPUTTE Bertrand L., *Le comportement de «renserrement» («herding Behaviour») dans un groupe social de Macaca fasicularis*. In *Behaviour*, vol. 72, fasc. 1-2, Leiden, E.J. Brill, 1980, pp. 50-64.
DEVILLERS Pierre, *Projet de nomenclature française des oiseaux du monde*. In Revue belge d'ornithologie *Le Gerfaut*, Institut Royal des Sciences naturelles, Bruxelles, 1976, vol. 66 : 153-168; 391-421; 1977, vol. 67 : 171-200; 337-365; 469-489; 1978, vol. 68 : 129-136; 233-240; 703-720.
FEYEREISEN Pierre, *Les «activités de déplacement» et la théorie des comportements irrelevants chez l'animal et chez l'homme*. In *Bulletin de Psychologie*, n° 307, vol. XXVI, 14-16, Groupe d'Etudes de Psychologie de l'Université de Paris, 1972-1973, pp. 831-837.
GAILLY Paul, *Communication acoustique et chants des oiseaux. Simplicité et complexité : un compromis*. In *Cahiers d'Ethologie appliquée*, vol. 4, fasc. 1, Liège, Institut de Zoologie, 1984, pp. 73-120.
GAUTIER Jean-Yves, *Qu'en est-il de la sélection de parentèle ? Cas des lions et des macaques japonais*. In *Bulletin de la Société française pour l'Etude du Comportement animal*, SFECA, Rennes, 1980 (1) : 109-114.
HOPKINS Paul O., *La Sociobiologie*, pp. 288-304. In DESPORTES Jean-Pierre et Assumption VLOEBERGH *La Recherche en éthologie. Les comportements animaux et humains*, Paris, Le Seuil, Société d'Editions scientifiques, 1979, 320 pages.
LANNOY Jacques de, *Imprégnation (Psychologie animale)*. *Encyclopaedia Universalis*, Paris, 1970, vol. 8, pp. 759-760.
LANNOY Jacques de et Pierre FEYEREISEN, *Une analyse d'«activités de déplacement» chez l'homme*. In *Journal de Psychologie normale et Pathologique*, n° 3, Paris, Presses Universitaires de France, juillet-septembre 1973, pp. 289-305.
LECOMTE J., in *L'instinct dans le comportement de l'animal et de l'homme*. Colloque de la Fondation SINGER-POLIGNAC, Paris, 1956.
LEJEUNE Pierre, *Le comportement social des poissons Labridés méditerranéens*. In *Cahiers d'Ethologie appliquée*, vol. 5, fasc. 2, Liège, Institut de Zoologie, 1985, XII + 208 pages.
LE MASNE G., *Pour une sociobiologie ouverte*. In *Bulletin de la Société française pour l'Etude du Comportement animal*, SFECA, Rennes, 1980 (1), pp. 27-42.
PIETTE Véronique, *Contribution à l'étude des parades du héron bihoreau (Nycticorax n. nycticorax) en période de reproduction. Observation d'une colonie captive à la station d'acclimatation du Zwin. Cah. Ethol. Appl.*, 1986, 6 (4) : 313-358.

Bibliographie de l'édition française

RICHARD Gaston, *L'outil chez l'animal*, pp. 174-199. In DESPORTES Jean-Pierre et Assumption VLOEBERGH, *La Recherche en éthologie. Les comportements animaux et humains*, Paris, Le Seuil, Société d'Editions scientifiques, 1979, 320 pages.

RUWET Jean-Claude, *La ritualisation des parades chez les oiseaux; le cas du grèbe huppé Podiceps cristatus L.*. In *Cahiers d'Ethologie appliquée*, vol. 4, fasc. 4, Liège, Institut de Zoologie, 1984, pp. 315-352.

TAXI Jacques, *Comment fonctionne le système nerveux?*, pp. 5-52. In Marcel BLANC, «*La Recherche en Neurobiologie*», Paris, Le Seuil, Société d'Editions scientifiques, 1977, 380 pages.

VIDAL Jean-Marie, *L'empreinte chez les animaux*, pp. 76-99. In DESPORTES Jean-Pierre et Assumption VLOEBERGH, *La Recherche en Ethologie. Les comportements animaux et humains*, Paris, Le Seuil, Société d'Editions scientifiques, 1979, 320 pages.

VOSS Jacques, *Livrées ou patrons de coloration chez les poissons cichlidés africains*. In *Revue française d'aquariologie*, vol. 4, fasc. 2, Nancy, Aquarium universitaire, 1977, pp. 33-80.

VOSS Jacques, DANTHINNE Georgette, HANON Lucien et RUWET Jean-Claude, *L'Ethologie comparative, ses concepts, ses méthodes*. In *Les Annales de la Société royale zoologique de Belgique*, tome 103, fasc. 2-3, Bruxelles, Société royale zoologique de Belgique, 1973, pp. 293-319.

D. Travail de fin d'étude

BENTE Helga, *Terminologische Untersuchung (Deutsch-Französisch) zur Ethologie unter besonderer Berücksichtigung des Sozialverhaltens*, Universität des Saarlandes, angewandte Sprachwissenschaft sowie Übersetzen und Dolmetschen, 1985, 170 pages.

E. Collections de revues

Bulletin SFECA : Bulletin de la Société française pour l'Etude du Comportement animal. Laboratoire d'Ethologie, Université de Rennes. Depuis 1976.

La Recherche : Revue mensuelle éditée par la Société d'éditions scientifiques, Paris. Depuis 1971.

Les Cahiers d'Ethologie Appliquée à l'étude et la conservation de la faune sauvage, à la gestion et au contrôle des ressources et productions animales. Laboratoire d'Ethologie, Université de Liège. Depuis 1981.

Insectes sociaux : Publication périodique trimestrielle éditée par l'Union internationale pour l'étude des insectes sociaux, Paris, Masson (consultée depuis 1981).

Références des figures

Les figures qui ne sont pas reprises dans la liste ci-dessous ont été dessinées par le graphiste de la Faculté de Biologie de l'Université de Bielefeld, Monsieur Klaus Weigel, d'après des photographies de l'auteur.

Fig. 1 : BARLOW G.W., 1974 : Fragen und Begriffe der Ethologie. In K. IMMELMANN (éd.) Verhaltensforschung. Kindler, München.

Fig. 2, 39, 57, 63, 73, 75, 99, 113 : TINBERGEN N., 1952 : Instinktlehre, Parey, Berlin, Hamburg.

Fig. 4 : WILSON E.O., 1975 : Sociobiology. The New Synthesis. Belknap Press, Cambridge, Mass.

Fig. 5, 31, 64 : KREBS J.R. & N.B. DAVIES, 1981 a : An Introduction to Behavioural Ecology. Blackwell, Oxford.

Fig. 6 : D'après une photographie prise par Mme Cornelia SCHÄFFER, diplômée en biologie, dans le Parc naturel de Rheine.

Fig. 7 : FRÄDRICH H., 1967 : Das Verhalten der Schweine (Suidae, Tayassuidae) und Flußpferde (Hippotamidae). Handbuch der Zoologie, 8. Band, 42. Lieferung, Walter de Gruyter, Berlin, New York, 1-44.

Fig. 9 : BATESON P., 1978 : Sexual imprinting and optimal outbreeding. Nature 273, 659-660.

Fig. 10 : TRETZEL E., 1965 : Imitation und Variation von Schäferpfiffen durch Haubenlerchen (Galerida c. cristata [L.]). Ein Beispiel für spezielle Spottmotiv-Prädisposition. Z. Tierpsychol. 22, 784-809.

Fig. 11 : SKUTCH A.F., 1976 : Parent Birds and Their Young. University of Texas Press, Austin & London.

Fig. 12 : KIRSCHHOFER R., 1960 : Über das « Harnspritzen » des großen Mara (Dolichotis patagonum). Z. Säugetierk. 25, 112-127.

Fig. 13, 40, 62 : RENSCH B., 1973 : Gedächtnis, Begriffsbildung und Planhandlungen bei Tieren. Parey, Berlin, Hamburg.

Fig. 14 : KRUSKA D., 1970 : Vergleichend cytoarchitektonische Untersuchungen an Gehirnen von Wild- und Hausschweinen. Z. Anat. Entwickl.-Gesch. 131, 291-324.

Fig. 15 : D'après une photographie de R. SOSSINKA.

Fig. 16 : BRINSCH R. & S. SEIFERT, 1979 : Zoofotographie. Fotokinoverlag, Leipzig.

Fig. 17, 69, 81 : DUMPERT K., 1978 : Das Sozialleben der Ameisen. Parey, Berlin, Hamburg.

Fig. 18 : FISCHER H., 1965 : Das Triumphgeschrei der Graugans (Anser anser). Z. Tierpsychol. 22, 247-304.

Fig. 19 : SCHENKEL R., 1956 : Zur Deutung der Balzleistungen einiger Phasianiden und Tetraoniden. Ornith. Beobachter 53, 182-201.

Fig. 20, 108 : BURCKHARDT D., SCHLEIDT W. & H. ALTNER (éd.), 1966 : Signale in der Tierwelt. Vom Vorsprung der Natur. Moos, München.

Fig. 21 : REMANE A., STORCH V. & U. WELSCH, 1978 : Kurzes Lehrbuch der Zoologie. Fischer, Stuttgart, New York, 1978.

Fig. 23, 52, 72 : KREBS J.R. & N.B. DAVIES (éd.), 1981 b : Öko-Ethologie. Parey, Berlin, Hamburg.

Fig. 25 : WALTHER F., 1958 : Zum Kampf- und Paarungsverhalten einiger Antilopen. Z. Tierpsychol. 15, 340-380.

Fig. 26 : EIBL-EIBESFELDT J., 1963 : Angeborenes und Erworbenes im Verhalten einiger Säuger. Z. Tierpsychol. 20, 705-754.

Fig. 27 : TINBERGEN N., 1959 : Einige Gedanken über « Beschwichtigungsgebärden ». Z. Tierpsychol. 16, 651-665.

Fig. 30 : HÖLLDOBLER B., 1973 : Zur Ethologie der chemischen Verständigung bei Ameisen. Nova acta Leopoldina NF 37, 259-292.

Fig. 33 : D'après une photographie de D. CRAPON de CAPRONA.

Fig. 34 : TINBERGEN N., 1955 : Tiere untereinander. Parey, Berlin, Hamburg.

Fig. 36 : DITTRICH L., 1977 : Lebensraum Zoo. Tierparadies oder Gefängnis. Herder, Freiburg.

Fig. 37 : WICKLER W., 1967 : Vergleichende Verhaltensforschung und Phylogenetik. In HEBERER G. (éd.) Die Evolution der Organismen, 3. Aufl. Band I. Fischer, Stuttgart.

Fig. 38, 83, 117 : SCHALLER F., 1962 : Die Unterwelt des Tierreichs. Springer, Berlin, Göttingen, Heidelberg.

Fig. 41 : WALTHER F.R., 1965 : Verhaltensstudien an der Grantgazelle (Gazella granti Brooke, 1872) im Ngorongoro-Krater. Z. Tierpsychol. 22, 167-208.

Fig. 42 : FRISCH K. V., 1965 : Tanzsprache und Orientierung der Bienen. Springer, Berlin, Heidelberg.

Fig. 43 : THIELCKE G., 1970 : Vogelstimmen. Springer, Berlin, Heidelberg, New York.

Fig. 44, 85, 107 : WALTHER F., 1966 : Mit Horn und Huf. Parey, Berlin, Hamburg (134).

Références des figures

Fig. 45 : PLOOG D. & P. GOTTWALD, 1974 : Verhaltensforschung. Instinkt-Lernen-Hirnfunktion. Urban & Schwarzenberg, München, Berlin, Wien.
Fig. 46 : LINDAUER M., 1975 : Verständigung im Bienenstaat. Fischer, Stuttgart.
Fig. 48 : WICKLER W. & D. UHRIG, 1969 : Bettelrufe, Antwortzeit und Rassenunterschiede im Begrüßungsduett des Schmuckbartvogels *Trachyphonus d'arnaudii*. Z. Tierpsychol. **26**, 651-661.
Fig. 49 : HEINROTH O. & M. HEINROTH, 1928 : Die Vögel Mitteleuropas. III. Band. Behrmüller, Berlin-Lichterfelde.
Fig. 50 : MARSHALL A.J. & D.L. SERVENTY, 1956 : The breeding cycle of the Short-tailed Shearwater, *Puffinus tenuirostris* (Temminck), in relation to transequatorial migration and its environment.
Fig. 53 : PETERS H. M., 1948 : Grundfragen der Tierpsychologie : Ordnungs- und Gestaltprobleme. Enke, Stuttgart.
Fig. 54 : LÖHRL H., 1955 : Schlafgewohnheiten der Baumläufer (*Certhia brachydactyla, C. familiaris*) und anderer Kleinvögel in kalten Winternächten. Vogelwarte **18**, 71-77.
Fig. 55 : SCHENKEL R. 1947 : Ausdrucks-Studien an Wölfen. Behaviour **1**, 1947, 81-129.
Fig. 58 : MC BRIDE G., 1971 : Animal Families. Reader's Digest Association, Pleasantville, New York.
Fig. 59 : SLATER P.J.B., 1978 : Sex Hormones and Behaviour. Arnold, London.
Fig. 60 : HEDIGER H., 1973 : Tiere sorgen vor. Manesse Verlag, Zürich.
Fig. 61 : FRANCK D., 1979 : Verhaltensbiologie. Einführung in die Ethologie. Thieme, Stuttgart.
Fig. 65 : GLUTZ VON BLOTZHEIM, U. (éd.), 1975 : Handbuch der Vögel Mitteleuropas. Band 6, Akademische Verlagsgesellschaft, Wiesbaden.
Fig. 66 : SCHALLER F., 1954 : Die indirekte Spermatophoren-Übertragung und ihre Probleme. Forschungen und Fortschritte 28, 321-326.
Fig. 67 : SCHLEIDT W., 1962 : Die historische Entwicklung der Begriffe «Angeborenes auslösendes Schema» und «Angeborener Auslösemechanismus» in der Ethologie. Z. Tierpsychol. **19**, 697-722.
Fig. 68 : WICKLER W. & U. SEIBT, 1977 : Das Prinzip Eigennutz. Hoffmann & Campe, Hamburg.
Fig. 70 : PLOOG D., 1974 : Die Sprache der Affen und ihre Bedeutung für die Verständigungsweisen des Menschen. Kindler, München.
Fig. 71 : HINDE R.A., 1966 : Ritualization and social communication in Rhesus monkeys. Phil. Trans. Roy. Soc., Ser. B, **251**, 285-294.
Fig. 74 : LORENZ K., 1978 : Vergleichende Verhaltensforschung. Grundlagen der Ethologie. Springer, Wien, New York.
Fig. 76 : BECKER-CARUS Ch., BUCHHOLTZ Ch., ETIENNE A., FRANCK D., MEDIONI J., SCHÖNE H., SEVENSTER P., STAMM R.A. & B. TSCHANZ (1972) : Motivation, Handlungsbereitschaft, Trieb. Z. Tierpsychol. **30**, 321-326.

Fig. 77 a : D'après une photographie prise par Mme Katrin VOLGER, diplômée en biologie, au Jardin zoologique de Berlin.
Fig. 78 : WURMBACH H., 1970 : Lehrbuch der Zoologie. Band I. 2. Aufl. Fischer, Stuttgart.
Fig. 79 : FRISCH K. v., 1974 : Tiere als Baumeister. Ullstein, Frankfurt.
Fig. 80 : LIPPERT W., 1972 : Grünreiher bebrütet einen Stein als Gelege-Ersatz. Falke **19**, 136-137.
Fig. 83 : FAASCH H., 1967 : Beitrag zur Biologie der einheimischen Uropodiden *Uroobovella marginata* (C.L. Koch 1839) und *Uropoda orbicularis* (O.F. Müller 1776) und experimentelle Analyse ihres Phoresieverhaltens. Zool. Jb. Syst. **94**, 521-608.
Fig. 88 : WICKLER W. 1968 : Mimikry. Nachahmung und Täuschung in der Natur. Kindler, München.
Fig. 89 : HARLOW H.F. & M.K. HARLOW, 1962 : Social deprivation in monkeys. Sci. Amer. **207**, 136-146.
Fig. 90 : OSCHE G., 1972 : Evolution. Grundlagen, Erkenntnisse, Entwicklungen der Abstammungslehre. Herder, Freiburg, Basel, Wien.
Fig. 91 : FRISCH O.v., 1966 : Wiesenweihe (*Circus pygargus*) trägt Junge ein. Z. Tierpsychol. **23**, 581-583.
Fig. 92 : SCHNEIDER M., 1966 : Einführung in die Physiologie des Menschen. 15. Aufl. Springer, Berlin, Heidelberg, New York.
Fig. 93 : PRECHTL H.F.R., 1953 : Stammesgeschichtliche Reste im Verhalten des Säuglings. Umschau **53**, 656-658.
Fig. 94 : CATCHPOLE C., 1980 : Sexual selection and the evolution of complex songs among European warblers of the genus *Acrocephalus*. Behaviour **74**, 149-166.
Fig. 95 : LORENZ K. & N. TINBERGEN, 1938 : Taxis und Instinkthandlung in der Eirollbewegung der Graugans. Z. Tierpsychol. **2**, 1-29.
Fig. 96 : ASCHOFF J. & R. WEVER, 1962 : Aktivitätsmenge und α : 9-Verhältnis als Meßgröße der Tagesperiodik Z. vergl. Physiol. **46**, 88-101.
Fig. 97 : ASCHOFF J., 1970 : Circadiane Periodik als Grundlage des Schlaf-Wach-Rhythmus. In BAUST W. (éd.) Ermüdung, Schlaf und Traum. Wissenschaftl. Verlagsges., Stuttgart, 59-98.
Fig. 98 : GWINNER E., 1967 : Circannuale Periodik der Mauser und der Zugunruhe bei einem Vogel. Naturwiss. **54**, 447.
Fig. 99 : LORENZ K., 1943 : Die angeborenen Formen möglicher Erfahrung. Z. Tierpsychol. **5**, 235-409.
Fig. 100 : DEFRIES J.C., GERVAIS M.C. & E.A. THOMAS, 1978 : Response to 30 generations of selection for open-field activity in laboratory
Fig. 101 : D'après une photographie prise par Mme Cornelia SCHÄFFER, diplômée en biologie, dans le Parc naturel de Rheine.
Fig. 102 : HEDIGER H., 1954 : Skizzen zu einer Tierpsychologie im Zoo und im Zirkus. Europa-Verlag, Stuttgart.

Références des figures

Fig. 103 : HUBER F., 1965 : Aktuelle Probleme in der Physiologie des Nervensystems der Insekten. Naturwiss. Rdsch. **18**, 143-156.

Fig. 104 : BAERENDS G.P. & J.M. BAERENDS von ROON, 1950 : An introduction to the study of the ethology of cichlid fishes. Behaviour, Suppl. 1, Brill, Leiden.

Fig. 105 : WINKEL W., 1965 : Über das «Einrollen» von Eiattrappen bei Zwergwachteln (*Excalfactoria chinensis*). J. Orn. **110**, 209-218.

Fig. 106 : HOLST D.v., 1969 : Sozialer Stress bei Tupajas (*Tupaia belangeri*). Die Aktivierung des sympathischen Nervensystems und ihre Beziehung zu hormonal ausgelösten ethologischen und physiologischen Veränderungen. Z. vgl. Physiol. **63**, 1-58.

Fig. 109 : MANNING A., 1979 : Verhaltensforschung. Eine Einführung. Springer, Berlin, Heidelberg, New York.

Fig. 110 : STEINER H., 1955 : Das Brutverhalten der Prachtfinken, Spermestidae, als Ausdruck ihres selbständigen Familiencharakters. Acta XI Congr. Int. Orn. Basel 1954, 350-355.

Fig. 112 : HÖLLDOBLER B., 1970 : Zur Physiologie der Gast-Wirt-Beziehungen (Myrmecophilie) bei Ameisen. Z. vergl. Physiologie **66**, 215-250.

Fig. 114 : SAMBRAUS H.H., 1978 : (éd.). Nutztierethologie. Parey, Berlin, Hamburg.

Fig. 116 : KUMMER H., 1975 : Sozialverhalten der Primaten. Springer, Berlin, Heidelberg, New York.

Fig. 118 : ZIPPELIUS H.-M., 1972 : Die Karawanenbildung bei Feld- und Hausspitzmaus. Z. Tierpsychol. **30**, 305-320.

Fig. 121 : HESSE R. & F. DOFLEIN, 1943 : Tierbau und Tierleben in ihrem Zusammenhang betrachtet. Fischer, Jena. HÖLLDOBLER B.K. & E.O. WILSON, 1977 : Weaver ants. Scient. Am. **237**, 146-154.

Fig. 122 : WAGNER H.O., 1954 : Versuch einer Analyse der Kolibribalz. Z. Tierpsychol. **11**, 182-212.

Fig. 123 : GLUTZ VON BLOTZHEIM U. (éd.), 1977 : Handbuch der Vögel Mitteleuropas. Band 7 (Charadriiformes, 2. Teil). Akademische Verlagsgesellschaft, Wiesbaden.

Index

A

abeilles, Danse des, 84
aberrante, Empreinte, 100
accouplement, Sollicitation à l', 214
Accoutumance, 124
Accumulation de la pulsion, 17
Acte consommatoire, 15
Action de consommation, 15
Action de transition, 15
action, Potentiel d', 185
action, Système d', 230
Activité (à) vide, 16
Activité, 15
Activité de débordement, 16
Activité de déplacement, 16
Activité de redirection, 16
Activité de substitution, 16
Activité exploratrice, 70
Activité explosive, 16
Activité redirigée, 16
Activité substitutive, 16
Activité symbolique, 17
Adaptation, 18
adaptative, Radiation, 194
Adoption, 18
Adulte, 19
Afférence, 19
Affichage sexuel, 19
âge, Dimorphisme lié à l', 89
Agitation migratoire, 19
agonistique, Amortissement, 25
agonistique, Comportement, 58
agressif, Comportement, 20
Agression, 20
Agressivité, 20
agrippement, Réflexe d', 200
Agrippeur, 20
Aidant (au nid), 21
Aire vitale, 23
alimentaire, Empreinte, 102
alimentaire, Offrande, 171
alimentaire, Quémande, 69
Alléchage, 23
Allolissage, 211
Allolustrage, 210
Allomarquage, 37
Allomère, 23
allomimétique, Induction, 174
Allopatrie, 24
Altruisme, 24
Amassement, 25
Ambivalence, 58
ambivalent, Comportement, 58
Ameslan, 25

Amortissement agonistique, 25
Analogie, 26
Analyse motivationnelle, 26
Androgènes, 26
animal-cible, Méthode de l', 155
animale, Communication, 56
animale, Psychologie, 192
animale, Sociologie, 214
Animaux de contact, 27
Animaux de distance, 27
Anomalie comportementale, 28
Antagonisme, 28
Anthropomorphisme, 28
anti-inceste, Comportement, 58
Antihormone, 29
apaisement, Comportement d', 60
Appariement, 29
Appariement sélectif, 29
Appétence, 59
Appétence conditionnée, 30
appétence, Comportement d', 59
appétitif, Comportement, 59
appliquée, Ethologie, 109
Apprentissage, 30
Apprentissage par observation, 133
Apprentissage prénatal, 31
apprentissage, Disposition à l', 91
apprentissage, Privation d', 188
Apprivoisement, 31
Appropriation vocale, 32
Aptitude, 33
Arc réflexe, 33
Arène de parade, 33
artificielle, Sélection, 209
Asocial, 34
Aspersion d'urine, 34
Atavisme, 35
Attachement, 35
Attachement mère-enfant, 36
attachement, Comportement d', 62
attachement, Pulsion d', 193
Attitude de soumission, 184
Attractif sexuel, 36
Attrape, 145
Autisme, 37
autocentré, Comportement, 60
Autolissage, 211
Autolustrage, 210
Automarquage, 37
Auxiliaire, 21
Aversion conditionnée, 37
avertissement, Coloration d', 55
avertissement, Comportement d', 62

Index

B
Bain de fourmis, 37
bébé, Schéma du, 207
Behaviorisme, 38
Bioacoustique, 38
Biologie des animaux de jardin zoologique, 39
Biologie des populations, 39
Biotope, 40
biotope, Empreinte au, 102
Boîte à problème(s), 40
Boîte de Skinner, 40
buccal, Incubateur, 133

C
Caenogenèse, 40
Cage de Skinner, 40
Cannibalisme, 41
Capacité de numération, 41
Caractère comportemental, 42
Caractère de domestication, 42
Caractère juvénile, 43
Caractères sexuels, 44
Caste, 45
Castration, 45
cérébrale, Stimulation, 219
Cérémonial de triomphe, 46
Cérémonie, 46
Chaîne de réactions, 46
champ ouvert, Test du, 235
Changement de couleur, 47
Changement de fonction, 49
Changement motivationnel, 49
Chant, 49
Chant de cour, 51
Chanteur mixte, 51
Chant territorial, 51
Chant typique, 215
Chimiorécepteur, 52
Chœur, 52
choix, Epreuve de, 106
choix, Test de, 106
Chronologie, 52
Cinèse, 52
Cinesthésie, 52
circadien, Rythme, 205
circannien, Rythme, 206
Cleptobiose, 53
Cleptogamie, 53
cognitif, Comportement, 60
Cohésion sociale, 53
collectif, Territoire, 234
collective, Parade, 175
Colonie, 53
Colonie de nidification, 54
Coloration d'avertissement, 55
Coloration de mise en garde, 55
Combat rituel, 55
Combat sanglant, 56
Combinaison-clé, 220
combinaison finalisée, Comportement par, 73
combinaison inédite, Comportement par, 73
combinaison primaire, Comportement par, 73

Commensalisme, 56
Communication animale, 56
Communication électrique, 57
Compagnon, 57
comparative, Ethologie, 110
comparée, Ethologie, 110
comparée, Psychologie, 192
Compétition, 57
Comportement agonistique, 58
Comportement agressif, 20
Comportement ambivalent, 58
Comportement anti-inceste, 58
Comportement appétitif, 59
Comportement autocentré, 60
Comportement cognitif, 60
Comportement conflictuel, 60
Comportement d'agression, 20
Comportement d'apaisement, 60
Comportement d'appétence, 59
Comportement d'attachement, 62
Comportement d'avertissement, 62
Comportement d'exploration, 70
Comportement d'investigation, 70
Comportement de confort, 63
Comportement de contact, 64
Comportement de gardiennage, 64
Comportement de marquage, 65
Comportement de menace, 66
Comportement de mise à mort, 67
Comportement de parade nuptiale, 68
Comportement de poursuite, 69
Comportement de quémande, 69
Comportement de suite, 69
Comportement explorateur, 70
Comportement exploratoire, 70
Comportement expressif, 71
Comportement interspécifique, 71
Comportement intraspécifique, 71
Comportement ludique, 71
Comportement moteur, 73
Comportement parental, 74
Comportement par combinaison finalisée, 73
Comportement par combinaison inédite, 73
Comportement par combinaison primaire, 73
Comportement postcopulatoire, 75
Comportement reproducteur, 75
Comportement social, 75
Comportement spontané, 76
Comportement territorial, 76
comportement, Embryologie du, 99
comportement, Morphologie du, 163
comportement, Phylogénie du, 181
comportement, Sciences du, 208
comportemental, Caractère, 42
comportemental, Outil, 174
comportemental, Répertoire, 202
comportementale, Anomalie, 28
comportementale, Mimicrie, 156
Composante d'orientation, 76
Composante taxique, 76
composite, Motivation, 164
concepts, Formation de, 77

Index

Conceptualisation, 77
conditionnée, Appétence, 30
conditionnée, Aversion, 37
Conditionnement, 78
conflictuel, Comportement, 60
Conflit de générations, 78
confort, Comportement de, 63
conjugal, Lien, 146
Conscience, 79
consommation, Action de, 15
consommatoire, Acte, 15
consort, Couple, 82
Constance de forme, 79
contact, Animaux de, 27
contact, Comportement de, 64
Contagion, 174
Contingence, 80
Convergence, 80
Coolidge, Effet, 98
Coordination motrice fixée, 80
Coordination motrice héréditaire, 80
Copie vocale, 32
Copulation, 81
Coucher à l'écart, 81
couleur, Changement de, 47
Couple consort, 82
couple, Formation du, 117
couple, Lien de, 146
cour, Chant de, 51
Crèche, 82
Cri, 83
critique, Période, 178
Cronisme, 83
Culture, 83
Cycle fonctionnel, 84

D

Danse des abeilles, 84
Déafférentation, 85
débordement, Activité de, 16
déclenchement, Mécanisme de, 152
Déclencheur, 86
Déclencheur interspécifique, 86
Déclencheur social, 86
déclencheur, Mécanisme, 152
Décrément, 87
Démonstration de prestance, 87
Densité de population, 87
déplacement, Activité de, 16
Déprivation, 188
dermique, Service, 210
Désafférentation, 85
Désafférentiation sensorielle, 85
Dialecte, 87
Dimorphisme lié à l'âge, 89
Dimorphisme sexuel, 89
discriminatif, Test, 106
discrimination, Epreuve de, 106
Display, 90
Dispositif Wisconsin de testage général, 91
Disposition à l'apprentissage, 91
Distance de fuite, 92

Distance inter-individuelle, 92
distance, Animaux de, 27
diversion, Manœuvre de, 149
Division du travail, 93
Domaine vital, 94
Domestication, 94
domestication, Caractère de, 42
Dominance, 94
dominance, Hiérarchie de, 127
Dressage, 94
Duo, 95
Dynamique sociale, 96

E

Ebouriffement du plumage, 96
Echogoniométrie, 97
Echolocation, 97
Ecoorientation, 97
Echosondage, 97
Ecoéthologie, 97
Ecologie, 97
écologique, Niche, 167
Ecotype, 98
Ectohormone, 178
Effecteur, 98
Efférence, 98
Effet Coolidge, 98
Effet de groupe, 98
Effet Fraser-Darling, 99
Effet tampon, 25
électrique, Communication, 57
Embryologie du comportement, 99
Embryon, 99
Emission sonore, 99
Empreinte, 100
Empreinte aberrante, 100
Empreinte alimentaire, 102
Empreinte au biotope, 102
Empreinte au lieu d'origine, 102
Empreinte au site, 102
Empreinte à l'hôte, 101
Empreinte filiale, 103
Empreinte olfactive, 104
Empreinte sexuelle, 105
Empreinte vocale, 105
endocrine, Glande, 122
Endogène, 105
Energie spécifique d'action, 185
Engramme, 106
Enzyme, 106
Epiphénomène, 106
Epouillage (mutuel), 210
Epouillage social, 210
Epreuve de choix, 106
Epreuve de discrimination, 106
Espèce, 107
Essaim, 107
Ethoendocrinologie, 108
Ethogénétique, 108
Ethogramme, 108

Index

Ethologie, 109
Ethologie appliquée, 109
Ethologie comparative, 110
Ethologie comparée, 110
Ethologie humaine, 110
Ethométrie, 111
Ethomimicrie, 156
Ethopathie, 111
Ethophysiologie, 111
Eusocialité, 111
évacuation, Objet d', 170
Evocateur, 86
Evolution, 111
Excitabilité, 112
Excitation, 112
Expérience d'isolement, 188
Expérience de privation, 188
expérience, Privation d', 188
explorateur, Comportement, 70
exploration, Comportement d', 70
exploratoire, Comportement, 70
exploratrice, Activité, 70
explosive, Activité, 16
expressif, Comportement, 71
Expression faciale, 157
Extension de fonction, 112
externe, Stimulus, 221
Extérocepteur, 112
Extérorécepteur, 112
Extinction, 113
Extirpation, 113

F
faciale, Expression, 157
Facilitation, 113
Facilitation sociale, 174
Facteur proximal, 113
Facteur ultime, 114
Famille, 115
Fatigue, 116
Fatigue spécifique d'action, 116
Fécondation, 116
Fidélité au site, 116
filiale, Empreinte, 103
Filtrage des stimuli, 117
flairage, Moue de, 164
Fonction, 117
fonction, Changement de, 49
fonction, Extension de, 112
fonctionnel, Cycle, 84
Formation de concepts, 77
Formation du couple, 117
Formation du groupe, 117
forme, Constance de, 79
forme, Perception de la, 177
Fossiles, 118
Foule, 119
fourmis, Bain de, 37
Fraser-Darling, Effet, 99
Fratricide, 120
fuite, Distance de, 92

G
Gamète, 121
gardiennage, Comportement de, 64
Généralisation du stimulus, 121
générations, Conflit de, 78
Genèse, 121
génique, Pool, 183
Génome, 121
Génotype, 121
Geste de pacification, 60
Gestique, 122
gîte, Retour au, 203
Glande endocrine, 122
Gonade, 122
gonadotrope, Hormone, 123
Gonadotrophine, 123
Grattage de la tête, 123
Groupe monosexe mâle, 123
Groupe multimâle, 124
Groupe plurispécifique, 124
groupe, Effet de, 98
groupe, Formation du, 117
groupe, Odeur de, 170

H
Habitat, 124
Habituation, 124
Habituation au stimulus, 124
Harcèlement, 131
Harem, 125
Hiérarchie, 125
Hiérarchie de becquetage, 127
Hiérarchie de dominance, 127
Hiérarchie de dominance agressive, 127
Hiérarchie sociale, 127
Homologie, 128
Homosexualité, 129
Horloge interne, 129
hormonal, Traitement, 238
Hormone, 129
Hormone gonadotrope, 123
Hormone sexuelle, 130
Hormone stéroïde, 130
hôte, Empreinte à l', 101
Houspillage, 131
humaine, Ethologie, 110
Hybride, 131
Hygiène du nid, 131
Hypersexualité, 132
Hypertrophie, 132
Hypophyse, 132

I
Image spécifique de recherche, 132
Imbrication instinct-dressage, 139
Imitation, 133
Imitation vocale, 32
inceste, Prohibition de l', 58
Incitation sociale, 175
Incubateur buccal, 133
Indicateur de statut, 134

Index

individuelle, Reconnaissance, 198
Induction, 134
Induction allomimétique, 174
Infanticide, 134
infantile, Pulsion, 194
Infantilisme, 135
Inhibition, 135
Inhibition sociale, 136
Inné, 136
inné, Schéma, 208
Insémination, 137
Instinct, 137
instinct, Modèle de la structure d'un, 160
instinct-dressage, Imbrication, 139
Instinctif, 138
instruments, Usage d', 242
intention, Mouvement d', 165
intentionnel, Mouvement, 165
inter-individuelle, Distance, 92
Interattraction, 138
interne, Horloge, 129
interne, Stimulus, 221
Intérocepteur, 138
Intérorécepteur, 138
interpartenaire, Lien, 146
Interpénétration de l'inné et de l'acquis, 139
interspécifique, Comportement, 71
interspécifique, Déclencheur, 86
interspécifique, Territorialité, 234
intraspécifique, Comportement, 71
Introspection, 139
investigation, Comportement d', 70
Investissement parental, 139
Irréversibilité, 140
Isolement, 140
Isolement sexuel, 141
isolement, Expérience d', 188
isolement, Mécanisme d', 153
isolement, Syndrome d', 229

J

jardin zoologique, Biologie des animaux de, 39
jeunes, Transport des, 240
jeux, Théorie des, 236
Juvénile, 141
juvénile, Caractère, 43

K

Kaspar-Hauser, 141
Kinesthésie, 52

L

Labyrinthe, 142
Langage, 143
Larve, 144
latence, Temps de, 233
léthal, Secouement, 208
Leurre, 145
Lien conjugal, 146
Lien de couple, 146

Lien interpartenaire, 146
Lien mâle-femelle, 146
Lien sexuel, 146
Localisation, 147
Local enhancement, 146
Loi de sommation hétérogène des stimuli, 215
Lordose, 147
ludique, Comportement, 71
ludique, Signal, 212
Lustrage, 210

M

Macrosmates, 147
Male care, 147
Mâle satellite, 148
mâle-femelle, Lien, 146
Manifestation de caractère fixe, 80
Manœuvre de diversion, 149
manuelle, Préférence, 187
Marche nuptiale, 150
Mariage, 150
Marquage olfactif, 150
marquage, Comportement de, 65
Maturation, 151
Mécanisme d'isolement, 153
Mécanisme de déclenchement, 152
Mécanisme déclencheur, 152
Mécanorécepteur, 154
Mélotope, 154
Mémoire, 155
menace, Comportement de, 66
menace, Mimique de, 158
mère-enfant, Attachement, 36
Métabolisme, 155
Méthode de l'animal-cible, 155
Microgenèse, 156
Microsmates, 156
migratoire, Agitation, 19
Mimétisme, 156
Mimicrie, 156
Mimicrie comportementale, 156
Mimicrie de statut, 157
Mimique, 157
Mimique de menace, 158
Miroir, 159
mise à mort, Comportement de, 67
mise en garde, Coloration de, 55
mixte, Chanteur, 51
Modalité, 160
Modèle, 160
Modèle de la structure d'un instinct, 160
Modification, 162
Monde sensible, 242
Monogamie, 162
Monomorphisme, 163
monosexe mâle, Groupe, 123
Monte, 163
Morphologie du comportement, 163
Morsure à la nuque, 163
moteur, Comportement, 73
moteur, Stéréotype, 80

Index

Motivation, 163
Motivation composite, 164
motivationnel, Changement, 49
motivationnel, Stimulus, 221
motivationnelle, Analyse, 26
Moue de flairage, 164
Mouvement d'intention, 165
Mouvement intentionnel, 165
multimâle, Groupe, 124
Mutation, 166
Mutualisme, 24
mutuel, Epouillage, 210

N
Navigation, 166
Nécrophorésie, 166
Néoténie, 166
nettoyage, Symbiose de, 226
Neuroéthologie, 166
Neurone, 167
Neurosécrétion, 167
Niche écologique, 167
Nid de repos, 168
nid, Aidant au, 21
nid, Hygiène du, 131
nid, Relève au, 201
Nidicole, 168
nidification, Colonie de, 54
nidification, Symbole de, 227
Nidifuge, 168
numération, Capacité de, 41
nuptial, Vol, 245
nuptiale, Marche, 150
nuptiale, Offrande, 172
nuptiale, Parure, 177
nuque, Morsure à la, 163

O
Objet d'évacuation, 170
Objet de remplacement, 169
observation, Apprentissage par, 133
Odeur de groupe, 170
Odeur de ruche, 170
Œstrogènes, 170
Œstrus, 170
œuf, Ramener de l', 204
œuf, Rentrée de l', 204
œuf, Roulage de l', 204
Offrande alimentaire, 171
Offrande nuptiale, 172
olfactif, Marquage, 150
olfactive, Empreinte, 104
Ontogenèse, 172
Organe, 172
Organe cible, 172
Organe des sens, 173
Organisme, 173
Orientation, 173
orientation, Composante d', 76
Outil comportemental, 174
Ovulation, 173

P
pacification, Geste de, 60
Paléoéthologie, 174
Panurgisme, 174
Parade collective, 175
Parade de simulation, 149
parade, Arène de, 33
parade nuptiale, Comportement de, 68
parade, Vol de, 244
Parasitisme, 176
Parasitisme de reproduction, 176
Parasitisme social, 176
parental, Comportement, 74
parental, Investissement, 139
parentèle, Reconnaissance de la, 198
parentèle, Théorie de la, 235
Parure nuptiale, 177
Patron-moteur hérité, 80
Patron moteur fixe, 80
Perception de la forme, 177
Période critique, 178
Période sensible, 178
Périodicité, 177
Périphérique, 177
Phase de rétention, 178
Phase sensible, 178
phase, Spécificité de, 216
Phénomène de sommation hétérogène des stimuli, 215
Phénotype, 178
Phéro-hormone, 178
Phéromone, 178
Phérormone, 178
Phobie, 179
Phorésie, 179
Photorécepteur, 180
Phylogenèse, 181
Phylogénie du comportement, 181
Physiologie, 181
Piloérection, 181
Placenta, 181
plumage, Ebouriffement du, 96
plurispécifique, Groupe, 124
Polyéthisme, 181
Polygamie, 182
Polymorphisme, 182
Polyphénisme, 183
ponte, Soins à la, 214
Pool génique, 183
Population, 183
population, Densité de, 87
populations, Biologie des, 39
postcopulatoire, Comportement, 75
Posture de sommeil, 184
Posture de soumission, 184
Posture de tétée, 184
Potentiel d'action, 185
Potentiel spécifique d'action, 185
poursuite, Comportement de, 69
poursuite, Réaction de, 69
Préchant, 216
Préférence, 186

Index

Préférence manuelle, 187
préhension, Réflexe de, 200
prénatal, Apprentissage, 31
Présentation, 187
prestance, Démonstration de, 87
Primates, 188
Primipare, 188
Privation d'apprentissage, 188
Privation d'expérience, 188
privation, Expérience de, 188
problème(s), Boîte à, 40
Progestagène, 189
Programme, 190
Prohibition de l'inceste, 58
Promiscuité, 190
Propriocepteur, 191
proximal, Facteur, 113
Pseudo-copulation, 191
Pseudo-épouillage, 210
Psychogénétique, 192
Psychologie animale, 192
Psychologie comparée, 192
Psychotropes, 193
Pulsion, 193
Pulsion d'attachement, 193
Pulsion infantile, 194
pulsion, Accumulation de la, 17

Q

Quémande alimentaire, 69
quémande, Comportement de, 69

R

Radiation adaptative, 194
Ramassage, 196
Ramener de l'œuf, 204
Rameutage, 131
Rapport hiérarchique absolu, 196
Réaction de poursuite, 69
Réaction en chaîne, 46
réactions, Chaîne de, 46
Réafférence, 196
Récapitulation, 197
Récepteur, 197
recherche, Image spécifique de, 132
Reconnaissance, 198
Reconnaissance de la parentèle, 198
Reconnaissance individuelle, 198
Reconnaissance spécifique, 199
redirection, Activité de, 16
redirigée, Activité, 16
Réflexe, 199
Réflexe d'agrippement, 200
Réflexe de préhension, 200
réflexe, Arc, 33
Relation, 200
Relation stimulus-réponse, 201
Relève au nid, 201
remplacement, Objet de, 169
Renforcement, 201
Renforcement social, 175
Renserrement, 64

Rentrée de l'œuf dans le nid, 204
Repasse, 201
Répertoire comportemental, 202
Répertoire sonore, 202
Répertoire vocal, 202
réponse, Seuil de, 211
reproducteur, Comportement, 75
Reproduction, 203
reproduction, Parasitisme de, 176
reproduction, Système de, 230
rétention, Phase de, 178
Retour au gîte, 203
Ritualisation, 203
rituel, Combat, 55
Rôle, 203
Roulage de l'œuf, 204
ruche, Odeur de, 170
Rut, 205
Rythme circadien, 205
Rythme circannien, 206

S

sanglant, Combat, 56
satellite, Mâle, 148
Schéma du bébé, 207
Schéma inné, 208
Schéma inné de déclenchement, 208
Sciences du comportement, 208
Secouement léthal, 208
Sécrétion, 209
sélectif, Appariement, 29
Sélection, 209
Sélection artificielle, 209
Sémiotique, 210
sens, Organe des, 173
sensible, Période, 178
sensible, Phase, 178
Service dermique, 210
Seuil de réponse, 211
seuil de réponse, Variation du, 244
Sevrage, 211
sexuel, Affichage, 19
sexuel, Attractif, 36
sexuel, Dimorphisme, 89
sexuel, Isolement, 144
sexuel, Lien, 146
sexuelle, Empreinte, 105
sexuelle, Hormone, 130
sexuels, Caractères, 44
Signal ludique, 212
simulation, Parade de, 149
site, Empreinte au, 102
site, Fidélité au, 116
Skinner, Boîte de, 40
Skinner, Cage de, 40
Social, 212
social, Comportement, 75
social, Déclencheur, 86
social, Epouillage, 210
social, Parasitisme, 176
social, Renforcement, 175
social, Toilettage, 236

Index

social, Tonus, 237
sociale, Cohésion, 53
sociale, Dynamique, 96
sociale, Facilitation, 174
sociale, Hiérarchie, 127
sociale, Incitation, 175
sociale, Inhibition, 136
sociale, Stimulation, 220
sociale, Structure, 225
Socialisation, 212
Société, 213
Sociobiologie, 213
Sociohormone, 178
Sociologie animale, 214
Sociométrie, 214
Soins à la ponte, 214
Solitaire, 214
Sollicitation à l'accouplement, 214
Sommation des stimuli, 215
sommeil, Posture de, 184
sonique, Spectrogramme, 217
Sonogramme, 217
sonore, Emission, 99
sonore, Répertoire, 202
Sortie motrice unitaire, 80
soumission, Attitude de, 184
soumission, Posture de, 184
Sous-chant, 215
Spéciation, 216
Spécificité de phase, 216
Spécificité du stimulus, 216
Spécifique, 217
spécifique d'action, Energie, 185
spécifique d'action, Fatigue, 116
spécifique d'action, Potentiel, 185
spécifique, Reconnaissance, 199
Spectrogramme sonique, 217
Spermatophore, 217
spermatophores, Transmission indirecte de, 239
Spermatozoïde, 217
spontané, Comportement, 76
statut, Indicateur de, 134
statut, Mimicrie de, 157
Stéréotype moteur, 80
Stéréotypie, 218
stéroïde, Hormone, 130
Stimulation, 219
Stimulation cérébrale, 219
Stimulation sociale, 220
stimuli, Filtrage des, 117
stimuli, Loi de sommation hétérogène des, 215
stimuli, Phénomène de sommation hétérogène des, 215
stimuli, Sommation des, 215
Stimulines, 220
Stimulus, 220
stimulus, Généralisation du, 121
stimulus, Spécificité du, 216
Stimulus-clé, 220
Stimulus externe, 221
Stimulus interne, 221
Stimulus motivationnel, 221

Stimulus supranormal, 221
stimulus, Habituation au, 124
stimulus-réponse, Relation, 201
Stratégie, 222
Stress, 223
Structure modale d'action, 225
Structure sociale, 225
Substitut, 169
substitution, Activité de, 16
substitutive, Activité, 16
suite, Comportement de, 69
Suiteur, 226
supranormal, Stimulus, 221
Surrogate, 226
Symbiose de nettoyage, 226
Symbole de nidification, 227
symbolique, Activité, 17
Sympatrie, 228
Synapse, 228
Synchronisation, 229
Synchroniseur temporel, 229
Syndrome, 229
Syndrome d'attaque et de fuite, 223
Syndrome d'isolement, 229
Syndrome Général d'Adaptation (SGA), 223
Synergie, 230
Système d'action, 230
Système de reproduction, 230
Système nerveux central, 230

T
tampon, Effet, 25
Taxie, 231
taxique, Composante, 76
Téléonomie, 233
temporel, Synchroniseur, 229
Temps de latence, 233
Territoire, 233
Territoire collectif, 234
territorial, Chant, 51
territorial, Comportement, 76
Territorialité interspécifique, 234
Testostérone, 235
Test de choix, 106
Test discriminatif, 106
Test du champ ouvert, 235
tétée, Posture de, 184
Théorie des jeux, 236
Théorie de la parentèle, 235
Toilettage social, 236
Tonus social, 237
Tradition, 237
Traitement hormonal, 238
transition, Action de, 15
Transmission indirecte de spermatophores, 239
Transport des jeunes, 240
travail, Division du, 93
triomphe, Cérémonial de, 46
Trophallaxie, 240
Tropisme, 240
Troupeau, 241
Tutelle, 241

Index

U
ultime, Facteur, 114
Umwelt, 242
Union durable, 242
urine, Aspersion d', 34
Usage d'instruments, 242

V
Variation du seuil de réponse, 244
Vestige historique, 244
vide, Activité (à), 16
Viscérocepteur, 138
vital, Domaine, 94

vitale, Aire, 23
vocal, Répertoire, 202
vocale, Appropriation, 32
vocale, Copie, 32
vocale, Empreinte, 105
vocale, Imitation, 32
Vol de parade, 244
Vol nuptial, 245

Z
Zoomorphisme, 246
Zoosémiotique, 210

CHEZ LE MEME EDITEUR

PSYCHOLOGIE ET SCIENCES HUMAINES
collection publiée sous la direction de MARC RICHELLE

1 Dr Paul Chauchard: LA MAITRISE DE SOI, 9° éd.
5 François Duyckaerts: LA FORMATION DU LIEN SEXUEL, 9° éd.
7 Paul-A. Osterrieth: FAIRE DES ADULTES, 16° éd.
9 Daniel Widlöcher: L'INTERPRETATION DES DESSINS D'ENFANTS, 9° éd.
11 Berthe Reymond-Rivier: LE DEVELOPPEMENT SOCIAL DE L'ENFANT ET DE L'ADOLESCENT, 9° éd.
12 Maurice Dongier: NEVROSES ET TROUBLES PSYCHOSOMATIQUES, 7° éd.
15 Roger Mucchielli: INTRODUCTION A LA PSYCHOLOGIE STRUCTURALE, 3° éd.
16 Claude Köhler: JEUNES DEFICIENTS MENTAUX, 4° éd.
21 Dr P. Geissmann et Dr R. Durand: LES METHODES DE RELAXATION, 4° éd.
22 H. T. Klinkhamer-Steketée: PSYCHOTHERAPIE PAR LE JEU, 3° éd.
23 Louis Corman: L'EXAMEN PSYCHOLOGIQUE D'UN ENFANT, 3° éd.
24 Marc Richelle: POURQUOI LES PSYCHOLOGUES?, 6° éd.
25 Lucien Israel: LE MEDECIN FACE AU MALADE, 5° éd.
26 Francine Robaye-Geelen: L'ENFANT AU CERVEAU BLESSE, 2° éd.
27 B.F. Skinner: LA REVOLUTION SCIENTIFIQUE DE L'ENSEIGNEMENT, 3° éd.
28 Colette Durieu: LA REEDUCATION DES APHASIQUES
29 J.C. Ruwet: ETHOLOGIE: BIOLOGIE DU COMPORTEMENT, 3° éd.
30 Eugénie De Keyser: ART ET MESURE DE L'ESPACE
32 Ernest Natalis: CARREFOURS PSYCHOPEDAGOGIQUES
33 E. Hartmann: BIOLOGIE DU REVE
34 Georges Bastin: DICTIONNAIRE DE LA PSYCHOLOGIE SEXUELLE
35 Louis Corman: PSYCHO-PATHOLOGIE DE LA RIVALITE FRATERNELLE
36 Dr G. Varenne: L'ABUS DES DROGUES
37 Christian Debuyst, Julienne Joos: L'ENFANT ET L'ADOLESCENT VOLEURS
38 B.-F. Skinner: L'ANALYSE EXPERIMENTALE DU COMPORTEMENT, 2° éd.
39 D.J. West: HOMOSEXUALITE
40 R. Droz et M. Rahmy: LIRE PIAGET, 3° éd.
41 José M.R. Delgado: LE CONDITIONNEMENT DU CERVEAU ET LA LIBERTE DE L'ESPRIT
42 Denis Szabo, Denis Gagné, Alice Parizeau: L'ADOLESCENT ET LA SOCIETE, 2° éd.
43 Pierre Oléron: LANGAGE ET DEVELOPPEMENT MENTAL, 2° éd.
44 Roger Mucchielli: ANALYSE EXISTENTIELLE ET PSYCHOTHERAPIE PHENOMENO-STRUCTURALE
45 Gertrud L. Wyatt: LA RELATION MERE-ENFANT ET L'ACQUISITION DU LANGAGE, 2° éd.
46 Dr Etienne De Greeff: AMOUR ET CRIMES D'AMOUR
47 Louis Corman: L'EDUCATION ECLAIREE PAR LA PSYCHANALYSE
48 Jean-Claude Benoit et Mario Berta: L'ACTIVATION PSYCHOTHERAPIQUE
49 T. Ayllon et N. Azrin: TRAITEMENT COMPORTEMENTAL EN INSTITUTION PSYCHIATRIQUE
50 G. Rucquoy: LA CONSULTATION CONJUGALE
51 R. Titone: LE BILINGUISME PRECOCE
52 G. Kellens: BANQUEROUTE ET BANQUEROUTIERS
53 François Duyckaerts: CONSCIENCE ET PRISE DE CONSCIENCE
54 Jacques Launay, Jacques Levine et Gilbert Maurey: LE REVE EVEILLE-DIRIGE ET L'INCONSCIENT
55 Alain Lieury: LA MEMOIRE
56 Louis Corman: NARCISSISME ET FRUSTRATION D'AMOUR
57 E. Hartmann: LES FONCTIONS DU SOMMEIL
58 Jean-Marie Paisse: L'UNIVERS SYMBOLIQUE DE L'ENFANT ARRIERE MENTAL
59 Jacques Van Rillaer: L'AGRESSIVITE HUMAINE
60 Georges Mounin: LINGUISTIQUE ET TRADUCTION
61 Jérôme Kagan: COMPRENDRE L'ENFANT
62 Michael S. Gazzaniga: LE CERVEAU DEDOUBLE
63 Paul Cazayus: L'APHASIE
64 X. Seron, J.L. Lambert, M. Van der Linden: LA MODIFICATION DU COMPORTEMENT
65 W. Huber: INTRODUCTION A LA PSYCHOLOGIE DE LA PERSONNALITE, 2° éd.
66 Emile Meurice: PSYCHIATRIE ET VIE SOCIALE
67 J. Château, H. Gratiot-Alphandéry, R. Doron et P. Cazayus: LES GRANDES PSYCHOLOGIES MODERNES
68 P. Sifnéos: PSYCHOTHERAPIE BREVE ET CRISE EMOTIONNELLE
69 Marc Richelle: B.F. SKINNER OU LE PERIL BEHAVIORISTE
70 J.P. Bronckart: THEORIES DU LANGAGE

71 Anika Lemaire: JACQUES LACAN, 2ᵉ éd. revue et augmentée
72 J.L. Lambert: INTRODUCTION A L'ARRIERATION MENTALE
73 T.G.R. Bower: DEVELOPPEMENT PSYCHOLOGIQUE DE LA PREMIERE ENFANCE
74 J. Rondal: LANGAGE ET EDUCATION
75 Sheila Kitzinger: PREPARER A L'ACCOUCHEMENT
76 Ovide Fontaine: INTRODUCTION AUX THERAPIES COMPORTEMENTALES
77 Jacques-Philippe Leyens: PSYCHOLOGIE SOCIALE, 2ᵉ éd.
78 Jean Rondal: VOTRE ENFANT APPREND A PARLER
79 Michel Legrand: LE TEST DE SZONDI
80 H.J. Eysenck: LA NEVROSE ET VOUS
81 Albert Demaret: ETHOLOGIE ET PSYCHIATRIE
82 Jean-Luc Lambert et Jean A. Rondal: LE MONGOLISME
83 Albert Bandura: L'APPRENTISSAGE SOCIAL
84 Xavier Seron: APHASIE ET NEUROPSYCHOLOGIE
85 Roger Rondeau: LES GROUPES EN CRISE?
86 J. Danset-Léger: L'ENFANT ET LES IMAGES DE LA LITTERATURE ENFANTINE
87 Herbert S. Terrace: NIM, UN CHIMPANZE QUI A APPRIS LE LANGAGE GESTUEL
88 Roger Gilbert: BON POUR ENSEIGNER?
89 Wing, Cooper et Sartorius: GUIDE POUR UN EXAMEN PSYCHIATRIQUE
90 Jean Costermans: PSYCHOLOGIE DU LANGAGE
91 Françoise Macar: LE TEMPS, PERSPECTIVES PSYCHOPHYSIOLOGIQUES
92 Jacques Van Rillaer: LES ILLUSIONS DE LA PSYCHANALYSE, 2ᵉ éd.
93 Alain Lieury: LES PROCEDES MNEMOTECHNIQUES
94 Georges Thinès: PHENOMENOLOGIE ET SCIENCE DU COMPORTEMENT
95 Rudolph Schaffer: COMPORTEMENT MATERNEL
96 Daniel Stern: MERE ET ENFANT, LES PREMIERES RELATIONS
97 R. Kempe & C. Kempe: L'ENFANCE TORTUREE
98 Jean-Luc Lambert: ENSEIGNEMENT SPECIAL ET HANDICAP MENTAL
99 Jean Morval: INTRODUCTION A LA PSYCHOLOGIE DE L'ENVIRONNEMENT
100 Pierre Oleron et al.: SAVOIRS ET SAVOIR-FAIRE PSYCHOLOGIQUES CHEZ L'ENFANT
101 Bernard I. Murstein: STYLES DE VIE INTIME
102 Rondal/Lambert/Chipman: PSYCHOLINGUISTIQUE ET HANDICAP MENTAL
103 Brédart/Rondal: L'ANALYSE DU LANGAGE CHEZ L'ENFANT
104 David Malan: PSYCHODYNAMIQUE ET PSYCHOTHERAPIE INDIVIDUELLE
105 Philippe Muller: WAGNER PAR SES REVES
106 John Eccles: LE MYSTERE HUMAIN
107 Xavier Seron: REEDUQUER LE CERVEAU
108 Moreau/Richelle: L'ACQUISITION DU LANGAGE
109 Georges Nizard: ANALYSE TRANSACTIONNELLE ET SOIN INFIRMIER
110 Howard Gardner: GRIBOUILLAGES ET DESSINS D'ENFANTS, LEUR SIGNIFICATION
111 Wilson/Otto: LA FEMME MODERNE ET L'ALCOOL
112 Edwards: DESSINER GRACE AU CERVEAU DROIT
113 Rondal: L'INTERACTION ADULTE-ENFANT
114 Blancheteau: L'APPRENTISSAGE CHEZ L'ANIMAL
115 Boutin: FORMATION ET DEVELOPPEMENTS
116 Húsen: L'ECOLE EN QUESTION
117 Ferrero/Besse: L'ENFANT ET SES COMPLEXES
118 R. Bruyer: LE VISAGE ET L'EXPRESSION FACIALE
119 J.P. Leyens: SOMMES-NOUS TOUS DES PSYCHOLOGUES?
120 J. Château: L'INTELLIGENCE OU LES INTELLIGENCES?
121 M. Claes: L'EXPERIENCE ADOLESCENTE
122 J. Hayes et P. Nutman: COMPRENDRE LES CHOMEURS
123 S. Sturdivant: LES FEMMES ET LA PSYCHOTHERAPIE
124 A. Pomerleau et G. Malcuit: L'ENFANT ET SON ENVIRONNEMENT
125 A. Van Hout et X. Seron: L'APHASIE DE L'ENFANT
126 A. Vergote: RELIGION, FOI, INCROYANCE
127 Sivadon/Fernandez-Zoïla: TEMPS DE TRAVAIL, TEMPS DE VIVRE
128 Born: JEUNES DEVIANTS OU DELINQUANTS JUVENILES?
129 Hamers/Blanc: BILINGUALITE ET BILINGUISME
130 Legrand: PSYCHANALYSE, SCIENCE, SOCIETE
131 Le Camus: PRATIQUES PSYCHOMOTRICES
132 Lars Fredén: ASPECTS PSYCHOSOCIAUX DE LA DEPRESSION
133 Mount: LA FAMILLE SUBVERSIVE
134 Magerotte: MANUEL D'EDUCATION COMPORTEMENTALE CLINIQUE
135 Dailly/Moscato: LATERALISATION ET LATERALITE CHEZ L'ENFANT
136 Bonnet/Tamine-Gardes: QUAND L'ENFANT PARLE DU LANGAGE

137 Bruyer: LES SCIENCES HUMAINES ET LES DROITS DE L'HOMME
138 Taulelle: L'ENFANT A LA RENCONTRE DU LANGAGE
139 de Boucaud: PSYCHOLOGIE DE L'ENFANT ASTHMATIQUE
140 Duruz: NARCISSE EN QUETE DE SOI
141 Feyereisen/de Lannoy: PSYCHOLOGIE DU GESTE
142 Florin et al.: LE LANGAGE A L'ECOLE MATERNELLE
143 Debuyst: MODELE ETHOLOGIQUE ET CRIMINOLOGIE
144 Ashton/Stepney: FUMER
145 Winkel et al.: L'IMAGE DE LA FEMME DANS LES LIVRES SCOLAIRES
146 Bideaud/Richelle: PSYCHOLOGIE DEVELOPPEMENTALE
147 Schmid-Kitsikis: THEORIE CLINIQUE ET FONCTIONNEMENT MENTAL
148 Guggenbühl/Craig: POUVOIR ET RELATION D'AIDE
149 Rondal: LANGAGE ET COMMUNICATION CHEZ LES HANDICAPES MENTAUX
150 Moscato et al.: FONCTIONNEMENT COGNITIF ET INDIVIDUALITE
151 Château: L'HUMANISATION OU LES PREMIERS PAS DES VALEURS HUMAINES
152 Avery/Litwack: NEE TROP TOT
153 Rondal: LE DEVELOPPEMENT DU LANGAGE CHEZ L'ENFANT TRISOMIQUE 21
154 Kellens: QU'AS-TU FAIT DE TON FRERE?
155 Rondal/Henrot: LE LANGAGE DES SIGNES
156 Lafontaine: LE PARTI PRIS DES MOTS
157 Bonnet/Hoc/Tiberghien: AUTOMATIQUE, INTELLIGENCE ARTIFICIELLE ET PSYCHOLOGIE
158 Giovannini et al.: PSYCHOLOGIE ET SANTE
159 Wilmotte et al.: LE SUICIDE
160 Giurgea: L'HERITAGE DE PAVLOV
161 Ionescu: MANUEL D'INTERVENTION EN DEFICIENCE MENTALE
163 Pieraut-Le Bonniec: CONNAITRE ET LE DIRE
164 Huber: PSYCHOLOGIE CLINIQUE AUJOURD'HUI
165 Rondal et al.: PROBLEMES DE PSYCHOLINGUISTIQUE
166 Slukin: LE LIEN MATERNEL
167 Baudour: L'AMOUR CONDAMNE
168 Wilwerth: VISAGES DE LA LITTERATURE FEMININE
169 Edwards: VISION, DESSIN, CREATIVITE
170 Lutte: LIBERER L'ADOLESCENCE
171 Defays: L'ESPRIT EN FRICHE
172 Broome Wallace: PSYCHOLOGIE ET PROBLEMES GYNECOLOGIQUES
173 Aimard: LES BEBES DE L'HUMOUR
174 Perruchet: LES AUTOMATISMES COGNITIFS
175 Bawin-Legros: FAMILLES, MARIAGE, DIVORCE
176 Pourtois/Desmet: EPISTEMOLOGIE ET INSTRUMENTATION EN SCIENCES HUMAINES
177 Sloboda: L'ESPRIT MUSICIEN
178 Fraisse: POUR LA PSYCHOLOGIE SCIENTIFIQUE
179 Ruffiot: PSYCHOLOGIE DU SIDA
180 McAdams/Deliège: LA MUSIQUE ET LES SCIENCES COGNITIVES
181 Argentin: QUAND FAIRE C'EST DIRE...
182 Van der Linden: LES TROUBLES DE LA MEMOIRE

Hors collection

    Paisse: PSYCHOPEDAGOGIE DE LA LUCIDITE
    Paisse: ESSENCE DU PLATONISME
    Collectif: SYSTEME AMDP
    Boulangé/Lambert: LES AUTRES, L'EXPRESSION ARTISTIQUE
    CHEZ LES HANDICAPES MENTAUX

Manuels et Traités

2 Thinès: PSYCHOLOGIE DES ANIMAUX
3 Paulus: LA FONCTION SYMBOLIQUE ET LE LANGAGE
4 Richelle: L'ACQUISITION DU LANGAGE
5 Paulus: REFLEXES-EMOTIONS-INSTINCTS
  Droz-Richelle: MANUEL DE PSYCHOLOGIE
  Hurtig-Rondal: MANUEL DE PSYCHOLOGIE DE L'ENFANT (Tome 1)
  Hurtig-Rondal: MANUEL DE PSYCHOLOGIE DE L'ENFANT (Tome 2)
  Hurtig-Rondal: MANUEL DE PSYCHOLOGIE DE L'ENFANT (Tome 3)
  Rondal-Seron: LES TROUBLES DU LANGAGE (DIAGNOSTIC ET REEDUCATION)
  Fontaine/Cottraux/Ladouceur: CLINIQUES DE THERAPIE COMPORTEMENTALE
  Godefroid: LES CHEMINS DE LA PSYCHOLOGIE